KB250362

제2판

현대 동남아의 이해

윤진표 지음

명인문화사

현대 동남아의 이해, 제2판

제1쇄 펴낸 날　2020년 8월 20일
제2쇄 펴낸 날　2021년 10월 8일

지은이　윤진표
펴낸이　박선영
주　간　김계동
디자인　전수연
교　정　김유원
사　진　ⓒ 윤진표, 고경화, 허나나

펴낸곳　명인문화사
등　록　제2005-77호(2005.11.10)
주　소　서울시 송파구 백제고분로 36가길 15 미주빌딩 202호
이메일　myunginbooks@hanmail.net
전　화　02)416-3059
팩　스　02)417-3095

ISBN　979-11-6193-030-5
가　격　25,000원

ⓒ 명인문화사

이 도서의 국립중앙도서관 출판예정도서목록(CIP)은 서지정보유통지원시스템 홈페이지(http://seoji.nl.go.kr)와 국가자료종합목록 구축시스템(http://kolis-net.nl.go.kr)에서 이용하실 수 있습니다. (CIP제어번호 : CIP2020032786)

간략목차

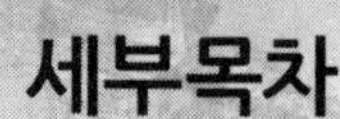

세부목차

도해목차

도표

사진

지도

제1판 서문

인생은 사람과의 만남으로 채워진다. 사는 즐거움은 소유가 아니라 관계인 것 같다. 내가 동남아를 알게 된 것은 많은 사람들과의 만남을 통해서였다. 동남아 공부가 즐거운 것도 인연으로 맺어진 사람들과의 관계가 있었기 때문이다. 대학원을 졸업하고 국제경제연구원에 들어가 선진권 연구부에서 영국을 담당했었다. 인터넷이 당연히 없었던 그 시절, 북해 유전 관련해 텔렉스를 받으러 가면서 옆방 개발 도상권 연구부를 지나다녔다. 처음 보는 태국 지도를 책상 앞에 붙여놓은 선배가 불러 세웠다. 영국도 미국 연구도 좋지만 동남아라는 지역에 관심을 가져 보면 어떻겠냐며 매일 저녁을 사줬다. 설득이 아닌 회유였고, 나는 넘어갔다. 그리고 2년이 지나 공부를 더하고 싶다는 결정을 하면서 동남아로 방향을 정했다. 이메일은 상상도 못하던 그 때, 한 달에 한번 오가는 해외편지를 쓰며 웨더비(Donald Weatherbee)교수가 있는 미국 사우스캐롤라이나대학교로 떠났다. 어려움과 즐거움이 겹치는 많은 시간이 지났다. 학위를 마치고 축하 저녁을 사주며 그렇게도 엄격했던 교수님은 앞으로는 학문적 동료라며 웃어 주었다.

한국에 돌아오니 나 혼자 동남아를 공부한 게 아니었다. 1990년 크리스마스는 우연 같은 필연적인 만남이었다. 우리는 동남아정치연구회, 동남아지역연구회를 거쳐 한국동남아연구소 그리고 한국동남아학회를 만들었다. 그때부터 지금까지 25년, 학문적 동료이자 인생의 동지들로 발전했다. 이들과 함께 동남아를 다양한 정치학적 시각으로 관찰

했다. 정치학자가 역사학, 인류학과 경제학을 통해 동남아를 보는 법도 배웠다. 이들의 이름은 참고문헌에 저자로 다 적어놓았다. 함께 한 동남아 현지조사는 사진속의 추억과 함께 내 인생의 일부가 되었다. 돌아보니 모두 감사할 일 뿐이다. 이 책은 이런 관계를 통해 쌓인 동남아에 관한 나의 생각들을 정리해 놓은 것이다.

동남아에 관해 가급적 많은 얘기를 해 보려했다. 평생 동남아를 공부하고 가르쳐온 학자로서 동남아를 바로보아야 한다는 주장을 담고 글을 썼다. 바로보기위해서는 바로 아는 것부터 시작해야 한다. 여전히 편견을 갖고 보는 동남아, 무시하고 오만하기까지 한 동남아에 대한 우리의 태도를 이 책을 통해 조금이나마 바로잡고 싶은 욕심도 숨어있다. 동남아를 과소평가해서도 안되지만 그렇다고 과장해서 보여주고 싶지도 않았다. 객관적인 사실을 바탕으로 중립적으로 비교 연구하는 것은 동남아뿐 아니라 세계 어느 지역을 공부하건 갖추어야 할 기본자세라고 생각한다.

저자는 이 책에서 현대 동남아를 바르게 이해하는데 필요한 분야는 모두 다루어 보려고 했다. 1장은 서론으로 동남아 바로보기의 중요성을 강조하기 위해 썼다. 2장부터 동남아를 이해하는 분야로써 동남아가 위치한 지리적인 특징과 현재의 지정학적 환경을 서술하였다. 그 속에서 동남아 사람들이 살아온 역사적 궤적과 지리적 환경이 만들어 낸 오늘의 상황을 살펴보았다. 3장은 동남아 역사의 구체적인 전개과정을 설명하였다. 동남아 지역 전체를 포괄하는 역사의 단계별로 중요한 내용을 보여주면서 역사가 남긴 유산과 현재의 의미를 제시하였다. 4장에서는 동남아 사람들이 갖고 있는 사회문화의 모습들을 그려보았다. 동남아 사회의 복합성과 문화의 다양성을 전통과 근대의 공존이라는 틀 속에서 설명해 보았다. 5장 동남아의 경제에서는 세계 속에 위치한 동남아 경제의 성장과정과 도전을 살펴보고 앞으로의 과제도 제시해 보았다. 6장의 동남아 각국 정치는 정치체제와 제도의 특징을 중심으로 비교정치학적 관점에서 동남아 10개국을 국가별로 분석하였다. 7장의 동남아의 국제관계는 아세안의 발전, 남중국해문제, 중국과 미국과의 관계, 동남아 군사력을 다루어 보았다. 마지막 8장 한국과 동남아의 관계에서는 한국과 동남아 관계의 역사와 정책분야별 내용, 동남아 사람들의 한국에 대한 인식을 소개하였다. 그리고 앞으로 상생발전을 지향해야 하는 한국의 동남아에 대한 전략적 사고와 실행 방안으로 끝을 맺었다. 저자는 지리, 역사에서 정치, 경제, 사회문화 등 동남아와 관련된 분야들에 대한 포괄적이면서도 구체적인 내용을 전달하고자 노력했다.

인생은 일, 시간과 마음을 관리하는 과정인 것 같다. 영어에 3C가 중요하다는 말이 있다. Confidence, Consistence, Concentration이 그것이다. 이 단어를 인생에 연결해 보면 일은 Consistence, 즉 끈기있게, 시간은 Concentration, 즉 집중해서, 마음은 Confidence, 즉 자신 있게 살아야 한다는 것으로 정리된다. 비록 이렇게 잘하지는 못했지만 매일 그렇게 하려고 노력하며 살아왔다고는 생각한다. 그 과정에 가족의 존재는 절대적이었다. 평생 동남아 떠드는 남편 소리를 듣다가 자기도 반은 동남아 전문가가 되어 버린 아내 영주, 동남아 연구하는 아버지가 좋아 보인다고 해 준 큰아들 성훈이, 동남아 여행 더 많이 데리고 가 달라는 막내 영훈이와 이 책 출판의 기쁨을 함께 하고 싶다. 원고를 책으로 내라는 적당한 압력을 행사하며 보기 좋은 책으로 만들어준 명인문화사 박선영사장에게 감사의 마음을 전한다. 잘못되고 부족한 부분은 온전히 저자의 몫이다. 동료와 독자들의 비판과 도움을 계속 받아야 하겠다. 우리 사회에 동남아시아를 제대로 알리고, 바로 이해시키는데 보탬이 되는 책으로 계속 발전시키고 싶다.

2016년 8월
저자 윤진표

제2판 서문

이 책을 출간한지 4년의 시간이 흘렀다. 3쇄까지 찍으리라곤 생각하지 못했다. 우리 사회에 동남아에 관해 정확하고 구체적으로 알고 싶은 수요가 상당히 많다는 사실에 놀랐다. 많은 관심과 응원을 들었고 새로운 주문도 받았다. 다양한 분야의 독자들에게 감사할 뿐이다. 그래서 더 상세하고 분석적인 내용을 보여줘야 할 책임도 커졌다.

제2판을 준비하며 정치, 경제, 사회관련 데이터를 가능한 한 최근 통계로 업데이트시켜 한권의 자료집으로 충분히 활용될 수 있도록 노력했다. 새롭게 보완된 부분도 많아 분량이 전보다 100여페이지 늘었다. 5장에서 동남아 경제의 국가별 동향과 평가가 새로 추가되었다. 6장에서 동남아 국가별 정치는 최근까지 상황을 설명하고자 보완했다. 7장 동남아 국제관계에서 미국과 중국의 경쟁, 동남아 국가의 외교 및 국방정책을 새로 포함시키고, 동남아 국가별 군사상황도 업데이트했다. 8장 한국과 동남아관계에서는 한국의 신남방정책, 한국과 아세안의 상호인식, 한국 속 동남아현상 등을 추가하고, 한국과 동남아 간 상생발전을 위한 분야별 구체적 방안을 제시해 보았다.

제2판을 통해 동남아에 관해 하고 싶은 이야기는 거의 다 풀어놓았다. 일단 하나의 집을 완성한 셈이다. 그래서 보람도 많이 느낀다. 이제부터는 이 집을 더 잘 가꾸어 나가는 일이 남았다. 학문의 제1원리는 자료의 정밀성과 논리의 엄밀성이라고 한다. 동남아(아세안) 관련 정확한 자료를 바탕으로 분석적인 논리를 제공하는 책으로 발전시키려고 한다. 독자들의 많은 격려와 비판을 기다리는 이유이기도 하다. 동남아를 제대로 이해하고 알리는 작업을 계속해 나갈 것을 약속한다.

2020년 8월

저자 윤진표

제1장

동남아시아 바로보기

세상은 있는 대로 보이는 걸까? 아니면 보이는 대로 있는 걸까? 있는 대로 보이면 좋겠지만 현실의 답은, 세상은 보이는 대로 있다는 것이다. 어떻게 보는지, 어떻게 생각하는지와 같은 우리 머릿속의 인식이 세상을 해석하는 출발점이 된다는 말이다. 동남아는 우리와 무슨 관계가 있나? 가까이 있는 듯하지만 그렇다고 관심이 많지도 않은 나라들, 주변에 많은 동남아 사람들이 한국에 들어와 살지만 그렇게 친근감 있게 느껴지지 않는 것도 사실이다. 우리가 늘 보던 세계 지도를 뒤집어 보자. 그러면 한반도가 아시아 대륙의 끝에 붙어있는 것이 아니리 시태평양을 향해 뻗어나간 아시아의 교두보처럼 보인다. 바다를 향한 진출이 우리의 숙명임을 알 수 있다. 그렇시반 대륙을 통한 교류는 수없이 알려진 반면 바다를 통한 동남아와의 교류의 역사는 잘 모르고 있는 것도 사실이다.

사람들이 갖고 있는 동남아에 대한 인상은 어떨까? 우리는 외국에 대해 정치, 경제, 사회, 문화적 측면에서 다양한 직·간접적인 인상을 갖게 된다. 그것이 옳은 건지 틀린 건지는 차치하고 그러한 인상이 계속해서 우리의 의식과 행동을 상당히 지배하게 된다는 점은 부인하기 어렵다. 외국으로서 동남아에 대해 갖고 있는 인상은 우리와 유사하거나 다른 점이 무엇인지를 비교하는 것으로 확대된다. 그런데 파란 선글라스를 쓰고 보면 세상이 다 파랗게 보일 수밖에 없다. 따라서 내가 쓴 색안경부터 벗고 보려는 노력이 해외지역과 사람들에 대한 인상을 갖는 출발이 되어야 한다고 생각한다. 그래서 동남아지역을 바로 보는 바람직한 방법은 우선 눈높이 관찰에서 시작되어야 한다. 내 눈높이와 사고방식을 일단 내려놓고, 상대의 있는 대로의 모습을 보기 위해 눈높이를 맞춰 보려는 자세가 중요하다.

이러한 관찰 자세는 바로보기의 필요조건인 객관성을 갖게 해준다. 객관성을 갖는다는 것은 나만의 일방적인 인식이 아니고 서로 교감하고 함께 인정할 수 있는 수준을 확보한다는 것이다. 이런 자세는 상대를 옳거나 틀리다는 기준으로 판단하지 않고, 비슷하거나 다르다는 차이로 비교하게 된다. 그런 다음 왜 그런 차이가 생기는지 궁금해 하면서 원인과 과정과 결과를 연결해 설명하고 싶은 의욕이 생기게 된다. 이러한 인식 과정이 정착되면 지역에 대한 건강한 바로보기 단계에 들어선다고 생각한다. 타 지역에 대한 이러한 인식 과정은 상대의 역사와 문화에 대한 관심과 나아가 현장 감각을 키우려는 자발적인 노력으로 발전하게 된다.

해외여행 계획을 세울 때면, 제일 먼저 그 지역의 자연 환경에 관심을 갖게 된다. 우리는 아름다운 자연과 신기한 풍광을 가장 보고 싶어하고 그것을 보면서 감탄도 하고 해외여행을 왔구나 하는 실감을 한다. 동남아하면 떠오르는 자연의 모습은 에메랄드빛 바다와 드넓은 모래사장, 그리고 그곳에서 편하게 휴식하는 자신의 모습이 제일 먼저 상상이 될 것 같다. 말레이시아 사바의 키나발루산의 웅장함과 라오스의 험준한 산맥과 그 사이를 흘러내리는 맑은 하천, 티베트에서 발원해 미얀마를 지나 베트남까지 이어지는 장장 4,800킬로미터의 메콩강 같은 자연을 보는 것은 흥미롭다. 자연을 보고 경험하고 싶은 관심은 자연스럽게 그 지역이 갖고 있는 유적과 같은 문화유산을 보고 싶은 방향으로 발전하게 된다. 강물이 흐르며 퇴적된 단단한 바닥처럼 역사의 물결이 남긴 흔적을 보고 싶을 것이다. 동남아에는 캄보디아의 앙코르와트와 앙코르톰, 미얀마 버강의 수많은 불교사원, 인도네시아 자바의 보로부드르사원 등 웅장함과 신비로움이 가득한 문화유적들이 많이 있다. 신기한 유적들을 보며 우리는 해외여행을 왔다는 감흥을 더욱 많이 갖게 된다. 대부분의 여행은 이 수준에서 그치기 마련이다. 일정과 예산의 제한이 있기 때문에 자연과 문화유적을 감상하는 것이 여행의 목표가 될 수밖에 없다.

그런데 해외지역을 경험하는 것은 그곳에 지금 살고 있는 사람들을 만나고 알고 관찰하면서 진정한 재미로 발전하게 된다. 여러 번의 현지여행과 조사를 하다보면 사람이 보이기 시작하고, 그들의 사는 모습과 특징, 그리고 우리와 비교도 하면서 여행의 참 재미를 느끼는 단계에 이른다. 동남아 사람들의 편안한 웃음과 수줍은 미소가 보인다. 생활형편이 우리보다 못해 보여도 그들이 보여주는 느림의 여유가 주는 배경을 느끼기도 한다. 동남아 사람도 나라에 따라, 그들이 믿는 종교에 따라 일상의 생활이 다르다는 것을 비교해 보는 것도 재미있다. 그리고 그곳에도 우리 같은 사람이 살고 있는 것이 보이기 시작하면 여행의 단계가 상당히 올라온 것임에 틀림없다. 한 번의 여행으로 자연, 유적 그리고 사람을 다 경험할 수는 없다. 그렇지만 어떤 여행이라도 계획할 때부터 무엇을 보고 경험할 것인지 목표를 분명하게 세우고 떠나야 하는 것은 매우 중요하다.

사진 1.1 동남아의 미소

동남아 여행을 가는 사람들에게 내가 해 주는 얘기가 있다. 우리나라와 다르기 때문에 조심해야 하는 물(水), 불(火), 길(路)에 관한 세 가지 충고다. 물은 먹는 물에 대한 것이고, 불은 진짜 불이 아닌 전기와 관련된 것이고, 길은 도로 사정을 말한다. 물은 마시는 물을 조심해야 한다. 동남아에서 싱가포르를 제외하고 어디서나 먹는 물은 병에 든 생수를 마시는 게 좋다. 설사 등 물과 관련된 병에 걸리지 않으려면 사 먹는 물이 제일 안전하다. 동남아의 수돗물은 여행객들이 먹기에 적합하지 않다. 우물물이나 강물은 더더욱 조심해야 한다. 샤워정도야 괜찮지만 마시는 물은 처음부터 조심하지 않으면 뜻하지 않게 고생할 수 있으니 조심하는 게 상책이다. 그렇지만 싱가포르는 세계에서 가장 깨끗한 수돗물을 만드는 나라라고 자랑한다. 호텔에도 수돗물을 그대로 먹어도 된다는 안내문이 걸려있을 정도니 그들의 위생에 대한 자부심이 대단한 것은 인정하지 않을 수 없다.

불에 관한 것은 전기 사정이 우리나라처럼 좋지 않아서 생기는 문제다. 밤이 되면 도시라 하더라도 상당히 어두운 느낌이 든다. 시내 중심 일부를 제외하고 대부분의 도시에 가로등이 적거나 아예 없다. 그래서 환하게 불이 켜진 화려한 도시 야경을 기대해선 안 된다. 동남아에서 밤에 돌아다닐 때는 어둡다는 사실을 염두에 두고 움직여야 한다. 게다가 도시를 벗어나 지방으로 나가면 밤에 모든 세상이 깜깜하다는 사실에 놀랄지 모른다. 전력 사정이 상당히 좋지 않다는 점을 명심하고 걷거나 운전할 때 조심하는 게 상책이다.

끝으로 길에 관한 것인데, 동남아의 도로 사정은 도시나 시골이나 복잡하다는 점을 알고 가는 게 좋다. 도시의 길 사정은 차량과 오토바이, 자전거와 사람들이 얽히고설킨 상황이 늘 발생한다. 모든 교통수단이 도로를 함께 사용하고 있다는 사실을 알고 있어야 한다. 인도를 걷거나 건널목을 건널 때 사람이 알아서 조심해야 한다는 것을 자연히 터득하게 될 것이다. 지방으로 가면 상황은 오히려 더 재미있어진다. 도로를 사이에 두고 양쪽으로 마을이 형성되어 있는 게 일반적인 동남아 동네의 모습이다. 인도와 차도의 구분은 아예 없다. 아스팔트가 깔려있는 곳이 차도 정도라고 보면 된다. 도로를 따라 소와 오리 떼가 이동하고 동네 아이들이 가로 질러 놀고, 차와 오토바이는 그 사이를 알아서 지나다닌다. 신호등은 기대하지 않는 게 좋다. 동남아에서 차량 운행 방향은 한국과 반대인 나라가 많다. 우리나라는 차량이 우측통행을 하지만 싱가포르, 태국, 말레이시아는 차가 좌측통행을 한다. 그래서 길을 건널 때 조심해야 한다. 우리는 무의식적으로 길을 건너며 왼쪽을 쳐다보고 차가 오는지 확인하지만 동남아에서는 오른쪽을 봐야 한다. 필리핀, 베트남은 우리나라와 같은 방향으로 차가 움직이니 상관없지만 동남아 이 나라 저 나라를 왔다갔나 하다 보면 헷갈릴 적이 많다. 아무튼 스스로 조심하는 수밖에 없다. 물과 불과 길에 관한 초보적인 여행 팁을 염두에 두고 가면 좋겠다.

동남아 현지어를 우리말로 표기할 때는 여러 어려움이 있다. 외래어의 우리말 표기법을 따르다보면 현지어 발음과는 다른 말로 표기하게 된다. 외래어 표기법에서는 경음을 사용하지 말라고 한다. 예를 들어, ㄲ, ㅉ, ㄸ, ㅃ 발음이 현지어에 가까운데 표기는 ㅋ, ㅊ, ㅌ, ㅍ으로 쓰도록 권장한다. 그런데 인도네시아 '수하르토' 전 대통령은 '수하르또'가 현지 발음에 더 가깝다. 동남아의 지명과 인명 등 고유명사는 탁한 음보다는 된 발음이 훨씬 많다. 현지와의 소통을 위해서 현지어 발음에 가깝게 표기하는 것이 좋겠다는 판단에서 이 책에는 현지어 발음 중심으로 표기한다. 그렇지만 수하르토(Suharto), 비엔티안(Vientian)처럼 이미 우리사회에서 널리 통용되고 있는 표기는 그대로 사용하겠다. 표기는 괄호 안에 영어를 쓰고 현지어 발음에 가까운 우리말로 표기한다. 예를 들어, 파간보다는 버강(Pagan), 출라롱컨보다는 쫄라롱껀(Chulalongkorn)으로 표기할 것이다.

　동남아시아는 한국과 역사적으로 많은 관계를 맺어온 지역이다. 고려사, 조선왕조실록 등 우리의 고문서에는 남중국해와 말라카해협 그리고 멀리 인도양으로 이어지는 바다를 통한 교류의 역사가 적지 않게 기록되어 있다. 한국이 속한 중국과 일본 등 동북아시아에 비해 관심이 적었을 뿐 '바람 아래의 땅(the Lands Below the Winds)'으로 불린 동남아는 계절풍과 바닷길을 통해 우리와 수많은 교류가 있었다. 오늘날 한국과 동남아의 관계는 무역과 투자, 관광 등 경제사회 모든 분야에서 높은 수준에 올라있다. 동남아의 모든 나라들이 정치적으로 우리의 우방이자 안보협력 국가들로 전략적 동반자관계를 구축하고 있다. 무역에서 동남아지역은 중국에 이어 우리나라의 두 번째 파트너로, 우리나라 총무역의 15%를 차지하고 있다. 동남아는 미국에 이어 한국의 두 번째 해외직접투자(FDI)지역이다. 또한 동남아는 한국에게 중동 다음의 부동의 두 번째 건설시장이다. 2018년 한국인 898만 명이 동남아를 방문해, 전체 출국자 중 31%를 차지하는 1위 방문지역이다. 동남아 사람들도 250만 명이 한국을 방문했다. 2019년 11월 25~27일 제3차 한-아세안 특별정상회의와 제1차 한·메콩 정상회의가 부산에서 개최되어 한국과 동남아의 상생협력 관계는 더욱 발전하고 있는 중이다.

제2장

동남아의 지리 환경

지역으로서의 동남아시아

이렇게 우리에게 중요한 지역이자 가까운 동남아시아를 이해하기 위해 우선 동남아시아라는 지역이 어떻게 형성되어 있는지 알아보자. 동남아 지역이 가진 지리적인 특징들이 무엇인지 그리고 이러한 지리적 환경이 동남아의 역사에 미친 영향을 살펴보며 동남아 바로보기를 시작해 본다. 세계 지도 속의 동남아시아는 아시아 대륙의 동남부 지역에 위치하고, 바다에서 보면 태평양의 서쪽에 있는 지역이다. 아시아 대륙과 서태평양의 도서들로 이루어진 넓은 지역을 포괄하고 있다.

이시아 지도를 뒤집어 본 석이 있는가? 우리는 북쪽이 위로 간 지도를 보는 데 익숙해 있다. 그렇지만 이것을 뒤집어서 보면 같은 지도라도

지도 2.1   동남아, 아시아 대륙과 서태평양

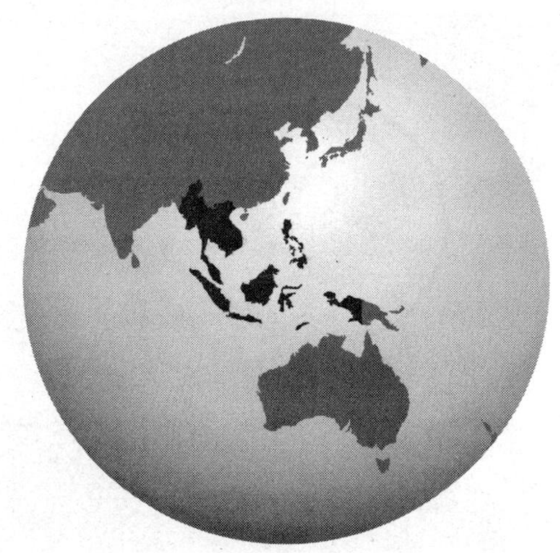

전혀 새로운 관점의 지도가 보인다. 우리에게 익숙한 지도에서는 한반도가 아시아 대륙의 끝에 붙어있는 꼬리처럼 보이지만 뒤집어서 남쪽이 위로 향한 지도에서는 한반도가 아시아 대륙에서 바다를 향해 나온 교두보 같은 모양으로 보인다. 지도 뒤집어 보기는 한반도가 대륙뿐 아니라 태평양 바다와 필연적으로 연결되어 있는 운명인 걸 잘 보여준다. 제주도를 지나 그대로 내려가면 바로 대만과 필리핀을 만나고 그 옆에는 동남아 대륙부의 베트남과 캄보디아, 태국이 있다. 더 내려가면 말레이시아와 인도네시아의 많은 섬들과 만나게 된다. 비행기가 없어 오직 바람에 의지한 배로 다녀야만 했던 옛날에 바닷길은 육지길보다 오히려 지금의 고속도로같이 뻥 뚫린 통로 역할을 하지 않았을까? 계절풍을 만나고 날씨가 허락하면 바다를 통해 동남아지역과 한반도는 수많은 교류를 했음을 충분히 짐작할 수 있다. 중국을 지나치게 의식했던 우리 역사였기에 대륙을 통한 교류만 기록된 측면이 많다. 역사책에 많이 기록되어 있지는 않지만 바다를 통해 멀지않은 동남아지역과의 교류가 많았을

지도 2.2 지도 뒤집기: 한국과 동남아

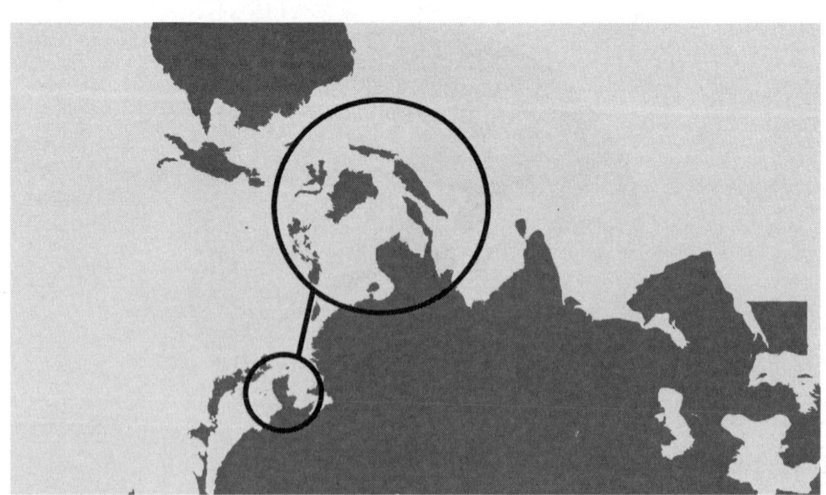

것이란 점은 충분히 짐작할 수 있다.

　조금 이상하게 들릴지 모르지만, 한국인의 조상은 동남아에 뿌리를 두고 있다고 한다. 최근 과학계의 게놈 프로젝트에 의한 유전자분석 결과에 따르면 아프리카와 인도를 거쳐 동남아에 정착한 인류가 북쪽으로 이동하여 중국과 한국 그리고 일본으로 옮겨 간 것으로 파악한다. 한국인의 유전자에는 동남아인의 유전자를 이어받은 흔적이 명확하게 나타나 있다. 종래 우리가 알고 있듯 한국인의 조상이 북방 대륙을 통해 한반도로 들어온 것이 아니고, 남쪽 동남아로부터 들어왔다는 것을 과학적으로 밝힌 것이다. 이로써 한국인과 동남아 사람들이 혈통적으로 이어져 있다는 사실이 증명되었다. 1만 5,000년 전 지구상의 마지막 빙하기가 끝날 때까지 지금의 남중국해와 동중국해 등은 '순다 대륙(the Sunda Continent)'으로 불리는 육지였고, 동남아와 중국, 한반도는 모두 연결되어 있었다고 한다. 빙하기가 끝나면서 해수면의 상승으로 지금의 바다가 된 것이다. 따라서 한국인의 조상들이 순다 대륙을 통해 자연스럽게 동남아로부터 한반도로 이동해 들어왔을 것으로 추정한다.

　바다를 통해 지리적, 역사적으로 긴밀한 관계를 가졌던 동남아지역은 현대 한국과 더욱 발전된 관계로 나아가야 하는 필연적인 공동의 운명을 가지고 있다. 한국과 동남아지역은 서로를 좋아하고 가깝게 느끼는 이웃을 이미 형성하고 있다. 다양한 한류 현상을 통해 동남아 사람들은 한국인과 한국문화를 어느 때보다 친근하게 느끼고 있고 더욱 알고 싶어 한다. 또한 국제결혼과 이주노동으로 수많은 동남아 사람들이 한국에 들어와 살면서 '한국 속 동남아현상'을 만들어 가고 있다. 관광, 음식, 유학 그리고 은퇴이민 등을 통해서도 한국과 동남아는 다양한 관계를 맺고 있다. 한국사회를 다문화적 다양성에 적응시키는 훈련은 동남아를 통해 이루어지고 있는 것이다. 이럴 때일수록 한국은 낡은 편견을 벗고 동남아를 신뢰와 행복의 동반자로서 눈높이에서 관찰하고 서로 도움이 되는 길을 찾으려는 성숙한 자세를 가져야 할 것이다.

　지역으로서의 동남아시아는 아시아 대륙의 동남부에 위치하고 있는 지역을 말한다. 그런데 '아시아(Asia)'라는 용어는 어디서 나왔을까? 많은 얘기가 있지만 가장 널리 받아들여지는 것은 기원전 4세기 거대한 제국을 세웠던 알렉산더 대왕 시대에서 비롯되었다고 한다. 알렉산더의 고향인 마케도니아어로 유럽 대륙 넘어 동쪽 지역, 즉 지금의 소아시아지역을 '아주 넓은 땅' 즉 '아수바(Assuva)'라고 불렀고, 이것이 현재 '아시아'의 어원이 되었다. 현대 아시아는 정치 지리학적으로 크게 동아시아(East Asia)와 남아시아(South Asia)라는 두 지역으로 나뉜다. 과거 소련에서 독립한 카자흐스탄과 우즈베키스탄 등 5개국이 있는 중앙아시아가 있지만 역사적, 문화적 비중으로 아시아는 통상 동아시아와 남아시아지역으로 구분된다. 남아시아는 인도를 중심으로 파키스탄, 아프가니스탄, 스리랑카, 방글라데시, 네팔, 부탄으로 구성되어 있다. 남아시아의 서쪽인 이란부터 사우디아라비아와 이스라엘이 있는 곳까지는 중동(the Middle East)이라는 별도의 지역명칭을 갖고 있다. 아시아 대륙의 동쪽인 동아시아는 다시 동북아와 동남아로 분류된다. 한국과 중국, 일본, 대만, 몽골이 포함된 동북아시아(Northeast Asia)와 우리가 들여다보는 인도네시아부터 베트남까지 10개국으로 이뤄진 동남아시아(Southeast Asia)로 나눠진다. 동남아시아는 위치적으로나 문화적으로 남아시아와 공유하는 부분이 많다. 그래서 남아시아를 아직도 서남아시아라고 하며 동남아와 유사한 배경에서 다루기도 한다. 그러나 이제 동아시아(East Asia)는 아시아 대륙의 동쪽 지역이면서 서태평양의 북쪽에서 남쪽까지 이어지는 지역을 모두 포함하는 범위로 받아들여진다.

지도 2.3   동남아시아

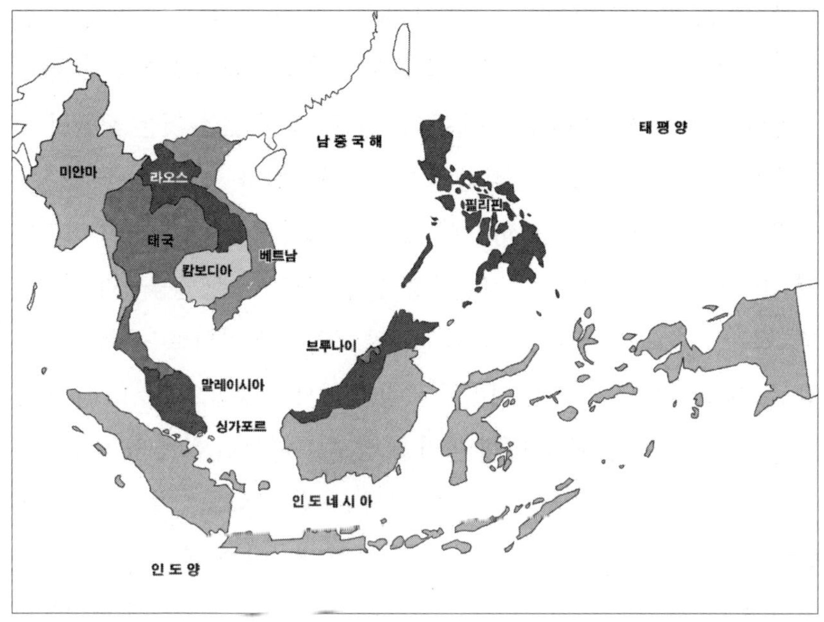

　요즘 많이 거론되는 '동아시아공동체 구상과 발전'과 같은 데 사용되는 동아시아 개념은 한국이 있는 동북아와 동남아를 포괄하는 지역개념으로 사용된다. 한국이 동아시아에 동남아를 넣어 보는 것에 익숙하지 않은 데 반해 우리의 숙명적인 이웃인 중국과 일본은 우리와 달리 동남아시아를 그들과 같은 지역 범주 안에 두고 살아온 나라들임을 확실히 알 필요가 있다. 중국은 남쪽 국경선을 넘어 동남아 대륙부와 직접 닿아 있는 관계이고 남중국해로 불리는 동남아의 중심부 바다를 통해 도서부 동남아 나라들과 밀접하게 연관되어 있다. 일본은 동북아의 섬나라라는 운명을 서태평양으로 진출해야 한다는 전략으로 받아들여 역사적으로 동남아지역과 활발한 교류를 해왔다. 19세기 말 메이지유신 이후 일본이 내건 국시인 '대동아공영권 건설'에서 '동아(東亞)'가 동남아를 포함하는 개념인 것이 이를 잘 증명해 주고 있다. 중국과 일본에 동남아는 국가이익과 전략에 당연히 포함되는 동아시아의 한 부분인 것이다. 반면 한국은 중국과 일본에 비해 동남아에 큰 비중을 두지도 않고, 여전히 '한반도와 주변 4강'이라는 동북아적 시각에 묶여 있는 것은 서둘러 극복해야 할 우리의 전략적 관점의 실수라고 생각한다.

유네스코(UNESCO)의 정의에 따르면 "문화는 특정사회가 가지고 있는 일련의 독특한 정신적, 지적, 감정적 특성들로서, 생활양식과 가치체계, 전통 등을 포함"한다. 동남아문화의 특징은 한마디로 '중첩성과 다양성'이라고 말할 수 있다. 지리적 특징과 역사적 경험으로부터 쌓인 동남아문화는 다른 문화에 비해 놀라울 정도로 다양한 문화적 요소들이 섞여 있으면서 동시에 모자이크화를 보는 듯한 조화를 이루고 있다. 동남아 사람들은 외래문화의 수용과 자율적인 변용을 통해 유연하고 포용적인 동남아문화를 만들었다고 생각한다. 동남아는 동질성과 다양성이 복잡하게 얽혀 있는 지역이다. 기후, 사회구조와 역사적 경험은 동질적인 면이 강한 반면 종족, 언어와 종교 등은 매우 다양하다.

동남아문화의 전반적인 특징은 대외적인 의존성과 독창성을 함께 가지고 있는 것이다. 외부문화를 받아들인 수용적인 측면과 그것을 받아들여 자신들의 고유문화와 혼합시킨 유연한 측면이 공존하는 특징을 가지고 있다. 이러한 중첩성과 다양성이 혼합된 동남아문화를 시루떡 문화 또는 모자이크 문화라고 부르고 싶다. 시루떡 같다는 것은 오랜 시간 들어오고 적응하며 쌓인 문화가 마치 시루떡을 잘라 보면 켜켜이 층을 이뤄 쌓여 있는 것처럼 현시대에 함께 공존하고 있는 모습을 말한다. 모자이크 같다는 표현은 이곳저곳에서 들어오고 변용된 문화의 조각들이 각자의 특성을 유지하면서도 서로 공존하며 아름다운 모습을 만들어내고 있는 것을 말한다.

동남아의 기후

동남아의 환경은 열대와 아열대성 기후를 갖고 있는 지역 특징부터 살펴보아야 한다. 열대성 기후는 우리와 같이 확실히 구별되는 4계절은 없지만 섭씨 30도 전후의 날씨가 연중 계속되면서 우기와 건기가 반년 정도씩 반복되는 특징을 갖는다. 연중 덥고 습한 날씨는 벼농사에 최적인 환경이고, 실제로 인류 역사상 벼농사는 동남아에서 시작되었다고 한다. 4개월 정도면 한 번의 벼 수확이 가능하기 때문에 동남아지역에서는 일 년에 2~3모작이 가능하다. 비가 많이 오는 우기와 비가 적게 오는 건기는 계절풍, 즉 몬순의 영향을 받는다. 적도는 싱가포르의 바로 남쪽을 지나간다. 벵골만에서 남부 중국과 필리핀까지 북위 8도 이북의 지역에는 남서 계절풍이 우기인 5월부터 10월 초까지 동북 방향으로 불면서 많은 비를 내리게 한다. 한편 11월부터 4월까지는 건조한 북동 계절풍이 남서 방향으로 불어온다. 이 시기에는 기온도 내려간다. 남

사진 2.1 메콩삼각주 늪지대

서풍이 부는 시기가 우기가 되고 북동풍이 부는 시기는 건기가 된다. 일 년 중 절반씩 계절풍의 방향이 바뀌면서 우기와 건기가 반복된다. 동남아지역의 대부분은 적도 북쪽에 위치하고 있다. 동남아 농촌지역에서 흔히 보는 고상(高床)가옥은 땅과 집 바닥 사이에 공간을 두고 사다리를 올라가 들어가는 형태인데 엄청난 강우에 대비하려는 목적이 크다. 그러나 적도는 계절풍의 영향이 없이 일 년 내내 거의 같은 기온과 강우량을 기록한다. 상대적으로 적도 이남의 지역은 강우와 기온이 계절풍의 영향을 크게 받지 않는다. 인도네시아 대부분의 지역이 적도 이남에 해당하는데 적도 이북과 반대로 5월부터 11월까지가 건기이고, 11월부터 4월까지가 우기에 해당한다.

옛날 아라비아 상인들이 동남아를 '바람 아래의 땅'으로 불렀던 이유는 일 년에 바람 방향이 두 번 바뀌는 몬순을 이용해 아라비아와 인도, 동남아를 거쳐 중국까지 무역하러 항해했던 사실을 반영한다. 이처럼 동남아의 기후로 인해 인도양과 태평양을 잇는 길목에 있는 동남아가 가교 역할을 하는 지역이 되었다. 서양의 근대가 시작되기 전까지 인류 역사에서 가장 왕성한 교역과 활발한 교류를 했던 곳이 인도와 중국의 사이에 있는 동남아라는 사실을 알고 있으면 좋겠다.

사진 2.2 미얀마 버강의 파고다

대륙부 동남아와 도서부 동남아

미얀마, 태국, 라오스, 캄보디아, 베트남, 말레이시아, 싱가포르, 브루나이, 인도네시아, 필리핀 등 10개국으로 구성된 '동남아시아'는 어디까지나 임의적인 지리적 개념이다. 유라시아 대륙의 동남부에 위치해 있다는 지리적 사실이 동남아시아라는 명칭과 직접적인 관련이 있다. 이러한 점에서 대만, 중국, 일본, 한국 등의 동북아시아와 방글라데시, 인도, 스리랑카, 파키스탄 등의 남아시아와 구분된다.

'동남아시아(Southeast Asia)'란 명칭은 1943년 태평양전쟁이 한창일 때 스리랑카에 영국군과 미군 연합군의 동남아시아사령부(South-East Asian Command)가 설치된 이후 국제적으로 널리 사용되었다. 그러나 지리적 개념으로서의 동남아시아는 이미 그 전부터 사용되어 왔음에 주목할 필요가 있다. 독일의 인류학자인 하이네-겔데른(Robert Heine-Geldern)이 *Sudostasien*(1923년, 독일어로 동남아시아라는 의미)에서 동남아시아의 명칭을 사용했으며, 에머슨(Rupert Emerson), 밀스(Lennox Mills), 톰슨(Virginia Thompson) 등 미국 학자들이 공동집필한 『동남아에서 정부와 민족주의(*Government and Nationalism in Southeast Asia*)』(1942)에서도 오늘날 동남아지역을 동남아시아의 개념 속에 포함시키고 있다. 따라서 동남아사령부가 동남아의 명칭을 사용한 것은 기존의 개념을 수용한 것으로 보아야 한다 (오스본, 2000).

동남아시아라는 개념 자체는 그렇게 긴 역사를 가진 것은 아니지만 많은 문화적 동질성을 갖고 있는 개념으로도 볼 만하다. 옛날부터 인접지역들은 동남아시아를 하나의 문화적 실체로 인식하는 여러 용어들을 사용하였는데, 중국인들은 이 지역을 '난양(南洋, Nanyang)' 또는 '남포(Nampo)'로, 인도인들은 '수바르나부미(Suvarnabhumi, 황금의 땅)'로, 아랍인들은 '바람 아래의 땅'으로 불러왔다. 동남아시아는 10개 국으로 이루어진 다양한 민족과 언어, 종교, 역사적 경험들을 갖고 있 다. 이러한 동남아를 어떤 인위적인 지역적 단위로 묶어 한 역사적 실체 로 이해하려는 것은 쉽지 않다. 그럼에도 불구하고 동남아의 문화적 공 통성과 역사적 경험의 상관성 등이 확인되었고 이를 바탕으로 동남아지 역연구가 진행되었다.

동남아의 이해를 위한 중요한 단서로서 동남아가 종종 대륙부와 도 서부로 구분되는 것에 대해 주목할 필요가 있다. 열대몬순기후를 공통 된 특징으로 하는 동남아시아는 대륙부에 베트남, 캄보디아, 라오스, 태 국, 미얀마를 포함하고, 도서부는 말레이시아, 싱가포르, 브루나이, 인 도네시아, 필리핀을 포함하고 있다. 지리적으로 볼 때 대륙부에 포함되 어야 하는 말레이반도 남부의 말레이시아 영토가 도서부 동남아에 속해 있는 것은 문화적인 기준에 의한 구분에 연유한다. 상좌(소승)불교의 미 얀마, 태국, 라오스, 캄보디아와 대승불교의 베트남 등 대륙부 동남아가 불교 문화권임에 비해, 말레이시아, 인도네시아, 브루나이 등 도서부 동 남아의 대부분은 이슬람 문화권으로 분류된다.

500만 명 인구의 4분의 3이상이 중국인인 싱가포르는 종교적으로 유 교와 불교로 대표되고, 필리핀은 남부 민다나오의 무슬림인 모로족을 제외하고 대부분 가톨릭교도로 구성되어 있다. 그러나 19세기 초 영국 인들에 의해 건설되기 이전의 싱가포르는 말레이 무슬림 지역이었고, 16세기 중엽 스페인에 의해 식민지화되기 이전의 필리핀은 대부분 이슬 람의 영향권에 있었다는 점을 감안할 때 대륙부를 불교문화로, 도서부 를 이슬람문화로 분류하는 것은 역사적인 근거가 있으며 동남아문화를 이해하는 데 중요한 출발점을 제공한다. 특히 이러한 분류가 설득력을 갖는 것은 대륙부 동남아가 각국별로 미얀마족, 타이족, 라오족, 크메르족, 비엣족 등 다양한 민족들로 구성되어 있는 것에 비해 도서부는 대부분 민족적, 언어적으로 말레이세계에 속해 있다는 점이다.

동남아의 지리

대륙부 동남아의 산맥들은 모두 히말라야산맥 및 티베트고원으로부터 출발하여 북에서 남으로 뻗어 내려오는 특징을 가지고 있다. 특히 이러한 산맥들은 대부분 현재 동남아 국가 간의 경계를 이루고 있다. 인도와 미얀마를 경계 짓는 여카잉산맥, 미얀마와 태국을 나누는 빌라욱따웅(Bilauktaung)산맥과 떠닝다이(Tenasserim)산맥, 라오스, 캄보디아와 베트남 사이를 북에서 남으로 나누고 있는 안남(Annam)산맥이 대표적이다. 북-남 방향의 험준한 산맥의 발달로 인힌 대륙부 동남아의 문화적 특징을 잘 보여주는 것이 미얀마이다. 서쪽의 인도, 방글라데시와 경계를 이루는 여카잉산맥은 역사적으로 미얀마와 인도 간 교통에 큰 장애물이었다. 전쟁으로 인한 군사적 충돌과 19세기 이후 인도의 치타공에서 여카잉 지방으로 온 인도인들의 이주를 제외하고는 인도와 미얀마 간에 문화나 상업 교류 또는 정치적 접촉은 거의 없었다. 이 점은 미얀마가 인도문화의 직접적인 영향 아래 있었던 방글라데시나 아쌈과는 달리 상좌불교 국가로 머물며 그 동쪽 국가들인 태국, 캄보디아, 라오스와 더불어 동남아적인 문화의 색깔을 띠게 된 중요한 원인이었다. 미얀마 동부에도 광활한 빌라욱따웅산맥이 태국과 경계를 형성하여 역사적으로 양국 간의 교통은 원활치 못했다. 이러한 사정으로 인해 미얀마와 태국 간에 육로를 통한 무역은 거의 발달하지 못했고, 정치적인 접촉도 몇 차례의 양국 간 전쟁 외에는 거의 없었다는 사실에서도 분명해 진다.

큰 산맥 사이에는 자연스럽게 북에서 남으로 흘러내리는 하천들이 발달했고, 그 강 유역에 정착지들이 역사적으로 발달하였다. 미얀마의 젖줄인 에야워디(Irawaddy)강, 태국 북부에서 남부까지 흘러내리는 짜오프라야(Chao Phraya)강, 티베트에서 발원하여 미얀마, 라오스, 태국, 캄보디아, 베트남을 거쳐 남중국해로 흘러드는 메콩(Mekong)강이 있다. 에야워디강 중부 지역에서 미얀마의 버강문화가 꽃을 피웠고, 짜오프라야강을 따라 태국의 역사와 문화가 만들어졌다. 동남아의 대표하천인 메콩강은 중국을 포함한 동남아 5개국을 따라 내려오는데, 특히 1000년 전 캄보디아 톤레삽(Tonle Sap)호 주위에서 크메르왕국을 건설하여 지금의 앙코르(Angkor)유적을 남기는 데 핵심역할을 했다. 이들 하천은 바다에 도달하며 거대한 삼각주를 형성한다. 에야워디삼각주와 메콩삼각주는 광활한 곡창지대를 만들어 세계적인 쌀 생산지역이 되었다. 지금도 이들 하천은 대륙부 나라들의 발전에 중심적인 위치에 있다. 바다로 이어지는 하천이 발달한 동남아 대륙부는 인류역사상 벼농사와 더불어 생선간장 같은 발효젓갈식품이 시작된 지역이기도 하다. 고고학적 유물을 통해 밝혀진 대로 신석기시대부터 청동기시대에 걸쳐 동남아 대륙부는 높은 농업생산력을 갖춘 농경문화가 발달한 지역이었다. 농경문화의 발달은 전통적인 촌락공동체 제도의 발전과 맥락을 같이 했다.

동남아 대륙부의 북으로부터 남으로의 험준한 산맥의 흐름으로 인해 강 유역 정착지 간의 동서 간의 이동은 용이하지 않았다. 그 결과 대륙부 동남아에서 역사적으로 중요한 민족이동과 상업적 접촉은 주로 남북 간에 이루어졌다. 이것이 현재 미얀마, 태국, 캄보디아, 베트남으로 구분되는 동남아 대륙부 국가형성에 미친 결정적인 지리적 영향이다.

한편 도서부 동남아는 인도양판과 태평양판 등 지구의 지판들 여러 개가 부딪치는 지질학적 구조로 인해 지진과 화산이 심하게 활동하면서 수많

사진 2.3 미얀마 에야워디강

은 섬을 형성하였다. 서쪽의 수마트라(Sumatra), 칼리만탄(Kalimantan), 자바(Java), 술라웨시(Sulawesi), 피푸아(Papua) 등은 인도네시아에 속해 있고, 북쪽의 루손(Luzon)에서 비사야(Visayas), 민다나오(Mindanao) 등은 필리핀의 섬들이다. 인도네시아의 브로모화산과 필리핀의 마욘(Mayon) 화산 등 수많은 활화산들이 지금도 연기를 뿜으며 활동하고 있다. 화산 폭발로 인한 용암과 화산재로 만들어진 섬들은 바다 밑 지각판의 충돌로 인해 지진까지 겹치면서 극심한 지질 변화를 겪고 있다. 비록 자연재해가 끊임없이 발생하고 있지만 화산섬이 주는 풍요한 토양과 광물자원, 바다의 풍부한 수산물로 인해 인간들은 화산섬을 떠나기 어렵다. 지질적으로 불안정함에도 불구하고 동남아 도서부 각지에서는 다양한 공동체가 출현했다. 수마트라의 스리비자야(Srivijaya)왕국, 자바의 사일렌드라(Sailendra)왕국과 마자빠힛(Majaphahit)왕국, 발리(Bali)왕국 등이 그 사례이다. 특히 인도네시아 자바는 인도양과 태평양을 잇는 교역로의 연결고리 역할을 하며 비옥한 화산토로 인해 많은 주민이 몰려

사는 섬이 되었고, 인도네시아 역사의 중심무대가 되었다.

섬과 해양의 지리적 특성으로 인해 도서부 지역은 오래전부터 해상무역에 의한 동서왕래의 중심이 되었다. 활발한 해양활동은 교역의 규모를 키우며 섬마다 항구도시를 발달시켰다. 도서부의 주요 해협과 섬들은 중국과 인도를 잇는 징검다리 역할과 중동으로부터 이슬람교를 전파하는 역할을 했다. 특히 인도양과 태평양을 연결하는 말라카해협과 싱가포르를 거쳐 남중국해로 이어지는 휘어진 활 모양의 바닷길은 과거나 현재나 동남아를 대표하는 핵심적인 해상 수송로 역할을 하고 있다. 연간 8만 척 이상의 배가 오가는 말라카해협과 남중국해는 중동의 석유와 한국, 중국, 일본의 물자를 실어 나르는 생명선과 같은 수송로이다.

도서부 동남아는 생물 지리학적으로 두 개의 지역으로 분리되어 있다. 영국의 지리학자 월레스(Alfred Russell Wallace)는 1854년부터 8년 동안 지금의 말레이시아와 인도네시아에서 방대한 동물표본을 수집하고 연구한 결과 롬복(Lombok)해협을 통과해 술라웨시(Sulawesi) 서쪽 바다를 지나 필리핀 술루(Sulu)해로 이어지는 월레스라인(Wallace Line)을 발표하였다. 월레스라인은 유라시아 대륙과 오스트레일리아 대륙의 크게 다른 동물군을 나누는 기준선이다. 월레스는 도서부 지역의 해저지형을 추가로 연구하여 칼리만탄과 수마트라, 자바는 유라시아 대륙과 연결된 대륙붕 지역이었고, 롬복, 술라웨시 동쪽의 섬들은 오스트레일리아 대륙붕에 속한다는 사실을 확인했다. 지구의 표면인 지각은 여러 개의 판이 겹쳐져서 내부의 맨틀 위에 떠있다고 한다. 소위 판구조론에 따르면 인도네시아지역의 경우 수마트라에서 자바 남쪽으로 뻗어 있는 자바해구는 인도양판이 유라시아 대륙판 밑으로 파고드는 위치에 있다. 순다(Sunda)열도에서는 화산이 열도를 따라 일렬로 형성되어 있으며 서로 다른 대륙판끼리 부딪치며 지진을 일으키고 화산을 분출시키고 있다. 오래전 하나의 대륙이었던 것이 지각판의 끊임없는 이동으로 인해 대륙이 분리되고 그에 따라 그곳에 사는 생물의 종류와 특성도 상이하게 되었던 것이다. 월레스라인은 유라시아 대륙과 오스트레일리아 대륙이 분리되는 기준선이자 지질학적 변화가 생물학적 차이를 만들어 낸다는 사실을 보여주는 좋은 예이다. 현재 월레스라인을 기준으로 기후적으로 서쪽은 습한 열대지역의 특징을 갖고 있고, 동쪽은 건조한 열대지역의 특징을 보여준다.

동남아의 대표하천 메콩

티베트의 청해고원에서 발원해 중국의 운남지방을 거쳐 미얀마, 태국, 라오스, 캄보디아, 그리고 베트남으로 흘러내려 남중국해로 나가는 메콩(Mekong)은 어머니의 강을 의미하는 동남아를 대표하는 초국가적 하천이다. 길이가 4,800km로 세계에서 열두 번째로 길고, 강 유역의 면적은 79만 5,000㎢로 한빈도 크기의 8배에 달하고, 수자원과 생물다양성은 아마존강 다음으로 풍부하다. 거대하게 흘러내리는 메콩은 강변을 따라 사는 주민들의 상수원, 농업용수, 교통, 영양 공급원으로 어머니와 같은 역할을 하고 있다. 그런데 전통적인 젖줄 같은 역할을 떠나 규모나 자원의 풍요함에 비해 현대적 개발의 수준은 매우 낮고, 개발의 속도도 더딘 편이다. 일례로 메콩강 전력발전의 잠재적 가능성은 4만~4만 4,000MW로 동아시아에서 가장 규모가 크지만 전체의 10%도 개발이 안 된 상태이다.

메콩 유역 환경의 개발과 보존의 문제는 메콩을 둘러싼 가장 첨예한 지역문제로 떠오르고 있다. 메콩 유역의 초국가적 환경문제는 상류 유역보다 하류 유역에서 더욱 심각하게 나타나고 있다. 이는 메콩강이 다른 초국가적 하천들과 달리 상류에서 하류로 갈수록 유역이 굉장히 넓어지기 때문이다. 상류국가인 중국과 미얀마가 메콩강의 18% 가량을 차지하고, 라오스, 태국, 캄보디아, 그리고 베트남 등 4개국이 나머지 82% 가량의 하류를 차지하고 있다. 최근 하류 유역의 4개 국가들이 잇달아 자국 내 댐 건설에 관한 계획을 발표하면서 상대적으로 하류에 위치한 국가일수록 개발로 인한 환경문제가 더욱 심각하게 나타나고 있다. 댐 건설의 목적은 건기 시 메콩강의 물부족을 해소하여 지역 내 관개용수 확보와 전력수요 충당을 위한 것이라고 되어 있지만 실제로 그러한 목적을 달성하는 것은 하류 국가에서도 상대적으로 상류 국가들이다. 보다 하류에 위치한 국가들은 희생을 감수해야 한다. 더욱이 유역 내 국가들 간에는 타국에서 추진되는 댐 건설 계획과 공사에 관한 정확한 정보가 공유되고 있지 않아 메콩강의 환경문제를 더욱 어렵게 만들고 있다. 더욱이 메콩강 하류 유역에 살고 있는 6,000만 명의 주민들 대부분이 자국 내에서도 경제사회적으로 아주 취약한 계층이기 때문에 메콩강 수자원 개발과정의 환경문제는 유역민들의 인권과 생존권을 직접 위협하고 있다. 반면에 메콩강 하류 유역사회는 동남아 내에서도 개발의 수준이 가장 낮아서 메콩강 개발을 통해 경제발전을 도모해야 하는 필요성도 절실하게 갖고 있다.

바람직한 방향은 수많은 유역민들의 삶의 기반이자 하류 유역 국가들의 경제발전의 관건인 메콩강 개발이 지속가능한 방식으로 추진되어야 하고, 그러기 위해서 새로운 지역협력의 방식이 모색되어야 한다는 것이다. 그러나 최근 메콩 개발에 관한 지역협력이 광범위하게 확대되었지만, 도로, 철도 및 전력 등 메콩강 유역의 인프라를 구축하는 데 집중됨으로써 애초 초국가적 하천으로서 메콩강을 개발하는 것과 그로 인한

사진 2.4 캄보디아의 메콩강

긍정적, 부정적 파급효과를 유역국가들이 공동으로 해결해 나가야 한다는 목표가 오히려 희석되고 있다.

1990년대부터 메콩강 개발에 관한 관심이 부각되면서 이와 관련된 역내 국가 간의 지역협력체제가 발달하였다. 우선 아시아개발은행(ADB: Asian Development Bank)이 1992년부터 추진하고 있는 GMS(Greater Mekong Subregion)개발프로그램이 있다. GMS에서는 메콩 유역을 상류부까지 확대하여 상류의 일부를 공유하고 있는 중국과 미얀마까지 포함한다. ADB의 메콩강 유역 개발 사업은 GMS 6개국의 교통, 전력, 통신망, 환경, 천연자원개발, 인적자원개발, 관광, 교역 및 투자 등 8개 분야 관련 프로젝트로 구성되어 있다. 메콩 유역이 전 세계적으로 매우 낙후한 것은 빈약한 사회간접자본 때문이라고 인식한 ADB가 인프라를 확충함으로써 국제적 파급효과를 높이고 유역국가의 소득증진을 도모하고자 하는 것이다. 그러나 문제는 GMS가 사회간접자본의 확충에 주력하는 것이 메콩 유역민들의 실제 경제 생활수준을 향상시키는 데 직접적인 영향을 줄 수 있는가 하는 것이다. 실제로 이 지역에 거주하는 대다수의 주민들이 어업, 임업, 농업에 생계를 의존하고 있는 상황에서 GMS 프로그램들이 유역 지역민들에게 현실적인 도움이 안 될 수도 있기 때문이다. 또 하나, GMS 프로그램에서는 메콩강의 대부분이 태국, 라오스, 캄보디아, 베트남에 공유되어 있음에도 불구하고 메콩강 상류의 일부를 점하고 있는 중국과 미얀마로 확장함으로써 중국의 역할이 강조되고 오히려 다른 국가들을 주변화시킬 수 있다는 것이다.

메콩강위원회(MRC: Mekong River Commission)는 1995년에 메콩강 4개 유역국가인 라오스, 태국, 캄보디아, 베트남이 1957년의 메콩위원회(MC)를 계승하여 구성한 역내 당사국 간의 지역협력체제이다. 1995년의 "메콩강 유역의 지속가능한 개발을 위한 협력에 관한 협정"은 MRC 탄생의 결정적 계기였다. 1995년 이전까지는 메콩강위원회가 유엔개발계획(UNDP: United Nations Development Programme)의 영향력에서 벗어나지 못했지만, 그 후 MRC는 독립적인 조직을 형성하고 내부적인 역할이 주어졌다. 각료급인사가 각국을 대표하여 심의회를 구성하고, 하부기관으로서 국장급의 각국 대표로 구성된 공동위원회를 만들었고, MRC의 행정 업무를 주도할 MRC 사무국을 설치하였다. 메콩강위원회는 대규모의 프로젝트를 통한 개발보다는 지속가능한 개발과 자연자원의 관리를 강조하고 있다. MRC는 메콩강 유역 주민들의 삶의 질 향상을 위한 메콩강 개발의 목적을 분명히 하고 있다. 이러한 맥락에서 MRC가 주력하는 프로그램들은 식수, 위생, 전력, 수로, 관광 등 메콩강 유역의 빈곤을 해소하기 위한 것들이다. 그러나 MRC를 중심으로 메콩강 수자원 개발이 여전히 초기 수준에 머물러 있는 것은 경제력이 취약한 MRC의 국가들이 수자원개발을 위한 자금을 동원하는 것이 쉽지 않기 때문이다. 이러한 상황에서 역외 국가나 국제금융기관들은 GMS를 중심으로 메콩강의 유역개발에 투자하는 경향이 강하다. 또한 메콩강 상류를 점하고 있는 중국과 미얀마가 아직까지 MRC에 직접 참여해 활동하고 있지 않다는 것은 관련 프로그램들의 원활한 수행을 방해하는 요인이 되고 있다. 일례로 중국이 메콩강의 상류에 초대형 댐을 만들어 수력발전에 활용하겠다는 계획을 추진하는데 이는 메콩강 하류에 있는 유역민들의 삶과 경제에 직접적인 영향을 미친다. 수량감소와 생태계 파괴로 인한 어획량 감소는 물론이고 남중국해의 바닷물이 역류하여 토양과 어류양식에 심각한 피해를 입히게 될 수도 있다.

아세안-메콩유역개발협력(AMBDC: ASEAN-Mekong Basin Development Cooperation)은 메콩 유역의 국가들뿐 아니라 역외 동남아 국가들도 모두 포함하는 지역협력체이다. 1996년 아세안 고위급 관료회의를 시작으로 아세안(ASEAN: Association of South-East Asian Nations, 동남아시아국가연합)이 메콩강 개발프로그램에 지역 차원에서 대응하는 대표적인 사례이다. AMBDC는 GMS나 MRC의 개발계획들을 뒷받침할 수 있는 프로젝트들에 주력하고 있는데, 대표적으로 수송, 통신, 관개, 에너지 분야 등의 인프라 능력의 확충, 무역과 투자의 촉진, 내수시장과 수출시장을 위한 농업분야의 개발, 삼림자원과 지하광물자원의 보존개발, 중소기업을 위주로 하는 공업개발, 관광산업개발, 인력개발과 기술훈련에 대한 지원, 과학 및 기술협력 등이다. AMBDC가 다른 두 개의 체제와 다른 것은 아세안 차원에서 개발격차를 줄이기 위한 목적에서 시도되는 동남아지역 내의 집단적 노력이라는 점이다. 메콩강을 둘러싸고 벌어지는 관련국과 협력체제의 노력들이 어떤 성과를 만들어낼지 동남아의 미래와 더불어 주목해서 보아야 할 과제임에 틀림없다.

동남아 지리의 역사적 영향

동남아의 지리적 환경이 역사에 미친 영향은 세 가지로 요약된다. 첫째, 벼농사 중심의 농경문화 발달이다. 대륙부 동남아에서는 항상 농사에 유리한 강 유역, 특히 강 하구의 넓은 삼각주에서 주요 민족의 발전이 있었다. 홍강의 비엣(Viet)족(베트남), 짜오프라야강의 타이(Tai)족(태국), 에야워디강의 버마(Burmese)족(미얀마)이 여기에 해당한다. 고대 동남아문명을 대표하는 크메르족은 메콩강 지류인 톤레삽호수의 물을 이용해 앙코르와트 등 앙코르문명을 건설하고, 벼농사를 위한 거대한 관개시설을 완성하였다. 도서부에서도 비옥한 화산토를 이용해 벼농사가 어디에서나 발달하였다.

둘째, 해상무역의 중요성이다. 도서부 동남아에서 자바섬은 비교적 풍부한 농업조건을 가지고 있기도 했지만 대부분의 도서부 동남아민족들은 해상무역에도 일찍이 관심을 가졌다. 이들은 중국, 인도, 중동을 연결하는 교역로의 중심에 있음을 알고 있었다. 북부 수마트라의 아쩨족(Ache), 술라웨시의 부기스(Bugis)족은 해상무역을 바탕으로 16~17세기에 강력한 정치세력을 구축했다. 농업문화의 바탕위에 정치세력을 쌓은 대륙부 동남아 왕국들도 강 하구나 수로체계가 발달된 지역에 위치한 수도를 중심으로 적극적인 해상무역을 전개하였다. 태국, 미얀마, 캄보디아와 베트남이 모두 해당되는데 이들은 풍부한 농산물을 교역품목으로 하여 중국, 일본, 인도 및 도서부 동남아지역과 활발한 무역을 벌였으며, 멀리는 페르시아와 아랍, 유럽으로부터 물품을 수입하며 외래문명과의 접촉을 확대하였다. 이러한 해외무역은 대부분 왕실독점체제를 통해 행해졌고 무역을 통한 이익과 관세수입은 동남아 왕국들의 재정의 중요한 부분을 차지했다.

사진 2.5 술라웨시의 논

셋째, 북으로부터 남으로의 역사전개이다. 농업중시와 해상무역의 중요성에서 보듯이 대륙부 동남아 국가들은 정치, 경제, 문화의 중심을 강의 하구나 해안지역으로 이농시켰다. 동남아 역사가들은 이를 종종 '남쪽으로의 전진(march to the south)'으로 부른다. 이러한 역사적 변천의 대표적인 예는 짜오프라야강을 따라 남쪽으로 이동한 태국의 역대 왕조들의 수도, 즉 쑤코타이(Sukhotai), 아유타야(Ayuttaya), 톤부리(Thonburi), 방콕(Bangkok)으로의 천도과정을 통해 잘 나타난다. 미얀마의 중심이 버강(Pagan), 어와(Awa), 만달레이(Mandalay) 등 에야워디강 중부로부터 19세기이후 남부의 양곤(Yangon)으로 옮겨진 것과 베트남이 북부 홍강 유역에서 시작되어 천년에 걸쳐 메콩삼각주가 있는 남부 지역으로 영토를 확장했던 것도 북으로부터 남으로의 역사전개 과정을 잘 보여주고 있다 (조흥국, 2011).

동남아의 지리적 특징을 정리하면, 동남아는 동북아와 함께 동아시아를 형성하고 있고, 대륙부 동남아지역과 도서부 동남아지역으로 구분된다. 대륙부 동남아는 강과 산맥, 삼각주로, 도서부는 섬과 화산으로 이루어져 있다. 동남아는 우기와 건기로 나뉘는 열대성 계절풍 기후를 가지고 있다. 동남아는 기후, 사회구조, 역사경험 등 동질성을 공유하는 한편 지리적 조건은 문화적 다양성을 갖는 데 중요한 배경이 되었다. 동남아의 지리 환경이 미친 영향은 벼농사 중심의 농경문화, 해상무역의 중요성, 북으로부터 남으로의 역사전개 등이 있다. 동남아 대륙부의 버마족, 타이족, 비엣족은 10세기 이후 북에서 남으로 진출한 종족으로 현재 동남아 대륙부의 국가를 형성하고 있다.

세계에서 동남아의 비중

동남아시아 전체 면적은 세계에서 2.9%를 차지한다. 인구는 6억 4,700만 명이 살고 있어 세계인구 75억 명 중 8.6%를 차지해 면적에 비해 상대적으로 인구가 많은 편이다. 동남아의 경제는 2017년 GDP 기준으로 2조 7,590억 달러로, 세계경제에서 3.4%의 비중을 차지하고 있다. 수출과 수입을 합친 교역규모는 2조 5,710억 달러로 세계무역의 7.3%를

표 2.1 세계 속 동남아

종류	동남아(아세안10개국)	세계	비중
면적(㎢) (2017년)	446만	1억 4,890만	2.9%
인구(명) (2017년)	6억 4,700만	75억 3,000만	8.6%
GDP(달러) (2017년)	2조 7,590억	80조 500억	3.4%
교역(달러) (2017년)	2조 5,710억	35조 3,000억	
수출(달러)	1조 2,970억	17조 5,300억	7.3%
수입(달러)	1조 2,740억	17조 7,700억	

동남아가 담당해 상대적으로 대외개방적인 지역이다.

동남아 국가별 환경

동남아에는 10개 나라가 있다. 이들 나라는 현재 모두 아세안(ASEAN)에 가입해 있다. 한국과 비교해 보는 것이 동남아 국가들을 아는 데 도움이 된다. 우선 국토면적은 동남아에서 인도네시아가 단연코 가장 크다. 190만㎢로 우리나라의 18배에 달한다. 동남아에서 국토가 가장 작은 나라는 720㎢의 싱가포르인데 우리나라 서울특별시 정도 크기의 도시국가이다. 브루나이왕국은 5,760㎢로 그 다음 작은 나라이다. 싱가포르와 브루나이를 제외하고 나면 모두 우리나라보다 상당히 큰 국토를 가지고 있다. 미얀마는 67만㎢으로 한국의 6.5배, 태국은 51만㎢으로 한국의 5배, 라오스는 23만㎢으로 한국의 2.3배이자 한반도 전체면적보다 조금 더 크다. 필리핀은 30만㎢로 우리의 3배, 베트남은 33만㎢로 역시 우리의 3배가 넘는 국토를 가지고 있다. 캄보디아도 18만㎢로 한국의 2배에 가깝다.

한국은 국토 중에서 농경지가 18%정도에 불과하고 산이 많은 나라이다. 그에 비해 동남아는 평야지대를 많이 갖고 있어 농경지 비율이 상당히 높다. 캄보디아, 베트남, 인도네시아, 필리핀, 태국은 전체 국토의 30~40%이상을 농경지가 차지한다. 산지가 많은 미얀마와 라오스가 10%대이고, 말레이시아도 24%에 가깝다. 넓은 농경지는 풍부한 수량과 더운 기후와 더불어 동남아를 벼 재배의 세계적인 중심지로 만들었고, 다양한 열대작물을 생산해 내는 풍요의 땅으로 만들었다. 동남아의 연평균 기온은 26~28도, 연평균 강우량은 평균 2,000㎜를 넘나드는 열대성 기후이다. 한국의 연평균 12도, 평균강우량 1,400㎜와 비교하면 동남아는 일 년 내내 우리의 여름 같은 날씨 속에 살고 있다는 사실을 알 수 있다.

동남아의 인구 6억 4,700만 명 중 인도네시아는 2억 6,000만 명으로 동남아 인구의 40%를 차지하며 중국, 인도, 미국에 이어 세계 4위의 인구대국이다. 말레이시아는 3,200만 명으로 두 나라와 싱가포르 500만 명을 합치면 말레이·인도네시아어를 사용하는 인구는 3억 명에 이른다. 필리핀은 1억 명을 돌파했고, 베트남 인구도 9,500만 명을 넘어섰다. 태국과 미얀마는 각각 6,900만 명, 5,300만 명으로 모두 한국인구 5,200만 명보다 많은 나라이다. 동남아에서 인구가 가장 적은 나라는 브루나이로 40만 명이고, 싱가포르는 500만 명을 넘었다. 캄보디아는 1,600만 명, 라오스는 700만 명의 인구를 가지고 있다. 동남아 나라들은 한국과 비교해 넓은 국토를 가지고 있어서 인구밀도가 우리나라보다 상당히 낮다. 한국이 518명/㎢인 데 비해 인도네시아는 140명, 태국 132명, 베트남 293명, 필리핀 336명이다. 미얀마 82명, 캄보디아 87명, 라오스 30명, 말레이시아 30명, 브루나이 80명으로 모두 100명 미만의 인구밀도를 갖고 있다. 도시국가인 싱가포르는 7,814명을 기록하고 있다.

동남아 국가의 수도는 그 나라의 역사와 특징을 간직한 대표 도시들이다. 수도로서 정치경제의 핵심이자 교통의 중심지 역할을 하고 있다. 정도의 차이는 있지만 밀집된 인구와 많은 도시문제를 갖고 있기도 하다. 인도네시아의 수도 자카르타(Jakarta)는 네덜란드가 건설한 자바 동북부 해안의 바타비아(Batavia)에서 시작된 항구도시이다. 말레이시아 수도 쿠알라룸푸르(Kuala Lumpur)는 영국 식민시대 주석광산 채취와 관련되어 개발된 강 하구의 도시이다. 필리핀 수도 마닐라(Manila)

는 스페인이 들어오면서 요새로 만들어진 넓은 만을 따라 개발된 항구 도시이다. 미얀마의 수도는 과거 양곤(Yangon)이었는데 이 역시 강의 하구에 자리 잡고 있는 물류의 중심도시이다. 현재는 양곤에서 북쪽으로 400km 올라간 네피도로 수도를 옮겼다. 태국의 수도 방콕은 동남아와 역외지역을 연결하는 교통의 중심역할을 하고 있다. 방콕은 태국의 역사와 함께 한 짜오프라야강의 하구에 자리 잡은 도시로 18세기부터 현 짜크리(Chakri)왕조의 수도이기도 하다. 베트남 수도 하노이(Hanoi)는 홍강(紅江)에 위치한 고대로부터 지금까지 베트남의 역사를 간직한 유서 깊은 도시로 베트남 사람들의 고향과 같은 곳이다. 캄보디아 수도 프놈펜(Phnom Penh)은 메콩 강가에 위치한 유서 깊은 도시이다. 15세기 크메르왕국 멸망 이후 크메르인들이 옮겨와 세운 왕국의 수도이다. 식민시절 프랑스의 인도차이나 지배의 중심지 역할을 하기도 했다. 라오스의 수도 비엔티안(Vientian)은 현지어로 위양짠으로 발음된다. 비엔티안 역시 메콩의 중류 지역에 위치하여 내륙국가인 라오스에서 중요한 물류 유통의 중심지 역할을 하고 있다. 브루나이 수도는 반다르 세리 베가완(Bandar Seri Begawan)으로 반다르는 현지어로 마을(깜풍)보다 큰 도시라는 의미를 갖는다. 반다르 세리 베가완 역시 강과 바다와 이어진 곳에 있다. 싱가포르는 서울 크기의 섬 자체가 도시인 나라이다. 이상과 같이 동남아 수도는 모두 강 또는 바다와 연결되어 있는 곳에 위치하고 있다는 사실을 알 수 있다. 우리의 수도 서울이 한강을 따라 만들어 졌듯이 동남아 나라들의 수도도 강과 바다를 따라 이어지며 사람들의 통행과 물류의 이동이 편리한 지역에 역사와 문화와 함께 건설되었다 (Rigg, 1997).

표 2.2 동남아의 지리 환경

	국토(km²) (2017년)	농경지 비율 (%)	수도	연평균 기온 (섭씨)	연평균 강우량(mm)	인구 (백만 명)	인구 밀도 (명/km²)
태국	513,120	42.8	방콕	28.4	2,492	69.0	132
미얀마	676,578	19.3	네피도	27.3	2,426	53.4	82
캄보디아	181,035	32.6	프놈펜	–	–	16.0	87
라오스	236,800	10.7	비엔티안	26.6	1,635	6.9	30
베트남	331,210	35.0	하노이	27.2	1,872	95.5	293
인도네시아	1,904,569	31.2	자카르타	27.2	1,928	264.0	140
말레이시아	329,847	23.6	쿠알라룸푸르	26.6	2,344	31.6	30
싱가포르	719	1.0	싱가포르	26.7	2,172	5.6	7,814
브루나이	5,765	2.5	반다르 세리 베가완	–	–	0.4	80
필리핀	300,000	41.6	마닐라	25.9	2,778	104.9	336
한국	97,350	18.4	서울	11.7	1,369	52.0	518

동남아의 환경문제

동남아의 열대성 기후와 우림지역의 특징으로 인해 발생하는 많은 환경 관련 문제가 있다. 그 중에서도 특별히 동남아와 관련된 연무(smoke haze) 문제와 전염병문제를 살펴본다. 연무는 산림화재로 발생하는 연기를 말한다. 동남아의 연무는 1980년대부터 산발적으로 보고되어 왔는데 인도네시아 수마트라와 칼리만탄의 임야와 밀림의 화재로 인하여 야기된 대단위 연무가 인도네시아는 물론 브루나이, 말레이시아, 싱가포르, 태국 등의 주변국까지 영향을 미친 1997년 후반 이후 본격적인 환경문제로 대두되기 시작했다. 인도네시아 밀림화재로 인한 연무는 거의 연례적으로 보고되고 있다. 특히 1982~1983년, 1987년, 1991년, 1994년, 1997~1998년, 2005년, 2015년은 상대적으로 심각한 밀림화재와 연무가 발생했다.

동남아 최악의 연무로 기록되고 있는 1997년과 2015년 인도네시아 수마트라와 칼리만탄 밀림화재는 인도네시아는 물론 싱가포르, 말레이시아, 브루나이, 태국 등 수변국에까지 광범위한 연무 피해를 끼쳤다. 2015년 9월부터 시작된 연무는 11월까지 지속되면서 막대한 피해를 입혔다. 공기오염수치가 허용치의 10배까지 올라갔다. 연무의 영향권에 있는 동남아 국가들은 연무로 인해 가시거리가 100m에도 못 미쳐 학교, 회사, 공장 등이 일시적으로 문을 닫아야만 했다. 항공기 이착륙이나 자동차와 버스 등 대중교통의 정상적인 운행에 차질이 발생하면서 막대한 사회경제적 손실을 초래했다. 또한 연무로 인하여 심각하게 대두되고 있는 인체에 유해한 대기오염은 사회경제적 손실뿐만 아니라 인간안보까지 위협하고 있다. 동남아 전체에서 2,700만 명이 피해를 입었고 최소한 42만 명이 호흡기질환을 앓았다. 세계은행에 따르면 밀림화재와 연무로 인해 인도네시아에 2004년 아쩨(Ache) 쓰나미 발생 이후 재건에 지출한 비용의 두 배 이상의 경제적 피해가 발생했으며 그 비용은 인도네시아 GDP의 1.9%, 약 500억 달러에 달한다. 동남아지역 전체에 미친 피해는 훨씬 클 것이다.

매년 정도의 차이는 있지만 일반적으로 12월 말에서 3월경 태평양 적도 상의 해류의 온도가 상승하는 엘니뇨(El Nino)현상이 일어나면 서태평양지역인 동남아는 건조한 기후가 지속되어 밀림화재가 발생할 가능성이 높아진다고 보고되고 있다. 더욱이 인도네시아 수마트라 등지의 밀림 토양이 상대적으로 발화하기 쉬운 토탄지(土炭地)이기 때문에 엘니뇨 등의 기후환경에서는 밀림화재가 발생하기 쉽다. 토탄지는 나무와 숲이 오랜 세월 쓰러져 열대성 기후 속에 썩으면서 마치 석탄과 같은 상태가 되어 조그만 불씨에도 불이 붙고 연기가 나는 토양을 말한다. 화재가 겉으로 진압된 것 같아도 속에는 불씨가 계속 남아있어 조그만 바람에도 자연적으로 화재가 발생하기 쉽다. 한편 현지주민들의 화전농법이 밀림화재의 주원인으로 지목되기도 한다. 팜오일 플랜테이션과 연관된 인도네시아와 다국적 회사들의 대단위 밀림개발이 또한 화재의 원인으로 지적되고 있다.

밀림화재와 연무발생의 일차적 원인은 기후환경 변화와 인도네시아 지역의 토양의 특성 같은 자연적인 요인을 들 수 있다. 그렇지만 여기에 인간적 요인을 추가해 보면, 밀림화재와 연무발생의 80% 이상은 농업에 종사하는 현지인들의 경제적 여건의 악화와 이로 인한 불법벌목과 불법경작에 대한 유혹이 증가하는 데에 있다. 후견-수혜관계 같은 인도네시아의 정치경제구조는 인도네시아 밀림과 임야의 남용을 초래하고 더 나아가서 밀림화재의 간접적인 요인으로 작용하고 있다. 기업들이 이윤추구를 위해 지속가능하지 않은 자연자원을 착취 수준으로까지 벌목하여 밀림화재의 배경이 되고 있다는 것이다. 인도네시아 당국의 예방과 감시체계의 허술함 역시 밀림화재의 간접적인 요인으로 지적된다. 또한 밀림화재 해당 지역의 토착민과 이주민들 간의 사회문화적 갈등 같은 요인도 밀림화재의 원인으로 발전하기도 한다.

인도네시아정부는 예방보다는 감시와 통제에 주력하는 경향이 있다. 반면 아세안은 밀림화재와 연무문제의 예방에 초점을 맞추고 있다. 연무문제와 관련하여 개별 국가들은 아세안이라는 공식채널을 통해 정치적 해결방안을 찾으려고 시도하지만 종종 연무문제에 대한 경제적 이해관계와 갈등으로 인해 해결의 단초를 찾지 못하고 있다.

1997년 인도네시아 밀림화재로 인한 심각한 연무피해를 입은 말레이시아, 싱가포르, 태국은 개별 국가 차원에서 산발적이고 소규모의 지원책을 시행하기도 했지만 효과적이지 못했다. 연무문제를 해결하기 위해 국제 환경단체와 현지 시민단체들이 예방 차원에서 'Zero Burning' 등 산발적인 소규모 훈련프로그램들을 진행하거나 감시기구의 역할을 하고는 있지만 인도네시아정부와의 협력이 제대로 이루어지지 못하는 실정이다.

실제로 연무에 대해서는 다양한 인식이 공존하고 있다. 밀림화재와 관련해 현지인들과 인도네시아정부에서는 연무문제가 기본적으로 '밀림화재'인 반면 연무피해를 입는 인도네시아 주변국들에서는 '연무문제'로 인식하고 있다. 밀림화재는 인도네시아 국토의 30%인 밀림지대에서 발생하기보다는 국토의 70%를 차지하는 임야에서 발생한다고 보는 시각도 존재하지만 실질적으로 밀림과 임야에 대한 경계 구분도 모호한 실정이다. 밀림화재와 관련하여 지역 토착민들은 자신들의 전통적인 경작방법인 화전농법을 제지하는 것에 대해 강한 불만을 나타내고 있다. 이들은 인도네시아정부와 다국적 밀림개발 업체들의 밀림과 임야

개간 방식을 비난하고 있다. 한편 인도네시아 주변국들은 인도네시아정부가 연무문제 해결을 위해 적절한 대책을 수행하고 있지 않다고 비판한다.

실질적인 밀림화재 발생의 행위자가 토착민인지 인도네시아정부 및 다국적 개발업체들인지에 대한 논쟁은 반복적으로 지속되고 있다. 밀림화재와 연무의 원인 제공자에 대해서는 다양한 시각이 존재하는데, 첫째 시각은 토착민이 개발업체에 임야를 판매하는 과정에서 생기는 불분명한 소유권 문제 때문이라는 것이고, 둘째 시각은 개발업체가 밀림과 임야를 개발할 때 토착민들도 감시를 피하기 위해서 동시 다발적으로 주변에서 화전을 시도하기 때문이라는 것이다. 셋째 시각은 토착민들이 자신들 소유의 임야와 밀림에서 화전을 할 때 개발업체의 임야까지 고의든 아니든 간에 그 영역을 넘어서는 경우가 허다하기 때문이라는 것이고, 넷째 시각은 개발업체의 사용되지 않은 임야를 토착민들이 임의로 화전경작하기 때문이라는 것이다.

인도네시아정부는 밀림화재와 연무는 결과적 현상이며 원천적인 원인은 자연자원의 개발과 이에 대한 수요 때문인데 이런 배경은 간과하고 밀림화재라는 현상적인 요인만을 가지고 인도네시아를 무책임하다고 비판하는 주변국들에게 불만이 많다. 아세안에서 2006년도에 'ASEAN Agreement on Transboundary Haze Pollution'을 제정해 놓았지만 인도네시아정부는 의무를 이행하지 않고 있는 실정이다. "우리 밀림에서 나오는 공기를 제공할 때는 가만히 있다가 연기가 나니까 난리들이다"라고 주변국들을 비판하고 있다. 인도네시아정부와 아세안은 국제환경단체와 현지 시민단체들의 예방 활동이 별로 효과적이지 않다고 평가하고 있는 반면 국제환경단체와 시민단체들은 인도네시아정부와 아세안의 공조체계가 결여되어있다고 아쉬움을 표하고 있다.

사스(SARS, 중증 급성호흡기증후군)와 같은 광역전염병의 일종인 조류인플루엔자(AI)는 1997년 홍콩에서 처음 발생하여 당시 18명이 감염되고 그 중 6명이 사망하였다. 그러나 2003년부터 홍콩과 중국 남부에서 다시 발생한 조류인플루엔자는 국지적인 전염병으로 머물지 않고 동남아 전 지역과 한국, 일본, 그리고 유럽, 아프리카 등 유라시아 대륙의 여타 지역까지 퍼져나갔다. 본격적인 광역전염병으로서 조류인플루엔자의 발생 시작년도인 2003년부터 조류인플루엔자 발생기록을 보면, 2003년 베트남과 중국에서 조류인플루엔자가 발생하고, 2004년에는 베트남에서 인접국인 태국으로, 2005년에는 베트남을 중심으로 한 대다수의 동남아 국가(베트남, 캄보디아, 인도네시아, 태국)로 조류인플루엔자 발생이 확산되었다. 2006년부터는 동남아지역뿐만 아니리 아제르바이잔과 터키, 이집트와 이라크에서도 조류인플루엔자가 발생하였으며, 2007년에는 동남아의 라오스, 아프리카의 나이지리아까지 조류인플루엔자 발생이 확대됨으로써 2006년부터는 전 세계적인 문제로 확대되었다. 조류인플루엔자의 확산에 따른 인명 피해도 증가하고 있는데, 조류인플루엔자가 기승을 부리던 2006년의 경우 사망자 수가 79명에 이르고 있다. 그 후 발병 횟수가 줄어들고 있는 추세지만 그렇다고 조류인플루엔자의 확산과 위험성이 없어진 것은 아니다.

동남아에서 조류인플루엔자가 지속적으로 발생하고 사망자 수도 많은 이유는 동남아의 환경이 조류인플루엔자 같은 전염병 발생에 유리한 조건을 제공하기 때문이다. 말라리아, 뎅기열처럼 모기에 의해 전염되는 병이나 장티푸스, 콜레라처럼 수인성 전염병 모두 동남아의 덥고 습한 기후가 원인이기 때문이다. 모기 등 전염병을 옮기는 곤충은 더운 날씨로 연중 번식할 수 있고, 닭과 오리, 소와 돼지 같은 가축을 숙주로 번식력을 키울 수 있다. 동남아의 더운 기후는 수질이 쉽게 악화될 수 있는 조건과 수많은 병균이 번식하기 좋은 조건을 갖추고 있다. 더욱이 대부분 농촌지역에서 사는 동남아 사람들은 축사를 따로 해서 가축을 기르지 않고 가축과 인간이 뒤섞여 함께 사는 거주형태를 갖고 있다. 이러한 생활모습은 열악한 방역활동과 낮은 보건의식과 더불어 조류인플루엔자를 비롯한 전염병의 확산을 키우는 역할을 하고 있다.

조류인플루엔자의 발생 이래 닭과 오리와 같은 가금류의 집단 폐사처분 및 방역 활동이 강화되고 있지만 그러한 노력이 보다 집중적으로 이루어져야 하는 곳이 동남아이다. 캄보디아, 인도네시아, 베트남, 태국 등 동남아 국가들에서는 2003년부터 2008년까지 세계 전체 발병 348건 중 과반수를 훨씬 웃도는 249건이 발생했으며 세계 전체 사망자 216명 중에서 165명이 이 지역에서 사망한 것으로 보고되었다. 조류인플루엔자의 발생에 따른 사망률 역시 세계 여타 지역에 비해 동남아시아 4개국에서 압도적으로 높게 나타났다.

동남아 국가들의 문제는, 조류인플루엔자에 대한 대응전략이 제대로 갖추어져 있지 않다는 것이다. 캄보디아의 경우, 비록 조류인플루엔자의 발생빈도가 역내 다른 국가들에 비해 낮은 편이라고 하더라도 조류인플루엔자에 대한 국가차원의 대응 전략이 하루 빨리 수립되어야 한다. 왜냐하면 조류인플루엔자는 개별 국가 단위의 풍토병이 아니라 광역전염병이기 때문에 개별 국가의 안이한 대응이 곧 동남아지역 전체의 안전에 치명적인 위협이 될 수 있기 때문이다. 베트남과 태국의 경우 이들 국가의 발 빠른 대응전략의 수립과 실시로 조류인플루엔자의 발생빈도가 현저하게 줄었다. 이는 조류 인플루엔자 예방 전략이 무엇보다 중요함을 시사해 준다. 그러나 인도네시아의 경우, 조류인플루엔자에 대한 체계적인 대응전략이 수립되고 공포되었음에도 불구하고 조류인플루엔자 발생은 가장 높은 상승률을 보였고 치사율(82%) 또한 높게 나타났다. 이는 국가 단위의 대응전략이 가지는 한계점을 시사해 주고 있다.

동남아의 지정학적 상황

1945년 태평양전쟁이 끝나고 동남아지역이 오랜 식민지배에서 벗어나 독립의 시대로 들어갔지만 동남아의 지정학적 환경은 자유진영과 공산진영의 대립이라는 냉전구조에서 자유로울 수 없었다. 세계 초강대국들이 만들어 놓은 냉전의 틀 속에서 동남아는 냉전구조의 시험장이 되었다. 1980년대까지 동남아는 냉전의 한복판에 있는 갈등지역이었다. 북쪽으로 중국공산당이 지배하는 거대한 중국이 존재하고, 그 위로 당시 세계초강대국으로 부상한 소련이 동해, 동중국해, 남중국해를 거쳐 인도양까지 이어지는 해군력을 과시하고 있었다. 미국의 서태평양지역 군사력의 전진 배치는 소련과 중국을 견제하기 위한 미국의 세계 전략의 일환이었다. 일본은 미국과의 동맹으로 미국의 아시아전략의 중심기지 역할을 수행하고 있었다. 1950∼1960년내 신생독립국가로 출범했던 동남아 국가들은 허약한 국내정치체제 못지않게 이러한 국제적 영향에 흔들릴 밖에 없었다. 인도네시아, 말레이시아, 싱가포르, 태국의 지도자들에게 공산주의 운동은 정권의 생존을 위협하는 중대 변수였다. 인도네시아 공산당이 사주한 인도네시아의 1965년 9월 30일 사태와 그 후의 극심한 사회혼란, 1960년대 동남아 모든 국가들이 경험했던 공산당과 연계된 사회폭동의 빈발은 동남아 정치에 권위주의적 군사정권 출현을 정당화시키는 원인을 제공했다. 공산주의 운동은 인도차이나반도에서 3차에 걸친 전쟁과 수많은 인명살상과 경제 붕괴를 가져왔다. 탈식민화 과정에서 동남아 민족주의와 결합한 공산주의 운동은 냉전체제의 영향으로 소련과 중국의 지원을 받으며 미국과 싸우는 국제대리전으로 발전했다.

동남아지역을 외세의 개입에 의한 대리전 지역으로 만들었던 냉전의 영향이 1990년대 들어 해체되었다. 동남아에 새로운 지정학적 상황이 주어진 것이었다. 박사명 (2006)은 이를 '전장에서 시장'으로의 전환이라고 표현한다. 동남아 국가들은 과거보다 자신들의 주도하에 지역질서를 만들어 갈 수 있는 기회를 갖게 되었다. 탈냉전 이후 동남아 국가들은 캄보디아 사태를 평화적으로 해결하고 베트남과 라오스, 미얀마 그리고 캄보디아를 아세안에 가입시킴으로써 '10개 나라·1개 공동체(Ten Nations·One Community)'를 실현하였다. 그러나 1997년 동아시아 경제위기는 태국과 인도네시아를 비롯한 동남아 국가 모두에게 큰 충격을 주었고 이를 극복하기 위한 대규모 구조조정도 피할 수 없었다. 위기를 극복하는 과정에서 동남아 국가들은 정치개혁과 민주화를 달성하는 전화위복의 기회를 맞기도 했다. 아세안은 한국과 중국, 일본이 참석하는 아세안+3체제를 출범시켜 동아시아공동체 협의를 시작했고, 정치안보공동체, 경제공동체, 사회문화공동체로 나아가는 로드맵을 구체화했다. 2007년 13차 아세안정상회의에서 채택되고 2008년 12월 공식 발효된 아세안헌장(ASEAN Charter)을 통해 동남아 국가들은 공동체 건설을 향한 확고한 방향을 잡았다. 아세안이 헌장을 마련하고 공동체 건설을 조기에 실현하려는 것은 아세안+3국가들을 중심으로 이루어지고 있는 '동아시아공동체(East Asia Community)' 구상이 부상하면서 아세안이 이러한 추세를 주도해 나가기 위해서는 한국, 일본, 중국 등 동북아 국가들의 압도적 영향력에 맞서 아세안공동체를 먼저 실현시키는 것이 중요하다는 전략적 판단이 깔려 있었다. 아세안+3체제는 2005년 이후 호주, 뉴질랜드, 인도가 추가된 아세안+6의 동아시아정상회의

(EAs: East Asia Summit)로 확대되었고, 2011년에는 미국과 러시아가 추가되어 아세안+8로 확장되었다.

1990년대 이후 동남아에는 안보를 위협당할 만한 외부적 요인이 사라지게 되었다. 역사적으로 기인한 일부 외부적 안보불안 상황이 있기는 하지만 동남아 국가들은 안정된 정부를 중심으로 한 내부적 사회 안정과 경제발전에 주력할 수 있었다. 이와 같은 변화는 외부로부터의 직접적인 군사 위협이 더 이상 존재하지 않는다는 사실에서 기인한다. 동남아 국가들은 외부위협 감소와 더불어 아세안 같은 자체적인 지역협력체를 발전시킴으로써 집단적으로 행동하는 외교력을 보여주었다. 아세안을 중심으로 한 지역협력의 발달은 역내 협력과 정책 공조를 통해 문제를 해결할 수 있다는 자신감을 동남아 지도층에 심어 주었다. 중국과 같은 사회주의 국가로 동남아에는 베트남과 라오스가 있다. 사회주의와 자본주의의 혼합으로서 시장사회주의의 실현을 내걸고 정치적으로 공산당 일당지배체제를 고수하고 있는 두 국가는 체제전환에 따른 문제를 해결해야 하는 과제를 안고 있다. 캄보디아의 경우 1992년 이후 자본주의로 전환해 입헌군주하의 의원내각제를 유지하고 있다.

공산주의의 위협이 사라진 동남아에서 종족과 종교 등 사회적 균열과 경제적 빈부격차로 인한 갈등이 증가하고 있는 것이 현실이다. 동남아에서 종족분쟁은 갈등을 고조시키는 중요한 요인이다. 미얀마의 경우 다수 지배종족인 버마족과 주변 지역에 살고 있는 샨족, 카렌족, 카친족 같은 소수종족들 간의 대립은 독립 이후 계속되고 있는데, 현재는 미얀마정부의 군사공세와 협상병행 전략으로 상당히 진정된 상황을 보이고 있다. 말레이시아의 경우 정치권력을 장악하고 있는 말레이족과 경제력을 장악한 중국인들 간의 갈등이 언제든 재연될 수 있는 가능성이 있다. 1969년의 종족폭동 이후 반강제적으로 실시된 말레이계 우대정책과 경제성장으로 인해 말레이시아의 종족문제는 수면 아래로 가라앉았다고 보지만 정치경제적 위기가 오면 종족분쟁은 언제든 재연될 수 있다. 1997년 동아시아 경제위기로 심각한 상태를 겪었던 인도네시아에서 중국계 상점에 대한 약탈과 폭력은 다민족사회에서의 종족분쟁 가능성을 잘 보여준다. 더욱이 인도네시아는 1만 3,000개가 넘는 섬에 3백여 종족이 흩어져 사는 복잡한 나라이기 때문에 종족갈등이 분리 독립운동으로 확산될 가능성은 언제든지 상존한다.

국경선과 영토문제는 대부분의 동남아 국가들이 현재 상황을 그대로 받아들이고 있지만 일부 지역에서 내연하는 문제들은 전체 동남아의 지정학적 상황을 위협할 수 있다. 그 중에서도 남중국해의 남사군도(Spratley Islands)와 서사군도(Paracel Islands) 영유권을 둘러싼 중국, 베트남, 대만, 말레이시아, 필리핀, 브루나이 간의 긴장관계는 가장 심각한 문제라고 하겠다. 한국의 국익과도 직결되는 남중국해의 해상수송로 안전문제는 강대국들과 동남아 국가들이 모두 관련된 동아시아 최대 안보문제라고 할 수 있다. 동남아 양국 간 문제로는 태국 남부 무슬림 지역의 불안과 말레이시아와의 갈등 문제, 밀매와 난민이주로 인한 미얀마와 태국의 국경 충돌 문제, 크메르왕국 사원을 둘러싼 태국과 캄보디아의 국경 관할 문제, 캄보디아와 베트남의 오래된 국경선 확정 문제, 필리핀과 말레이시아 간 사바 영유권 문제 등이 저강도 분쟁을 일으킬 수 있는 갈등요인들이다. 최근에는 과격한 이슬람 근본주의 운동이 필리핀 남부와 인도네시아에서 테러를 확산시키는 것이 동남아 전체의 안보위협요인으로 부상하고 있다.

최근의 국제정치는 미국의 유일초강대국 지위가 중국의 부상으로 도전받으며 미국과 중국의 G2 구조를 받아들이는 상황으로 전개되고 있다. 그렇지만 냉전시대 미국과 소련의 대결과는 다르게 미국과 중국 간 협력과 경쟁이 공존하는 복합적인 관계가 될 것으로 생각한다. 미국과 중국은 상호의존성과 취약성을 공유하고 있음을 서로 간에 잘 알고 있다. 번영과 생존이 긴밀하게 연관되어 있다는 인식도 공유하고 있다. 이렇게 된 배경은 공포의 핵균형, 공포의 경제 및 재정균형, 정보화시대 정보와 여론의 신속·투명성 등 3중의 제어장치가 미국과 중국 간에 작동하고 있기 때문이다. 2009년부터 중국과 전략대화 관계를 수립하여 확대시키고 있는 미국은 중국의 부상을 필연적으로 받아들이되 중국과의 대립을 목적으로 해서는 안 되고 중국이 국제체제에 협조하고 참여하도록 유도하는 방향으로 정책방향을 잡고 있는 것으로 보인다. 미국은 동아시아와 정치, 군사, 경제 모든 면에서 기존의 위상을 유지하고 적극 활용할 것으로 보인다.

동남아에 대한 외부세력, 특히 중국과 일본의 영향력 확대는 동남아에 새로운 환경을 만들어 내고 있다. 동남아와 중국의 관계는 지리적 근접성과 더불어 오랜 역사를 공유하고 있다. 태평양전쟁 이후에도 중국은 신생독립국인 동남아 국가들의 정치체제 형성에 많은 영향을 미쳤고, 경제적으로는 동남아 화인(華人)과 연계된 중화경제권 형성에 주목하고 있다. 정치적으로 중국은 동남아인들이 중국에 대해 가지고 있는 뿌리 깊은 불안감 때문에 상당히 조심스런 접근을 하고 있다. 그러나 남중국해에 대한 중국의 영유권 주장과 군사력 시위는 동남아 각국의 우려를 증폭시키고 있다. 1975년부터 1978년까지 캄보디아 폴 포트(Pol Pot)정권에 대한 중국의 지원, 1978년 베트남의 캄보디아 점령에 대한 1979년 초 중국의 베트남 침공, 1980년대 캄보디아 사태에서 중국의 크메르 루주 지원, 1990년대 이후 중국의 미얀마에 대한 영향력 확대 등 동남아 각국이 중국에 대해 갖는 위협인식은 상당히 깊게 자리 잡고 있다.

한편 중국경제의 급속한 성장은 값싼 노동력에 비교우위를 가지고 있는 동남아지역 산업의 경기를 상대적으로 위축시켰다. 서구자본의 투자도 동남아에서 중국지역으로 옮겨 갔고, 동남아 화인 자본도 중국으로 집중되면서 동남아 각국이 느끼는 중국의 위협감은 더욱 높아졌다. 동남아인들의 시각에서 가장 편안한 중국이란 지난 시대처럼 중국이 국내 문제에 집중할 수밖에 없는 상황에 놓이는 것이다. 국내문제가 해결되고 하나의 중국이 질서를 잡아갈수록 경제력과 군사력을 국경 밖으로 분출시키려 한다는 것이 동남아인들이 우려하는 오랜 중국관이다. 이러한 맥락에서 인도네시아와 말레이시아는 오래 전부터 베트남을 동남아지역의 테두리에 통합함으로써 중국에 대항하는 완충지역으로 삼고자 했다. 베트남이 1995년 아세안에 정식 가입하게 된 배경은 이런 동남아 국가들의 전략적 계산이 깔려 있는 것이기도 하다.

일본은 동남아인들에게 태평양전쟁 당시 잔혹한 지배의 기억으로 남아 있다. 그러나 역설적으로 오랜 서구 식민열강들의 지배를 일거에 몰아내고 독립의 계기를 만들어 준 놀라운 존재로 인식하는 양면성을 갖고 있다. 대동아 공영권 건설을 꿈꿨던 일본의 전쟁행위는 많은 동남아인들에게 종족과 지역에 따라 다른 시각으로 해석되었다. 화인들과 필리핀인들에게는 학살과 탄압의 상징으로 각인된 반면 미얀마와 인도네시아인들에게는 서구 식민주의의 고리를 끊어주고 독립운동의 조직을 만들어 준 존재로 간주되었다. 오늘날의 일본은 대규모 해외원조와 민간투자 제공국으로 동남아 경제에 활력을 주는 엔진으로 평가된다. 군사력으로 점령하지 못했던 동남아를 일본은 피 한 방울 안 흘리고 경제력으로 재점령했다는 말을 들을 정도로 동남아 경제에 대한 일본의 영향력은 매우 크다. 상대적으로 일본은 동남아에 대한 안보역할을 맡고 있지 않고, 동남아 국가들도 그와 같은 역할을 기대하지 않는다. 다만 미일안보조약의 범위에서 동남아 국가들은 일본이 미군의 주도하에 인도양과 태평양을 잇는 해상수송로의 안전을 확보하는 데 일정 역할을 수행하는 것은 기대하고 있다. 일본이 만약 자국의 무역통로를 지킨다는 명분으로 해군력을 동남아지역에 투입한다면 중국이 바로 대응전력을 투입하는 상황이 벌어질 것이기 때문에 일본의 군사력 증강은 동남아 국가들의 안보에 해를 미칠 수 있다. 일본과 중국의 군사력이 남중국해에서 경쟁적으로 증강 배치되는 상황은 동남아 국가들이 가장 우려하는 것이고, 이러한 사태를 막기 위해 동남아 국가들은 미국의 동남아지역에 대한 계속적인 군사력 전개를 바람직한 대안으로 보고 있는 것이 사실이다.

이상과 같은 지정학적 상황에 놓여있는 동남아지역에서 동남아 국가들의 대응은 단독 대응, 다자간 대응 및 쌍무적 대응 등 세 가지 차원에서 이루어지고 있다. 동남아 국가들은 독자적으로 두 가지 일을 실천에 옮기고 있나. 첫째, 동남아 국가의 지도자들이 공유하는 국가안보 개념은 성공적인 경제발전이라는 확신이다. '탄력성(Resilience)'으로 요약되는 이 신념은 사회안정, 경제성장과 국가능력을 포괄하는 개념으로 싱가포르가 창안하여 그 후 모든 아세안 국가들의 기본안보개념으로 정착되었다. 동남아 국가들은 경제성장과 근대화를 우선시하는 정책을 통해 국가안보를 지킨다는 생각을 갖고 있다. 이렇게 된 원인은 동남아 국가들이 외부적인 안보위협보다는 국내적인 사회균열로 인해 안보가 위협받았다는 현대사의 아픈 경험이 배경이 되었다. 둘째, 동남아 국가들은 군사력에 꾸준한 투자를 하고 있다. 개별적인 군사력 증강은 주요 무기 구입의 확대로 나타났다. 인도네시아의 독일로부터의 군함 구매, 말레이시아의 미국으로부터의 F/A-18과 러시아로부터의 MIG 29 구매, 싱가포르와 인도네시아, 태국의 미국으로부터의 F-16구매, 태국의 중국산 탱크와 장갑차 구매, 독일산 헬리콥터, 미국산 해상초계기 구매 등 해외 무기구입 목록은 계속 늘어가고 있다. 그러나 이러한 경향을 지역내 국가 간 군비경쟁으로 보는 것은 무리가 있다. 동남아 국가들은 그동안 국내반란세력 진압작전에 한정되던 낙후된 군사력을 경제력을 이용하여 현대화된 전략을 구사할 수 있는 군구조로 개선시키기 위해 노력하고 있는 중이다.

동남아지역안보를 위해 동남아 국가들이 다자적으로 협력하는 것은 괄목할 만한 발전이다. 아세안의 활동이 가장 눈에 띄는 부분인데 1967년 방콕선언으로 창립한 이래 아세안은 회원국 간 경제, 사회문화 협력 증진에 목표를 두고 정치적 협력관계를 발전시켜왔다. 아세안은 초창기부터 군사안보동맹체가 아님을 여러 차례 강조했지만 안보협력 목적이 바탕에 깔려 있음을 부인할 수는 없다. 사회문화 교류와 경제협력이라는 공표된 목적은 오히려 기대에 미치지 못한 측면도 있지만 암묵적 목적이던 정치협상과 안보협의는 주변 정세의 변동과 함께 상당한 발전을 보인 것이 사실이다. 아세안 회원국 간 협의와 조정에 의해 지역분쟁문제를 평화적으로 해결해 나가자는 국가지도자들의 생각은 성공적인 결과로 나타났다고 평가된다. 아세안은 회원국 지도층의 정기적인 회담과 정책조정 기능을 수행하였고 이러한 제도의 정착은 회원국의 무력충돌 가능성을 거의 소멸시켰으며, 협상이 난항을 이룰 경우 시간을 두고 기다린다는 아세안 방식(ASEAN Way) 같은 동남아적인 협상유형도 도움이 되었다. 아세안이 지역안보문제에 관해 자신감을 갖게 된 계기는 1980년대 캄보디아사태에 대해 유엔에서 보여 준 단결된 협상력과 성공적인 외교적 결과를 통해서였다. 아세안이 군사조약기구는 아니지만, 회원국들은 여러 분야에 걸쳐 오랫동안 양국 간 군사협력을 실시해 오고 있다. 말레이시아와 태국의 국경지역에서의 군사작전 공동실시, 필리핀과 인도네시아의 밀수 단속을 위한 군사협력, 싱가포르와 인도네시아의 해적행위 공동단속 등 다양한 차원에서 양자간 군사협력이 진행되고 있다.

1990년대 초 아세안은 안보문제를 공식적으로 아세안의 의제에 올리기로 합의하고 각료회의에 고급 장교들의 배석을 허용하였다. 동시에 연례 아세안 외교장관회담은 아세안 대화상대국들인 미국, 한국, 일본, 캐나다, 호주, 뉴질랜드, 유럽연합 등과 안보문제를 의제에 포함시킬 것을 결의했다. 1993년 대화상대국은 러시아, 중국과 인도로 확대되었다. 대화상대국과의 공식회담과 별도로 비공식 회담과 학자와 정책연구기관 관계자들이 참가하는 회의도 여러 분야에서 개최되고 있다. 아세안 회원국들의 지역안보문제에 관한 다자간 협의체 구성노력은 아세안지역포럼(ARF: ASEAN Regional Forum) 설립으로 결실을 맺었다. 1994년 7월 1차 아세안지역포럼이 방콕에서 개최되었고, 미국, 중국, 러시아, 일본, 한국 등 18개 아시아-태평양권 국가들이 참여하였다. ARF는 연례회의를 거듭하면서 지역안보문제로서 예방외교, 대량살상무기 확대 방지, 정치군사적 신뢰구축조치 실현 등 구체적인 안보문제를 논의하는 아태지역 유일의 안보협의기구로 위상이 정립되었다. ARF를 통해 아태지역 국가들은 남중국해문제 등 여러 나라가 개입된 지역안보문제를 평화적으로 해결하기 위한 방안을 모색하기 시작했다. 그렇지만 ARF가 군사협력기구로 발전될 가능성은 희박하고 아세안도 그러한 기대는 하고 있지 않다. 아태지역은 유럽과 달리 역사적으로 복잡하게 얽혀 있는 양자간, 다자간 문제들이 산재하기 때문에 군사안보협력체제를 구성하기가 어려운 실정이다. 동남아 국가들이 가지고 있는 비동맹의 이념적 지향도 군사동맹으로의 발전을 근본적으로 어렵게 하고 있다. 다만 지역안보문제를 공동으로 협의하는 가운데 상호간 이해의 폭을 넓히고 지역문제의 평화적 해결방안을 모색하는 데서 ARF의 의의를 찾고 있다고 보면 될 것이다.

제3장
동남아의 역사

동남아 역사의 해석

역사는 현재를 보여주는 렌즈와 같다. 수많은 과거의 시간이 압축되어 지금의 모습을 비춰준다. 그래서 역사를 공부하는 것은 어느 지역을 살펴보기 위해서도 반드시 필요한 기초과정이다. 세계사의 흐름 속에서 동남아시아는 그들의 전통을 구축하려는 노력과 외부로부터의 영향이 끊임없이 상호 작용하면서 많은 인물과 사건을 만들어 낸 역사를 가지고 있다. 동과 서, 남과 북으로 대륙과 바다를 통해 사방으로 트인 지리적 특징으로 인해 동남아는 문명의 통로이자 교차로 같은 역사의 특징을 축직해 왔다. 고내로부터 인노와 숭국과의 뿌리 깊은 관계, 근대 이후 서양세력의 진출과 식민지배, 현대의 독립국가 건설과 개발 속에서 동남아 사람들은 자신들의 사회문화적 정체성을 만들고 지켜왔다. 앙코르와트와 보로부드르사원, 버강의 파고다를 보며 화려하고 웅장했던 동남아의 옛날이 궁금해진다. 세상의 온갖 종교가 들어온 동남아를 보며 공존의 미학이 흥미롭다. 의존성과 독립성, 유연성과 선별성이 동남아 역사 속에는 다양하게 넘쳐나고 있다.

동남아는 인위적인 지리적 표현 이상의 의미를 지니고 있다. 동남아는 종족과 언어적 지방주의, 경제적 불균형, 민족국가 건설, 인도·중국·이슬람과 서구로부터의 영향 등 공통으로 갖고 있는 조건과 과정이 있다. 이러한 배경에서 동남아 역사에는 역사를 관통해 흘렀던 동남아적인 독창성과 일관성이 있다. 물론 그 반대의 시각으로 동남아 역사를 의존성과 변화성을 가지고 설명할 수도 있다. 윌리암즈(Williams,

1976)는 전 동남아에 걸친 기후와 해양학적 특성 및 고지대와 저지대간 대칭 등 생태학적 동일성을 지적하며 동남아 역사의 대부분이 외부 영향에 의존하였다는 주장을 비판한다. 대신 그는 동남아가 문화적으로 외부세력에 흡수당하지 않고 오히려 문화의 교차로에서 외래문물을 지속적으로 흡수해 들였던 능력을 높이 평가한다. 동남아의 고대 사회가 인도와 중국, 이슬람세계로부터 수입한 문화의 소규모 복사판에 불과하다는 생각은 편협한 시각이라고 비판하며 동남아 전체 역사를 식민이전 시대의 지반 위를 탈식민시대의 동남아 역사라는 강이 흘러가고 있는 것과 같다고 묘사한다. 윌리암즈는 동남아의 문화적 유사성이 정치적으로 분열적인 식민주의와 민족주의에서도 살아남았다고 주장한다. 그는 촌락공동체 생활양식의 동질적인 지속을 동남아 역사의 대표적인 특징으로 설명하고, 개별적인 가치관을 인정하면서 '다양성 속의 동일성'이라는 개념과 내부적 조건과 행위자들의 지속적인 중요성을 강조하며 동남아 역사를 해석한다.

이에 반해 캐디(Cady, 1974)는 외부 영향이 동남아지역을 변화시킨 힘이었다고 강조하며 의존성과 변화성 시각으로 동남아역사를 해석한다. 식민주의가 동남아에 경제적으로 도움이 되었고, 서구식 모델을 따라 경제발전을 하는데 실패한 원인은 동남아 사회에 뿌리내린 나태한 문화심리적 요인이라고 설명한다. 그는 동남아 사회를 내부적으로 관찰하지 않고 정치엘리트들의 행위에 초점을 맞춘 서구 근대화론의 시각으로 들여다봄으로써 동남아의 독창성을 처음부터 배제하고 있다. 동남아에 대한 서구학계의 연구는 동남아의 변화를 외부간섭의 탓으로 보거나 아니면 정반대로 고유전통의 지속에 초점을 맞추는 두 가지 경향이 공존하고 있다. 이러한 사실은 서구세력의 침투가 갖는 강력한 활력을 강조하면서도 그러한 힘이 문화적으로 내재된 전통을 끝내 이길 수는 없다는 견해를 모두 포괄하고 있음을 보여준다. 역사적 사실은 학자들 간에 의견이 일치하기 어려운 질문을 계속 불러일으킬 수밖에 없다. 이는 잔의 물이 반이 비었고 동시에 반이 차있다고도 말함으로써 같은 주제에 대해 전혀 다르게 느끼게 만드는 것과 같다.

이런 맥락에서 오스본(Osborne, 2000)은 독창적 지속과 의존적 변화 사이의 해석을 절충해주고 있다. 그는 상이한 역사적 해석의 균형을 맞추려 노력하며 제2차 세계대전 이래 동남아 연구가 독자적인 주체로 자리 잡았고 더 이상 '작은 인도'나 '작은 중국'이 아니라고 말한다. 그는 동남아지역의 지리적, 종교적, 경제사회적 이질성은 존재하지만 동남아를 하나의 전체로 취급할 수 있는 피식민경험과 그로부터 파생된 문제점들을 지적하며 독창적인 지속 시각으로 해석한다. 또한 18세기를 유럽인들의 영향력으로 상대적으로 미미했던 과거와 유럽인들이 점차 이를 변화시킬 수 있었던 시대 사이의 분수령으로 보며 의존적인 변화 시각으로 해석한다. 영토적 식민주의로부터 경제사회적 식민주의로 전환해 가는 과정을 의존적 변화의 과정으로 보고, 제2차 세계대전 중 일본의 군사점령은 현대의 가장 큰 변화의 분수령으로 평가한다. 그의 동남아 역사해석은 다양한 동질성과 연속적 변화를 번갈아 오가는 설명방식으로 전개되고 있다. 그는 변화에 저항하는 지속성은 있게 마련이고, 각각의 상대적 중요성에 대해 의견이 다를 수 있다고 말한다. 예를 들어, 동남아의 근대적 행정체계는 전통시대의 모습과는 근본적으로 다르다. 이런 변모와 함께 정치지도자들도 점차 서구화된 사고방식을 갖게 된다. 그렇지만 오스본은 변화와 변형이 동남아 국가들을 단지 세계의 어느 부분을 그대로 판에 박듯이 복사해 놓은 것은 아니라고 결론짓는다. 동남아지역 자체의 역사적 특징을 인정함으로써 그는 중간적인 해석의 입장을 견지한다. 이러한 절충적 시각은 극단적인 시각에서 비롯된 지나친 단순화를 극복하는 길이라고 생각한다.

동남아 역사의 구분

동남아의 역사는 크게 세 시기로 구분하여 보는 것이 이해하는 데 좋다. 식민시대(Colonial Period)를 가운데 놓고 그 이전 시기를 전통시대(Classical Period), 식민시기 이후를 독립시대(Independent Period)로 구분한다. 식민시대는 포르투갈과 스페인을 시작으로 서양세력이 동남아에 들어와 1511년 포르투갈이 말레이반도에 있던 말라카왕국을 점령하고 식민지를 세운 시점부터 시작된다. 그 후 4세기 반의 서구 식민지를 겪고, 일본의 점령이 종식된 1945년을 식민시대의 끝으로 규정한다. 그 후 대부분 식민지였던 동남아지역은 개별 국가로 독립하게 되는데, 이는 한국의 독립과 국가건설과정과 같은 현대에 해당된다.

전통시대 동남아

전통시대 동남아의 국가와 사회관계는 만다라(mandala, 산스크리트어로 일련의 동심원이란 뜻)형태로 발전되었다. 중부 자바의 보로부드르 사원을 공중에서 보면 중앙 탑을 중심으로 물결이 퍼져나가듯이 원을 그리며 퍼져나간 형태로 구성되어 있는데 이러한 모습이 만다라이다. 중국과 인도같이 육지중심사회의 강력한 군사력과 관료 제도를 바탕으로 위로부터 아래까지 계열화된 피라미드 형태의 국가와 사회관계와는 분명하게 대조된다. 만다라 형태의 국가에서는 문화, 경제 및 종교적인

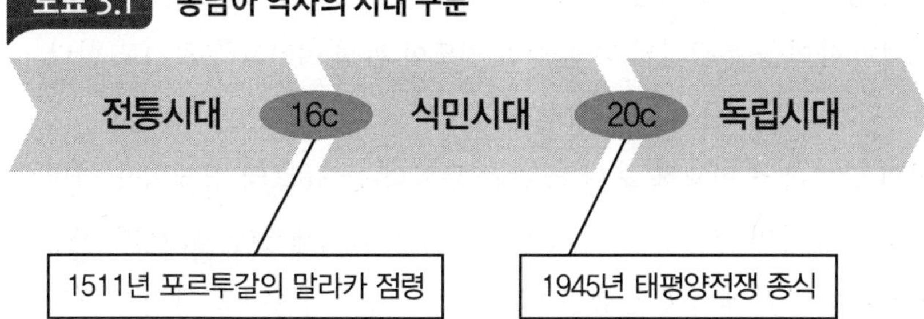

요소가 보다 지배적으로 작용한다. 따라서 피라미드 형태의 국가와 비교해 볼 때 보다 느슨하고 유동성이 강하며 국가의 경계선이 분명치 않은 특징을 갖는다. 불분명한 국가 경계는 광활한 토지에 비해 상대적으로 인력이 부족했기 때문이다. 고대 동남아에서는 국토를 넓히는 것보다는 그 속에서 일할 노동력을 확보하는 것이 훨씬 중요했다. 결과적으로 깊은 고립성과 강한 유동성을 동시에 내포하고 있는 동남아 사회에서 사람들을 강력한 조직에 귀속시키는 질서 있는 피라미드 구조는 뿌리내리기 어려웠을 것이다. 결국 만다라적 구조는 국가의 중앙이 경제와 문화적 유대를 통해 주변을 통제하는 느슨하고 유동적인 관계로 이해하면 된다.

동남아 역사가들은 기원전 150년 이전의 동남아 국가형태를 부족만다라(Chiefdom Mandala)라 부른다. 이러한 초기 형태의 만다라는 대략 기원전 150년과 서기 150년 사이에 보다 규모가 팽창된 공국만다라(Principality Mandala)로 발전하였다. 이러한 만다라의 팽창과정과 관련해 가장 지배적인 역사해석이 인도화 과정이다. 동남아인들은 이 시기에 보다 세련된 인도의 문화적 요소들을 도입해 그들의 국가와 사회를 보다 큰 규모로 발전시켰다. 그러나 힌두교와 불교적인 문화요소의 도입이 두드러진 반면 인도사회의 근간인 철저히 위계적인 신분제도인 카스트는 동남아사회가 도입하지 않았다. 이러한 점 때문에 동남아인들의 창조적인 융합을 부각시켜 '자율적인 인도화 과정'이라고 부르기도 한다.

6세기경부터 등장하기 시작한 제국만다라(Empire Mandala)는 이전의 만다라와 비교해 보다 세련된 문화와 큰 규모의 경제력을 바탕으로 중앙세력의 영향력이 확대된 국가와 사회체제였다. 13세기까지 에야워디강 중부에서 번창했던 버강왕국(Pagan), 수마트라의 빨렘방에서 말레이반도에 걸쳐 번성했던 스리비자야왕국(Srivijaya), 캄보디아 톤레삽지역에서 번창했던 크메르왕국(Khmer)이 대표적인 사례이다. 14세기에 이르러 동남아의 국가와 사회관계는 보다 조직적이고 중앙권력의 영향력이 확대된 왕국만다라(Kingdom Mandala)로 발전해 갔다. 19세기에 들어 서구세력이 동남아를 본격적으로 직접 식민지배하기 전까지 전통 동남아문화의 황금기를 구가했다. 이에 해당하는 왕국은 따웅우왕국(Toungoo, 미얀마), 레왕국(Le, 베트남), 아유타야왕국(Ayuttaya, 태국), 마자빠힛왕국(Majaphahit, 인도네시아), 말라카왕국(Melaka, 말레이시아)을 꼽을 수 있다. 전통시대 동남아의 국가와 사회구조의 특징은 만다라적 형태를 지속적으로 유지하였다. 시간이 흐르며 보다 조직적이고 중앙집권적인 형태를 취했지만 기본적으로 중앙권력이 경제, 문화, 종교적인 유대관계를 통해 주변세력을 통제하는 느슨한 국가사회구조를 유지하고 있었다.

전통시대 왕국들의 역사를 살펴보자. 고대왕국이라고도 부르는 동남아 왕국은 농업생산 중심의 왕국과 무역 중심의 왕국으로 분류해 볼 수 있다. 농업중심 왕국은 미얀마, 캄보디아, 자바 동부 등 삼각주지역과 평야에서 벼농사를 중심으로 하면서 등장했다. 무역중심의 왕국은 수마트라 동남부와 말레이반도 연안을 따라 인도와 중국과의 교역로에 위치하고 몬순 기후를 이용해 상업을 중심으로 하며 나타났다. 동남아지역에 기록상 가장 먼저 나타나는 왕국은 중국식 명칭을 가지고 있는 푸난 (Funan)왕국이다. 크메르어로는 프놈, 즉 산(山)을 의미하는 힌두왕국으로 몬족과 크메르족이 비야다푸르(현재 프놈펜지역)에 세웠다고 전해진다. 인도 브라마신과 코브라와의 관계를 바탕으로 한 신화를 가지고 서기 1세기 경 시작된 푸난은 3세기 초까지 지금의 남부 베트남과 캄보디아, 중부 태국, 북부 말레이시아와 남부 미얀마지역까지 확장되었고 주변과 조공관계를 가진 봉건제도를 가지고 있었다고 한다. 농업왕국이었지만 교역도 활발했다. 산스크리트어를 사용하였고, 힌두교와 불교를 받아들여 인도화된 왕국이었다. 이후 크메르왕국이 등장하면서 13세기까지 함께 동남아 대륙부 역사를 장식한 왕국이었다. 참빠(Champa)왕국은 후난과 동시대에 말레이계에 속한 참(Cham)족에 의해 세위진 왕국이었다. 현재 중부 베트남의 후에(Hue) 근처에서 출발한 참빠왕국은 284년 중국으로 사절을 보냈다는 기록이 있나. 4세기 경 베트남 남부지역까지 세력을 확장한 참빠는 인도화가 시작되어 그 후 1,000년 동안 크메르, 중국, 베트남, 몽고의 공격을 받으면서도 독립을 유지하다가 1471년 베트남의 공격으로 멸망하였다. 그 후 참족들은 메콩삼각주지역과 캄보디아로 흩어졌고 현재도 참족의 후손들은 이 지역에 살고 있다 (하이듀즈, 2012).

전통시대 동남아 대륙부를 대표하는 왕국은 크메르(Khmer)왕국이다. 푸난왕국을 계승하였다고 하지만 푸난인과의 연계는 불분명하다. 7세기 경 푸난을 제압하며 등장한 크메르왕국은 푸난의 조공국이었던 쩐라(Chenla)까지 흡수하며 캄보디아 씨엠립을 중심으로 동남아의 제국으로 발전하였다. 크메르왕국은 기본적으로 농업왕국이었지만 수마트라의 스리비자야왕국과 자바의 사일렌드라왕국과 해상교역을 놓고 경쟁을 벌이기도 했고, 중국 당나라와도 교역을 했다. 802년부터 850년까지 크메르의 왕이었던 자야와르만 2세(Jayavarman II)는 침략한 사일렌드라를 격퇴하고 크메르인들을 단합시켜 크메르왕국의 토대를 만들었다. 도시라는 뜻을 갖고 있는 앙코르(Angkor)로 수도를 이전하고 서부와 북부 지역으로 영토를 확장하였다. 자신을 시바신의 분신으로 여기고 우주의 지배자로서의 데와라자(devaraja, 神王)의식을 거행하였고, 앙코르를 힌두교의 우주론에 기초해 건설하였다. 크메르는 시바만을 경외한 것이 아니고 비시누와 부처도 같은 사원에서 모시는 힌두-불교의 전통을 만들었다. 이는 힌두교의 다면성에서 볼 때 당연한 것이었다. 국왕을 나타낼 때 시바와 비시누의 화신으로서의 아바타(avatars)방식으로 표현하기도 하고, 바욘(Bayon)사원의 불상과 같이 보살인 보디삿타(bodhisattva)방식으로 나타내기도 했다. 한마디로 크메르왕은 모든 신성한 권위의 중심이며 질서의 유지자, 종교의 후견자였다. 크메르사회는 다양한 계층과 직업으로 분화되어 있었다. 상당한 중앙집중식 관료제가 발달했고 중국과의 관계도 유지하고 있었다. 당시 크메르의 모습은 원나라 사신이던 주달관(周達觀)이 1296~1297년 약 1년 동안 체류하고 나서 돌아가 쓴 진랍풍토기(眞臘風土記)에 자세히 묘사되어있다 (주달관, 2013). 크메르왕국은 발달한 관개영농을 하고 있었는데 지금도 거미줄 같은 수로와 거대한 인공 저수지(Baray), 물자 운반을 위한 운하의 자취가 남아있다. 크메르인들은 톤레삽호수의 물을 이용하여 국력의 원천으로 활용하였다.

　크메르왕국은 자야와르만 2세를 거쳐 야소와르만 1세(889~900년)에 앙코르왕국의 기초를 다졌고, 수르야와르만 1세(1002~1050년)에 현재 태국지역까지 세력을 확장하고, 수르야와르만 2세(1113~1150년)는 크메르왕국의 상징이자 가장 유명한 사원인 앙코르와트(Angkor Wat)를 만들고 현재 미얀마와 베트남지역까지 국토를 확장하였다. 자야와르만 7세(Jayavarman Ⅶ, 1181~1219 년)는 불교사원인 바욘사원과 왕궁을 중심으로 앙코르톰(Angkor Tom)을 완성하였다. 자야와르만 7세 시절은 앙코르왕국의 최대 번영기였다 (최병욱, 2006).

이후로 앙코르는 막대한 건설의 후유증을 앓으며 쇠퇴의 길로 접어들었다. 참빠 등 주변과의 전쟁이 빈번했다. 태국인들이 짜오프라야강을 따라

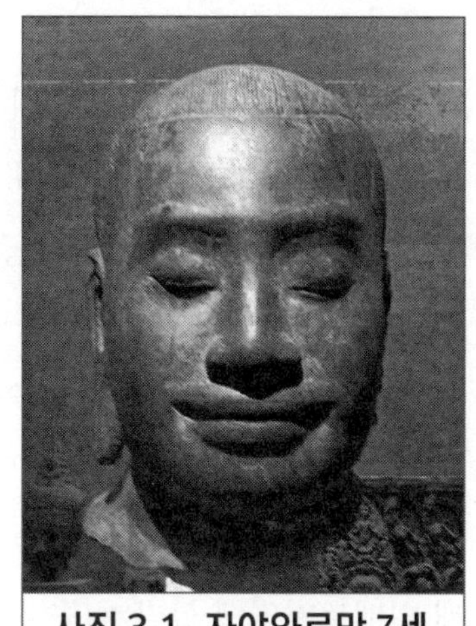

사진 3.1 자야와르만 7세

남하하며 1291년 수코타이왕국을 세우면서 대륙부 세력이 변화하기 시작했다. 세력이 급속히 약화되던 앙코르왕국은 1431년 태국의 아유타야가 앙코르를 점령하면서 종막을 고했다. 그 후 앙코르를 남겨두고 떠난 크메르인들은 톤레삽호수를 따라 내려가 지금의 프놈펜에 도착해 과거에 비해 훨씬 약해진 상태로 왕국을 세웠지만 늘 태국과 베트남 세력

사진 3.2 앙코르와트

사이에 낀 소규모 왕국으로만 명맥을 유지하였다. 크메르왕국이 전통시대 동남아시아 사회문화에 미친 영향은 지대하다. 지금도 씨엠립을 중심으로 흩어져 있는 앙코르의 엄청난 유적들은 크메르인의 자부심이자 동남아의 전통을 보여주기에 충분하다.

동남아 대륙부에서 인도문명을 최초로 접했던 종족은 몬(Mon)족이었다. 몬족은 중부 미얀마지역에 거주하다가 기원후 남부 버마와 서부 태국지역으로 이동하면서 인도로부터 힌두교와 관련 문물을 배웠고 다시 다른 종족들에게 전달하는 역할을 했다고 알려져 있다. 버마족은 원래 티베트지역에 살다가 중국 남서부를 거쳐 미얀마지역으로 진입한 것으로 보인다. 2세기경 미얀마 북부 평야지역에 거주하다가 849년 중부 에야워디강에 버강왕국을 건설하였다. 버강의 어노여타왕(Anoratha, 1004~1077년)은 문화적으로 앞서있던 남부 버마의 몬족을 패퇴시키고 영토를 현재의 버마지역으로 넓혔다. 상좌불교를 국교로 삼고 몬족의 문화와 동화시키면서 몬족 글자를 바탕으로 버마문자를 만들어 버마 최고의 왕으로 존경받았다.

전통시대 베트남의 역사는 중국과의 관계 속에서 성장했다. 중국의 문화는 받아들이되 직접 지배는 배격하는 민족성이 만들어졌다. 장강 남부로부터 중국 한족에게 밀려 남하한 비엣족은 하노이를 가로 흐르는 홍강을 중심으로 거주하게 되었다. 기원전 111년 중국 한나라에 흡수된 이래 서기 939년까지 무려 1,000년간 중국의 지배를 받았다. 이 기간 중국학자들과 관리들이 유입되고 중국 문물이 전수되면서 유교의 절대적인 영향 아래 놓이게 되었다. 5세기에는 중국을 통해 대승불교가 전래되며 7세기 하노이는 불교연구의 중심지가 되었다. 중국의 당나라가 멸망한 이후 베트남에서는 응오쿠웬(Ngo Quyen)이 주도한 중국 격퇴운동이 일어나 939년 다이비엣(大越)이 건립됨으로써 드디어 중국의 천년 지배에서 벗어나게 되었다. 이어 리왕조(李, 1009~1225년)는 중앙집권형 행정을 하며 도로 건설과 체신 사업도 실시했다. 유교사원을 건립하고 관료교육기관을 설립하여 중국식 관료제도를 확립했다.

쩐왕조(陳, 1225~1400년)는 1257년부터 1285년까지 몽골의 세 차례 침략을 베트남 특유의 게릴라전과 소모전을 펼치며 막아냈다. 몽골은 베트남의 지배권을 인정하고 물러났고 중국에 대한 조공을 요구했다. 13세기 몽골의 침략은 동남아의 세력을 흔들어 놓은 중대한 사건이었다. 몽골의 원나라는 동남아지역 왕국들을 약화시킬 의도로 수차례 대규모의 원정군을 보냈고 특히 크메르왕국에 대한 정벌을 목표로 했다. 베트남과 참빠에 대한 공격은 강력한 저항으로 성공하지 못했지만 버마의 버강왕국을 멸망시켰다. 원나라 군대는 바다를 넘어 자바섬끼지 공격해 싱하사리(Singhasari)왕국을 멸망시키기도 했다. 원나라의 동남아 침략은 동남아 왕국들의 유명을 바꾸이 판을 뒤집는 결과를 낳았다. 중국에서 원나라가 폐망하고 명나라가 들어서자 1407년 다시 베트남을 침략하여 정복하였다. 레로이(Le Loi)가 탄호아(Thanh Hoa)지방에서 명나라에 대한 대항군을 일으켜 10년 뒤 명나라 군대를 물리치고 독립을 다시 얻었다. 그래서 시작된 레왕조(黎, 1418~1786년)는 참빠를 정벌하고 라오스지역의 란상왕국을 조공국으로 삼았다. 이 시대 유교화는 6조에 의한 중앙정부 구성과 9등급으로 관료제를 구분하는 등 정도와 깊이에서 전 시대를 초월해 더욱 강력해졌다.

도서부 동남아의 전통시대 왕국은 해상교역을 주로 했던 스리비자야(Srivijaya)왕국과 농업을 주로 했던 자바의 왕국들로 구분된다. 자바는 인도네시아군도의 중앙에 위치하며 수마트라와 해협을 놓고 경쟁하는 관계였다. 서기 7세기부터 천 년간 자바왕국들은 치열한 지역 간 경쟁과 왕국 내 분쟁 그리고 빈번한 지진과 화산폭발로 인한 인구변동으로 인해 10여 개의 왕국이 흥망성쇠를 거듭했다. 자바왕국으로는 사일렌드라 (Sailendra), 마따람(Mataram), 꺼디리(Kediri), 싱하사리(Singhasari), 마자빠힛(Majaphahit)왕국이 대표적이다. 스리비자야왕국은 수마트라 빨렘방을 수도로 7세기부터 13세기까지 해양무역국으로 번성했다. 대륙부의 푸난과 쩐라의 약화로 해양교역권을 차지한 스리비자야는 강력한 함대를 보유하여 말라카해협의 해적을 진압하고 세금을 거두는 등 항구를 중심으로 발전했다. 중국으로부터 도자기와 옥, 비단을, 인도로부터 면직물을, 말루꾸(Maluku)군도의 향신료와 수지, 장뇌를 주요 교역품목으로 거래했다.

사일렌드라왕국은 8세기경 중부 자바에서 푸난의 후손에 의해 일어난 왕국으로 전해진다. 베트남 북부와 참빠, 남부 쩐라까지 공격해 점령하는 등 자바와 대륙부 지역까지 점령한 최초의 왕국으로 알려져 있다. 802년 크메르왕국의 자야와르만 2세에게 다시 대륙지역을 내주고 해상무역은 스리비자야에게 내주며 농업에 치중하는 왕국이 되었다. 사일렌드라왕국은 중부 자바에 있는 세계최대 대승불교사원인 보로부드르

사진 3.3 보로부드르 사원

(Borobudur)사원을 778년 건설하기 시작해 824년 완성하였다. 그러나 850년 왕위쟁탈전의 결과로 사일렌드라왕국은 파국을 맞았다.

마따람왕국은 사일렌드라왕국의 후예들이 929년 수도를 마따람으로 옮기면서 시작되었다. 마따람은 대승불교 대신 힌두교를 숭배하며 쁘람바난(Prambanan)사원을 만들었다. 중국 당나라와 무역을 활발히 전개하고 말루꾸군도의 향료교역에도 참여하면서 스리비자야왕국의 독점에 저항했지만 1006년 스리비자야의 공격으로 마따람왕국은 해체되었다. 마따람은 장갈라(Janggala)와 꺼디리왕국으로 분할되었는데 꺼디리왕국이 더 발전하여 13세기 초까지 스리비자야를 능가하는 교역국이 되었다. 1222년 궁정반란으로 꺼디리왕국이 멸망하자 싱하사리로 수도의 이름을 변경하고 13세기 말까지 자바를 인도네시아의 확고한 중심으로 만들었다. 그러나 싱하사리왕국은 1292년 원나라 쿠빌라이칸의 대규모 침공 앞에 함락되었다.

싱하사리왕국의 후계자 위자야(Wijaya)는 마자빠힛으로 피신하고 말라카에서 돌아온 싱하사리함대를 이용하여 원나라 군대를 격퇴하였다. 위자야는 1294년 마자빠힛으로 수도를 옮겨 마자빠힛왕국을 건설했고 15세기 초까지 인도네시아군도를 통치한 강력한 왕국이 되었다. 마자빠힛왕국 초기 가자마다(Gajah Mada, 1331~1364년)는 위자야부터 그의 손자에 이르기까지 총리 역할을 하며 자바의 통일에 기여한 위대한 정치인으로 기억되고 있다. 그러나 후계싸움과 1402년 말라카왕국의 등장으로 국력이 약화되었고, 네덜란드가 들어오기까지 작은 자바왕국들 중 하나로 위축되었다.

말라카(Melaka)왕국은 1402년 빨렘방의 왕자가 말라카로 도망가서 세운 왕국으로 수마트라의 이슬람왕국들과 관계를 유지하기 위해 이슬람을 받아들이면서 술탄이 되었다. 15세기 중반까지 동남아지역의 중심적인 교역국 위치를 확보하였지만 내부 권력투쟁과 부패로 국력이 매우 약화된 상태에서 1511년 포르투갈의 침략으로 멸망하였다 (양승윤, 1994).

현재 동남아에 존재하는 종교는 전통시대에 외부세계로부터 들어왔다. 동남아 사람들은 피(phi)와 낫(nat)같은 토속정령신앙을 갖고 있었다. 기원전 인도로부터 먼저 힌두교가 들어왔고 이어서 불교가 전래되었다. 힌두교와 불교는 동남아에 대한 인도의 영향을 상징적으로 보여주는 것이다. 전래와 확산의 과정에 대한 역사적 기록은 부족하지만 오랜 시간에 걸쳐 인도로부터 힌두불교와 함께 앞선 문물이 도입되었고 동남아시아 전 지역에 영향을 미쳤다. 인도로부터 들어온 힌두교는 고대왕국의 통치이념을 제공해 준 반면 불교는 힌두교의 개혁 신앙적 교리로 인해 민중을 대상으로 확산되었다. 그런데 유일하게 북부 베트남 지역만은 중국의 영향을 받은 점에 주목해야 한다. 비엣(越)족이 살던 지금의 하노이지역을 기원전 1세기부터 서기 10세기까지 중국이 지배했기 때문에 유교와 도교, 대승불교의 중국문화가 북부 베트남에 깊숙이 자리 잡게 되었다. 중동으로부터 7세기 이후 인도를 거쳐 아랍 상인들을 통해 이슬람교가 전파되었다. 이들은 힌두불교 전통이 강했던 대륙부보다는 흩어져 있는 도서부 섬들에 교역과 함께 15세기까지 이슬람을 적극 전파하였다. 이것이 지금의 말레이시아와 인도네시아 동부, 필리핀 민다나오까지 이슬람이 전해진 배경이다.

동남아에 대한 인도와 중국의 영향

식민시대 이전인 전통시대에 동남아에 미친 중국과 인도의 영향을 살펴보는 것은 동남아의 사회문화 구조를 이해하는 데 중요하다. 동남아문화를 논할 때 고대로부터 중국과 인도로부터의 문화적 영향을 강조하는데 이것은 마치 동남아문화가 외래문화에 의해 완전히 종속되어 있다는 인상을 주기도 한다. 그러나 동남아문화는 대전통(大傳統)으로서의 중국과 인도의 문화적 영향과 더불어 동남아 토착문화인 소전통(小傳統)으로서의 자신들만의 독창적인 문화를 유지하고 있다. 동남아지역은 문화의 교차로라고 표현되고, 동남아문화는 외래문화와 기층문화가 조화롭게 혼재하는 문화의 모자이크 또는 시루떡으로 표현된다. 인도와 중국의 영향을 받았지만 중국과 인도에서 보이는 것과 같은 강한 가부장권은 동남아에서는 발견되지 않으며, 중국과 인도와는 달리 서로 다른 문화적 요소를 배척하지 않고 수용하는 모습을 보여주고 있다. 이러한 특징을 갖고 동남아적인 문화적 중층성과 독창성이 발전되었던 것이다.

오늘날 동남아에서 가장 중요한 세계문화유산인 앙코르와트, 버강의 불교사원들, 보로부드르 사원 등은 고대로부터 인도문화의 영향이 얼마나 지대했는지를 보여주는 예이다. 동남아의 인도화(Indianization)라는 개념으로 부를 정도인데 인도의 영향은 대개 평화로운 접촉을 통해 이루어졌다. 인도는 동남아와 열대성 몬순기후 등 지리적 유사성이 많고, 양 지역 간 상업 거래가 활발하여 인도문화가 동남아로 전래되기 좋은 조건이었다. 한편 인도 대륙 자체에 통일된 왕국이 존재했던 시기가 매우 짧았거나 없었기 때문에 군사력을 사용해 동남아를 침공한 역사도 없었다. 이는 중국이 동남아를 수차례 직접 침공했던 역사와 비교되는 흥미로운 사실이다. 인도문화의 유입은 일차적으로 인도 상인들과 브라만 및 불교 승려, 예술가 등을 포함한 이주민들에 의해 수행되었을 것으로 추정된다. 특히 전통시대 동남아문명의 중심이었던 캄보디아에 대한 인도문화의 영향은 주로 크메르왕국의 통치술로서 힌두교와 불교와 함께 전래되었다. 동남아로의 인도문화 전파의 핵심은 동남아 왕국에 고용되었던 브라만계층이 힌두교적 세계관을 전달하면서 토착왕권을 강화하는 이념적이고 의례적인 기틀을 제공했던 것이다. 이를 통해 토착지배계층의 세속적인 권력을 정당화하고 강화하는 데 결정적인 기여를 하였다. 예를 들어, 크메르왕국에 신왕(神王)개념, 즉 데와라자(devaraja)개념을 전수하면서 왕권의 신성화를 정당화시켜 주었다. 인도의 영향은 힌두불교의 전파와 더불어 행정, 제도, 문자, 문학, 건축, 예술, 천문, 농업기술 등 전 분야를 망라했다. 지금의 동남아에 넘쳐나는 각종 신화와 설화, 지명과 인명 등을 보면 인도에서 유래된 영향이 얼마나 폭 넓은지 알 수 있다. 한 예로 인도의 라마야나(Ramayana)신화는 대부분의 동남아 나라에서 자신들의 이야기로 각색되어 오늘날까지 공연되고 있다. 싱가포르(Singapore)는 산스크리트어 사자의 싱하(Singha)와 도시의 푸라(Pura)가 합쳐져 만들어진 국명이다. 그렇지만 인도의 카스트제도를 사회제도로 수용하지 않은 것은 동남아인들의 능동적인 문화 선별 능력으로 평가된다.

인도의 교류에는 인도인뿐 아니라 동남아인들도 적극적으로 활동한 것으로 보인다. 특히 상당한 항해능력을 갖고 있던 말레이인들

사진 3.4 인도네시아 발리의 힌두문화

이 인도와의 무역에서 적지 않은 역할을 한 것으로 보인다. 예를 들어, 수마트라의 한 왕이 9세기경 인도로 가는 그의 사신들을 통해 당시 인도의 유명한 불교중심지인 나란다에 불교사원을 건축하였다는 사실에서 이러한 측면이 잘 드러난다. 인도화 과정에서 동남아인들은 능동적으로 필요한 문화요소들을 선별적으로 받아들인 것으로 보인다. 이른바 '두 번째의 인도화'란 개념으로 설명되는 이 과정에서는 이미 인도화된 동남아의 여러 정치중심지들이 수용된 인도문화를 동남아의 여러 지역으로 수정시켜 전파하는 역할을 했다는 것이다. 그리하여 10세기 이전에 힌두화된 몬족들이 크메르인과 버마인들에게 예술과 정치 분야에서 인도문화를 전달했고, 13~15세기에는 크메르인들이 타이인들에게 고도로 발달한 힌두문화를 전수했던 것이다.

동남아의 전통시대에 대한 중국의 영향(Sinicization)은 주로 베트남에 한정되어 있다. 베트남은 기원진 111년에 숭국에 의해 정복당한 이후 서기 939년까지 천년을 중국 지배에 있으면서 중국문화가 베트남 사회에 깊이 스며드는 결정적인 배경이 되었다. 중국과의 접촉 초기부터 상인, 군인, 관리, 학자와 승려 등 다양한 계층의 중국인들이 북베트남 지역에 들어와 토착주민들과 혼인하고 중국문화를 전수하면서 베트남의 민족적 요소에 중국의 자취를 깊이 심어놓게 되었다. 일상적인 생활양식부터 법규와 행정체계에 이르기까지 중국의 관습과 기술이 베트남 사회에 이식되었으며, 중국을 통해 대승불교와 유교의 전통도 각인되었다. 정치철학으로서의 유교는 중국의 통치기간뿐 아니라 독립을 이룬 이후에도 적극 수용되었는데 그 이유는 일차적으로 그들이 중국의 정치제도의 효율성을 인정했기 때문으로 보인다. 특히 사회질서와 우주와의 조화를 강조하며 국가의 윤리적 구심점으로서의 왕권을 지지하는 유교의 정치철학은 베트남 관료사회의 지배이념으로 자리 잡았고, 사회윤리

규범으로서의 기능도 수행하였던 것이다 (유인선, 2002).

사회문화적으로 베트남에 지대한 영향을 미친 중국은 반면에 정치군사적으로는 전체 동남아에 막대한 영향을 미쳤다. 중국의 군사적 침략은 동남아 고대왕국의 흥망과 종족의 이동에 결정적 영향을 미쳤다. 특히 13세기 원나라와 15세기 명나라의 침공은 동남아의 정치판도를 뒤집어 놓는 계기가 되었다. 13세기 몽골족의 원나라는 당시 미얀마의 버강왕국과 베트남의 리왕조를 멸망시키고 자바섬까지 원정하였다. 원나라의 동남아 침공은 대륙부 동남아의 주요 종족의 이동에도 영향을 미쳤다. 버마족과 비엣족의 세력이 원나라로 인해 주춤한 사이 중국 서남부 지역에 있던 타이족이 그 틈을 타고 짜오프라야강을 따라 내려오는 계기가 되었다.

중국은 제국이 중원에 세워질 때마다 힘을 발산하여 동남아에 대한 군사적 침공을 감행했다. 그렇지만 대부분의 경우 동남아 왕국들의 통치자들과 조공관계를 수립하여 세계의 중심으로서의 중국의 위상을 확보하면서 동남아 국가들과 외교관계를 유지하고자 하였다. 예를 들어, 7세기부터 13세기까지 번성했던 해상무역왕국 스리비자야가 10세기 후반부터 11세기 말까지 중국에게 빈번한 조공사신을 파견한 것은 중국과의 무역에 대한 관심뿐 아니라 당시 자바와의 전쟁에서 중국의 지지를 확보하기 위한 외교적 노력이기도 했다. 15세기 초 말라카왕국은 북경에 사신을 보내 자신의 해상무역을 방해하는 태국의 군사적 위협에 대해 명나라정부의 개입을 요청하기도 했다. 동남아 왕국과 중국과의 관계는 상업적, 외교적 측면에서 일찍부터 동남아에 이주했던 중국인들의 역할이 컸다. 이들은 대부분 남중국해를 무대로 활동했던 중국상인들로서 일부는 동남아 왕국의 관리로 고용되기도 하면서 동남아와 중국과의 외교에 많은 역할을 했다. 오늘날 동남아 인구구성에 중요한 축을 형성하고 있는 화인(華人)들은 수백 년에 걸친 이주와 정착 그리고 동화의 과정을 통해 중국문화 전달에 중요한 역할을 하였다.

식민시대 동남아

식민시대를 들여다보면 식민시대가 동남아에 남긴 유산이 무엇인지, 그것이 독립 이후 동남아의 현재에 어떤 영향을 미치고 있는지 알게 된다. 16세기부터 20세기 중반까지 이어진 동남아의 식민시대는 다시 3시기로 나누어 살펴보는 것이 이해하기 좋다. 동남아 식민시대의 1기는 16세기부터 18세기까지이고, 2기는 19세기부터 1870년까지, 3기는 1870년부터 태평양전쟁이 종식된 1945년까지로 나눈다. 1511년 포르투갈의 알부케르크(Alfonso de Albuquerque)가 말라카왕국을 점령하면서 시작된 동남아 식민시대 1기는 18세기까지 이어진다. 3백년에 달하는 이 기간 동안 사실 유럽인들은 동남아에 특별한 영향을 미치지는 않았다. 해안을 따라 이루어진 향료 교역과 같은 상업적 목적이 주였다. 그러나 예외적으로 스페인의 필리핀에 대한 가톨릭 전도와 문화적 침투의 영향은 아주 컸다. 식민시대를 서구 식민세력별로 주도했던 시기를 중심으로 보면, 16세기는 제일 먼저 동남아에 도착한 포르투갈과 스페인의 시대였고, 17세기는 네덜란드의 시대, 18세기부터 19세기까지는 영국과 프랑스의 시대, 그리고 20세기 이후에는 미국이 추가되었다.

식민시대 1기

유럽이 백년전쟁(1337~1453년)의 후유증으로 분열되어 있던 15세기,

스페인과 포르투갈은 오랜 아랍세력의 지배를 물리치고 제일 먼저 유럽에 통일왕국을 세우게 된다. 대서양으로의 진출을 본격화한 스페인은 1492년 콜럼버스의 신대륙 발견을 이뤘고, 포르투갈의 바스코 다 가마(Vasco da Gama)는 1498년 아프리카대륙의 남단 희망봉을 돌아 아시아로 나가는 항로를 개척했다. 아시아 항로는 아시아의 향료와 비단을 육로로 가져오는 비용을 획기적으로 감소시켰다. 이로 인한 이익은 10~30배에 달했다고 한다. 스페인과 포르투갈은 1494년 교황 알렉산더 6세가 중재한 또르데시야스조약(The Treaty of Tordesillas)을 맺어 대서양의 아조레스군도를 기준으로 서쪽 1,300마일의 남북 경도를 따라 서쪽으로 스페인이, 동쪽으로 포르투갈이 진출하도록 결정했다. 포르투갈은 이 조약에 따라 아프리카 서해안을 내려가 희망봉을 돌아 인도양으로 나오게 되고, 1511년 말라카왕국을 점령하여 말라카해협을 거쳐 말루꾸군도의 향신료를 독점하였다. 대서양 서쪽으로 나가게 된 스페인은 콜럼버스가 발견한 아메리카 대륙에 본격적으로 진출하였다. 스페인 국왕에게 3척의 배를 빌린 마젤란(Ferdinand Magellan)은 1520년 세계일주 항해에 나서고 남아메리카 남단을 돌아 태평양으로 나와 1521년 필리핀 막탄에 도착했다. 마젤란은 라푸라푸추장과의 전투에서 사망했지만 남은 부하들이 항해를 계속해 1522년 스페인으로 돌아옴으로써 세계일주를 완성하였다.

마젤란의 필리핀 도착과 관련해 흥미 있는 얘기가 있다. 필리핀 막탄섬에 가면 세 개의 기념비가 있다. 스페인이 마젤란의 필리핀 도착을 기념하기 위해 19세기에 세운 비문에는 "하나님, 스페인과 페르디난드 마젤란에게 영광을 …"로 라는 글귀가 새겨 있다. 스페인 사람들이 자신의 조상에 대한 존경을 표현하려는 의도가 담겨있다. 1898년 이후 필리핀을 지배하게 된 미국은 1941년 스페인이 세운 기념비 옆에 또 다른 기념비를 세웠다. 거기에는 "마젤란이 1521년 4월 27일 이곳에서 라푸라푸 추장과의 교전에서 부상을 입고 죽었다. 그의 부하 후안 세바스찬이 하나 남은 배를 타고 5월 1일 출발하여 1522년 9월 6일 스페인 바라메다의 산 후안에 도착하여 세계일주 항해를 성공했다"라는 사실관계를 확인하는 중립적인 내용이다. 마지막 기념비는 필리핀 독립 이후 1951년 필리핀 사람들이 세운 기념비가 있다. 거기에는 "라푸라푸추장이 1521년 4월 27일 스페인의 침략자들을 이곳에서 물리치고 그들의 지도자 마젤란을 죽였다. 라푸라푸는 유럽의 침략을 물리친 최초의 필리핀인이다"라는 내용이 새겨져 있다. 이 세 개의 기념비를 통해 같은 내용이 누구의 시각으로 보느냐에 따라 전혀 다른 역사해석을 하게 된다는 것을 발견하게 된다. 결국 역사란 과거에 대한 하나의 설명만으로 정리될 수 없는 것 같다.

이후 태평양 항로를 따라 들어온 스페인은 아메리카 대륙과 함께 필리핀을 빠르게 식민화했다. 1529년 스페인과 포르투갈은 사라고사조약(Treaty of Saragosa)을 맺어 스페인이 인도네시아 말루꾸군도에 대한 권리를 포기하는 대신 포르투갈은 스페인의 필리핀 정복을 승인하는 거래를 했다. 스페인은 1571년 마닐라를 점령하고 요새를 만들며 필리핀 지배를 확대해 나갔고 그 지배는 미국에 패한 1898년까지 이어졌다. 그런데 필리핀이 동남아 여타 지역에 비해 역사적 관심을 받지 못하고 중심에 서지 못한 이유가 있다. 우선 필리핀 도서지역은 유럽인들이 원하던 향료나 상품이 생산되는 지역이 아니었다는 점이다. 그 다음 이유는 지리적으로 접근하기 어려웠다는 점인데, 산재한 수많은 섬의 불편함과 늘 태풍이 불어대는 바다의 상황이 당시 범선들로는 접근을 곤란하게 했다는 점이다. 그래서 스페인은 필리핀의 자원을 개발하기보다 중국과 남미를 잇는 교역로의 중간기항지로 삼았다. 중국의 비단과 도자기를 남미를 거쳐 스페인 본국으로 보내고, 대신 남미로부터 은을 가져와 수익이 높은 중국에 파는 중계기지로 이용했다.

한편 스페인과 포르투갈이 본격적인 대항해시대를 열었던 15세기말보다 70여 년 앞선 15세기 초 중국 명나라는 당시 세계에서 가장 앞선 문물을 가지고 있었다. 1368년 건국한 명나라 영락제의 명령을 받은 정화(鄭和, Zeng He)는 1405년부터 1433년까지 총 7차례의 해외원정을 통해 동남아시아와 아라비아, 동아프리카까지 진출했다. 당시 정화의 원정은 300여척의 배와 2만 7,000명의 인력으로 구성된 당시로는 세계 최대 규모의 선단이었다. 한꺼번에 1,000명을 태울 수 있는 길이 126m, 폭 62m 크기의 대형 범선들이 항해를 주도했다. 이 범선의 크기는 콜럼버스가 80년 뒤 사용했던 산타마리아호보다 길이가 4배 이상 컸다. 정화 함대의 원정은 당시 극도로 발달한 중국의 문물을 과시하고 중국의 우월성을 보여준 시대적 사건이었다. 중국 황제의 위용을 과시하며 교역과 과학 탐사와 해외 조사를 수행하였다. 그러나 명나라는 정화의 항해 이후 내부의 반대와 북방민족의 침공 등을 이유로 더 이상의 항해를 금지시켰다. 이로써 갑자기 태평양과 인도양에서 중국의 선단은 모습을 감추게 되었다. 중국이 더 이상 항해에 나서지 않자 70년 후 포르투갈과 스페인의 대항해시대의 문을 열어주는 역사적 분기점을 제공해 주게 되었던 것이다.

16세기 말 포르투갈 세력이 쇠퇴하자 17세기는 네덜란드의 전성기가 시작되었다. 상업에 눈을 뜬 네덜란드인들은 북아메리카에 뉴암스텔담(현재 뉴욕)을 만드는 등 적극적으로 무역에 나섰다. 1595년 네덜란드에 무역을 위한 최초의 주식회사가 만들어지고 1602년 주식회사형태의 합동동인도회사(VOC: Vereenidgde Oostandisch Compagnie)가 설립되었다. 주식으로 자본을 모아 설립한 회사를 통해 식민지 건설에 착수한 네덜란드는 당시 동인도(East Indies)로 불렸던 인도네시아지역 진출을 본격화했다. 이 시기까지 향신료 무역을 독점하기 위한 중상주의 방식의 경쟁이 초기 식민시대의 특징이었다. 필리핀의 마닐라와 자바의 바타비아(현재 자카르타) 등 무역과 관련된 거점을 건설하는 작업도 활발히 전개되었다. 동인도에서 나던 정향과 육두구, 후추 등 각종 향신료는 금과 은에 못지않은 막대한 이윤을 보장하는 교역상품이었다. 1623년 네덜란드 얀 코엔(Jan Coen)총독은 영국의 동인도회사를 인도지역으로 축출하고 동남아의 상권을 장악했다. 1641년 포르투갈이 갖고 있던 말라카를 정복하고 1650년대까지 포르투갈을 도서부 지역에서 밀어내고 태국의 아유타야왕국과 캄보디아와도 연계한 무역로를 개척했다. 네덜란드는 지방의 통치는 토착지배세력에게 맡기고 간접지배를 하면서 교역을 독점하는 방식을 사용했다. 네덜란드는 서부 자바의 반탐과 중부와 동부 자바의 마따람을 정복하고 1770년대까지 자바 전 지역을 지배하게 되었다. 네덜란드 동인도회사는 자바지역에서 사탕수수, 인디고, 커피 재배를 확대해 나갔다. 이 시기는 네덜란드가 주도했지만 서서히 영국과 프랑스도 동남아 식민지 경쟁에 발을 들여놓게 되었다. 1615년 프랑스의 예수회 신부들이 베트남에 수도원을 개설했고, 로즈(Alexander de Rhodes)신부는 성경 포교를 위해 알파벳을 사용해서 베트남어를 표기하는 법을 만들었다. 17세기 중반 팔콘(Constance Phaulkon)은 태국 아유타야왕국의 환대를 받으며 상당한 세력을 얻기도 했다. 18세기 들어 유럽에서는 영국과 프랑스가 강국으로 부상하고 18세기 중반부터 본격적인 산업혁명이 일어나면서 두 국가가 주도하는 식민쟁탈전은 전 세계로 확대되었다. 영국과 프랑스 간 세력경쟁은 동남아지역에서도 본격화되기 시작했다.

식민시대 2기

식민시대 2기인 19세기 초부터 1870년까지는 영국과 프랑스 간 식민지 확대 경쟁의 시기였다. 1795년부터 1814년까지 유럽은 나폴레옹전쟁시기였다. 프랑스 나폴레옹의 네덜란드 점령으로 1798년 네덜란드 동인도회사는 해체되었다. 이로 인해 네덜란드의 동남아 식민지배는 결정적인 타격을 입었다. 이미 인도양을 거쳐 인도에 진출했던 영국은 눈을 동남아로 돌려 1786년 말라카해협의 전략요충지인 삐낭(Penang)을 획득하고, 말라카를 점령하였다. 1819년에는 자바 부총독이었던 래플즈(Thomas Stamford Raffles)가 조호르 술탄으로부터 싱가포르를 양도받아 남중국해로 나가는 동남아 해상로를 완전히 장악하게 되었다. 이로써 영국은 삐낭, 말라카, 싱가포르를 잇는 해협식민지(Straits Settlement)를 완성하였다. 1811년 자바를 점령했던 영국은 나폴레옹과의 전쟁에서 승리하자 1824년 네덜란드와 런던조약을 맺었다. 이 조약에서 영국은 네덜란드의 인도네시아지역에 대한 지배권을 인정해 주는 대신 말레이반도에 대한 지배권을 확보하여 상호 독점적 영향권을 인정하면서 동남아 해상지역에 대한 완벽한 통제권을 장악했다.

영국은 1824년 벵골만으로 침략을 시작하여 3차에 걸친 당시 버마의 꽁바웅(Konbaung)왕국과의 전쟁을 통해 1885년에는 전 버마지역을 식민화하는 데 성공하였다. 1차 영-버마전쟁에서 이긴 영국은 1826년 얀다보조약(the Treaty of Yandabo)을 맺어 버마의 여카잉(Arakan)과 떠닝다이(Tenasserim)지역을 양도받고 100만 파운드의 전쟁배상금을 꽁바웅왕국으로부터 받아냈다. 이후 영국인들은 버마왕궁에 체재하면서 버마를 통해 중국 남서부 지역으로 들어가는 교역로를 탐사하기 시작했다. 영국은 버마를 통해 중국 내륙으로 바로 들어가는 육로를 오래

전부터 열려고 했었다. 버마왕조의 불만이 고조되면서 2차 영-버마전쟁이 1852년 시작되었고 역시 영국의 승리로 끝났다. 버마 남부 지역을 합병한 영국은 계속 중국 내륙과의 연결로에 관심을 가졌다. 이는 인도차이나지역에 발을 들여놓은 프랑스가 메콩강을 따라 중국 내륙으로 들어가는 교역로를 열려고 했던 경쟁과 관련이 깊었다. 1885년 3차 영-버마전쟁의 결과 버마의 중심 만달레이(Mandalay)가 함락되면서 버마 전체는 영국에 합병되었고 꽁바웅왕국의 역사도 끝이 났다. 1897년부터 버마는 인도의 한 주로 편입되어 영국인 고등판무관이 양곤에 상주하며 인도 총독의 직접 통치를 받았다.

한편 인도차이나반도에 대한 진출을 본격화한 프랑스는 1858년 가톨릭교도의 학살을 구실로 3년간 베트남 응웬왕조를 상대로 지속저인 군사위협을 가했다. 결국 1862년 응웬왕조 4대왕인 뚜둑(Tu Duc)으로부터 베트남 남부와 캄보디아지역인 코친차이나(Cochinchina)를 양도받으면서 프랑스는 독점적 권리를 인정받았다. 당시 캄보디아지역은 19세기 초 프놈펜에서 왕위다툼이 일어나면서 태국과 베트남이 개입하고 병력이 투입되는 등 혼란한 상태가 지속되고 있었다. 1845년 캄보디아는 태국과 베트남을 모두 종주국으로 삼는 허약한 나라로 전락했다. 이 틈을 타고 프랑스는 베트남 남부 메콩델타지역과 함께 캄보디아지역도 식민지로 할양받았다. 프랑스는 1867년 태국 짜크리(Chakri)왕조와 조약을 맺고 태국의 캄보디아에 대한 종주권도 포기시켰다. 프랑스는 1873년 통킹(북부 베트남), 1885년 안남(중부베트남), 1893년 라오스지역도 모두 합병함으로써 인도차이나 전 지역을 장악하였다. 1887년 인도차이나연합이 구성되어 하노이의 프랑스총독이 모든 실권을 갖게 되었고 듀마총독(1897~1902년)하에 베트남은 프랑스의 완전한 식민지로 변했다.

네덜란드의 인도네시아 지배

네덜란드가 인도네시아를 식민화한 과정을 좀 더 자세히 살펴보자. 1824년 런던조약으로 인도네시아지역에 대한 지배권을 영국으로부터 인정받은 네덜란드는 나폴레옹전쟁으로 피폐해진 본국의 재정을 일으키기 위해 인도네시아에 대한 착취적인 지배를 본격화했다. 1723년 네덜란드는 이미 자바에서 강제징발제도를 시행하고 있었지만 19세기 들어 그 강도는 더욱 확대되었다. 네덜란드 지배에 대항하여 중부와 동부 자바에서 일어난 디뽀네고로전쟁(Dipo Negoro War, 자바전쟁, 1825~1830년)이 5년간 계속되다 진압되자 1830년 네덜란드 반 덴보쉬(Van den Bosch)총독은 문화체제(Culturstelsel)라는 제도를 도입해 수탈을 더욱 강화하였다. 나폴레옹전쟁의 결과 몰락한 네덜란드의 재정을 보전하기 위해 자바인들에 대해 강제노역과 강제재배를 시키는 제도였다. 이 제도는 자바농민들로 하여금 사탕수수 같은 환금작물을 자영지의 5분의 1이상 재배하거나 일 년 중 두 달을 국가소유 대농장에서 강제노역을 하며 커피, 인디고, 차, 담배, 목화, 후추와 키니네 등을 재배하는 것이었다. 이 제도는 이후 백 년에 걸쳐 자바에 이어 수마트라지역까지 확대되었다. 이로 인해 1840년 동인도지역 수출의 77%를 설탕이 차지했고, 1880년도 말에도 62%를 차지하면서 네덜란드 본국 경제는 기사회생하였다.

이러한 강제노역과 수탈에 의해 인도네시아 농업은 네덜란드 수출경제의 주요 원천으로 전환되었으며 대규모 노동력 수요로 자바 인구는 기록적인 증가를 하게 되었다. 당시 네덜란드가 끌고 들어온 중국인이민자들은 상업과 중소기업의 중간관리자 역할을 담당하였다. 이것은 인도네시아 독립 이후 중국인자본가(cukong)와 인도네시아 토착민(pribumi)

간 대립을 가져오는 계기가 되었다. 네덜란드는 포르투갈처럼 현지의 중간지도자를 이용하는 간접지배방식을 이용하여 중국인들이나 다른 외국인들이 그들의 지도자를 따르도록 했다. 이 제도의 특징은 현지 지도자들을 네덜란드 총독의 식민정부가 선택하고 복종토록 하여 궁극적인 권력은 식민세력의 수중에 최대한 집중시키는 것이었다. 식민지 인도네시아에서 자본가 계층을 형성하는 집단은 네덜란드와 영국계 대농장 기업들과 이들과 연계된 무역 및 금융기관들이었다. 이들의 밑에 중국계 상인자본가 계층이 형성되었다. 이들은 상업농업의 발달과 함께 농수산물의 수집과 도·소매 및 신용대출을 담당하는 농업중개인 출신이었다. 이들은 농수산물 가공관련 소규모 제조업에도 투자했다. 식민시대 말기 중국계 상인들은 도·소매업 등 유통구조를 독점하게 되었다. 이들은 인도네시아 상인과 제조업자들과의 경쟁과 마찰 속에서도 놀라운 생존능력을 보여주었고, 녹립 이후 인도네시아의 재벌로 성장하기도 했다.

중국계 자본가와 현지인 소규모 자본가는 섬유, 바틱, 끄레텍, 식품, 음료, 가구 등 제조업과 유통, 운송분야에서 자주 충돌했다. 1904년부터 1911년까지 중국인에 대한 인도네시아 여행과 거주 제한조치가 완화되면서 인도네시아 현지인들의 반중국인 정서도 더욱 커졌다. 1912년 결성된 최초의 이슬람운동단체인 사레캇 이슬람(Sarekat Islam)은 이슬람 교리의 홍보를 목적으로 하면서 현지인간 상부상조의 조합운동을 전개하였다. 쪽로아미노토(Tjokroaminoto)를 지도자로 한 이 단체는 경제문제를 거론하며 반중국인 정서를 자극하였다. 쪽로아미노토의 제자이면서 그의 딸과 결혼한 사람이 수카르노(Sukarno)였고, 나중에 인도네시아의 독립을 이끌며 초대 인도네시아 대통령이 되었다. 인도네시아인들은 화인들에게 합법적인 정치활동을 부여하는 것을 인정하지 않았다. 화인 상인들의 성장은 인도네시아인들에게 위협이자 혐오의 대상이었다. 간헐적인 충돌은 화인들에 대한 공격으로 나타나기도 했다.

　19세기 중반부터 인도네시아 식민지배는 상업중심적 체제에서 자본주의적 기업생산체제로 전환되었다. 네덜란드 자본가 계층이 형성되면서 이들에 의한 직접투자 방식이 증가하기 시작했다. 네덜란드정부도 생산과 교역에 직접 참여하던 방식에서 네덜란드 기업의 투자를 지원하는 방식으로 전환했다. 이를 위해 1870년과 1875년 미개척지를 75년간 장기대여하거나 마을의 토지를 21년까지 단기 대여하는 신토지등록법을 공표하여 기업의 투자를 장려했다. 그 결과 국가경영 대농장보다 기업경영 대농장이 증가하게 되었다. 이러한 네덜란드의 수탈방식 식민지배는 인도네시아인들의 전통적인 촌락공동체 경제에 심대한 영향을 미쳐 생존경제 농업보다 대농장제 농업의 비중이 훨씬 커지는 결과를 낳았다. 1870년대까지 중요한 현금작물이었던 설탕과 커피가 세계시장 상황의 변화에 따라 중요성이 하락하게 되자 상대적으로 수요가 급증한 천연고무와 석유, 주석에 대한 생산이 늘어나게 되었다. 20세기 초 이런 추세에 따라 투자도 자바로부터 다른 섬들로 이동하게 되었는데, 특히 수마트라에 고무농장이 크게 증가하게 되었다.

　인도네시아지역에 대한 네덜란드의 식민지배를 경제적 관점으로 정리해 보면, 17세기부터 18세기까지는 동인도회사(VOC)의 정치적 지배를 확산시키며 독점교역과 강제납품을 하는 전(前)자본주의적 생산양식에서 잉여가치를 착취하는 중상주의적 행태를 보였다. 19세기 초에서 중반까지는 네덜란드정부에 의한 직접 통제가 실시되면서 자바지역에서 설탕과 커피 생산에 집중하는 국가중심적 생산행태를 보였다. 19세기말에서 1930년 대공황까지는 민간자본 중심의 대농장 생산행태로 전환되었다. 설탕과 커피 대신 담배와 고무로 생산품목이 바뀌고 자바지역에서 여타 섬지역으로 생산지가 확대되었다. 1930년대는 세계대공황의 여파로 자바의 설탕에서부터 수마트라의 고무까지 농장생산 체제가 심각한 타격을 입었다. 이를 대신에 석유와 주석을 기반으로 하는 중·대규모의 제조업이 성장하기 시작했다. 영국과 미국 등 비네덜란드계 해외자본이 증가하기 시작한 것도 이 시기이다. 그렇지만 본질적으로 종주국 네덜란드의 민간기업과 금융자본이 인도네시아경제를 지배하는 구조는 견지되고 있었다. 1920년대까지 대규모 기업농장경제의 확장으로 인도네시아 농촌인구가 무산계급화되는 결과를 낳았다. 자바 농촌인구의 65%, 서부 수마트라 농촌인구의 57%가 자영지가 없는 상태로 전락하였고, 서부 자바의 경우 13%의 인구가 82%의 토지를 소유한 극단적인 불균형 상태를 보였다. 결과적으로 식민시대 인도네시아의 경제는 부분적으로 자본주의 경제사회구조가 발달하기는 했으나 국내투착 자본가계층의 형성이 미약하여 독립 이후에도 인도네시아경제가 허약하게 출발할 수밖에 없는 원인이 되었다. 식민시내부터 초래된 이러한 경제적 구조의 취약성이 독립 이후 국가권력이 정치경제적 공백을 대신하여 권위주의적 행태를 보이게 된 배경이라고 생각한다.

식민시대 3기

식민시대 3기에 해당하는 시기는 1870년부터 1945년 태평양전쟁이 종식될 때까지이다. 1870년은 프랑스와 프로이센 간에 벌어졌던 보불전쟁이 끝난 해이다. 이 해가 의미가 있는 이유는 보불전쟁이 종료된 1870년부터 제1차 세계대전이 발발한 1914년까지 40년간 유럽에서는 전쟁이 없었다는 사실이다. 결국 이 시기에 유럽은 주체할 수 없이 넘쳐나던 군사력을 이용하여 전 세계에 대한 식민지 쟁탈로 관심을 집중했다. 앞선 군사력과 자본력을 이용한 식민주의가 최전성기를 누린 시기가 바로 이 기간이다. 그래서 이 시기는 제국주의(Imperialism)의 시대로 불린다. 한편 1870년보다 한 해 전인 1869년 수에즈운하가 개통되었다. 수에즈운하의 개통으로 유럽과 인도양을 단번에 연결하는 획기적인 교통 단축을 이룩하였다. 총과 대포로 무장한 유럽의 기선들이 수에즈운하를 이용해 아프리카와 아시아로 거침없이 밀려들었다. 유럽의 넘쳐나는 제국주의의 힘이 교통과 무기의 발달과 어우러져 전세계의 식민화를 완성했던 것이다. 동남아 식민시대 3기에 태국을 제외한 동남아 전 지역이 서구 열강의 식민지로 변했다. 1898년 미국과 스페인의 전쟁이 미국의 승리로 끝나며 필리핀은 스페인으로부터 미국으로 종주권이 넘어가는 이중적인 식민지배를 받게 되었다.

1941년 일본이 일으킨 태평양전쟁은 서구의 식민지로 신음하던 동남아에 완전히 새로운 변화를 가져다 준 사건이었다. 동남아 사람들의 입장에서 같은 동양인인 일본사람들이 4세기 이상 견고하게 버티던 서양식민 세력을 일거에 몰아냈다는 사실은 충격적이었다. 일본이 미국, 프랑스, 영국, 네덜란드를 차례로 격퇴하며 동남아 전 지역을 점령했다는 사실은 동남아의 시각에서 보면 경이로운 사건이었다. 일본군 점령하의 동남아 사람들도 엄청나게 많은 피해와 고통을 당했지만 변모한 환경 속에 민족주의 운동을 재기하는 계기가 되었다는 점도 부인할 수 없다. 게다가 일본이 1945년 패망하고 돌아가자 동남아의 식민시대는 자연스럽게 종언을 고하게 되었고 독립시대를 여는 전기가 마련되었다.

동남아 식민시대의 유산

16세기이후 서양세력의 진출로 시작된 동남아의 식민시대는 동남아의 현재를 규정하는 많은 흔적을 남겼다. 서구 식민시대의 유산을 정치적 측면, 경제적 측면, 사회적 측면 등 세 가지 측면으로 살펴본다. 정치적 측면의 식민시대 유산 중 첫 번째 것은 지금 우리가 보고 있는 동남아 국가들과 그들의 국경선은 동남아 사람들에 의해 만들어 진 것이 아니고, 포르투갈, 스페인, 네덜란드, 영국, 프랑스, 미국 등 서구세력이 동남아를 지배했던 영토적 유산이라는 사실이다. 우선 말레이시아와 인도네시아라는 별개의 국가가 성립하게 되었다는 점을 들 수 있다. 영국과 네덜란드가 이 지역을 분할점령하기 전에 두 지역은 하나의 말레이세계였을 뿐이었는데 현대에는 별개의 국가가 탄생하게 되었다. 라오스도 지도상에 없던 나라였는데 프랑스가 세 개의 소국을 합쳐 하나의 국가로 성립시킨 결과로 생겨났다. 태국이 서구의 식민지배를 피하며 독립을 유지할 수 있었던 이유는 19세기 중엽부터 태국왕실이 주도한 근대화개혁정책과 유연한 대외정책이 주효하기노 했지만 당시 영국과 프랑스 사이에 태국을 완충지역으로 남겨두고자 했던 지정학적 요인이 작용했기 때문이기도 했다. 태국은 식민지배는 피했지만 주변을 둘러싼 식민종주국들의 영향으로 국경선이 크게 축소되었다. 이 상황에서 태국은 지역마다 강력한 분권세력이 존재했던 전근대적인 국가에서 중앙집권적인 근대국가로 변모하였다. 이와 같이 현재의 동남아 나라들의 국경선은 서구 식민종주국들이 1945년까지 차지하고 있던 지역이 거의 그대로 굳어진 결과이다.

서구 식민시대가 낳은 두 번째 정치적 유산은 중앙과 지방 간 갈등 구조가 깊게 형성되었다는 것이다. 식민지배를 벗어나 독립하면서 중앙정치를 차지한 다수 종족과 주변화된 소수 종족 간에 지속적인 분쟁이 발생했다. 예를 들어, 태국 남부의 말레이계 무슬림들은 분리독립을 요구하는 투쟁을 지금까지 계속하고 있고, 필리핀 민다나오의 모로족도 마닐라 중앙정부에 대항하여 이슬람 분리주의 무력 저항을 계속하고 있다. 미얀마의 카렌족은 영국 식민시절 영국에 동조하던 소수종족이었지만 독립 이후 다수 종족인 버마족으로부터 차별을 받고 저항운동을 벌이며 난민 신세가 되었다. 또 하나의 정치적 유산은 서구 종주국들의 식민지배가 중앙집권적 관료체제에 기반을 두고 있었기 때문에 독립 이후에도 중앙집권적 관료국가화하는 현상이 대부분의 동남아 국가건설과정에 나타났다. 지방분권적이었던 태국도 중앙집권적 관료체제로 전환하는 모습을 보였다.

마지막 정치적 유산으로 민족주의 운동의 발생을 들 수 있다. 동남아지역은 식민지배를 받고 20세기에 들어오면서 근대화과정에 편입하게 되고, 민족주의에 대해 자각하게 되면서 민족자결과 독립국가 건설이라는 정치과정에 들어서게 되었다. 이념적인 배경을 달리하더라도 식민지하에서 서구식 교육을 받고 의식화되었던 동남아 주요 지도자들은 민족주의운동을 주도하며 점차 세력을 얻어갔고 이는 비로소 근대국가형성을 위한 독립운동으로 발전하게 되었다. 베트남의 호치민(Ho Chi Minh), 필리핀의 호세 리잘(José Rizal), 인도네시아의 수카르노(Sukarno), 미얀마의 아웅산(Bogyoke Aung San) 등이 현대 동남아 국가들의 독립과 국가건설에 지대한 영향을 미쳤던 민족주의자들이었다.

민족주의는 민족에게 궁극적 충성심을 지향해야 한다는 신념과 행동으로서 지배적인 다수민족이 자신들의 문화를 모든 지역에 확산하고, 국가통일과 국민통합을 기하려는 노력으로 나타났다. 동남아 민족주의의 뿌리는 국가에 대한 충성과 방어라는 애국심이 기초가 되었다. 미얀마의 버강왕국, 태국의 수코타이왕국, 캄보디아의 크메르왕국, 베트남의 대월왕국(Dai Viet)왕국, 말레이시아의 말라카왕국, 인도네시아의 스리비자야왕국과 마자빠힛왕국 등 고대왕국들이 동남아 각지의 민족

주의의 역사적 뿌리로 이용되었다. 동남
아에서 종교적 영향은 민족주의 형성에
지대한 역할을 했다. 동남아지역의 다양
한 종교는 독특한 사회체제형성에 영향
을 미쳤지만 왕에게 충성하고 국가에 복
종한다는 민족주의 태동에는 같은 영향
을 미쳤다.

사진 3.5 호세 리잘

　민족주의를 기반으로 만들어진 근대
국가는 근본적으로 단일민족중심적 성격
을 갖는다. 민족주의적 이데올로기로 발
전된 동남아의 민족주의도 적과 동지를
명쾌하게 구분하면서 탈식민과 독립국가
건설이라는 목표를 관철히기 위한 도구
로 사용되었다. 동남아 민족주의 발생은
서구 민족주의 이데올로기의 외면적 형
태인 제국주의의 희생물로서의 동남아

사진 3.6 아웅산

식민화가 원동력이었다. 내적 응집력을 강화시키고 피압박 민족의 자연
적 반동이자 분노의 표현으로 저항적 성격의 민족주의가 태동되었다. 동
남아 민족주의는 반서구운동과 반제국주의운동과 동일시되었다. 20세
기 들어 공산주의 이론이 민족주의운동에 이용되기도 했다. 한편 전통적
가치관과 생활양식과의 조화를 바탕으로 하는 민족주의운동이 전개되면
서 사회계몽과 정치의식화 운동과 병행되기도 했다. 서구교육을 받은 지
식인 청년층이 민족주의운동을 주도했지만 동남아 각지의 상황과 자원
의 차이에 따라 접근방식과 행동양식은 상당한 차이가 있었다. 일제 식
민지하의 한국의 민족주의와 독립운동과 유사한 측면이 있으면서도 동

남아 국가별로 민족주의운동에 대한 관찰이 필요한 이유이다.

동남아 식민시대의 경제적 유산은 먼저 동남아가 자본주의 세계시장 경제에 편입되었다는 점이다. 동남아는 서구를 위한 천연자원의 공급지로 자리매김하였다. 1511년 포르투갈이 말라카왕국을 점령하고 식민지를 건설한 이후 점차적으로 서구열강들은 동남아에 대한 진출을 강화하여 19세기말까지는 태국을 제외한 동남아 전 지역이 서구열강의 식민지로 전락하였다. 불교화된 대륙부이건 이슬람화한 도서부이건 동남아는 월등한 군사력을 앞세운 서구세력 앞에 굴복하지 않을 수 없었다. 서구 식민세력은 초기에는 향신료 등의 교역을 통해 이익을 얻기 위해 침략했지만 점차 풍부한 자연환경을 이용해 적극적으로 수탈하는 방향으로 전략을 바꿨다. 18세기 이후 세계시장에서 수요가 확대되는 농작물을 재배하여 판매함으로써 수익을 극대화하는 방식이었다. 세계시장에서 환금작물로 부상한 사탕수수를 시작으로 차, 커피, 담배, 고무 등을 대농장(plantation)경영방식으로 집중 재배하였고, 많은 현지 인력을 강제 동원하였다. 상대적으로 벼농사 중심의 자급자족형 경제를 유지하던 피식민계층들은 가난을 벗어날 수 없었다. 대농장경제(plantation economy)와 생존경제(subsistence economy)가 병존하는 이중경제(dual economy)의 모순은 현재까지도 계속되고 있다. 이러한 이중경제의 특징은 불균형 경제구조를 지속시키고, 외형적인 번영과 내부적인 빈곤이 상존하게 된다는 것이다.

식민시대의 사회적 유산으로 거대도시(megacity)의 문제가 있다. 식민시대부터 내려오는 수도에 대한 과도한 집중과 과잉개발로 인해 동남아의 수도들은 거대도시의 문제를 안게 되었다. 방콕, 자카르타, 마닐라, 하노이, 쿠알라룸푸르 등 동남아 수도들은 전기, 수도, 교통, 주택 등 수없이 많은 도시문제로 골치를 앓고 있다. 거대한 수도는 상대적으로 제2, 제3의 도시 발전을 가로막는 원인이 되었고, 지방과의 격차는 불균형 발전의 심각한 국가과제를 안게 되었다.

식민시대가 남긴 두 번째 사회적 유산은 식민종주국에 의해 대량 유입된 중국인과 인도인의 이주를 들 수 있다. 중국인들은 주석광산의 광부로 많이 들어왔고 인도인들은 더운 고무농장의 노동자로 일했다. 이들은 자국의 혼란과 궁핍을 피해 어쩔 수 없이 고향을 떠난 사람들이었지만 특유의 끈질긴 노력으로 점차 현지사회에 적응하며 소상공인으로 발전했다. 중국과 인도 이주민들은 서구식민세력과 원주민 사이에서 중간계층을 구축했다. 이렇게 형성된 사회구조로 인해 복합사회가 되었고, 독립 이후에는 복잡한 종족갈등을 일으키는 배경이 되었다.

오늘날 동남아 경제를 실질적으로 장악하고 있는 화인들(Overseas Chinese) 내부분은 식민시대에 유입된 중국인들이다. 싱가포르는 중국인의 나라라고 할 수 있지만 화인이 현지사회에 동화된 정도와 정치경

사진 3.7 뻬낭의 중국사원

제적 위상은 동남아 나라마다 차이가 크다. 동남아 화인들과 거주국의 정치세력과는 일반적으로 깊은 정경유착 관계를 맺고 있다. 동남아 화인 중에서 태국 화인들은 타이인들과 종교적으로 유사하기 때문에 오래 전부터 혼인을 통해 동화가 된 상태이다. 반면에 말레이시아와 인도네시아 화인들은 종교적으로 무슬림들과 결혼하는 것이 어렵기 때문에 현지 사회의 동화 정도가 상당히 낮다. 이러한 동화의 차이로 인해 나라마다 화인에 대한 반응도 다르게 나타나고 있다 (박사명, 2000).

인도네시아 화인

인도네시아의 화인을 좀 더 자세히 들여다보자. 2억 7,000만 인도네시아인 중에 4%정도, 즉 1,000만 명의 화인이 있다. 이들은 화인 대 토착인(pribumi)이라는 구도 속에 '경제적 지배와 정치적 배제'라는 모순된 위상을 가지고 있다. 19세기 중엽 아편전쟁과 태평천국의 난 등으로 중국 농민들은 극심한 생활고에 시달리며 생활터전을 상실하는 고통을 당했다. 이런 곤경 속에 1870년대 청나라의 해외이주금지 조치가 폐지된 이후 대규모의 중국인이 네덜란드령 동인도였던 인도네시아지역으로 들어왔다. 중국인 이주민은 1886년 약 22만 명에서 1930년 123만 명으로 100만 명이상 늘어났다. 네덜란드 자본의 공격적인 식민지 경영 욕심이 네덜란드 식민정부의 이주민 유입 정책 변화와 각종 규제의 완화와 맞물리면서 중국인들의 유입은 급증했다. 인도네시아에 들어온 화인들은 특유의 노력으로 행상과 소매상인의 지위를 넘어 도매업, 유통업, 금융업, 주요 토착산업까지 장악하는 경제세력으로 성장했다.

화인사회는 1870년 이전 해외이주 금지로 남자들만 제한되어 현지 토착여성들과 결혼한 토생화인(土生華人, 뻐라나칸, peranakan)과 19

세기말 이후 여성과 가족을 동반하게 되어 중국인 혈통과 가정을 유지한 신객화인(新客華人, 또톡, totok)으로 균열되는 현상이 발생했다. 화인사회의 균열은 출신지방 방언집단과 지연집단을 통해서도 진행되었다. 복건(푸지엔)인이 주도하던 화인사회가 광동, 조주 등 여러 집단으로 분열되었다. 수적으로나 경제적으로 신객화인이 토생화인을 능가하면서 화인들은 중화민족주의 의식을 갖고 스스로를 정착민이 아닌 일시체류자로 생각하였다. 이는 토착인들의 반감과 적대감을 증가시켰고 반화인 정서는 인도네시아의 정치·사회적 갈등 요인으로 발전되었다.

1930년대 대공황, 일본의 점령, 독립전쟁과 국가건설로 이어진 기간 동안 화인들은 가혹한 시련기를 맞았다. 그러나 심각한 경제적 타격과 수난을 겪으면서도 화인의 위상은 강화되는 역설적인 현상이 나타나기도 했다. 1945년부터 1949년까지 독립전쟁 기간 화인들은 친중국계, 친네덜란드계, 친공화국계로 삼분되어 대립히었고, 인도네시아의 완전독팁 이후에도 중국 본토와 인도네시아의 정치적 변동에 따라 대립하는 양상을 보였다. 화인집단은 인도네시아 국민의 일원으로 인정받기를 원했지만 원주민들은 화인들을 축출하거나 배제, 억압하는 경제민족주의적 정책을 계속 사용했다. 수카르노 대통령 시절에는 민족주의적 사회주의체제로 인해 외국인 소유 기업의 국유화와 화인경제에 대한 억압과 통제가 증가하였다. 반화인 테러와 폭동도 빈번히 발생하였다. 1960년에만 10만 명의 화인이 중국으로 귀환했다. 화인사회의 내부 분열도 극심했다. 1965년 9·30사태 이후 친공산당 계열의 화인들은 군부와 무슬림들에 의해 투옥되고 학살당했고 모든 화인단체와 중국어 언론과 학교가 폐쇄되었다.

그러나 수하르토체제에서 화인들은 수하르토(Suharto)의 시장경제에 기반을 둔 경제재건 정책과 화인들의 물적, 인적 자원 제공으로 정치적 약자인 자신들을 집권세력에 동조시키는 방향으로 전환하였다. 이 시기에 화인들은 자본가로서는 성장했지만 그 정체성은 약화되었다. 중국어 능력을 상실하며 젊은 세대는 인도네시아어만 교육받고 인도네시아식 이름으로 개명하고 기독교나 가톨릭으로 개종하는 현상이 나타났다. 화인조직들은 약화되었고 차이나타운이 해체되었다. 화인의 탈정치화 현상이 증가하면서 화인정당과 정치활동이 인정되지 않았고 화인출신 정치인과 관료를 채용하지 않았다. 대신 자본가로 성장한 화인들은 중소상인과 제조업 생산자의 위치에서 대규모 금융, 상업, 산업자본가로 급성장하였다. 수하르토체제의 연평균 7%대 경제성장의 주역은 화인들이었고, 그 사이 화인 재벌은 인도네시아 재벌의 70~80%를 차지하게 되었다. 국가와 화인 간의 동반자관계가 형성되어 화인집단에 대한 국가의 경제적 특혜와 함께 화인들은 국가에 대해 경제발전의 성과와 재정적, 정치적 자원을 제공하는 정경유착구조를 만들었다.

1990년대 들어 다시 국가와 화인간의 균형에 균열이 발생하기 시작했다. 화인집단에 대한 국가의 통제력 약화에 대한 토착사회의 정치적 각성이 늘어났고, 원주민들과 화인들 간의 불평등한 사회관계가 부각되었다. 원주민 중심의 이슬람세력이 정치화하면서 화인에 대한 갈등의 골은 심화되었다. 1998년 초부터 5월까지 자카르타를 비롯한 자바 전 지역에서 벌어진 반화인 폭동과 방화, 강간 사건은 내부에서 끓어오르던 반화인 감정의 폭발이었다. 화인들도 인도네시아 토착엘리트들에게 가지고 있던 신뢰가 붕괴되었다. 수하르토정권의 몰락이후 민주화 과정에서 화인문제가 공론화되고 화인들이 정치무대에 재등장하기 시작했다. 투쟁인도네시아민주당(PDI-P)을 중심으로 화인들은 핵심적인 역할을 하면서 화인들의 압도적인 지지를 받았다. 장관, 국회의원으로 선출되는 화인들이 많이 나타났다. 수하르토의 뒤를 이어 대통령직을 맡은 하비비(Habibie) 대통령은 쁘리부미(puribumi)-비(非)쁘리부미(non-pribumi) 라는 단어를 법규와 정책에서 사용하지 말 것을 지시했고, 중국어 신문과 잡지, 중국어 학습학원을 재허가해 주었다. 정치적으로 화인에 대한 전향적인 정책 변화가 나타나기는 했지만 원주민과 화인 간 오랜 불신과 반목은 여전하며 갈등요인의 복합성과 중첩성은 언제든지 폭력적인 충돌로 비화될 가능성을 안고 있다.

독립시대 동남아

식민시대를 벗어나 독립시대로 들어서면 나라별로 독립을 이루어 나가면서 겪었던 국가건설과정의 특징을 알게 된다. 태평양전쟁이 종식된 이후 독립 과정에 들어서면서 동남아는 소수의 지식인계층이 국가건설과정을 주도하며 근대화 민족주의를 표방하였고, 정치적 카리스마를 가진 지도자와 강력한 중앙집권적 관료체제를 특징으로 하는 국가의 등장을 보게 되었다. 독립 이후 동남아 민족주의는 국가주도에 의한 사회통합을 지향하는 방향으로 전개되었다. 다수 종족주도의 지배구조를 확립하며 정치권력을 독점하면서 화인계층과의 경제적 유착이 공통적인 특징으로 정착되었다. 국가는 체제나 이념적인 측면에서 근본적으로 단일민족 중심적이다. 다민족 사회에서도 국가란 실제로는 지배적인 다수 종족에 의해 독점되고, 다수 민족의 문화를 모든 지역에 확산함으로써 국가는 전체 사회를 문화적으로 통합하고자 한다. 하나의 중심문화를 완성하기 위해 국가는 특정의 국가이데올로기를 제시하고 이를 활용하고자 한다. 동남아 각국은 위로부터 아래로 전개되는 정치문화를 발전시켜 국가건설의 완성도를 높이려고 하면서 아래로부터 위로 올라오는 정치문화로부터의 불만과 저항을 견제하고 회유하고 압력을 행사하였다. 동남아가 안고 있는 복합사회적 특징으로 인해 내부적 폭발가능성은 언제나 내재하였고, 이는 종족적 분리독립운동 움직임과 경제적 요인에 의한 사회적 반발이 급증하는 원인이 되었다 (크리스티, 2004).

1945년 일본의 패퇴로 태평양전쟁이 종식된 이후 동남아는 지역마다 독립협상과 독립투쟁의 길을 걷게 되었다. 동남아 각 지역은 식민종주국이 만들어 놓은 경계선을 국경선으로 한 신생국가들이 독립했다. 동남아의 독립과정은 평화적으로 독립국가를 건설한 나라와 투쟁적으로 독립국가를 건설한 나라로 구별된다. 영국과 미국이 지배하던 미얀마, 말레이시아, 브루나이와 필리핀은 평화적으로 독립을 달성할 수 있었던 반면 네덜란드와 프랑스가 지배했던 인도네시아, 베트남, 캄보디아와 라오스는 기간은 차이가 있지만 피를 흘리며 투쟁하여 독립을 쟁취하였다. 미국의 식민지였던 필리핀과 영국의 식민지였던 말레이시아와 미얀마는 비교적 평화적인 독립을 얻어냈지만 네덜란드의 식민지였던 인도네시아와 프랑스 식민지였던 인도차이나지역(현재 라오스, 캄보디아, 베트남)은 무력투쟁을 거쳐 독립을 쟁취해야 했다. 신생독립국이던 동남아 국가들은 식민유산에서 비롯된 경제적 후진상태에서 벗어나기 어려웠고, 베트남전쟁처럼 동서냉전 대결의 앞마당이 되는 상처를 입기도 했다. 동남아 신생독립국들은 내부적 경제혼란과 종족, 종교, 지리적으로 분리 독립을 요구하는 다양한 세력들의 도전을 받았다. 동남아 나라들은 민족주의와 국가건설을 내걸고 압박과 버티기로 밀고 나갔다. 독립 초기 국가체제는 권위주의적 성격을 벗어날 수 없었다. 민족주의를 구체화하기 위해 독립국가들은 문화적 독자성을 반영하는 공통의 언어, 종교와 민족에 대한 다양한 상징과 수단을 동원하였고, 이런 과정을 통해 민족주의는 국가운영의 중요한 원동력 역할을 했다. 동남아에서 민족주의는 식민경험으로부터 발전하여 독립 이후 근대화 국가이데 올로기로 정착하였다. 대부분의 동남아 정치지도자들은 국가의 궁극적인 목표가 종교적 신념과 근대화 민족주의의 바탕 위에 전통 문화와 조화된 원만한 경제성장과 정치안정을 동시에 이룩하는 것으로 보았다.

1964년 시작된 베트남전쟁은 동남아지역에 격랑이 되어 영향을 미쳤다. 1967년 결성된 아세안(ASEAN)은 이러한 와중에 동남아 국가지도자들의 안보불안감을 달래보려는 희망에서 출발하였다. 인도네시아, 말레이시아, 필리핀, 태국과 싱가포르 등 5개국 정상 간 협의체로 출발한 아세안은 1975년 베트남의 공산화, 1980년대 캄보디아사태를 겪으면서 본격적인 지역협력기구로 성장하였다. 1984년 브루나이가 가입하고 아세안은 캄보디아사태 해결의 중심에 서면서 국제사회로부터 외교적 입지를 인정받았다. 1990년대 탈냉전의 세계적인 정치지형 변화 속에 1995년 베트남이 가입하는 일대 전환기를 맞았나. 1997년에는 미얀마와 라오스, 마지막으로 1999년 캄보디아가 아세안에 가입하여 명실 공히 '아세안 10'을 완성하게 되었다. 1980년대부터 빠른 경제성장을 계속하면서 동남아 국가들은 필리핀을 선두로 정치적 민주화에도 상당한 진전을 이룩하기 시작했다.

여기서 한 가지 언급해야 될 나라가 동티모르(East Timor)이다. 동티모르는 인도네시아 순다열도의 티모르섬 동쪽을 차지하고 있다. 16세기 포르투갈이 진출한 이래 식민화되었고 인도네시아가 독립한 이후에도 포르투갈의 식민지로 남아있었다. 포르투갈 본국이 1975년 민주화의 물결에 휩싸이며 혼란을 겪을 당시 인도네시아 군이 무력으로 동티모르를 점령하였다. 동티모르에 사는 티모르족은 인도네시아 자바족과 다른 가톨릭교도들이다. 이들은 독립을 요구하는 투쟁을 벌이며 인도네시아로부터 탄압을 받았다. 국제사회의 관심조차 끌지 못했던 동티모르의 독립운동은 1991년 딜리(Dili)학살사건이 터지면서 국제언론의 주목을 받기 시작했다. 인도네시아군은 딜리의 교회 묘지 장례식에서 발생한 시위를 가혹하게 탄압하여 수십 명의 사상자가 발생하였다. 이후 동티모르의 독립운동이 힘을 받으면서 유엔을 중심으로 국제사회가 중재에 나서게 되었다. 인도네시아를 32년간 통치하던 수하르토 대통령이 1998년 IMF사태의 여파로 하야하고 민주화의 길로 들어서자 동티모르문제도 해결의 과정으로 들어서기 시작했다. 인도네시아군의 철수와 유엔평화유지군의 주둔으로 안정을 찾은 동티모르는 마침내 2002년 독립하였다. 그 후 내부의 정치적 혼란과 심각한 경제상황을 극복하며 동티모르는 아세안의 옵서버 자격을 받았고 앞으로 3년 이내 아세안에 가입하리라고 예상한다. 따라서 동티모르도 조만간에 동남아 국가에 포함되어야 하지만 짧은 독립역사와 아세안 미가입으로 이번 책자에는

표 3.1　동남아 국가의 독립과 아세안 가입

국가	독립 연도	아세안 가입연도
인도네시아	1945	1967
말레이시아	1957, 1963(확대)	1967
싱가포르	1965	1967
브루나이	1984	1984
필리핀	1946	1967
미얀마	1948	1997
태국	–	1967
라오스	1954	1997
캄보디아	1953	1999
베트남	1945, 1975(통일)	1995

포함시키지 않았다.

이상의 동남아의 역사적 흐름을 정리하면, 동남아 역사는 전통시대, 식민시대, 독립시대 등 세 시기로 구분되며, 전통시대와 식민시대는 1511년 포르투갈이 말라카왕국을 점령한 것을 전후로 나뉜다. 전통시대에 동남아는 만다라 형태의 국가와 사회관계를 가지고 있었다. 전통시대를 대표하는 왕국은 크메르왕국, 스리비자야왕국, 버강왕국, 아유타야왕국 등이 있다. 전통시대는 동남아에 대한 인도와 중국의 영향이 컸다. 인도는 고대 동남아의 정치, 경제, 사회문화 전반에 걸쳐 폭넓은 영향을 미쳤다. 중국의 베트남의 유교화를 통해 사회문화적으로 큰 영향을 미쳤고, 군사적 침략으로 동남아의 정치지형을 흔들었다.

동남아의 식민시대는 식민정책과 식민지 확대를 배경으로 세 시기로 구분된다. 식민시대 1기는 16세기부터 18세기까지로 포르투갈, 스페인, 네덜란드, 영국과 프랑스가 차례로 동남아에 진출했다. 식민시대 2기는 1870년까지로 영국과 프랑스 간 치열한 식민경쟁 시기였다. 식민시대 3기는 1945년 태평양전쟁의 종식까지로 제국주의 시대이자 독립운동이 발생한 시기였다. 서구식민주의의 정치적 유산은 현재 국가 및 국경선의 결정, 중앙집권적 관료국가, 민족주의 운동의 발생 등이다. 서구식민주의의 경제적 유산은 자본주의 경제에의 편입과 이중경제의 형성 등이다. 서구식민주의의 사회적 유산은 중국인과 인도인의 유입과 거대수위도시의 출현 등이다. 독립시대는 동남아 국가별로 평화적인 과정과 투쟁적인 과정 등 두 가지 과정을 통해 독립을 달성했다.

식민유산과 함께 동남아 각국은 독립을 달성한 이후 정통성의 수립문제에 봉착하게 되었다. 이 문제를 해결하기 위해 두 가지 접근방법이 나타났다. 첫째는 권력을 독립운동으로 존경받던 지도자들의 개인적 이미지에 결부시킴으로써 권력을 의인화시키는 방법이다. 둘째는 식민세력이 남겨놓은 관료제 같은 비인격적인 제도를 강화하여 권력을 제도화하는 방법이었다. 카리스마적 지도자와 관료제의 병존은 식민주의와 민족주의 운동의 결과로써 동남아 현대국가의 특징이 되었다.

제4장
동남아의 사회문화

동남아 사회의 특징

동남아 사회의 첫 번째 특징은 촌락공동체적인 생활양식이 지속되고 있다는 것이다. 동남아 사회도 도시화를 경험하고 있지만 동남아 사람들의 70%는 여전히 촌락생활을 하며 지내고 있다. 전통적인 마을공동체 촌락제도가 발달한 동남아는 촌락공동체의 독립성과 자율성이 강하게 유지되고 있는 특징이 있다. 마을 촌장의 권위를 상당히 인정하고 마을 사람들이 함께 하는 상부상조(gotong royong)와 협의(mushawara)의 정신이 강하게 깔려있다. 마을공동체가 중심이 되어 중요한 일을 결정하고 운영하며 구성원들은 자신의 위치에 따라 적절하게 행농하는 것을 낭연하게 여긴다.

동남아의 촌락공동체 생활양식은 통치계층과 대중 간의 후원수혜적 추종주의라는 긴밀한 유대관계를 형성하는 데 많은 영향을 미쳤다. 동남아 사람들의 정체성의 기본단위로서의 촌락생활은 벼농사를 중심으로 이루어졌다. 스캇(James Scott, 1976)은 전통적인 촌락공동체가 집단성, 상호의존 그리고 형평주의에 뿌리를 둔 생활 원칙을 발전시켰고, 나라마다 상이한 문화적 차이로 인해 촌락생활도 여러 모습을 지니고 있었지만 예절, 규범, 상하관계에 대한 뚜렷한 인식이 협력과 책임을 바탕으로 하는 마을 생활을 유지하였다고 지적한다. 잭슨(Karl Jackson, 1980)은 인도네시아 사회에서 촌락은 촌장의 지도력하에 밀접하게 연관된 집단이며 가부장주의(bapakism)로 불리는 결속구조가 사회체제유지의 기능을 했다고 설명한다. 동남아의 전통 촌락생활은 안전보장과 복종에 바탕을 둔 후원자와 추종자 간의 긴밀한 상호의존관계 아래 유지되었고 이는 동남아 정치권력의 내부적 속성을 밝히는 단서를 제공하고 있다. 표 4.1에서 보듯이 한국은 농촌인구 비중이 16%를 조금 넘지만 캄보디아는 거의 80%, 태국, 미얀마, 라오스, 베트남은 60~70%, 필리핀 50%, 인도네시아 48%로 인구의 절반 이상은 여전히 농촌에서 살고 있다. 동남아는 여전히 농촌에 바탕을 둔 촌락공동체의 특징을 유지하고 있음을 짐작할 수 있다. 농촌에 거주하는 인구 비율에 비해 농업이 국내총생산에서 차지하는 비중은 훨씬 못 미친다. 캄보디아 32%, 인도네시아 14%, 태국 11%, 필리핀 11% 등으로 동남아의 농업생산성은 매우 낮게 나타난다. 이 사실은 사회적으로는 동남아 사람들이 여전히 촌락에 의지하는 전통생활을

표 4.1 **동남아 사회의 농촌 비중**

국가	농촌인구/전체인구(%) (2013년)	농업생산/국내총생산(%) (2013년)
태국	65.1	11.1
미얀마	66.2	30.5
캄보디아	79.6	31.6
라오스	63.4	26.0
베트남	67.7	18.4
인도네시아	47.8	14.4
말레이시아	26.0	9.3
싱가포르	0.0	0.0
브루나이	23.3	0.7
필리핀	50.6	11.2
한국	16.3	2.1

하고 있지만 경제적으로는 빈곤문제를 겪고 있음을 보여준다.

태국의 예를 들어본다. 자유의 땅(Thai-land)을 의미하는 태국 사회는 수직적 집단주의가 강조되는 권위적인 서열문화에 기반을 두어 훨씬 적은 규칙을 따르는 극단적인 느슨함을 갖는 특징을 가지고 있다. 태국 사회는 위계질서가 존재하되 개인주의적 자유가 혼합된 특징을 갖고 있다. 태국인들은 사회적 의무와 책임의 한도 내에서 개인적인 성향에 따라 자유롭게 활동한다. 이러한 배경은 타인에게 의존하지 않는 개인적인 선업(善業, bun) 축적을 중시하는 태국 상좌불교의 교리가 영향을 미쳤을 것으로 본다. 태국 사회에서 국왕은 수직적 위계질서 규율의 정점에 위치하고 효과적인 역할을 수행했다. 그럼에도 국왕의 불간섭주의는 규칙의 느슨함을 상징하는 것이다. 삭디나(sakdina) 제도는 태국 신분제 사회의 기본골격을 구성하는 주요 제도로서 아유타야왕국부터 전 국토의 소유주인 왕에게 하사받은 토지소유 권한이었다. 엄청난 토지면적에 의해 귀족과 상류층이 형성되었고 지금까지 천여 개의 명망가 집안으로 남아 군, 관료, 정치계와 경제계에 깊게 뿌리내리고 있다. 태국 사회의 보수 기득권세력을 대표하는 집단으로 막강한 재력과 긴밀한 관계망을 형성하고 있다. 태국인들은 사회적 서열에 매우 민감한 감정을 가지고 있다. 귀족·관료와 평민(프라이, prai), 부자와 빈자의 차이에 순응하는 태도를 가지고 있다. 태국식 인사인 와이(wai)에서 머리를 숙이는 정도는 사회적 지위와 관계의 표현이다. 태국 사람들은 "마이 펜 라이(mai pen rai, 천만에요, 괜찮아요)"를 입에 달고 특유의 미소를 짓는다. 문제의 심각성에 집착 말고, 현재의 행, 불행은 전생의 선업과 악업의 결과이기 때문에 삶의 환경에 관계없이 최대한 즐거운 인생을 살아야 한다는 불교도들의 사고방식을 반영하고 있다.

동남아 사회의 두 번째 특징은 양변/모계(兩邊/母系) 사회전통이 있고, 상대적으로 여성의 사회적 위상이 높다는 것이다. 동남아 사람들의 가계는 친족의 범위로 부와 모계를 모두 포함하며 상속에서도 양계를 모두 고려한다. 신랑이 결혼을 하고 처가에 들어가 사는 처거제와 신부대를 처가에 지불하는 풍습이 있는 것은 딸을 선호하는 사상을 보여준다. 가정에서는 여성의 결정권이 높고, 시장에서 여성은 활발한 활동을 하며 가족의 생계를 책임진다. 그렇다고 남성의 역할이 축소되거나 상대적으로 남성이 차별을 받는다는 말이 아니다. 옛날부터 동남아 사회는 성역할의 구분과 성차별이 적은 사회라는 것이다.

동남아의 남녀관계는 상호의존적이고 상대적으로 평등한 관계라는 점은 가부장적 사회관계에 익숙한 우리와 크게 비교되는 점이다. 예를 들어, 서부 수마트라에 살고 있는 미낭까바우족은 종교적으로 이슬람을 믿으면서도 모계 전통을 가지고 있다. 인도에서 전래된 힌두교의 영향이 많이 있었음에도 불구하고 인도의 신분제도인 카스트가 동남아에서는 발을 붙이지 못했다. 한국에서 아직도 갈등의 원인으로 얘기되는 가부장제와 여성 차별 의식은 동남아에서는 보기 힘들다. 동남아 사람들이 경제적으로 우리보다 못산다고 해서 이들이 가지고 있는 사회적 특징까지 낮추어 보아서는 안된다. 사회적 특징은 우위의 차이로 보아서는 안되며 그런 특징이 나타나게 된 배경과 이유를 생각해 보는 게 우리에게 도움이 된다고 생각한다.

동남아 사회의 세 번째 특징은 이름의 성(姓)이 없거나 없던 사회라는 점이다. 얼핏 성이 없는 것이 이해가 되지 않지만 실제로 성 없이 이름만을 부르고 사는 사회가 많다. 우리도 조선시대 중기 이후에 모든 사람들이 성을 갖게 되었다는 점을 보면 성을 갖는 것은 자연스러운 것이라기보다 인위적이고 관습적인 측면이 크다고 생각한다. 성(姓)이 없이도 산다는 것은 살아있는 동안 친족집단을 중심으로 생활한다는 것, 즉

조부모와 부모, 본인과 자식, 손자관계에 초점을 맞추면 성을 갖고 살아야 할 필요는 굳이 없다. 또한 성이 없이 산다는 것은 가문과 혈통에 집착하지 않는다는 것이고 조상에 대한 제사가 없다는 것과 밀접하게 관련이 있다. 양변적 가계 전통을 갖는 동남아 사회는 현실을 사는 데 있어서의 실용성이 기준이라서 구태여 성을 갖고 이어갈 필요는 없으리라고 생각한다 (신윤환, 2008).

현재 동남아 사람들 중 성(姓)을 갖고 있는 사람들이 많이 있다. 이는 그들 사회가 변한 것이 아니고 식민시대 지배세력들이 행정적 편의를 위해 성(姓)을 강제로 갖게 했던 배경이 있다. 그 후 성을 일부러 사용하게 된 것으로 본다. 그러나 이마저도 부계 중심의 성을 사용해야 한다는 생각은 여전히 적다. 성도 편의에 따라 만들어 쓰거나 바꾸어 쓰기도 힌다. 한마디로 동남아 사람들에게 성의 사용은 그다지 의미를 갖는 일이 아니라는 것이다. 오히려 싱(姓)보다는 동남아 사람들은 이름 앞에 상대방을 존경하는 의미의 존칭이나 상대의 종교적, 사회적 직함을 붙여 불러주는 것을 일반적이고 예의 있게 생각한다. 인도네시아에서 남성에게는 Pak(빡), 여성에서는 Ibu(이부)를 붙여 사용한다. 특히 처음 이름을 말할 때에는 Pak/Ibu 이후에 상대방의 직함과 이름을 붙여 불러주는 것이 예의이다. 인도네시아 대통령 조코위도도의 경우 "Pak Presiden Jokowidodo(빡 쁘레지던 조코위도도)"라고 부른다. 이후에 이름을 말할 때에는 직함을 빼고 Pak/Ibu 이름을 부르면 된다. 말레이시아의 경우 Tun(왕이 수여하는 가장 높은 작위), Tan Seri(국왕 수여 두 번째 높은 작위), Datuk(정부 수여 작위), Dato(주와 술탄 수여 작위) 등의 경칭을 이름 앞에 붙여 사용한다.

나는 일부러 인도네시아의 초대 대통령인 수카르노와 2대 대통령이었던 수하르토의 성(姓)이 무엇이냐고 묻는다. 그러면 언뜻 우리 생각에 '수'

씨 아니냐는 대답이 나온다. 그러나 두 사람은 아무런 관련이 없고, 이름이 '수카르노'이고 '수하르토'이다. 미얀마의 독립영웅 아웅산, 그의 이름은 아웅산이지 '아'씨가 아니다. 미얀마 민주화의 상징인 유명한 '아웅산수찌' 여사의 이름은 그냥 '수찌'이다. 아웅산이 워낙 유명한 아버지다 보니 아버지 이름을 붙여 부르는 것이다. 그대로 '수찌' 여사라고 부르면 된다. 말레이시아에서 1981년부터 2003년까지, 그리고 최근에 다시 총리가 되었던 노년의 마하티르 총리가 있다. 이 사람의 전체 이름은 마하티르 빈 무하마드(Mahathir bin Mohamad)인데, 빈(bin)은 아들을 의미한다. 따라서 무하마드의 아들 마하티르라는 의미이고, 일반적으로 아버지와 아들 관계를 밝히는 방식으로 이름을 쓴다. 마하티르 총리는 Dato Seri Dr. Mahathir bin Mohamad라고 불린다. 우리에게 익숙한 중동사람 오사마 빈 라덴(Osama bin Laden)의 경우 라덴의 아들 오사마란 의미로, 오사마는 이름일 뿐이지 빈 라덴은 성이 아니라는 사실도 알아두면 좋겠다.

동남아의 종족

동남아인들의 종족적 배경을 살펴보면 대륙부 동남아의 토속종족은 크게 보면 오스트로아시아계(Austro-Asiatic)로 분류되는 몬족, 크메르족, 크무족 등이 있다. 이들은 원래 동남아에 살면서 인도문명을 받아들인 종족들이었다. 도서부 동남아는 오스트로네시아계(Austronesian)에 속하는 말

사진 4.1 태국 북부의 소수종족

레이족, 자바족, 순다족, 부기스족 등이 있다. 이들이 동남아의 원주민이었다면 서기 10세기 이래 대륙부 동남아로 진출해 내려온 종족들도 있다. 버마족(미얀마)은 티베트와 중국의 서남부 지역으로부터 이동하고 에야워디강을 따라 남하하였고, 중국 서남부 지역에 살던 타이족(태국)은 짜오프라야강을 따라 남하하며 왕국을 건설하였다. 비엣족(베트

표 4.2 **동남아의 종족**

동남아 국가	주요 종족	주요 종교
태국	타이족(96%) 버마족(2%)	불교(94%) 이슬람교(5%)
미얀마	버마족(70%) 샨, 키렌, 가친 등 소수종속(30%)	불교(90%) 기독교(5%) 이슬람교(4%)
캄보디아	크메르족(90%) 침족 등 소수종속(10%)	불교(97%)
라오스	라오족(55%) 크무족(11%) 몽족(8%)	불교(67%) 가톨릭교(2%) 기독교(2%)
베트남	비엣족(86%) 크메르족, 참족 등 소수종족(14%)	불교(90%) 가톨릭교(7%)
인도네시아	자바족(40%) 순다족(16%)	이슬람교(87%) 기독교(10%)
말레이시아	말레이계(52%) 중국계(26%) 인도계(10%)	이슬람교(62%) 불교(20%) 기독교(2%)
싱가포르	중국계(74%) 말레이계(13%) 인도계(9%)	불교(34%) 이슬람교(14%) 가톨릭교(7%) 힌두교(5%)
브루나이	말레이계(76%) 중국계(12%)	이슬람교(78%) 불교(8%) 기독교(9%)
필리핀	따갈로그족(28%) 세부아노족(13%)	가톨릭교(83%) 이슬람교(9%)

남)은 중국 남부와 하노이지역에 살았고 베트남 중부를 거쳐 남부로 영토를 확장하면서 현재의 베트남 전역을 차지하였다. 따라서 현재 미얀마, 태국, 베트남은 1,000년 전부터 이주해온 종족들이 영토를 확장하고 원주민을 지배하면서 만들어진 나라인 것이다 (오명석 편, 2004).

동남아의 종교

동남아 사회에 미친 종교적 영향은 매우 크다. 동남아 사람들은 자신들이 믿는 종교를 일상에서 습관화하고 있는 점이 특징이다. 동남아에는 바탕에 정령숭배와 샤머니즘 같은 토착신앙이 있는데 종교와 혼합된 성격으로 자리 잡고 있다. 태국의 피(phi)와 미얀마의 낫(nat)은 불교와 혼합되어 공존하고 있고, 인도네시아의 아닷(adat)은 이슬람과 공존하고 있다. 태국의 민간신앙으로 피(phi, 정령)는 산과 바다, 나무 등 자연의 정령과 조상과 토지신 등 모든 초자연적 존재를 망라한 다양한 귀신같은 존재를 믿는 것이다. 태국 사람들은 피를 의식하여 적절한 경배와 위무를 한다. 피에게 절을 하고 제례를 올리는 것을 기본적인 의무로 생각한다.

사진 4.2 미얀마 낫의 뽀파사원

힌두교

동남아에 인도로부터 전래된 힌두교와 불교는 동남아 고대국가의 통치이념이자 대중종교로 대륙부와 도서부를 막론하고 동남아 사회문화의 기저를 형성하는 데 중요한 역할을 했다. 힌두교는 인도문화와 함께 서기 전후에 걸쳐 동남아지역에 전파된 것으로 추정한다. 기원전 1500년부터 발전한 힌두교는 세계에서 가장 오래된 종교이다. '지식의 책'으로 불리는 리그베다(Rig-Veda)를 통해 전래된 힌두교는 창조신인 브라마(Brahma)를 중심으로 브라마의 다양한 현신들의 모습을 통해 세상을 설명한다. 그 중에서 생명과 사랑, 자비를 상징하는 보전자 비시누(Vishnu)와 상대적으로 변화, 파괴와 사망을 상징하는 재창조자 시바(Siva)가 핵심적인 신의 위치에 있다. 힌두교는 영혼의 윤회와 인과응보의 업(Karma)을 핵심교리로 갖고 있다. 영혼은 영원히 세상을 돌고 돌며, 전생의 선업과 악업에 따라 신분이 결정되어 재탄생한다는 것이 힌두교의 인간관이다. 신을 알기위해 인간은 금욕과 고행, 요가 수행을 실천해야 한다. 우수와 인간 세계 간의 동일성을 신봉하는 힌두교는 왕과 왕국의 관계가 신과 우주의 관계와 같다는 신왕(神王, Devaraja)개념을 교리로 가르쳤다. 국가와 왕권의 우주론적 토대는 왕은 힌두교 신인 시바, 비시누와 인드라의 체현과 같이 신의 성스런 체현이라는 생각에서 출발한다. 신왕개념을 정치권력과 권위를 위한 기초로 강조함으로써 절대주의와 위계질서 원칙이 일찍부터 동남아 제국의 지배과정에 깊이 뿌리내리게 되었다. 힌두교는 정치적으로 왕국을 소우주로 받아들였다.

그러나 동남아는 힌두교를 받아들이면서 카스트제도는 수용하지 않았다. 힌두교에서 카스트는 브라마의 희생으로 만들어진 4가지 바르나스, 즉 입으로부터 만들어진 브라만, 팔로부터 만들어진 크샤트리아, 넓적다리에서 만들어진 바이샤와 발로부터 만들어진 수드라로 구성된다. 브라만은 승려와 학자 등 지배계층을, 크샤트리아는 군인계층, 바이샤는 상인계층, 수드라는 노동계층으로 발전하였다. 이를 바탕으로 직업에 따라 수천 가지의 하위 카스트가 나타났고, 한번 정해진 카스트는 바꿀 수 없는 강력한 사회신분제도로 정착되었다. 캄보디아 크메르왕국과 인도네시아 스리비자야와 마자빠힛왕국 등이 힌두교 원리로 지배되었지만 카스트제도는 동남아에 발을 붙이지 못했다 (김영수 외, 2001).

불교

힌두교의 개혁사상으로서의 불교는 힌두교리를 바탕으로 하지만 신이 아닌 인간 중심의 평등주의 사상이 핵심이다. 기원전 563년 탄생한 북부 인도 왕국의 왕자 고타마 싯달타(Gautama Siddhartha)에 의해 시작된 불교는 힌두교를 바탕으로 하지만 깨달음을 위한 고행에 반대하고, 사회적 계층구분에 반대하고 정신적 존재로서의 인간 평등을 강조하였다. 부처(깨달은 자)가 된 싯달타는 업의 고리를 끊고 열반(니르바나)에 이르기 위한 수행의 길을 가르쳤다. 불교에서 고뇌는 어디에도 있으며, 모든 고뇌의 원천은 개인의 욕망 때문이고, 이러한 번뇌를 치유하려면 모든 욕망을 없애야 하고, 이를 위해 8정을 수행해야 한다는 4단(端, 바른 길)이 있다. 8성도(聖道)로 불리는 8정(正)은 정견(定見), 정념(情念), 정어(情語), 정업(正業), 정명(正命), 정정진(正精進), 정사유(正思惟), 정정(正定)으로 불교수행의 덕목을 말한다.

동남아 대륙부에는 상좌불교가 정착하였고 대중종교로 확대되었다. 불교식 왕권은 힌두교와 달리 정의로운 지배자로서의 담마라자(Dhammaraja)를 지향한다. 담마의 원리는 모든 정치사회분야에 적용해야 하는 보편적 원칙이며, 지도자의 도덕성과 공평무사함은 지도자의 물리적, 정신적 안녕과 직결되는 매우 중요한 기준이다. 탐비아(S. J. Tambiah, 1976)는 전 우주를 움직이는 보편법칙이자 해탈에 이르는 부처의 가르침 속에 내재되어 있는 진리인 담마(Dhamma)에 근원을 두고 정의로움을 구현하는 권력은 모든 세상사에 있어 이상적인 구체적인 모습으로서의 기능을 한다고 말한다. 불교에서 규정하는 국왕은 정의에 따라 공평하게 지배해야 하는 일반존재이지 힌두교에서처럼 하늘에서 내려온 신과 같은 절대 존재는 아니다.

서기 1세기경 불교는 대승불교로 불리는 마하야나불교(Mahayana Buddhism)와 상좌불교로 불리는 히나야나불교(Hinayana Buddhism, 소승불교)로 양분되었다. 두 불교의 결정적인 차이는 보살(bodhissattva) 존재의 수용여부에 달려있다. 대승불교는 대중 제도를 위한 보살을 매우 중요시해서 보살의 도움에 의한 해탈인 보살행을 강조한다. 반면 상좌(소승)불교는 개인의 수행과 해탈에 집중한다. 서기 2세기부터 중국을 거쳐 한국과 일본으로 대승불교가 전파되었고, 소승불교는 동남아지역으로 확산되어 서기 11세기에는 대륙부와 도서부 지역까지 불교화되었다. 그렇지만 불교가 시작된 인도에서는 서기 10세기에 이르러 불교가 완전히 종식되고 말았는데, 불교의 평등사상이 힌두교의 카스트제도에 도전했기 때문에 도태된 것으로 보인다.

상좌불교(上座佛敎, Theravada Buddhism)는 개인적인 수양과 해탈을 지향하는 데 비해 대승불교는 중생을 위해 도와주는 해탈한 부처로서의 보살 개념을 갖고 있는 것이 다르다. 상좌불교는 아라한(阿羅漢, 훌륭한 자, 능력 있는 존재)을, 대승불교는 보살(깨달은 존재)을 추구한다. 불교는 서기 4세기경 동남아 일반 대중들에게 직접 전파되기 시작했다. 인과응보에 기초한 영원한 생명의 윤회와 평등한 사회관계를 강조한 상좌불교는 미얀마, 태국, 라오스와 캄보디아에 널리 퍼졌고, 대승불교(Mahayana Buddhism)는 중국을 통해 베트남에 전파되었다. 힌두교의 신의 체현에 대해, 신의 존재를 인정하지 않는 불교는 전생에 행한 종교적 미덕에 의해 현세에 왕이 되어 태어난다고 설명하였다. 교조적 원리가 적었기 때문에 동남아의 토속신앙과 힌두교와 쉽게 융합될 수 있었다. 전 인구의 90%이상이 불교도인 태국인들은 불교의 교리에 따라 선을 행하고 공덕(Karma, 業)을 쌓는 것에 큰 의미를 두고 있다. 불교 교리에 의하면 사람들은 자신의 선한 업(bun)과 악한 업(bap)에 따라 산다고 믿는다. 업 또는 인과응보의 원리에 따르면 현재의 지위가 높거나 재산이 많은 사람은 전생에 쌓은 선한 업의 결과로 지금의 행복을 누리도록 운명 지워져 있다는 것이다. 마찬가지로 지금은 보잘것 없는 사람일지라도 현생에 선한 업을 많이 쌓으면 내세에 존경받고 권력있는 자로 다시 태어날 수 있다는 믿음을 가르친다. 이러한 현실을 받아들이는 불교의 교리가 태국정치사회의 상대적 안정에 기여한 측면을 무시하기 어렵다고 생각한다. 불교는 태국왕국을 통제하는 효율적인 정치수단으로서 매력적이었다. 그 이유는 불교는 개인의 존재가 전생의 도덕적 행위의 결과라고 가르치고 있고, 관용과 응집과 같은 도덕적 가치를 높이 여기고 분쟁과 폭력을 배척하며, 왕과 승려 및 대중 간의 명백한 사회적 분업을 강조하기 때문이었다.

태국인들은 공덕 쌓기(tham bun)를 하면 삶이 평화롭고 행복하며 나쁜 일에서도 벗어나고, 죽어서도 극락에 간다고 믿는다. 중도(中道)개념을 중시하고 화와 감정을 다스리며 몸의 움직임도 통제할 것을 강조한다. 이러한 믿음을 바탕으로 체면을 중시하는 문화가 발달했다. 태국에는 인과응보(因果應報)를 의미하는 '자신의 행동은 달구지의 바퀴'라는 의미의 속담이 있다. 전국에 3만 5,000개의 왓(불교사원)이 있는 태국에서 사원은 수행처이자 사회복지와 교육기관의 역할을 하고 있다. 태국 남성들은 20세 이후 한번 출가하여 비구가 되어 아라한이 되기 위한 훈련을 쌓는다. 태국 속담 "황색 옷자락을 본다"는 것은 죽기 전 아

사진 4.3 태국의 불교사원

들이나 손자가 출가하여 수도 생활하는 것을 본다는 의미로, 스님이 되는 공덕을 부모에게 바친다는 효(孝)를 강조하는 말이다. 태국 스님들은 채소, 과일, 육류 등 모든 음식을 먹으며 스님에 대한 공양과 결혼·장례식 등 집안 행사에 스님을 초청하여 불교의식으로 거행한다. 태국 사람들에게 불교는 생활자체인 것이다 (조흥국, 2007).

유교

대륙부에서 유일하게 베트남은 대승불교 전통을 가지고 있는데 이는 중국으로부터 불교가 전래되었기 때문이다. 북부 베트남은 중국으로부터 유교의 절대적 영향 아래 있었던 관계로 고대 동남아의 힌두화 과정으로부터 제외되었다. 종교라기보다 현세 지향적 철학에 가까운 유교는 공자(孔子, BC 551~479년)에 의해 창시되었다. 사회질서는 구성원 간의 조화에 의해 달성되며 윤리규범을 중시하여 국왕이 지배하는 국가와 가부장이 있는 가족관계를 동일시했다. 이상적인 국가란 고전의 가르침과 관료적 질서에 따라 조직된 현자들에 의해 통치되어야 한다고 가르친다. 정치권력의 가부장적 권위를 이상적인 것으로 제시했던 유교는 베트남을 다른 동남아지역과 구별되는 대조되는 차이를 만들었다. 유교는 질서와 균형을 강조하며 권위에 대한 존경이 정치사회질서를 유지하는 핵심요소라고 가르친다. 특히 가족 간 유대는 사회와 국가를 지탱하는 근본적인 구조로 간주되며 효도와 연장자에 대한 복종을 강조한다. 개인은 가족의 유대를 위해 최선의 노력을 다해야 하며 체면을 생각하는 점잖은 역할을 받아들여야 한다. 유교에서의 최고의 아버지상으로서의 국가의 권위에 복종하고 개인은 궁극적인 가치로서의 애국심을 강조한다. 유교식 사고는 근본적으로 사회관계에 관심을 갖고 개인의 이기심보다 공동체 나아가 국가의 이익을 중시하고 인간관계의 윤리적 규제에 의해 사회조화를 달성하고자 하는 것이다.

유교에서는 교육의 중요성을 강조하여 고된 학습과정을 거쳐 유교의 보편적 원리를 깨달을 것을 요구한다. 유교는 중용의 도를 실천하는 선비(mandarin)의 존재에 최고의 가치를 부여한다. 유교에서는 사회와 정치가 왕과 하늘과 인간의 삼각대 위에서 균형을 이루는 하나의 관계이며 조화와 균형을 필수적인 덕목으로 가르친다. 베트남의 유교화는 다른 동남아지역의 힌두화와 마찬가지로 사회를 지배하는 수단으로 왕국에 의해 주로 이루어졌다. 15세기 레(Le, 黎)왕조는 유교를 중국의 관료제와 함께 국가 지배원리로 공식 채택하였다. 16세기와 17세기에는 조정에 의해 채택된 유교가 자생적인 베트남의 사회전통과 종종 마찰을 빚었다. 응웬(Nguyen, 阮)왕조가 지배한 19세기가 되어서야 비로소 유교는 이러한 사회전통에 대해 완전한 우위를 차지할 수 있었다. 19세기가 되어서야 베트남 사람들은 인간이 재능의 차이를 갖고 태어나기 때문에 교육이 부귀보다 중요한 것이라는 유교사상을 널리 받아들이게 되었으며 정치에서 엘리트주의의 중요성을 깨닫게 되었다. 국가의 유교적 가부장적 특성은 베트남적 권위주의의 바탕이 되었고 정치권력은 유교의 가족-국가 단일 관계개념으로부터 정통성을 인정받게 되었다.

이슬람교

이슬람교는 서기 7세기 무함마드(Muhammad)에 의해 창시된 종교이다. 570년 메카에서 탄생한 무함마드는 610년 알라의 계시를 받기 시작하면서 622년 메디나에서 이슬람시대를 열었다. 무함마드는 선지자이고, 종교와 정치지도자이자 장군으로 이슬람의 확대에 결정적인 역할을 하고 632년 사망하였다. 무함마드가 알라의 계시를 받아 석은 이슬람경전 꾸란(Quran)은 651년 완성되었다. 꾸란에서 알라는 인류역사를 통해 아담, 노아, 아브라함, 모세 그리고 예수 등 많은 선지자를 보냈으며, 이들 선지자에게 준 알라의 계시는 아무 차이가 없고, 무함마드를 마지막 선지자로 보냈다고 적고 있다. 따라서 꾸란은 하나님 말씀의 마지막이자 완전한 형태이고 이슬람교를 믿는 무슬림은 이를 따라야만 한다고 가르친다. 이슬람은 꾸란과 함께 이슬람법으로 샤리아(Shariah)를 발전시켰다. 이슬람교도인 무슬림들은 이슬람공동체(Ummat)를 만들고 이슬람교를 신봉하는 국가건설을 추구하여야 한다. 무슬림이 수행해야 하는 다섯 가지 기본 의무는 사하닷의 암송 (사하닷은 "알라[Allah] 이외에는 다른 신은 없으며, 무함마드는 알라의 선지자이다"라는 의미의 아랍어 신앙고백문), 하루 다섯 차례의 예배, 재산과 소득에 비례하여 지불하는 종교 헌금(zakat), 한 달 동안의 단식(이슬람 단식월

라마단 기간의 단식), 메카로의 순례(haji)이다.

이슬람세계는 무함마드 사후 무함마드의 사촌인 알리(Ali)의 이슬람수장 칼리프로서의 정통성 인정 문제를 두고 알리를 반대한 수니파와 알리를 추종한 시아파로 분리되었다. 이슬람교는 10세기 이후 이슬람 상인들에 의해 아랍과 인도를 거쳐 주로 동남아 도서부를 향해 전파되었다. 이슬람 토후(Sultan)들이 말레이반도와 인도네시아군도를 따라 항로를 개척했기 때문에 이슬람교는 빠르게 전파되어 14세기경에는 이 지역의 중심 종교로 자리 잡았다. 불교와 마찬가지로 이슬람도 토속신앙과 힌두교와 혼합되면서 상당히 변화된 독특한 형태를 취하게 되었다. 현재 말레이시아는 이슬람을 국교로 정하고 있다. 브루나이는 1405년 건국하여 현재 28대 술탄이 지배하고 있는 오랜 이슬람왕국이다. 태국 남부지역과 필리핀 남부 민다나오섬에는 많은 무슬림이 살고 있다.

인도네시아는 이슬람이 국교는 아니지만 세계 최대의 무슬림을 갖고 있는 나라이다 (김형준, 홍석준 편, 2014). 인도네시아는 전 인구 2억 6,000만 명 중 약 90%가 무슬림으로 세계 최대의 무슬림 국가이다. 인도네시아는 수니(Sunni)계열의 무슬림 국가로 이슬람공동체(Ummat) 운동을 중요하게 여긴다. 13세기부터 현재 인도네시아지역으로 이슬람이 빠르게 확산되면서 수마트라 북부부터 시작되어 자바, 술라웨시, 칼리만탄 내륙지역으로 전파되었다. 확산범위와 속도는 섬 지역마다 차이가 있다. 인도네시아에서 1억 4,000만 명이 살고 있는 가장 인구가 많은 섬인 자바의 무슬림들의 정체성은 이슬람율법인 샤리아(Shariah) 경전 중심적 경향과 신비적 경험과 믿음을 강조하는 신비주의적 경향의 정체성으로 나뉜다. 이렇게 된 이유는 이슬람 개종 과정이 전파 이전의 힌두불교와 정령신앙적인 믿음과 급격하게 단절되지 않고, 종교적 의무보다는 신비로운 내적 경험으로 수용하는 형식을 보였기 때문이다. 이슬람 이전 종교인 힌두불교적 전통과 토착종교 전통에서는 내적이고 신비적인 특징이 존재했었다. 따라서 종교 교육을 받지 않고도 내적인 변화를 경험함으로써 개종이 가능했다. 초자연적인 정신적 힘의 축적을 강조했던 이전 종교 전통의 연장선상에서 이슬람으로의 개종도 추가적인 수단으로 이해되었던 것이다. 이로써 인도네시아 이슬람은 힌두불교적, 토착신앙적 방식과 공존하게 되었는데 이를 혼합 종교(syncretism)적 경향이라고 한다.

유명한 동남아 인류학자 기어츠(Clifford Geertz, 1960)는 자바 무슬림의 정체성을 산뜨리와 아방안 개념으로 정리하였다. 1950년대 동부 자바 무슬림의 종교적 정체성과 상이한 정치사회적 성향을 연구하여 산뜨리(santri)는 이슬람에 대해 충성심을 보이는 계층을 말하고, 아방안(abangan)은 혼합주의적 경향을 강하게 띤 계층으로 설명했다. 인도네시아 학자인 꾼짜라닝랏(Koentjaraningrat, 1985)은 자바 무슬림을 꺼자웬과 산뜨리 개념으로 분류했다. 꺼자웬(kejawen)은 이슬람 이외에 초자연적, 신비주의적 경향의 토속신앙과 힌두불교 전통을 믿는 사회계층으로 자바식으로 토착화된 혼합신앙을 믿는 계층으로 설명하며 자바 인구의 70%를 꺼자웬으로 보았다. 이에 반해 산뜨리는 이슬람의 경전에 충실하고자 하는 사회계층으로 자바 인구의 30%를 차지한다고 했다.

기독교

기독교는 유대교와 이슬람교와 함께 유일신 하나님을 믿는 종교이다. 유대교의 여호와, 기독교의 하나님(하느님), 이슬람교의 알라 모두 동일한 창조주이다. 세 종교는 공통으로 아브라함을 믿음의 조상으로 삼고 있다. 그렇지만 예수를 어떻게 보느냐에 따라 세 종교는 확실하게 나뉜다.

사진 4.4 술라웨시의 이슬람 마스지드

사진 4.5 또라자족의 기독교 무덤

유대교는 예수를 구세주(메시아)로 인정하지 않는다. 유대교는 모세5경과 구약까지 성서로 받아들이고, 예수의 십자가 희생과 죽음과 부활을 인정하지 않는다. 기독교는 예수는 하나님의 아들이며, 신성과 인성을 갖춘 인류의 구원자, 메시아로 믿는다. 따라서 구약성경과 함께 신약성경을 핵심적인 성서로 받아들인다. 이슬람교에서 예수는 위대한 선지자이기는 하지만 하나님의 아들, 즉 신으로 믿지는 않는다. 이슬람교는 무함마드를 모든 선지자 중 가장 위대한 최후의 선지자로 추앙한다. 기독교는 16세기 유럽에서 루터와 칼빈에 의한 종교개혁이 일어나 개신교가 등장하면서 가톨릭과 양립하게 된다. 가톨릭은 16세기 이후 스페인이 필리핀에 들어오면서 집중적으로 전파되었고, 17세기 이후에는 프랑스가 인도차이나를 식민화하면서 가톨릭을 전파하였다. 네덜란드와 영국은 개신교를 전파시켰다. 영국은 미얀마 카렌족에 기독교 전도를 했고, 네덜란드는 인도네시아 주변 도서에 있는 종족들, 예를 들어, 술라웨시의 또라자족에 기독교를 전파했다.

문화와 정치의 관계

동남아라는 지역은 문화적 측면의 다양성과 유사성이라는 두 가지 차원에서 동시에 파악될 수 있다. 동남아는 서로 다른 지리적, 정치적, 문화적 개체들이 혼합되어 있는 편의에 따른 단순한 지리적 명칭으로 보기도 하지만 기후와 해양 및 고지대-저지대 대조 등 지리적 통합성을 바탕으로 지역적 일체성을 강조할 수도 있다. 문화적 다양성 속에 지리적 통합성을 갖는 동남아로 인식하는 것이 더 좋다고 생각한다. 비슷한 논리에서 지금까지 살펴보았던 동남아의 종교, 촌락공동체, 식민유산 등 세 가지 차원이 동남아의 정치에 공통적으로 미친 영향을 살펴보는 것도 재미있다.

첫 번째, 종교와 정치의 관계를 보자. 태국에서 불교는 왕실과 국민통합의 연결고리이다. 태국 헌법에서는 "태국의 국왕은 불교도이다"라고 규정한다. 말레이시아 헌법에서 '말레이인은 무슬림'이라고 규정하고 있고 오늘날에는 이슬람부흥운동(Dakwah)의 중심에 서 있다. 인도네시아도 1998년 민주화 이후 이슬람부흥운동이 확산되고 이슬람 급진세력이 부상하는 등 이슬람과 관련된 많은 정치적 행동이 증가하고 있다. 필리핀 가톨릭교회는 1986년 민주화운동의 중심에 서는 등 정치적 영향력은 지속되고 있다. 미얀마에서는 군부지배에 대해 저항하는 승려집단의 민주화 운동이 발생했다. 이와 같이 동남아의 정치변동에 종교 관련 집단이나 단체의 영향력은 강하게 작용하고 있다.

힌두교는 고대부터 동남아의 국가개념을 규정하는 데 중요한 역할을 했다. 우주와 인간 세계 간의 동일성을 신봉하는 힌두교는 왕과 왕국의 관계가 신과 우주의 관계와 같다는 논리를 편다. 국가와 왕권의 우주론적 토대는 왕은 힌두교 신인 시바와 비슈누와 인드라의 체험과 같이 신의 성스런 체현이라는 생각에서 출발한다. 이러한 절대적 위계질서의 원칙이 일찍부터 동남아 왕국의 지배과정에 깊게 뿌리를 내리게 되었던 것이다. 북부 베트남만이 중국으로부터 유교의 절대적 영향 아래 있었다. 현세지향적 윤리에 가까운 유교는 이상적 국가를 관료적 질서에 따라 조직된 현자들에 의해 통치되어야 한다고 가르쳤다. 가부장적 권위와 국가를 동일시했던 유교는 베트남을 다른 동남아지역과 구분되도록 만들었다.

고대 동남아 왕국의 정치권력구조에 힌두교와 유교가 직접적인 영향을 미쳤던 것과는 대조적으로 불교는 일반 대중에게 전파되었다는 차이가 있다. 불교는 영원한 생명의 윤회와 평등한 사회관계를 강조했다. 상좌불교는 버마, 태국, 캄보디아에 널리 퍼졌고, 대승불교는 중국을 거쳐 베트남 사회에 전파되었다. 힌두교의 신의 체현과 달리 신의 존재를 인정하지 않는 불교는 전생에 행한 종교적 미덕에 의해 현세에 왕이 되어 태어난다고 설명했다. 교조적 원리가 적었던 불교이기 때문에 동남아의 토속신앙과 힌두교와 쉽게 융합될 수 있었다.

이슬람교는 주로 아라비아와 인도 상인들에 의해 해상 무역로를 통해 소개되었다. 이슬람 술탄들이 말레이반도와 인도네시아군도를 따라 항로를 개척했기 때문에 이슬람은 빠르게 도서부로 전파되어 14세기경에는 이 지역의 중심종교로 자리 잡았다. 불교와 마찬가지로 이슬람교도 토속신앙과 힌두교와 혼합되어 상당히 변화된 독특한 형태를 취하게 되었다. 이처럼 세계의 주요 종교들이 동남아지역으로 순차적으로 유입되면서 동남아 고대 국가의 형성에 많은 영향을 미쳤고 독특한 정치문화의 토대를 구성했다.

앤더슨(Benedict Anderson, 1983)은 인도네시아 자바 사람들이 지니고 있는 권력에 대한 의식을 네 가지 측면에서 설명하고 있다. 즉 권력은 구체적이며, 동일하고, 변치 않으며, 중립적이라는 것이다. 권력은 누군가에 의해 이용될 때까지 자연상태대로 존재하고 있는 매우 다양한 형태와 모양으로 표현될 수 있는 신비로운 에너지이자 우주의 힘이라고 생각한다. 모든 권력의 형태는 똑같은 원천에서 나오기 때문에 본질적으로 동일한 것이며 원래 존재하던 상태에서 조금도 늘거나 줄어드는 것이 아니다. 권력이란 그 자체로써 존재하거나 우주의 본질로써 존재하는 것이기 때문에 언제나 변함이 없다. 그래서 누구도 권력을 새로 만들어내지 못한다. 그러나 권력분배란 동등하지 못하여 어느 곳에서의 권력은 다른 곳에 비해 더 많을 수 있다. 그렇지만 권력은 궁극적으로 어느 한 곳으로 모이려는 속성을 지니고 있어 두 개의 권력을 갖는 중심부가 오랫동안 공존할 수 없다. 결국 이런 권력개념이 인도네시아 사회에 폭넓게 자리 잡고 있기 때문에 권력이 정통성이 있느냐 없느냐 하는 문제는 이들에게 큰 의미가 없다. 권력이란 본질적으로 중립적이기 때문에 좋다거나 나쁘다거나 하는 판단을 할 수도 없으며, 따라서 권력 그 자체는 도덕성이라는 개념들과 묶어서 고려될 수 있는 대상이 아닌 것이다. 이처럼 자바인들의 권력개념은 대부분 힌두교의 브라만적 교리로부터 받은 영향이 크다. 자바적 신성한 왕권은 왕의 타고난 신비한 정신능력으로 인해 동심원을 그리며 온 세상과 사람들에게 영향을 미치고 이 힘이 중앙에서 항상 균형을 잡고 있는 한 국가의 안녕과 질서가 보장되는 것이다.

태국의 불교는 개인의 존재가 전생의 도덕적 행위의 결과라고 가르치고, 관용과 응집과 같은 도덕적 가치를 높이 여기고 분쟁과 폭력을 배제하며 왕과 승려 및 대중간의 명확한 사회분업을 강조한다. 이러한 태국의 불교는 승려제도를 통해 왕에게 사회적 상황에 대해 충고하도록 가르침으로써 국왕의 실제적인 권력의 독점을 보장해주는 기능을 하였다. 불교의 교리에 의하면 존재란 좋고 나쁜 시간을 영원히 반복한다고 한다. 태국 사람들은 사회변화도 자연의 현상으로 받아들이기 때문에 역사의 흥망성쇠도 영원한 순환 속의 단순한 진동에 불과하다는 생각을 갖고 있다. 마찬가지로 막강한 중심세력이 붕괴하여도 권력이란 없어져 버리는 것이 아니라고 생각한다. 권력은 또다시 부상하는 세력의 중심으로 옮겨나는 것에 불과하다. 태국 사회에서 권력의 이미지란 모든 방향으로 빛을 발하는 중심원과도 같다. 태국인들에게 권력의 중심이란 오직 하나뿐이며, 정치적 권위의 중앙집중은 당연한 것으로 받아들인다. 이러한 맥락에서 볼 때 1932년 쿠데타가 시작된 이래 지금까지 19차례 쿠데타가 발생하여 태국정치가 극도로 불안정해 보이지만, 태국 사람들에게 군부지도자들 간의 권력투쟁은 정통성의 문제로 간주되지는 않는다. 태국에서 권력의 중심은 입헌군주의 수중에 여전히 존재한다고 믿기 때문에 국왕이 정치의 구심점이자 정체성과 최고권위의 상징인 것이다.

베트남 문화의 뿌리는 2,000년 전 중국문명과의 접촉까지 거슬러 올라가는데 당시 중국의 오랜 지배 속에 유교적 형태가 자리 잡게 되었다. 그 후 베트남의 역사는 북부 하노이지역에서 중부를 거쳐 남부 메콩델타지역까지 세력이 확산되어간 과정이라고 말할 수 있다. 레왕조(Le, 黎, 1418~1786년)가 15세기 남쪽의 참빠왕국을 정복하였고, 레왕조가 18세기 찡(Trinh, 鄭)과 응웬(Nguyen, 阮)가문의 분쟁으로 두 개의 왕조로 분리되고 나서 남쪽의 응웬왕조는 메콩삼각주지역까지 세력을 확장하였다. 프랑스가 메콩삼각주지역을 합병하여 코친차이나 식민지를 만들었던 1861년까지 응웬왕조는 베트남의 대부분의 지역을 통치하였다. 오랜 영토 확장시기 동안 베트남인들은 유교적 지배방식과 불교적 생활양식에 따라 그들의 민족 정체성을 형성해 나갔다. 힌두교적 왕권개념은 베트남에서는 전혀 발전하지 못했다. 정신수양과 세속에 대한 무관심, 마음의 평정 등을 강조하는 대승불교는 유교적 유형과의 관계 속에서 발전하였다. 토속신앙과 불교는 베트남 민중들의 신앙체계였던 반면 유교는 통치계층에게 왕국을 지배하기 위한 구도를 제시해 주었다. 베트남의 절대군주들은 태국과 마찬가지로 불교식 왕권개념을 이용하였지만 유교가 사회질서유지를 위한 윤리체계와 정치철학으로서 훨씬 유용하게 사용되었다.

유교는 종교라기보다 현세에 관심을 둔 현재의 삶을 개선하는 것에 초점을 두고 있다. 질서와 인간관계의 균형을 강조하며 권위에 대한 존경이 정치사회 질서를 유지하는 핵심요소라고 가르쳤다. 특히 가족의 유대는 특히 사회와 국가를 지탱하는 근본적인 구조로 간주하여 효도와 연장자에 대한 복종을 강조하였다. 가족의 유대를 위한 노력과 체면을 생각하는 생활은 힘든 노동과 심지어 자기희생도 당연한 것으로 받아들이도록 했다. 유교적 사고는 공동체적 관계에 더 많은 관심을 갖고 개인의 이기심보다 국가의 이익을 중시하고, 인간관계의 윤리적 규제를 통해 사회조화를 달성하고자 하는 것이다. 유교에서는 교육의 중요성을 강조하여 고된 학습과정을 거쳐 유교의 보편적 원리를 깨달을 것을 요구한다. 따라서 유교는 중용의 도를 실천하는 선비의 존재에 최고의 가치를 부여한다. 우드사이드(Alexander Woodside, 1971)는 19세기가 되어서야 베트남 사람들은 인간이 재능의 차이를 가지고 태어나기 때문에 교육이 부귀보다 중요한 것이라는 유교사상을 널리 받아들이게 되었으며 정치에서 엘리트주의의 중요성을 깨닫게 되었다고 말한다. 듀이커(William Duiker, 1983)는 베트남 문화의 특징으로 왕궁중심의 엘리트 문화와 촌락생활에 뿌리를 둔 대중문화 간의 차이를 지적한다. 이러한 단절적 구조는 19세기 말 프랑스의 과도한 식민정책 실시로 분출된 베트남 민족주의를 자극시킨 요인이기도 했다. 이와 같이 동남아에서 종교가 생활화되어 있는 것만큼 종교와 정치의 관계는 매우 밀접하다.

두 번째, 촌락공동체적 생활양식은 통치계층과 대중 간의 후원수혜적 추종주의라는 긴밀한 유대관계를 형성하는 데 큰 영향을 미쳤다고 생각한다. 동남아 사람들의 정체성의 기본단위였던 촌락생활은 벼농사를 중심으로 이루어졌다. 전통적인 촌락공동체가 집단성, 상호의존 그리고 형평주의에 뿌리를 두는 생활의 원칙을 발전시켰고, 나라마다 상이한 문화적 차이로 인해 촌락생활도 여러 다른 모습을 지니고 있었지만 예절과 규범, 상하관계에 대한 뚜렷한 인식이 협력과 책임을 바탕으로 하는 마을생활을 유지하였다. 인도네시아 사회에서 촌락은 촌장의 지도력 하에 밀접하게 연관된 집단임을 밝히면서 가부장주의(bapakism)라 불리는 결속구조가 사회체제유지의 기능을 한다. 아버지(bapak)는 아들(anakbuah)에 대한 폭넓은 책임을 지고 아들은 아버지에 대해 헤아릴 수 없는 빚을 지는 것이며 그 대신 충성으로 보답해야만 하는 것이다. 동남아의 전통촌락생활은 안전보장과 복종에 바탕을 둔 후원자와 추종자 간의 긴밀한 상호의존관계 아래 유지되었으며 이는 동남아 정치의 내부적 속성을 이해하는 데 중요한 단서를 제공하고 있다. 촌락생활에서 안전과 복지는 밀접한 인간관계에서만 보장될 수 있는 중요한 가치들이었기 때문에 후견인과 추종자들로 이뤄진 양자관계 속의 피라미드형의 권력구조는 자신의 안녕을 지키는 보호장치가 되었다.

촌락공동체는 일차적으로 친척관계와 공동생활양식에 바탕을 두고 있으며 마을 공동건축물과 사원 등과 이를 둘러싸고 행해지는 사회적 의례들과 같은 상징물들에 의해 통합되었다. 말레이사회의 고통-로용(gotong-royong)과 무샤와라-무파캇(mushawara-mupakat) 개념은 공동체적 상부상조와 전원 합의에 이르는 토론과정을 지칭하며, 전통적인 촌락공동체 생활로부터 유래된 중요한 문화적 전통이 되었다. 촌락공동체 속에서 공통의 이익을 위한 희생은 값지게 평가되고 개인주의보다 사회의 일반이익을 중시하는 문화가 형성되었다.

베트남 사회도 가족단위와 함께 전통적인 촌락공동체가 경작과 외부 위협에 대한 공동대처를 위한 사회적 유대의 기본단위였다. 4~5개의 촌락들이 일주일 단위로 시장을 개설하였고 농민들은 자급자족형 경제를 운영하며 후원-추종관계의 생활을 영위했다. 토속신앙의 전통에 따라 각 마을은 독특한 지신과 신령을 숭배하였고 원로회의가 마을 사당의 수호신을 모시는 제사의 책임을 졌다. 자연과 조상과 같은 영험한 존재를 믿는 행위는 쌀농사 문화권에서는 중요한 의미를 가졌다. 촌락생활에 기반을 둔 집단에 대한 높은 준봉성을 활용하여 베트남의 민족주의자들, 특히 호치민(Ho Chi Minh)이 이끈 베트남공산당은 정치군사세포를 촌락의 가족단위와 같은 기능을 하도록 조직하였다. 당원은 높은 도덕성을 지닌 큰 형의 역할을 하였고 이를 통해 그들은 전 민족이 한 가족이라는 정체성을 회복하는 데 성공하였던 것이다. 국가적 가족체제의 정점에는 박호(호아저씨)로 불렸던 호치민이 유교적 권위와 베트남 민족주의의 정통성의 상징으로 존재했다. 호치민과 베트남공산당에 의해 대표되는 베트남의 국가이념은 외침에 대한 오랜 투쟁으로부터 성장하였다. 공산주의와 유-불교의 전통이 의도적으로 혼합되어 발전한 혁명적 민족주의형태가 되었고 지금도 여전히 베트남공산당의 확고한 기본이념으로 자리잡고 있다.

세 번째, 식민유산은 동남아의 민족주의의 생성과 현대국가 형성에 지대한 영향을 미쳤다. 서구 식민주의는 태평양전쟁이 일어난 1940년대까지 태국을 제외한 동남아 전 지역으로 확대되었다. 태평양전쟁이 끝나고 오랜 식민경험과 일본 점령으로 태동된 민족주의를 바탕으로 동남아지역은 현대국가 설립이란 새 시대로 진입하였다. 식민주의는 민족

국가 형성을 자극했고 식민세력에 의한 자의적인 영토분할은 독립 이후 동남아 국가들의 계속적인 분쟁의 씨앗이 되었다. 식민주의는 경제구조 형성에 직접적인 영향을 미쳤고 식민세력에 의해 들어온 중국과 인도 이민자들은 동남아 사회의 인구구성뿐 아니라 경제운영구조에도 중대한 영향을 미쳤다. 또한 식민세력은 직접적이건 간접적이건 권력이란 위로부터 아래로 조직되어야 한다는 것을 심어주었다. 따라서 질서가 최고의 정치적 목표라는 점을 확고히 하면서 지배계층의 독점물로서 옛날부터 내려오던 권력에 대한 절대적 개념을 강화시키는 계기가 되었다.

동남아에서 유일하게 식민지배를 피해갔던 태국도 식민유산의 영향에서 자유롭지 않았다. 태국 사람들은 국가를 지배자와 피지배자의 관계 속에서 보려는 경향이 있다. 국가관료에 대한 태국인들의 높은 존경심은 절대왕정에서나 현재에도 권력의 중앙집중적 전통이 반영되고 있다. 태국의 속담에 "10명의 상인을 키우는 것이 한 명의 관료를 키우는 것만 못하다"거나 "10명의 상인은 한명의 지주를 존경하지만 10명의 지주의 힘은 한 명의 군주의 보호만 못하다"는 말이 이런 경향을 잘 표현하고 있다. 19세기 후반 동남아를 휩쓴 식민시대의 광풍을 태국은 다행히 피해가기는 했지만 영국과 프랑스에게 남부와 동부의 많은 영토를 떼어주고 독립을 지키는 수모를 당했다. 영국과 프랑스는 태국을 자신들의 충돌을 막는 일종의 완충지로 남겨두는 전략을 사용했다.

그럼에도 당시 태국국왕이었던 쫄라롱껀(Chulalongkorn, 1868~1910년)은 선제적으로 광범위한 개혁을 단행하여 행정부 고위층에 많은 외국의 전문가를 임용하고, 국가기구를 식민정부의 유형에 따라 재조직하는 등 식민화의 물결을 피해 나가는 많은 조치를 성공적으로 수행했다. 쫄라롱껀 국왕은 식민주의를 피하기 위해 오히려 식민주의의 특정양식을 받아들이는 조치를 했다. 쫄라롱껀의 행정과 경제사회 개혁조치는 태국 민족주의의 씨를 뿌린 위로부터의 혁명이라고 불린다. 태국은 외국의 개입이 국내 정치분열과 내부 질서의 붕괴에서 야기된다는 점을 자각하여 시의적절한 일련의 개혁을 단행함으로써 식민지배를 피했다. 특히 쭐라롱껀은 1888년 3월 8일 정부개혁에 관한 연설 이후 근대적 관료제를 도입하였다. 행정체제의 집중화와 기능분화가 실현되었고 국왕을 총리로 하는 내각제도 실시되었다. 이러한 개혁은 일본의 메이지유신에 비유되기도 하지만 행정기구상의 변화에만 한정되었을 뿐 정치원리의 근본적인 개혁과는 거리가 있었다. 1910년 쭐라롱껀의 뒤를 이어 왕위에 오른 왓찌라웃(Vajiravudh, 1910~1925년)은 식민세력의 위협에 맞서 민족 단결에 높은 관심을 가졌다. 왓찌라웃은 국가와 불교, 국왕으로 구성되는 태국 민족주의 개념을 발전시켜 태국 국가이념으로 공식화시켰다. 이처럼 태국의 민족주의는 왕권과 불교의 관계를 이해하는 데서 부터 출발해야 한다. 지배자와 피지배자 간의 정의와 화합을 최고 가치로 여기는 불교의 영향을 받은 태국문화에서 기인한다고 생각한다.

베트남에 대한 프랑스 식민주의는 베트남 사회에 급격한 변화를 몰고 왔다. 더욱 강력한 중앙집중식 권위주의체제가 등장하여 베트남 전역을 통치하였다. 프랑스가 지배의 편의를 위해 국가권력을 중앙집중화하면서 베트남 민족정체성은 교묘하게 분쇄하여 나갔다. 과거 베트남의 가족, 마을 그리고 국가로 이어지는 집단적 유대는 통킹, 안남과 코친차이나라는 3개 지역으로 강제 분할되었고, 베트남 민족성을 약화시키기 위해 지방에 대한 중앙관료의 지배를 강화하여 마을의 자율성을 격하시켰다. 프랑스의 식민관료기구는 베트남 사회를 압도하였고 잔인한 탄압책을 사용하였다. 이러한 프랑스의 무자비한 식민주의는 베트남의 국가성격을 더욱 권위주의적인 형태로 만들었지만 한편 역설적이게도 베트남의 민족주의운동을 불러일으킨 원동력이 되기도 했다. 베트남 민족주의

는 베트남인들이 공유하고 있는 가장 자연스럽고 확고한 신념이다. 호치
민은 베트남민족주의가 공산주의와 결합하는 데 아무런 모순도 없다고
생각했다. 민족주의와 공산주의의 결합은 혁명적 민족주의로 불렸다.

동남아의 사회구조

동남아의 사회계층은 1960년대 이후 단순한 사회계층구조에서 복합적
인 사회계층구조로 이행하기 시작했다. 사회계층은 사회가 일단의 사람
들을 위계서열상에 등급지우고 평가하는 체계를 말하는데 사회적 불평
등이 구조적으로 유형화하고 세대 간에 전달되면서 형성된다. 동남아의
사회계층은 상향이동적인 계층공간이 확대되고, 사회적 불평등이 심화
하면서 계층의 결정화 현상이 나타났다. 사회계층은 정치적 권력, 경제
적 계급, 사회적 지위 등에 의해 다차원적으로 표현할 수 있는데, 보통
직업, 소득, 교육수준에 따라 상위, 중간, 하위계층으로 분류된다. 동남
아 국가별 비교를 위해 전체적인 사회계층구조를 그림으로 표현하면 마
름모 형태의 사회계층구조를 가지고 있는 나라는 산업사회형의 싱가포
르, 오각형 모양을 가지고 있는 나라는 산업사회 전이형의 말레이시아
와 태국, 피라미드 모양은 초기산업사회형의 필리핀, 인도네시아라고
할 수 있다.

　동남아의 경제사회구조와 사회균열로 인해 발생하는 정치적 행태로
후원-수혜주의(patron-clientelism)적 정치가 널리 퍼져있다고 말한다.
제도 정치에 대조되는 비제도적 정치라고 표현되는데, '개인적 수준의
연계네트워크의 동학'이라고도 한다. 후원자는 정치적 위치를 이용해
추종자들에게 안전과 금전적 유인을 제공하고 이에 대한 보답으로 수혜

자들은 충성과 각종 보좌를 제공하는 비공식적 거래관계를 후원-수혜주의라고 한다. 상위에 있는 후견인의 경제사회적 지위와 하위의 수혜자의 경제사회적 지위 간의 거래관계는 보호와 안전, 이득 제공에 대한 충성과 복종, 추종으로 보답하는 관계, 확대된 가족적 유대로 나타난다. 이들은 집단책임과 공동운명의식을 갖는다.

동남아에서 수혜주의는 지방수준에서부터 중앙정치까지 일상화되어 있다. 정당은 개인적 추종과 비관료적 연결망에 의존하는 관료제와 개인이익의 특별한 조직망으로 운영된다. 선거는 지방에서 중앙정부에 이르는 수직적 후원-수혜 피라미드를 발달시키고, 정치화된 새로운 후원-수혜관계를 형성하기도 하며, 분배압력이 증가하여 선거승리를 위해 과도한 정부지출이 일상적으로 발생한다. 동남아 정치를 설명할 때 자주 사용되는 개념인 인물중심주의(personalism), 파벌주의(factionalism), 가산제주의(patrimonialism), 거물민주주의(cacique democracy), 엘리트 민주주의(elite democracy), 측근자본주의(crony capitalism), 부패후원주의(corrupt patronage), 정치가문(political dynasty) 등이 후원-수혜주의라는 사회적 관계의 정치적 산출물이라고 보면 된다.

태국을 예로 들면, 위계적인 후원-추종관계는 태국의 전통적인 촌락 공동체 생활에서 그 일면을 찾아볼 수 있다. 모든 사람들은 자신의 존재를 발전시키기에 앞서 공동체 내의 자신의 위치부터 자각해야만 한다. 추종자와 후원자 간 유대, 다시 말해 의존관계는 태어나면서부터 규정된 계층화된 사회 속에서 살아가는 도덕적 기준으로 작용한다. 태국인들은 관료제와 사회 속에서 서열을 존중하며 후원자의 보호 아래 특정 계파에 속해 있을 때 편하게 느낀다. 자기 소속 계파에 대한 충성은 권력투쟁의 세계에서 생존하기 위해 필수적이며 한 계파의 우두머리가 된다는 것은 대단한 존경을 받게 된다. 이러한 관계 속에 발전된 인간적 유대는 어떤

공적인 일에서도 매우 중요한 역할을 하게 된다. 한편 지도자의 개성은 정치적 이념이나 객관적 능력 이상으로 계파의 형성에 결정적인 영향을 미친다.

동남아의 도시와 농촌 간 균열구조는 상당히 심하다. 동남아 역사에서 식민시대의 유산으로 거대도시의 출현과 문제점을 말했는데, 현대 도시는 산업, 상업, 정보, 문화의 흡인력을 독점하며 변화와 성장의 중심에 있는 국가건설의 용광로이자 근대화의 상징으로 본다. 그렇지만 도시중심의 산업화는 지역 간 격차 발생의 주요 원인이자 성장의 배분 문제를 낳는 원인이다. 도시인구의 자연증가와 농촌인구의 지속적 유입, 도시경계의 확대로 도시의 급속한 팽창은 억제하기 어려웠다. 거대도시(mega-city) 또는 수위도시(primate city)로 불리는 동남아 수도에 대한 과도한 집중은 제2, 제3의 도시와의 엄청난 차이를 만들었다. 또한 주택난, 슬럼화, 교통정체, 오염, 실업, 전기 상수도같은 공공서비스의 취약 등 수많은 문제를 양산하고 있다. 동남아 역사학자 리드(Reid, 1980)는 동남아 도시의 발달을 동서무역에 의한 도시의 발전을 원인으로 설명했다. 향신료 무역으로 말라카와 아유타야의 당시 인구는 5~10만 명을 넘었는데 당시 유럽도시가 4만 명을 넘는 규모는 거의 없었다고 한다. 그 후 서양세력이 들어오면서 본격적으로 식민도시가 발달했다. 마닐라, 세부, 자카르타, 방콕, 양곤, 싱가포르, 사이공, 쿠알라룸푸르 등이 이 당시 생겨났는데 주로 강과 바다와 접하는 무역로 상에 위치하여 식민세력의 이해관계에 의해 건설되었다. 이는 자생적인 서구의 도시국가 형성과 차이가 나는 점이고 이로 인해 서구식 계획과 전통 양식이 공존하는 도시구성의 이분화가 생겼고, 중국인과 인도인 등이 본격적으로 도시로 유입되면서 종족적 분리에 의한 도시가 구성되었다.

동남아의 시민사회

시민사회의 성장은 민주주의 발전에 긍정적인 영향을 미친다는 주장은 보편성을 갖는다. 다양성과 타협의 가치를 중시하는 민주주의는 국가와 시민사회의 상대적 자율성과 끊임없는 상호작용을 전제로 한다. 시민사회의 개념은 국가의 직접적인 통제 바깥에서 개인들과 집단 간에 사적 또는 자발적 협정과 계약에 의해 조직되는 생활영역으로 정의된다. 자유롭고 활기있는 시민사회의 존재는 민주주의의 발전에 기여한다. 시민사회의 발전은 자발적으로 조직된 단체들과 운동, 그리고 국가로부터 자율적인 개인들이 가치를 표출하고 연합이나 연대를 조직하여 공공의 이익을 촉진하려고 노력하는 가운데 다양한 사회운동과 시민연합이 발달하는 것이다. 시민사회의 관심과 가치는 다양한 견해를 형성시키고 국가를 감시하는 역할을 수행하는 데 있다. 시민사회를 형성하는 다양한 스펙트럼 중에서 비정부기구라고 불리는 시민사회단체들은 시민사회운동의 핵심을 이루고 있다. 그런데 유럽에 비해 상대적으로 제3세계 지역은 오랜 식민지배를 받은 이후 독립을 하면서 과대 성장한 국가의 그늘에 가려 시민사회의 성장은 상대적으로 제약받을 수밖에 없었고 이로 인해 정치발전이 지체되었다. 시민사회는 국가처럼 동일한 조직 원리에 따라 형성된 단일체가 아니고 문화적 유대에 따라 조직되는 공동체적 성격을 가지고 있다. 따라서 같은 지역 내 나라들 간에도 서로 다른 시민사회의 특징이 나타날 수밖에 없다.

태국과 인도네시아 사례를 통해 동남아 시민사회운동의 과정과 특징을 비교해 보도록 하자. 태국의 시민사회는 1973년 군부를 몰아낸 학생운동을 계기로 빠르게 성장했다. 이후 1997년 태국발 경제위기에 이은 신헌법 제정에서 정치적 영향력을 발휘하면서 시민사회의 정치적 역할에 대한 긍정적인 평가를 받았다. 그러나 2006년 이후 탁신(Thaksin Shinawatra)을 지지하는 세력과 반대하는 세력으로 양분되어 소위 '노란셔츠 대 빨간셔츠'라는 거리의 대결이 되면서 부정적인 평가를 받고 있다. 태국의 시민사회는 오랫동안 사원공동체를 중심으로 발전했다. 불교와 승려집단의 사회적 영향력이 태국 시민사회의 밑바탕이었다. 태국어로 시민사회는 쁘라차쌍콤(Prachasangkom)으로 불린다. 이 용어는 그다지 폭넓게 사용되지 못하다가 1997년 경제위기를 겪으면서 학자와 시민운동가들이 사용하여 대중적으로 통용되는 개념이 되었다.

군부는 1970년대 초까지 태국의 사회단체들을 1942년 제정된 국가문화법을 통해 통제했다. 그러나 1973년 학생운동의 발발과 함께 태국 시민사회운동은 다양한 비정부기구 활동으로 급속하게 성장했다. 1976년 군부가 유혈쿠데타로 재집권했지만 이미 시민사회운동은 무시할 수 없는 영향력을 갖게 되었다. 1980년대 들어 민중에 뿌리를 둔 많은 조직들이 활동을 재개하며 새로운 시민운동단체들도 출현했다. 1981년 대중민주주의운동(CPD: Campaign for Popular Democracy)이 만들어졌다. 이 단체의 중요 목표는 교육활동을 통해 국민들에게 헌법을 이해시키는 것이었다. 1992년 민주화운동 과정에서 이들은 태국학생연합(SFT: Students' Federation of Thailand)과 함께 선거감시단 임무를 수행했다. 쿠데타를 일으켰던 수찐다(Suchinda)장군이 최초 약속을 깨고 선거 후 총리에 임명되자 CPD와 SFT는 집회를 조직하고 네트워크를 통해 정보를 공유하며 투쟁을 개시했다. 기존 언론들이 친군부 편향성을 보이자 이들의 활동은 더욱 주목을 받았다. 1992년 5월 18일 군이 비무장 시위대에 발포하자 네트워크를 통해 상황이 전달되었고 지방에서도 시위가 확대되었다. 1992년 방콕 시위는 비극적인 사태였지만 시민사회단체가 앞장선 민주화 시위는 군부정권을 몰아내고 문민정권을 태국 국민들의 손으로 세운 획기적인 사건이기도 했다. 민주화 이후 CPD는 헌법 개정과 환경보호운동에 집중했다.

농촌개발에 초점을 맞추는 단체들도 등장했다. 이들의 구호는 "해답은 농촌에 있다"였다. 해답은 농촌에 있었지만 정치경제적 권력은 방콕에 집중되어 있었고 지속가능한 개발전략은 국가정책과 조율될 필요가 있었다. 이런 배경에서 1985년 결성된 조직이 농촌개발 비정부기구 국가조정위원회(NGO-CORD)였다. 이 위원회에는 정부기관과 함께 모두 220개의 사회단체들이 참가했고, 어린이개발복지, 초등학생 보건조직, 인권조직, 슬럼가 개발조직도 포함되었다. 1995년에는 많은 비정부기구들이 공조해 빈민연합(Assembly of the Poor)을 만들었다. 의미 있는 연합체로 발전한 이 기구는 1996년 방콕 시위에서 수천 명의 시위대를 동원했다. 이 기구의 지지층은 태국에서 가장 소득이 낮은 동북부 소농들이었으나 이들의 관심은 도시빈민문제로까지 확대되었다. 조직적이고 끈질긴 시위를 통해 이들은 정부로부터 산업용지 훼손에 따른 보상, 삼림운용에 대한 지방권리 확인, 직업병 보호를 보장하는 법제화 약속을 받아냈다. 환경측면에서 강력한 사회운동은 쁘라쭈업(Prachuab)주의 연합운동이었다. 정부가 3개의 석탄화력발전소 건설을 계획하자 1988년 주민들은 방콕을 연결하는 고속도로를 행진하며 교통마비사태를 일으켰다. 이들은 정부가 발전소 허가를 내주지 않겠다는 약속을 받고 해산했다.

1997년 경제위기의 도래는 사회변화 운동의 촉매역할을 했다. 경제위기는 시민사회에 부정적, 긍정적 영향을 모두 미친 게 사실이다. 무엇보다도 경제위기로 시민사회의 활동능력이 위축되었다. 수많은 노동자가 졸지에 해고되고 수입이 줄면서 빈곤층이 늘어나고 사회안정망이 제대로 작동하지 못하게 되었다. 그렇지만 이러한 사회위기에도 불구하고 시민사회운동의 필요성을 인식하는 계기가 되어 시민사회운동이 활기를 띠는 역설적인 현상이 일어났다. 생활밀착형 시민운동과 함께 정부의 비리를 고발하고 변경하도록 하는 운동이 가세했다. 1998년 2월 소위 살윈(Salween) 벌목사건은 산림국 국장이 연루된 불법벌목과 뇌물공여사건으로 시민사회단체의 고발에 의해 폭로되었다. 1998년 8월 농촌의사회가 의료기구 스캔들을 폭로했다. 의료기구 구입비로 책정된 예산을 보건부가 부정한 목적으로 사용한 사건이었고 관련 정치인과 고위관료가 구속되고 보건부장관과 정무차관이 물러났다. 1998년 9월 농업협동조합부가 시장가격보다 고가의 종자를 구입했다는 의혹이 폭로되며 장관이 물러난 종자스캔들도 태국 시민사회운동의 결과였다. 1999년 여러 풀뿌리 공동체 조직의 연합체로 시민네트워크(Civicnet)가 결성되었다. 시민운동의 역량 증가를 목격한 태국정부도 이런 시민운동을 인정하고 상대하기 시작했다. 정부는 세계은행으로부터 차입한 자금으로 정부저축은행을 통해 사회투자기금을 형성해 지방공동체 강화를 위한 사업에 제공하기 시작했다. 2000년 들어 태국의 시민사회운동은 환경, 보건 및 소비자보호, 지속가능한 농업, 교육문화, 어린이·청소년, 개발지원 등 다양한 분야에서 활동영역을 확대하였다.

반면 태국 시민사회는 2006년 탁신 총리 반대운동을 일으킨 소위 '노란셔츠'의 등장으로 새로운 변화를 맞았다. 2001년 집권하고 2005년 선거에서 압승하여 재집권한 타이락타이당의 탁신 총리에 대한 평가에서 태국 시민사회는 양분되었다. 탁신을 반대하는 방콕 중산층과 기득권층을 대변하는 노란셔츠와 탁신 집권 시 혜택을 받았던 탁신 지지 농민과 근로자들을 대표하는 빨간셔츠 간의 갈등이 2006년 이후 지금까지 이어지고 있다. 태국 시민사회가 탁신에 대한 정치적 평가를 놓고 둘로 갈린 것이다. 건전한 비판과 건설적 대안을 제시하는 것이 아니라 극단적인 비난과 거리에서의 충돌이 계속되었다. 2014년 군부쿠데타 이후 계엄령으로 소강상태에 들어갔지만 대립의 불씨는 여전히 남아있다.

인도네시아의 시민사회는 이슬람이라는 종교적 배경과 밀접한 연관성을 가지고 있다. 인도네시아에는 두 개의 대표적인 이슬람단체가 있다. 무함마디야(Muhammadiyah)는 1912년 족자카르타(Djokjakrta)에서 아흐마드 다흘란(Ahmad Dahlan)이 설립한 이슬람 현대화운동의 선봉 단체로, 이슬람을 토대로 한 교육과 선교활동 강화를 강조한다. 무슬림들의 상부상조를 통한 생활향상을 목적으로 도시 중심의 학교, 진료소, 고아원, 양로원, 모스크, 도서관 등을 건립하고, 전도사 양성 등 신교육을 실시하여 전국조직으로 발전하였다. 나흐다뚤 울라마(NU: Nahdatul Ulama)는 1926년 수라바야에서 하쉼 아샤리(Hasim Asjari), 압둘와합 하스불라(Hasbullah), 비스리 삼수리(Bisri Samsoeri) 등이 설립한 보수적 성향을 가진 이슬람 단체이다. 이들은 자바식 전통이슬람을 선호하는 농촌지역을 중심으로 발전하였고, 중소상인들을 위한 단체결성, 고아원 설립과 영세민 구호활동 등 사회봉사와 교육 사업을 추진하고 있다. 네덜란드의 식민정책에 영향을 받으며 시작된 두 단체의 활동은 초기에는 사회봉사와 교육활동에 치중해 비정치적 성격을 갖고 있었다. 그러나 태평양전쟁 기간 중 일본과 협력하는 과정에서 정치화되기 시작했다. 태평양전쟁이 종식되고 네덜란드로부터 독립을 쟁취하기 위한 투쟁을 벌이며 상당히 정치화되었다. 독립 이후 빤짜실라(Pancasila)를 표방하는 수카르노 대통령에 대항해 기존 정당에 참여하거나 독자정당을 결성하는 다양한 정치활동을 벌였다. 그런 가운데 이슬람세력 간에도 정치적 노선에 따라 협력과 갈등이 반복되었다.

이런 현상은 1965년 9·30사태 후 수하르토정권이 개막된 후에도 이어졌다. 엔우(NU)와 무함마디야는 정치안정을 발판으로 경제발전을 국정지표로 삼은 수하르토정권에 대해 전반부에는 정치적 휴면기에 들었다가 1980년대 후반부터 수하르토가 권력의 추를 군부로부터 이슬람 세력으로 이동시키려는 의도를 보이자 활발한 정치활동을 재개하였다. 1997년 인도네시아도 경제위기를 맞아 혼란에 빠지고 1998년 5월 수하르토가 32년의 강권통치를 마감하고 하야하자 엔우와 무함마디야도 정당을 결성해 총선에 참여했다. 그 결과 엔우의 압둘라흐만 와히드가 대통령에, 무함마디야의 아민 라이스(Amien Rais)가 국민협의회 의장에 선출되는 등 현실정치의 전면에 등장하였다. 정당을 중심으로 한 이들의 정치참여는 현재까지 지속되고 있다.

태국과 인도네시아 시민사회운동을 비교해 보자. 태국과 인도네시아 모두 시민사회가 성숙하였다고 평가할 수는 없지만 국가에 비해 상대적으로 취약했던 시민사회가 최근 상당한 속도로 성장하고 있음은 분명하다. 태국과 인도네시아 시민사회의 성장은 권위주의적 국가를 변화시키고 두 나라의 민주화에 긍정적인 영향을 미쳤다는 점도 평가될 수 있다. 그런데 영향의 정도와 국가-시민사회의 관계 측면에서 차이를 보이는 것도 관찰된다. 동남아지역에 위치하면서도 태국과 인도네시아는 역사와 문화적 배경이 상당히 다르다. 태국은 식민지배를 받지 않은 유일한 동남아 나라이고, 타이족이면서 불교도라는 문화적 공감대가 매우 강하다. 이것이 태국 시민사회의 뿌리라고 생각한다. 이에 비해 인도네시아는 수백 년간 네덜란드의 지배 그리고 인위적으로 형성된 인도네시아라는 지역을 포괄하여 독립한 나라이기 때문에 사회통합과 국가건설에 상당한 제약을 받고 있다. 다종족, 다언어 사회의 분열성은 전국적인 시민사회운동 네트워크의 발달을 저해한다. 환경적으로 태국에 비해 열악한 조건에서 출발한 인도네시아 시민운동이 이슬람에 바탕을 둔 종교적인 사회운동으로 발전하였다는 점이 인도네시아 시민사회운동의 뿌리라고 볼 수 있다.

시민사회운동의 전개과정과 운동의 구조면에서 두 나라는 차이점이 있다. 태국의 경우 1932년 절대군주제를 끝낸 최초의 쿠데타가 일어난 이후 60여 년간 군부가 지배하는 권위주의적 국가에 대항할 만한 자율적인 시민사회운동이 일어나기 어려웠고, 상당수 시민사회세력은 국가에 종속되어 어용화하는 양상을 보였다. 1973년 학생혁명으로 불씨를 지핀 태국의 시민사회운동은 1980년대 경제성장으로 탄력을 받아 농촌개발과 환경보호 등 활발한 운동으로 확대되었고, 다수의 비정부기구들이 출현했다. 태국 시민사회단체들은 1980년대 이후 쿠데타 반대운동과 헌법개정 및 선거감시단 활동 등 태국의 민주화를 위해 다각적인 활동을 벌이기도 했다. 1997년 경제위기 발생 후에는 위기를 고질적인 경제사회문제 해결의 계기로 삼아 구조조정과정에도 개입하여 영향력을 행사했다. 금권정치와 부정부패 타파에도 적극적으로 나서 정치적 스캔들을 폭로하여 여론화하는 데 기여했다. 이런 많은 성과에도 불구하고 2006년 이후 탁신을 두고 갈린 시민사회의 대립은 아직 성숙하지 못한 태국 시민사회운동의 약점을 보는 듯해 아쉽다.

이에 반해 인도네시아의 시민운동은 활동영역과 역량에서 제한적이고 소극적이었다는 평가를 하게 된다. 그런 가운데서도 종교적 성격이 강한 인도네시아 사회에서 이슬람이 중심이 된 사회단체들의 활동은 주목할 필요가 있다. 이슬람단체들은 초기에는 보건, 사회복지, 교육과 농촌개발 등 비정치적 분야에 집중하였지만 꾸준히 정당활동과 연계하여 정치에 직접 참여하는 특징을 보였다. 엔우와 무함마디야를 주축으로 한 이슬람단체들이 정치와 밀접한 관련을 맺고 활동해 온 것은 이슬람이 가지고 있는 신정주의와 더불어 인도네시아 국가-사회관계의 독특한 특징이라고 하겠다. 이슬람세력으로 대표되는 인도네시아의 시민사회운동은 수하르토정권까지는 정치적 동원세력으로 이용되는 한계를 가지고 있었지만 1998년 민주화 이후 정치력을 발휘해 정치를 장악하는 결과로 이어졌다. 그렇지만 이슬람의 정치개입과는 별도로 인권, 민주주의, 노동, 환경분야 등의 문제에 집중하여 정치적, 법적 제도 변화의 필요성을 자각하고 활동을 넓혀간 자생적인 시민단체들이 증가한 것은 민주화 이후의 큰 변화라고 생각한다. 인도네시아 정치사회의 격변기에서 세부적인 정책대안을 제시하는 등 과거에 비해 훨씬 다양하고 적극적인 시민운동을 벌여나가고 있는 사실은 느린 민주화의 속도에도 불구하고 고무적으로 평가한다.

동남아 국가의 사회 현황 비교

동남아 사회의 현재의 모습이 국가별로 어떤지 통계지표를 갖고 비교해 보도록 하자. 2017년 현지물가를 반영하여 계산하는 구매력평가 기준 1인당 국민총소득은 싱가포르가 8만 2,500달러, 브루나이가 7만 6,400달러로 압도적으로 높다. 한국의 3만 5,000달러와 비교해도 두 배가 훨씬 넘는 소득을 가지고 있는 사회이다. 말레이시아가 2만 6,000달러, 태국이 1만 5,500달러이고 인도네시아가 1만 달러를 넘어서고 있다. 이들 외의 동남아 나라들은 모두 1만 달러 이하의 국민소득을 가진 사회이다. 필리핀이 9,000달러, 베트남이 5,800달러, 라오스가 6,000달러, 미얀마가 5,500달러이고 캄보디아가 3,400달러로 가장 낮은 소득을 보이고 있다. 소위 CLMV국가라고 불리는 캄보디아, 라오스, 미얀마, 베트남 등 동남아 4개국은 여전히 다른 동남아 나라들과 큰 격차를 보이고 있다.

1인당 국민총소득과 함께 기대수명, 유아사망률, 비문맹율 등 주요 사회통계를 감안해 계산하는 인간개발지수(HDI: Human Development Index)는 그 사회의 후생수준을 나타내는 중요한 지표이다. 인간개발지수로 보면, 2017년 기준 싱가포르가 0.932로 세계 8위의 최고수준에 올라있다. 한국은 0.903으로 세계 22위이며 상대적으로 인간개발지수가 높게 나타나는 나라이다. 브루나이는 0.853으로 세계 40위다. 말레이시아는 0.802, 태국은 0.755이다. 그 다음 동남아 나라들은 0.6점과 0.5점대로 모두 세계순위 100위권 밖에 있다. 미얀마가 0.578로 동남아 사회에서 가장 인간개발지수가 낮다.

표 4.3 동남아 국민 관련 주요 사회통계

국가	1인딩 국민 총소득(GNI) (구매력평가 달러) (2017년)	인간개발 지수(HDI) (세계순위) (2017년)	경제활동 참가율 (%) (2017년)	평균 교육기간 (년) (2017년)	중위연령 (2018년)
태국	15,516	0.755(83)	75.5	7.6	37.8
미얀마	5,567	0.578(147)	69.1	4.9	27.7
캄보디아	3,413	0.582(146)	86.5	4.8	24.0
라오스	6,070	0.601(137)	81.4	5.2	22.7
베트남	5,859	0.694(116)	83.2	8.2	30.4
인도네시아	10,846	0.694(115)	68.4	8.0	28.0
말레이시아	26,107	0.802(57)	68.2	10.2	27.7
싱가포르	82,503	0.932(8)	76.0	11.5	40.0
브루나이	76,427	0.853(40)	70.3	9.1	30.0
필리핀	9,154	0.699(111)	64.3	9.3	24.1
한국	35,954	0.903(22)	68.6	12.1	40.8

* 경제활동참가율은 15~64세 노동가능인구 중 경제활동인구의 비율을 의미.

예상기대수명은 한 사회의 의료, 건강, 영양 상태의 변화를 종합적으로 보여준다. 싱가포르와 한국은 모두 80세를 넘었다. 뒤를 이어 브루나이가 78세, 베트남이 75세, 말레이시아와 태국이 74세를 보이고 있다. 눈에 띄는 것은 베트남이 기대수명 75세를 보이는 점인데 이는 베트남의 낮은 1인당 국민소득에 비해 건강과 의료분야에 대해 국가적으로 많은 투자와 성과가 있음을 보여주는 것이라고 생각한다. 미얀마, 캄보디아, 라오스, 인도네시아, 필리핀은 아직 60대의 기대수명을 가지고 있다.

기대수명이 현재 있는 사람들의 상태를 보여주는 것이라면 14세까지의 연령비율과 중위연령은 각 사회의 미래 인구를 가늠해 보는 잣대가 된다. 한국은 14세까지의 인구비율이 14%이고, 전 인구를 세웠을 때 가운데 해당하는 연령이 40세로 젊은 인구는 적은 대신 늙은 인구가 늘어나는 고령사회로 진입했음을 나타낸다. 우리와 비교해 싱가포르를 제외한 동남아는 훨씬 젊은 사회이다. 동남아 대부분의 나라에서 14세까지의 인구가 20% 중반에서 30%까지 차지한다. 중위연령도 대부분 20대로 나타난다. 1인당 소득이 2만 6,000달러로 상당한 경제성장을 이룩한 것으로 보이는 말레이시아는 14세까지 인구가 25%, 중위연령이 27세로 젊은 인력이 미래 사회를 받치고 있다. 2억 6,000만 명의 가장 많은 인구를 갖고 있는 인도네시아는 14세까지 인구가 28%, 중위연령이 28세이고, 1억 명의 인구를 돌파한 필리핀은 14세까지 인구가 32%, 중위연령도 24세로 젊은 나라임을 알 수 있다. 베트남도 23%와 30세를 기록하고 있다. 동남아에서 가장 어린 사회는 라오스로 중위연령 22세에 14세까지 인구가 35%나 된다. 이러한 인구구성은 동남아 나라들이 앞으로 충분한 노동인력을 시장에 공급할 수 있다는 긍정적 측면과 신규 노동력 증가에 따른 일자리 제공이라는 부담을 동시에 보여주는 것이다.

한편 동남아 사회의 치안상태를 보여주는 통계로 살인발생율을 보면 인구 10만 명당 8.8명을 보이는 필리핀이 가장 눈에 띈다. 이는 캄보디아의 6.5명, 라오스의 5.9명보다도 훨씬 높은 수치로 필리핀의 최근 치안 부재현상을 그대로 보여준다. 높은 살인발생율은 사회적 불안을 반영하는 것으로, 국가가 담당해야 하는 치안질서와 안전유지 기능이 제대로 작동하고 있지 못함을 보여주기 때문에 필리핀이 가장 시급하게 해결해야 할 문제이다. 싱가포르의 살인발생율 0.2명은 이 사회의 높은 안전성을 보여준다. 상대적으로 태국의 5명은 높은 편으로, 강력범죄의 발생빈도에 비해 태국경찰의 미흡한 해결능력을 지적하고 싶다.

마지막으로 국제투명성기구에서 발표하는 부패인식지수(CPI: Corruption Perceptions Index)를 통해 동남아 각국의 부패 정도를 비교해 보자. 0에서 100점까지 점수를 주는데 낮을수록 부패가 심한 상태를 말한다. 싱가포르는 84점으로 세계7위이다. 싱가포르는 북유럽 국가들과 함께 세계에서 가장 청렴한 공무원들이 있다고 자랑하는 나라이다. 그에 비해 인도네시아 34점으로 107위, 베트남 31점으로 119위, 라오스 25점으로 145위, 캄보디아와 미얀미는 같은 21짐으로 공동 156위로 전반적으로 부패의 정도가 심한 나라로 평가받는다. 필리핀과 태국도 같은 38점으로 공동 85위의 하위권이다. 동남아 정치의 부패문제는 폭과 정도가 넓어 마치 문화처럼 고착되어 버렸다는 인상을 받을 때가 많다. 부패를 부패로 인식하지도 못하고 부패행위를 당연하게 여기는 경우가 너무 많다. 말레이시아가 52점으로 50위인데, 한국도 55점으로 43위 수준에 머물러 있다. 한국의 부패정도는 경제와 사회지표에 비해 향상되지 못하는 우리 사회의 큰 약점으로 보인다. 아무리 사회가 외형적으로 근사해 보여도 부패가 심한 사회는 구성원 간의 신뢰를 무너뜨려 안으로 썩어가는 심각한 문제를 낳는다. 부패를 근절하기 위한 당근과 채찍의 양면 제도를 잘 갖추는 것이 우선 중요하다. 그렇지만 무엇보다 중요한 것은 공무를 담당하는 국가공무원들의 의식의 혁신이 필요하다. 이를 위해 가장 효과적인 길은 국가 최고지도자의 부패 근절에 대한 비상한 결의와 강력한 실천이다. 이것이 없다면 부패는 쉽게 해소될 수 없는 만성적인 병처럼 굳어져 버린다.

동남아 사회문화를 끝내며 동남아에서 부딪칠 수 있는 몇 가지 상황을 말해주고 싶다. 동남아 사회에서 살다보면 누구나 어디서나 흥정이 일상화되어 있는 것을 경험하게 된다. 전통시장에서 정해진 정가 없이 판매자와 구매자가 여유 있게 흥정을 하는 모습을 본다. 흥정은 미리 정해진 값은 없다는 데서 출발한다. 상대와 상황에 따라 매우 유동적으로 물건의 값이 결정된다. 그렇다고 사기 당하거나 농락 당한다는 생각을 할 필요는 없다. 내가 구매자라면 판매자의 의도를 읽어 가면서 충분히 그런 흥정의 협상 과정에 적극 참여하겠다는 마음을 먹는 게 중요하다. 흥정이 싫다면 흥정의 자리를 떠나면 된다. 흥정에 참여하고 안하고는 다 자신의 결정에 달렸다. 흥미있는 점은 모든 흥정이 심각한 얼굴이 아닌 미소를 지으며 끈질긴 여유를 갖고 즐기듯이 한다는 점이다. 동남아 사람들은 늘 가벼운 미소와 웃는 얼굴이 특징이다. 여유를 갖고 우회적인 표현을 섞어 가며 흥정을 즐길 줄 알아야 한다. 그리고 흥정의 결과는 확실히 따라야 한다. 서로 받아들인 가격이라면 판매자는 그 가격에 팔아야 하고, 구매자는 그 가격에 반드시 사야 한다. 왜냐하면 흥정은 자신의 전 인격을 걸고하는 거래행위이기 때문에 결과를 따라야 하는 것은 사회적 불문율이다. 고정되어 있지 않고 형태를 변형하며 담길 수 있는 물처럼 사회생활이 정해진 것 없이 유연하게 움직인다는 점을 이해하고 살면 편하다. 문서에 사인하고 계약서를 작성하여 무엇이든 고정된 형태의 결과물을 갖고 있는 것에 익숙한 우리들에게 많은 것을 자유로운 흥정에 맡기는 동남아식 사회생활을 이해하기는 쉽지 않다. 그러나 여기에도 다름을 비교해 보는 재미가 있다.

또 한 가지, 인도네시아에 투자한 한국인 회사에서 일어난 일을 소개한다. 한 회사에 국한된 것이 아니라 일상적으로 일어나는 일이고 우리의 노무관계 상식으로 이해하기 어렵지만 동남아 사회를 이해하기 위해 소개한다. 회사에서는 크건 작건 잦은 도난사건이 일어난다고 한다. 그런데 회사에서 일어나는 도난 사건은 주로 근무자와 직간접적으로 연관된 일이 많다는 점이다. 문제는 도난 사건이 일어나 물건을 훔친 근무자를 적발했더라도 자체적으로 그들의 자존심을 해치지 않으면서 해결하는 게 현지 상황에서는 좋다는 것이다. 적발된 근무자들은 통상적으로 이런 변명을 한다. "나는 그런 일을 했다고 느끼지 않는데 오늘 밤에 가족과 상의해 보고 내일 결과를 얘기해 주겠다", "가족과 충분히 상의를 했는데 본인이 그런 것 같다. 어쨌든 책임지고 퇴사하도록 하겠다." 적반하장이 답이 아닐 수 없다. 그러나 이런 변명이 통하는 곳이 동남아라는 문화를 가진 곳이라는 사실을 알아야 한다. 비록 자기가 도둑질을 했더라도 우회하는 화법으로 뻔뻔하게 회피하는 방식을 우리로서는 이해하기 어렵다. 그렇다고 다른 사람들이 있는 정면에서 면박을 주고 법대로 해결하겠다고 하는 것은 바람직하지 않다. 왜냐하면 우리 방식대로 처리한다면 한번은 시원하게 해결된다 해도 남은 근무자들에게는 야박하고 인정머리 없는 한국인이라는 인상이 굳어져 버리게 된다. 그 이후의 노무관리가 더 어려워 질 것은 당연하다. 때문에 로마에 가면 로마법을 따르듯이 동남아에서는 그들 방식의 언어와 사회관계에 맞게 행동하는 게 바람직하다고 생각한다.

인도네시아 현지에 나가있는 한국인 회사에서 벌어지는 얘기를 하나 더 한다. 회사를 운영해 보면 인도네시아 사람들의 결근과 이직이 매우 잦다는 점에 당황하게 된다. 많은 이유를 생각해보다 내린 결론은 인도네시아 사람들에게 회사에 대해 갖는 헌신과 봉사 정신을 기대해서는 안되고, 그들의 기준은 오직 월급의 수준이 중요하다는 사실이다. 이는 미숙련 단순노동자들의 경우를 말하는 것인데, 동남아 사람들은 마을 구성원으로서의 역할에 매우 비중을 둔다고 앞에서 설명했다. 마을공동체의 영향은 이들에게 아주 중요하다. 이웃에 초상이 나면 결근하는 것은 당연하다. 마을의 일이 직장의 일보다 우선한다. 마을 중심의 사회적 조화를 위해 표면적으로 화합하는 모습을 보여야 하는 것은 동남아 사람들의 중요한 행동기준이다. 라마단 같은 휴가 기간에 마을에 돌아가고 난 후 복귀하지 않는 일도 흔하다. 라마단 휴가 이후 이직이 급증하는 것도 그 기간 동안 마을에서 전해들은 직장급여 수준에 따라 돌아와서 직장을 옮겨 버리기 때문이다.

동남아 사회의 특징을 살펴보고 나서 동남아에서 살아가는 유용한 세 가지 팁을 말해 주고 싶다. "미소 짓고 화내지 마라", "서두르지 말고 기다려라", "잘난 척하지 말고, 문제는 뒤에서 풀라"는 것이다. 사회문화적 전통이 많이 다른 동남아 사람들을 만나서 당황하지 않고 자연스럽게 교류하는 데 필요한 중요한 노하우다. 다시 말하지만 한국인의 색안경을 벗고, 눈높이를 현지에 맞추려는 마음의 준비가 되어 있다면 여기서 말한 당혹스런 상황도 얼마든지 극복해 나가고 바람직한 방향으로 관계를 세워나갈 수 있다고 생각한다.

동남아의 경제

동남아 경제의 성장과정

동남아시아 경제는 어떤 과정을 거쳐 성장해 왔을까? 동남아의 경제성장은 보편주의 시각에서 다른 지역과 구별할 필요 없이 통상적인 성장과정을 거쳤던 것일까? 아니면 상대주의 시각에서 다른 지역과는 차별되는 동남아만의 특별한 성장과정을 지나왔을까? 국가의 발전전략 차원에서 동남아시아만의 특징을 발견할 수 있을까? 보편주의와 상대주의적 시각 중 어느 수준에 중점을 두는가에 따라 설명은 차이가 나게 된다.

동남아시아의 경제성장을 평가해 보는 이유는 단지 경제성장의 과정과 내용에 관심이 있어서만은 아니다. 실제로 1997년 7월 태국에서부터 시작되어 인도네시아와 한국 등 동아시아 전 지역을 강타한 동아시아 경제위기는 이전의 모든 경제성장에 관한 설명을 무색하게 하는 중대한 사건이었다. 1990년대 중반까지 세계의 평균을 훨씬 웃도는 높은 경제성장률을 기록하며 승승장구하던 동아시아 경제가 다른 지역에서나 보이던 외환위기에 직면하여 도미노처럼 연속해서 경제위기 상황으로 빠져들었던 것은 상상하기 어려운 현상이었다. 왜 이런 위기에 봉착하게 되었을까? 무슨 이유에서 잘 나가던 동아시아 경제가 한꺼번에 위기로 내몰리게 되었던 것일까? 1997년 경제위기에서 비롯된 동아시아 경제성장의 그늘에 대한 냉정한 검토가 필요했다. 경제위기의 원인이 국내적인 것인지, 국외적인 것인지, 경제적인 문제인지 아니면 정치적 문제까지 포함된 것인지, 한 나라만의 문제인지, 지역 전체가 갖고 있던 문제였는지, 또는 급속히 세계화되어 가는 국제경제가 책임져야 할 문제인지 등 동아시아 경제위기에 대한 분석은 다양하게 이루어졌다.

　동남아시아 경제에 대한 인상은 우선 이 지역의 경제가 세계의 여타 지역에 비해 지난 수십 년간 상당히 빠르게 성장했다는 것이고 그 이유가 무엇이었을까 들여다보는 데서 시작한다. 동아시아 경제성장을 설명하려면 우선 동북아시아와 동남아시아를 구분하여 들여다 볼 필요가 있다. 흔히 동아시아의 놀라운 경제성장을 말할 때 동북아시아의 사례로 한국과 대만을, 동남아시아의 사례로 태국, 인도네시아, 말레이시아, 싱가포르 등을 든다. 많이 인용되었던 세계은행(World Bank)의 "동아시아의 기적(The East Asian Miracle, 1993)"이라는 보고서에서 동아시아는 동북아의 한국, 일본, 대만과 동남아시아의 태국, 인도네시아, 말레이시아와 싱가포르를 지적하였고, 급속히 성장한 중국도 포함시켰다. 이 보고서에서 '동아시아(East Asia)'라는 개념은 1960년대 이후 빠른 경제성장을 성공적으로 이룩한 나라를 주목하는 것이었고, 동아시아라는 특정 지역의 경험으로부터 경제성장에 대한 중요한 교훈을 얻고자 하는 것이 목적이었다. 그러나 이러한 높은 관심과 칭찬은 1997년 동아시아에 몰아친 외환위기와 그로 인해 확산된 경제위기에 의해 한 순간에 식어버리고, 오히려 위기 발생의 책임에 대한 비판적 지적이 물밀 듯 제기되었다.

　동아시아 전체를 경제성장의 사례로 일반화할 수 있는가는 논란의 여지가 많다. 일본을 선두로 한국, 대만, 중국 그리고 동남아 10개국으로 구성된 동아시아지역이 지난 수십 년간 모두 빠른 경제성장을 달성한 것도 아니고, 나라마다 상이한 성장 과정을 보인 점은 이 지역을 하나의 경제성장 사례로 묶어서 말하기에는 지나친 일반화의 오류에 빠질 위험이 있다. 이런 점을 감안하고 동남아시아에 맞춰 얘기를 진행한다.

　1960년대 동남아시아의 전체적 분위기는 비관적이었다. 인도네시아는 만성적인 정치경제 불안에 휩싸여 있었고, 말레이시아는 종족 간 분열이 경제 분쟁으로 확대되고 있었다. 1965년 말레이시아로부터 쫓겨나듯 독립한 싱가포르는 생존마저 위협받는 취약한 경제를 안고 있었다. 태국은 오랜 군부독재와 반봉건적 정치구조 속에 경제적 근대화는 속도를 내기 어려웠다. 한편 프랑스의 식민지에서 겨우 독립한 인도차이나지역의 1960년대는 더욱 비관적이었다. 베트남, 라오스와 캄보디아는 미국과 소련 간 냉전의 대리전을 치르면서 파멸적인 내전에 시달리고 있었다. 그나마 미얀마(당시 버마)와 필리핀의 1960년대는 다른 동남아 국가들에 비해 비교적 나은 상황이었기 때문에 경제성장 가능성은 가장 크다고 예상했다. 그러나 30년이 지난 1990년대 중반의 상황은 최소한 경제적 측면에서 보면 1960년대의 전망과는 전혀 다른 결과를 보여 주었다. 인도네시아, 말레이시아, 태국 그리고 싱가포르는 한국과 대만, 홍콩에 이어 동아시아 경제기적의 사례로 추가되었고, 따라서 이 나라들이 1970~1980년대를 거치면서 급속한 경제성장을 했다는 사실만으로 세계의 주목을 받기에 충분했다.

경제성장을 설명하기 위한 많은 논의가 있었다. 그 중에서 특히 빠른 경제성장을 가능하게 한 요인들로 인정받고 있는 것들이 있는데, 인적 또는 물적 자본에 대한 과감한 투자, 수입과 자산의 균등한 배분, 수출지향형 성장전략, 적극적이고 독립적인 국가능력 등의 요인들이 지적되었다. 그러나 동아시아 경제성장의 외부 요인으로 무엇보다도 1960년대부터 1980년대까지 이어진 세계경제의 장기적인 확장에 주목해야 한다. 선진국 경제를 중심으로 자본주의 세계경제가 확대되어 나갔다는 점은 개발도상국 경제성장에 좋은 기회로 작용했다. 세계시장의 확장 동향을 파악한 동아시아 개도국들은 자국의 경제성장 기회를 잡기 위해 적절한 발전전략을 개발하였고, 우선적으로 비교우위를 가지고 있는 요소투입량을 적극적으로 늘리는 투자확대 전략을 취했다. 이와 함께 이들 국가는 선택적 산업화 전략과 수출확대 전략을 실시하였다. 부족한 투자재원을 극대화하여 활용하기 위해 선택적인 산업화는 불가피했고, 확장되는 세계시장을 이용하기 위한 최적의 전략은 수출지향 전략일 수밖에 없었다. 이어서 어느 정도 성장궤도에 진입한 나라들은 적극적으로 외국인투자 확대를 위한 다양한 유인 정책을 제시하였고, 세계금융시장과 다국적기업들은 이윤의 증대라는 자본의 논리에 따라 개도국의 경제활동에 참여하기 시작했다. 동아시아 개도국들은 세계경제로부터 선진 기술과 경영기법을 도입하여 더욱 적극적으로 경제성장 전략을 추진함으로써 경제기적을 이루어 냈던 것이다. 동아시아 국가들의 경제성장은 이러한 일반적인 공통의 과정을 밟았다고 본다.

한편 암스덴(Alice Amsden, 1989)과 웨이드(Robert Wade, 1990)는 경제성장을 이끈 국가의 적극적인 역할을 강조하면서 동아시아 국가들을 예로 하는 발전국가론(developmental state)을 제시했다. 국가에 의한 시장지배를 경제성장의 요인으로 설명하는 발전국가론은 시장을 '자유시장(free market)'이라기보다 국가에 의해 '지도된 시장(guided market)'으로 파악했다. 발전국가론은 동아시아에서 국가개입의 효율성을 가능하게 한 국가자율성을 강조하면서, 이를 가능하게 하였던 계급기반, 행정능력, 금융통제와 행정지도 및 산업정책에 초점을 맞추고 있다. 동아시아의 발전국가들은 금융과 자본시장의 장기 발전을 위해 시장제도를 만드는 데 핵심적인 역할을 했고, 민간기업이 경제활동의 중심이 되도록 하면서도 시장을 지도하고 보완하는 역할을 맡았다. 발전국가론을 지지하는 학자들은 국가 역할을 강조하면서 그에 따른 부작용으로 지대추구와 측근자본주의와 같은 정치경제적 이해관계에 따른 부패의 만연도 간과하지 않는다 (Yoshihara, 1988; Jomo and

Gomez, 1997). 이들이 주장하려는 것은 자율적이고 능력 있는 경제기술관료들이 경제적 효율성에 기초한 성장전략을 세우고, 민간기업을 지도하면서 강하게 밀고 나갈 수 있었다는 것이다. 경제적 성과에 초점을 맞춘 경제관료들이 주도한 발전전략이 시장 기반이 취약했던 나라에서 시장의 기능을 빠른 시간 내에 키워준 힘이었다고 지적한다.

맥킨타이어(Macintyre ed., 1994)는 태국, 말레이시아, 인도네시아 등 동남아시아 국가들을 싱가포르를 포함한 동북아시아의 강한 발전국가들과 비교하여 준발전국가적 형태로 보고 있다. 이들 동남아 국가들은 나이지리아와 콩고와 같은 아프리카의 약탈국가처럼 특정 계층의 이익에 완전히 포섭되거나 부패하지는 않았지만 일부 이익집단에 의해 종종 영향을 받거나 연고주의에 의해 국가의 자율성을 해치기도 했다. 그렇지만 이들 동남아 국가들은 외부 충격에 대한 일관된 정책 대응과 시행, 경제성장 정책의 시속적 추신에 있어서 발전국가의 특징을 보여주었던 것은 분명하다. 한편 암스덴은 말레이시아, 인도네시아, 태국은 세계시장에서 경쟁력이 있는 천연자원을 풍부하게 갖고 있었기 때문에 자원이 부족했던 한국이나 대만같이 시장을 적극적으로 앞서 끌고 갈 필요 없이 적절한 정도에서 시장과의 관계를 유지할 수 있는 여유가 있었다고 설명한다.

한국과 대만과 마찬가지로 동남아시아에서 빠른 경제성장을 주도한 나라들은 국민총생산에서 투자가 차지하는 비중이 높게 나타났다는 공통점을 가지고 있다. 투자율은 경제성장률과 높은 상관관계를 갖고 있는데, 투자확대에 의한 노동생산성의 향상, 단위 노동당 자본의 증가와 밀접한 관련성을 갖고 있다. 지난 수십 년 동안 동아시아지역에서 노동과 자본의 높은 투입량이 유지되었던 것이 이 지역 경제성장을 이끈 원동력이라는 점에 학계는 동의하고 있지만, 동아시아 경제성장이 노동과 자본 등 생산요소의 생산성이 향상되어 나타난 것이 아니고 생산요소의 절대적 투입량이 축적되어 나타난 양적인 것이었다는 점을 지적한다. 이러한 점을 인정하더라도 왜 이러한 요소 투입량의 증가, 즉 투자의 확대가 동아시아지역에서 수십 년 동안 지속될 수 있었는지 설명되어야 한다. 이에 대한 대답은 동아시아 국가들의 전략적 선택의 결과였다고 해야 할 것이다. 동아시아지역 국가들은 투자재원의 지속적 확보를 위해 재정정책을 이용하여 정부저축과 투자를 높은 수준에서 유지하는 한편 가계저축과 기업투자의 확대를 최대한 지원하였으며, 해외투자재원의 유입을 위해 외국인 투자자들에게 유리한 조건을 제공하는 다양한 방안도 제공하였다. 동아시아 국가들은 민간부문에 대해 정책적 유인책을 지속적으로 추진함으로써 산업화와 수출확대 과정이 시장을 중심으로 선순환 되도록 유도하였던 것이다.

수출이 동아시아 경제성장의 지렛대 역할을 했다는 점은 의심의 여지가 없다. 동남아 국가들은 1960년대까지만 해도 수입대체를 지향한 내수시장 중심적 시각이 지배적이었다. 그러나 1960년대에 들어서면서 세계시장 확대에 적응하는 수출지향형 산업화 전략이 이 지역의 지배적인 성장전략으로 자리 잡기 시작했다. 특히 말레이시아와 태국, 싱가포르는 수출성장 전략을 채택하고 이를 뒷받침하는 다양한 방안을 개발하여 시행하였다. 태국의 경우 국민 1인당 명목 수출액은 1958~1962년 기간과 1991~1995년 기간을 비교하면 거의 50배가 증가하였고, 공산품 수출이 차지하는 비중은 20% 이하에서 70% 이상으로 확대되었다. 같은 기간 동안 한정된 농산품과 광물 수출에서 다양한 공산품 수출로 경제구조가 변화한 것은 말레이시아, 인도네시아, 필리핀과 싱가포르도 마찬가지였다. 수출의 지속적인 확대에 큰 영향을 미친 것은 수출지향 정책을 추진한 국가의 역할이었으며, 수출의 확대는 투자의 증가로, 이어서 높은 경제성장을 달성하는 선순환 구조를 만들어 냈던 것이다.

1960년대 이래 고도성장을 이룩한 동남아시아는 1973~1996년 기간 동안 1인당 국민소득이 0.8%의 성장에 그친 필리핀을 제외하면 싱가포르, 태국, 말레이시아, 인도네시아의 1인당 소득은 4% 이상 증가했다. 동남아의 경제성장은 1980년대 중반을 전후로 자원에 기반을 둔 수입대체형 공업화에서 수출주도형 전략으로 수정되었다. 1980년대 중반 이후 동남아 국가들은 공업화를 추진하면서 국내저축의 부족분을 메울 수 있는 외국인직접투자를 유치하기 위해 투자환경 개선에 노력을 기울였으며, 태국과 말레이시아에서는 외국인 기업의 수출을 적극 장려하였다. 1980년대 중반 이후 동남아의 경제발전 전략은 공업화, 다국적기업의 투자, 수출로 집약되고, 이는 일종의 추격(catch-up)과정으로 설명될 수 있다. 동남아 경제성장의 기본모델은 고투자-수출 지향적 모델이었으며 나라마다 다양한 특성이 있었다. 가장 중요한 특성은 동남아 경제가 일본과 신흥공업국이 형성해 놓은 동아시아 전체의 산업 분업 속에서 하위 구조 속에 고착되었다는 점이다. 동남아는 일본과 동북아 국가에 대한 무역수지 적자를 보전하기 위해 미국이나 유럽을 수출시장으로 활용하지 않을 수 없었다. 또한 동남아는 기술이 부족한 상태에서 공업화를 추진함으로써 소재 및 부품의 해외의존을 줄이지 못하고 만성적인 경상수지 적자를 야기했다. 나아가 기술역량이 취약한 가운데 추진된 자본집약적 공업화로 인해 경제전체의 불균형이 확대되었고 공업화의 효율성도 불완전했다. 농업부문은 상대적으로 무시되었는데 특히 중화학공업을 육성하려 했던 태국과 인도네시아에서 더욱 심했다. 태국에서 농업부문의 빈곤문제는 계속되었고 이 때문에 교육기회조차 확대되지 못했다. 노동력이 풍부한 가운데 일부 자본집약적인 공업화는 동남아의 요소 부존도와 상응하지 못하는 왜곡된 산업구조를 유도했고 결국 경제전체의 저생산성을 야기하게 되었다.

태국은 한국과 대만에 이어 동아시아의 경제 호랑이로 부상하려다 1997년 경제위기로 가장 큰 위기를 맞은 나라였다. 태국은 국제환경 변화에 적응해 나가야 하는 소규모 개방경제라는 전제 아래 경제발전전략이 수입대체 산업화에서 1980년대 수출주도 산업화로 전환하였다. 태국은 내수형 농업 중심 경제에서 수출형 산업경제로 탈바꿈하였다. 여전히 다수의 태국 사람들은 전통적인 농촌사회에서 살고 있지만 태국 국내생산의 대부분은 2, 3차 산업에서 창출되고 있다. 1970년대 이후 수입대체 농산물생산체제가 수출지향 공업생산체제로 전환한 데는 국가의 수출지향 산업화 전략 채택이 중요한 계기가 되었다. 그런데 한국과 싱가포르 등 동아시아 개발도상국들에서 발전국가가 이끌었던 강력한 경제성장 전략 패턴을 태국에 그대로 적용하기에는 한계가 있었다. 발전 국가적 특징이 군부와 관료를 중심으로 한 태국에서도 비슷하게 나타나기는 했지만 태국의 경우 동아시아 국가들에 비해 그 정도가 훨씬 약했다.

태국에서 국가의 자율성과 능력은 다른 동아시아 국가들에 비해 상대적으로 약했다. 태국의 경제성장의 동력은 국가가 나서서 추진하였다기보다 국가와 긴밀한 연계망을 가졌던 기업들로부터 나왔고, 따라서 태국의 경제성장 과정은 기업 중심의 시장이 국가의 역할을 상당부분 대체해 가는 과정 속에서 이루어졌다. 1980년대 이후 태국경제의 급속한 성장은 1970년대 민주화 경험 이후 손상된 군부의 리더십과 더불어 제한되고 약화된 국가 위상이 맞물리면서 일어났다는 점에 주목해야 한다. 국가와 시장의 관계가 기업 중심의 시장 주도 양상으로 변하는 가운데 국가의 시장 통제기능은 저하되었다. 태국의 발전국가적 특징은 기업 등 시장부문의 성장이라는 긍정적 효과를 준 점도 있지만 여러 문제점도 내포하고 있었다. 특히 국가가 담당해야 하는 성장전략의 일관성 있는 추진과 통화와 외환 등 금융 거시경제지표의 효율적 관리는 양도할 수 없는 국가의 임무임에도 불구하고 태국은 정책과 관리 면에서 효율적인 통치를 결여하고 있었다. 국가기구 간의 경쟁과 정치권의 개입은 정책의 혼선과 감독 방치를 일상화하였고 결국 거품처럼 커져갔던 시장의 과도한 팽창을 시의적절하게 조정하지 못했던 것이다. 이로 인해 태국은 1997년 7월 외환위기에서 시작된 총체적인 경제위기를 맞게 되었다고 본다.

인도네시아의 경제는 1970~1980년대 수하르토체제 전반기에는 정치적 반대세력에 대한 폭력적이고 제도적인 배제와 서방의 원조 및 석유호황에 힘입은 바 컸다. 1990년대 체제 후반기로 접어들면서 자본주의적 모순에 좀 더 정교하게 대처하는 국가능력을 보이기도 했다. 산업화의 심화와 함께 수하르토체제가 직면한 문제는 자본과 노동 사이에서 국가가 어떻게 대처하는가 하는 것이었는데, 그 대응은 경제자유화와 노동보호의 추진이었다. 수하르토체제가 추진한 산업화는 초기단계에서 석유호황이라는 호재를 만났다. 그러나 1980년대 들어 국제유가가 하락하자 재정위기에 빠지고 이를 극복하기 위해 점진적인 경제자유화와 수출지향 산업화정책으로 경제의 외향적 전환이 추진되었다. 이러한 전환 덕분에 1990년대 말까지 지속적인 고도성장이 가능했다. 그러나 경제의 탈규제와 개방에도 불구하고 대통령의 일가와 측근들의 사업은 축적과 확장을 거듭했다. 경제자유화의 와중에서도 신가산제적(neo-patrimonial) 약탈이 지속되었고 기술관료들의 자율성은 제약될 수밖에 없었다. 1990년대 말에 인도네시아에서 유행한 '까까엔(K.K.N: Korupsi, Kolusi, dan Nepotisme, 부패, 결탁, 족벌주의)'이라는 표현을 빌려 수하르토체제를 가족과 측근들의 특수이익을 배타적으로 옹호하는 'K.K.N. 자본주의'라고 불렀다.

성장의 성과 배분에 있어서도 수하르토체제는 성과를 내지 못했다. 자본주의적 산업화가 심화하면서 노사갈등의 확대가 예견되자 수하르토는 노동조합 활동의 자유를 계속 제한하는 한편 최저임금제와 근로자 사회보장과 같은 온정주의적 노동보호입법으로 노동을 포섭하고자 했다. 특히 1990년대 정부고시 최저임금 권장선의 지속적인 인상으로 실질임금의 인상을 초래했다. 그러나 최저임금 권장선은 항상 최저생계비를 밑돌았기 때문에 복지의 개선을 요구하는 노동자들의 파업은 오히려 크게 증가했다. 수하르토체제의 마지막 10년간 대통령 일가의 강한 사업적 충동과 치부의 그늘에서 생계임금에 허덕이는 노동자들의 파업이 계속되었고, 1998년 수하르토체제의 위기로 치닫는 과정에서 성장과 형평성의 불화는 더욱 확대되었다.

필리핀은 1972년 마르코스(Ferdinand Marcos) 대통령의 계엄령 선포 이래 자유시장주의 발전전략에 따라 경제를 운용했다. 그러나 자유시장주의적 발전전략에도 불구하고 필리핀경제가 1950~1960년대와 비교해서 나락에 빠질 수밖에 없었던 이유는 필리핀 국가와 경제체제의 특성으로 인한 것이었다. 첫째는 약한 국가로서의 필리핀 국가의 특성이고, 둘째는 가산제 국가서의 한계, 셋째는 이권추구형 자본주의로 규정할 수 있는 필리핀 경제체제의 문제점으로 인해 필리핀 경제성장은 한계에 봉착했다. 이러한 특성은 마르코스의 계엄정권(1972~1986년), 아키노정권(1986~1992년), 라모스정권(1992~1998년), 에스트라다정권(1998~2002년), 아로요정권(2002~2010년)까지 지속되었다.

말레이시아는 말레이인, 중국인, 인도인이 공존하는 다민족국가로서 종족이 정치와 경제는 물론 사용하는 언어, 신앙, 관념, 직업에 이르기까지 강한 배경이 되고 있다. 1957년 말라야연방 성립 후 10여 년간 영국과의 독립협상과정에서 합의된 대로 말레이인이 정치권력을 독점하고 화인이 경제권을 독점하는 체제로 발전되었다. 그 결과 화인에게는 정치권력 그리고 말레이인에게는 경제 권력이 부족하다는 불만이 야기되었다. 이는 1969년 선거에서 종족 정당들이 구성하고 있던 여당연합에 대한 지지 철회로 나타나고 종족 간 유혈사태로까지 악화되었다. 이를 계기로 정치권에서 강력한 입지를 구축한 여당연합 내 주도정당인 통일말레이국민조직(UMNO: United Malays National Organization)은 종족문제를 정치의 장에서 배제시키고 경제의 장으로 한정시킴으로서 말레이계 부미푸트라를 위한 신경제정책을 착수했다. 1971년에 시작되어 1990년에 종결된 신경제정책은 마하티르(Mahathir Mohamad) 총리의 대표적인 정책이었고 성과에 대한 찬반이 공존한다. 종족갈등을 풀기위한 경제정책으로 시행된 신경제정책에 대해 화인 자본가들은 개인적인 차원에서는 말레이인 정치엘리트와 합작하여 경제 기회를 늘려나가는 적극적인 방안과 함께 법의 적용을 빠져나가기 위한 방안을 모색하고 투자를 기피하는 소극적인 방안이 모두 사용되었다.

베트남은 1975년 남북베트남의 무력통일 이후 도취되었던 급속한 사회주의 실현의 꿈이 좌절되는 아픔을 10년간 겪어야했다. 이를 극복하기 위한 과감한 변화가 1986년 말 공산당의 주도로 일어났다. 현대 베트남의 변화를 보여주는 분기점인 1986년 12월 제6차 베트남공산당 대회에서 도이머이(Doi Moi)정책이 공식적으로 채택되었다. 베트남공산당 일당통치체제를 유지하면서 경제적으로는 자본주의화하는 방향을 추진한다는 경제운영방식의 완전한 전환이었다. 베트남 사회주의체제의 기본조건인 공유제로부터 사유제로의 소유제도의 변화와 함께 사회주의체제를 유지하려는 내재적 논리와 개혁과정에서의 변화상황을 동시에 고려해 나가겠다는 베트남식 초급사회주의단계의 전개였다. 1980년대 말이래 전 세계적인 사회주의 쇠퇴의 흐름 속에서 중국과 함께 아시아 사회주의체제를 유지하면서 경제적으로 부분적인 자본주의화를 통하여 경제발전을 이루겠다는 실험을 시작했던 것이다.

베트남공산당은 공식적으로는 사회주의로 이행하기 위한 사회주의 혁명을 수행중이며 현재는 과도기에 처해 있다고 본다. 핵심 목표는 생산력의 증대, 즉 경제발전이기 때문에 대규모 사회주의 공업화에 필요한 사회적, 경제적, 정치적 기초를 확립하는 것이 중요하다고 주장한다. 사회주의로의 과도기적 경제형태는 다부문경제라는 다양한 소유형태가 공존하는 특징을 보인다. 이러한 배경하에서 기존의 국유와 집체소유를 근간으로 하는 공유제로부터 다양한 경제부문, 특히 사유경제부문이 확대되는 현상을 나타내고 있다. 농업부문에 있어서 1988년 농가계약제와 1993년 신토지법을 통하여 명목상으로는 토지사용권만을 농민들에게 부여하였으나 사유와 유사한 권리행사가 가능하도록 인정해줌으로써 토지소유의 실질적 사유화가 완성되었다. 공업부문에서는 명목상 국유부문의 비중을 유지하면서 국영기업이 경제전체에서 중추적 역할을 하도록 성장시키는 전략을 취했다. 만성적인 적자상태에 있는 다수의 국영기업을 정리하되 생존 기업에게는 경영자주권을 주어 비용-수익 관계에서 생산이 이루어질 수 있도록 했다. 주요 국영기업을 제외한 대부분의 기업은 주식회사로 전환하여 국가가 일정 지분을 보유하여 영향력을 유지하면서 경영상 효율성을 증대시키려는 정책을 폈다. 이러한 정책 변화는 소유구조의 변화를 가져왔으며 농업부문에서는 거의 대부분이 사영화되었고, 공업부문에서도 국영기업이 공업생산량의 40%정도를 차지하는 수준으로 감소하였다. 전체적으로 베트남경제는 국가의 중추적 기업들을 국유기업으로 유지하는 가운데 사유경제부문이 지속적으로 증가하는 현상을 보여주고 있다.

1997년 동아시아 경제위기와 동남아

1997년 7월 태국에서 발생하여 동아시아 전체로 확산된 금융위기는 이 지역 경제에 심대한 타격을 입혔다. 세계적인 시장 수요확대와 수출지향형 경제정책으로 승승장구하던 동아시아 경제는 태국의 달러화 고갈과 외환 지급 불능사태로 촉발된 금융위기 앞에 무력하게 무릎을 꿇었다. 사회주의 진영의 붕괴와 함께 시작된 1990년대는 자본주의 시장경제의 세계화가 대세로 자리 잡고 이에 적응하는 것만이 경제를 살리는 길이라는 인식이 모든 나라에 확고하게 퍼진 시기였다. 자본의 세계화는 정치적 민주화와 더불어 1990년대를 특징짓는 테제가 되었던 것이다. 세계의 자본은 오직 이윤을 찾아 국경을 초월하여 자기증식을 거듭하였고 자본의 초국가적 이동은 어느 나라의 경제든 한 번에 흔들어 버릴 수 있는 위력을 갖게 되었다. 무역과 투자의 자유화에 이어 자본시장이 개방되면서 각국의 경제정책과 제도의 중요성은 더욱 커져갔다. 시의적절한 정책과 제도적 보완을 통해 금융시장을 안정시키는 것은 무역확대를 통한 지속적인 경제성장의 필요조건임을 모든 국가는 항상 유념해야 했다. 해외자본의 유입이 던져 주는 달콤함에 빠져 자본의 냉정한 생리를 깨닫지 못하고 대비하지 못한 대가는 처절했다. 1990년대 들어 세계시장경제에 급속히 편입되었으면서도 낙후된 제도와 관행화된 정책으로 일관했던 동남아 국가들은 세계자본의 냉혹한 결정의 제물로 변해버렸던 것이다.

동남아 경제가 갑자기 거품처럼 꺼져 버리게 되었던 핵심요인은 이 지역의 자본흐름이 급격하게 역전되었기 때문이다. 자본의 유출입 통계가 이러한 현상을 잘 보여주고 있다. 경제위기를 겪은 동남아 나라들의 자본순유입(net capital inflow)은 1995년 국내총생산(GDP)의 6.3%, 1996

년에 5.8%를 나타냈지만 1997년에는 2%의 자본순유출(net capital out-flow)로 바뀌었고, 1998년에는 5.2%로 증가했다. 자본 유출입의 역전 현상이 몰고 온 경제적 충격은 심각했고 파장은 결국 경제위기로 나타났다. 자본의 유출이 투자자들의 변덕스런 심리와 투기자본의 음모에서 비롯되었으며 이로 인해 동남아 경제위기가 발생했다고 진단하는 것은 시장 작동원리를 무시하고 경제위기 상황을 지나치게 외부요인에 연결시키려는 시각이다. 이윤이 예상되는 곳에 자본이 몰리는 것은 언제나 무차별적이며 자본 유입의 증가로 만들어진 신용확대는 국가경제를 위한 중요한 수혈 작업과 같은 것이다.

핵심적인 질문은 시장의 상황을 보고 국내로 유입되어 늘어난 신용을 어떻게, 어떤 곳에 투자하거나 흘러가게 했는가 하는 것이다. 경제위기를 일으킨 문제의 본질은 늘어난 신용이 수익성과 생산성을 무시한 채 투명도도 높지 않은 곳으로 흘러갔고 이는 마침내 부실대출의 급격한 증가로 귀결되었다는 것이다. 부실대출은 자본의 수익성을 저하시키고 대출금융기관의 연쇄부실을 초래하면서 전체적으로는 경제성장률을 감소시켰다. 세계자본시장은 이러한 하락 추세를 주시하다가 경제체질이 허약해진 증거를 파악하고 투자 위험도를 재평가하여 자본을 회수하려고 하였다. 게다가 관련 정부의 미온적이고 적절치 못한 정책 대응은 세계시장이 등을 돌리는 데 결정적인 작용을 하였던 것이다.

통화가치 하락이 외환위기 차원을 넘어 금융체제의 기능 마비로 확대되었던 동남아 경제위기의 근본 원인은 동남아 경제의 구조적 취약성 때문이었다. 1980년대 후반 이후 국제자본시장의 변화와 자본이동의 자유화가 급진전되면서 해외자본유입에 의존한 동남아의 고도성장정책은 과잉투자문제를 유발시켰고 이는 금융부문의 내재적 취약성이라는 구조적 문제를 낳았다. 고성장의 그늘에 가려진 금융과 자본자유화 정책으로 해외로부터 무분별하게 민간단기자금이 유입되면서 급격한 대출 증가가 일어났다. 그러나 1990년대 중반 이후 수출이 하락하고 경제성장에 제동이 걸리면서 자산가치의 버블 붕괴와 함께 금융기관의 부실화로 이어졌다. 당연히 국제자본시장으로부터 신인도가 급속히 하락하면서 외국자본의 대량유출에 의한 금융시장 불안이 발생하고 금융기관의 중개기능이 마비되면서 외환위기에 봉착하게 되었던 것이다. 더욱이 관련 정부들은 금융규제 완화와 함께 금융기관에 대한 건전성 규제 및 감독기능을 제고하였어야 함에도 불구하고 전체적으로 퍼진 도덕적 해이에 적절히 대응하지 못하고 있었다. 결국 금융부문의 부실화가 대량 자본유출에 의한 유동성위기로 이어지면서 급격하게 외환위기로 발전하였던 것이다.

1990년대 동남아 경제의 구조적 취약점은 자본투입형 성장구조와 자본시장의 불안정성이었다. 동남아 주요국들이 수출지향형 고도성장을 기록했던 것은 높은 투자율에 의한 요소투입형 성장패턴을 유지해왔기 때문이고, 대내외경제의 균형을 위해서는 안정적인 자본유입이 무엇보다도 중요했다. 고도경제성장정책에 따라 발생하는 국내저축 부족 문제를 해외저축, 즉 외자도입에 의존할 수밖에 없으면서 불안정한 경제구조를 낳게 되었다. 다시 말해 높은 투자수준을 유지하기 위하여 10여년에 걸쳐 추진된 동남아의 외자의존적 성장전략이 지속되면서 경제의 불안정성이 더욱 심화되었던 것이다. 한편 1980년대 후반 이래 외환과 자본거래 자유화의 영향으로 외자유입이 확대되면서도 동남아 각국은 그것을 감시하고 관리할 수 있는 금융시스템 정비를 소홀히 하여 자본시장의 불안정성을 심화시켰다. 불안정한 자본시장의 취약한 구조하에서 1990년대에 들어 국제금융자본들이 신흥시장에 대한 투자를 크게 늘리자 무분별한 민간의 단기자본유입이 확대되었고 이는 자산인플레의 발생과 경제 확대에 수반한 소비의 급팽창 등 경제구조를 심각하게 왜곡시켰다.

세계자본시장이 동남아 경제의 변화를 감지한 것과 더불어 몇 가지 요인이 상황을 더욱 악화시켰다. 우선 고정환율제가 문제를 더욱 꼬이게 했다. 관련국 정부들은 고정환율제를 계속 유지할 것이라고 확언함으로써 통화가치 변동을 적절하게 반영하여 위험을 최소화할 수 있었던 기회를 놓치고 말았다. 결국 뒤늦게 어쩔 수 없이 변동환율제로 전환하면서 금융기관에 대규모 채무를 발생시키고 지불불능상태로 빠져들게 되었다. 한편 금융기관들의 방만한 영업에 대한 국가의 부실한 규제도 문제를 더욱 악화시킨 요인이었다. 금융기관들이 자본시장개방으로 급속히 늘어난 돈을 객관적인 신용평가에 의존하지 않고 부패한 관례를 따라 대출을 늘렸고 정부는 도덕적 해이와 연관된 대출의 부실화를 규제하거나 막지 못했던 것이다. 동남아 경제성장의 한계를 인식한 자본이탈과 정부의 부적절한 대응, 그 결과 외환부족과 지불불능 사태로 이어지면서 금융위기는 확산되었다. 결국 국제통화기금(IMF)에 구제금융을 요청하고 IMF의 관리를 받아들이며 값비싼 구조조정의 대가를 치르게 되었다.

1997년 태국과 한국, 1998년 인도네시아 등 동아시아 외환위기 당사국들은 IMF의 구제금융체제하에서 혹독한 금융 및 기업구조조정 및 사회부문에 대한 개혁을 단행했다. IMF와의 협정에 따라 긴축정책 기조하에 금융 및 자본시장의 취약성에 의한 경제위기의 구조적 문제점을 치유하는 데 개혁조치의 중점이 두어졌다. IMF 관리하에 구조조정의 기본 방향은 금융부문 구조조정의 최우선 추진, 과잉투자문제 해결을 위한 산업 및 기업구조조정 추진, 공기업의 민영화 등 공공부문 구조조정 단행, 채무조정과 외환수지 균형 달성, 변동환율제 정착과 외환거래

투명성 확보 등이었다. 한국을 비롯해 태국과 인도네시아정부 모두 금융체제 재건과 기업 구조조정에 초점을 맞춘 조치들을 취해 나갔다. 공통적인 조치로 부실금융기관의 정리 및 금융산업의 구조조정을 위한 전담기구 설치, 금융산업의 건전성 확보를 위한 국제적 수준의 감독기준 설정, 금융기관 정상화를 위한 유동성 지원 및 증자를 통한 정부의 적극 개입, 기업구조조정을 위한 정부차원의 채무조정위원회 신설 등이었다(박번순, 2000).

외환위기를 넘기기 위해 IMF 방식의 대규모 구조조정 조치를 받아들일 수밖에 없었던 한국을 비롯한 동남아 국가들은 많은 어려움에도 불구하고 대외 경제여건의 호전에 힘입어 1999년 상반기를 지나면서 경제가 다시 플러스 성장세로 돌아섰고 세계 경기가 급속히 회복됨에 따라 경제성장 국면으로 재진입하는 상황을 맞았다. 그러나 구조개혁이 철저하게 추진되지 못함으로써 대내외적인 위기간과 불안정 요인은 상존하고, 동남아 경제위기의 핵심인 부실화된 금융부문의 재건을 위해 조속한 구조조정과 개혁조치를 통한 금융산업의 정상화는 여전히 중요한 과제로 남아있다.

그렇다면 동남아 경제위기의 진원지인 태국에서는 왜 외환지불불능과 바트화 폭락현상이 일어났던 것일까? 1997년 7월 시작된 태국의 외환위기의 직접적 요인은 심각한 외환부족과 투자자들의 신뢰상실이었다. 그렇지만 이렇게 된 핵심적인 요인은 제도적 결함과 정책적 실패 때문이었다. 경제성장으로 인한 확대된 시장의 기능과 경제정책에 대한 기업의 영향력 증가에 비해 태국중앙은행과 재무부 간의 오랜 정책 갈등, 경제정책 결정에 대한 정치적 입김, 금융제도 개선 지연과 방만한 해외투자자금 관리, 제도권의 도덕적 해이 등 국가의 경제운영은 심각한 문제를 안고 있었고, 이것은 결국 '국가의 실패'였다고 생각한다. 민간부문의 방만한 경영을 규제하고, 관리하지 못한 국가의 실패는 태국의 부패한 정치구조에서부터 비롯되었다. 의원내각제하의 태국정치는 다당제 연립정권에서 힘을 갖는 소수 정치인을 중심으로 광범위한 이권추구행위가 퍼져있었다. 그 결과 국가의 정책 수행에 일관성과 책임성이 결여되는 것이 당연했다. 1996년부터 경제위기의 적신호가 켜졌음에도 불구하고 총리실과 태국중앙은행, 재무부 등 책임 있는 부서의 협력은 이루어지지 못했고, 부적절한 정책을 견제하지도 못했다. 과열된 시장과 왜곡된 자원배분을 인식하면서도 국가는 제대로 된 정책결정을 적시에 하지 못했던 것이다. 경제성장의 흥분에 취한 '시장의 실패'를 국가가 적절히 규제하지 못한 국가의 실패까지 겹치면서 태국의 1997년 경제위기는 발생했던 것이다.

태국 경제위기 발생을 국제경제환경의 변화와 투기자금의 횡포 등 대외적 요인에 주목하여 설명하려는 시각이 있다. 대외적 요인이 없는 것은 아니지만 비록 그렇더라도 태국의 대내적인 요인이 발생시킨 틈새를 파고든 결과라고 생각한다. 1997년 태국의 외환위기 발생은 내부적 요인이 만들어 놓은 좋지 않은 상황을 국제투기자금이 이용했고, 해외 투자자들이 실망하여 자금을 회수하려고 달려든 결과인 것이다. 1990년대 중반까지 태국의 눈부신 경제성장은 풍부하고 비교적 잘 훈련된 값싼 인력과 일본을 중심으로 한 해외투자의 집중, 국가의 수출드라이브 전략 등이 어울려 이룩한 성과였다. 그러나 태국은 성장의 빛에 취해서 성장이 드리운 그림자에 주목하여 대비하지 못했다. 특히 1990년대 초 역외 자본시장을 개방하는 자유화 조치를 취한 후 민간부문은 생산보다 부동산과 주식 등에 유입된 돈을 쏟아 붓는 머니게임(money game)에 빠진 점을 지적하지 않을 수 없다.

경제위기가 발생하고 IMF로부터 구제금융을 받으면서 태국은 그 대가로 외부로부터 강력한 금융부문과 기업부문 구조조정을 강요받게 되었다. 구제도의 개선과 새로운 제도의 도입, 그리고 IMF가 요구한 경제정책 수행 등 구조조정 과정을 거치며 태국은 정권의 변동, 1997년 신헌법 공포, 총선 실시, 탁신정권 등장 등 정치제도와 행위자들에게도 막대한 변화를 초래했다. 대대적인 구조조정의 고통을 겪은 태국경제는 2000년 6월이 되어 IMF 관리를 벗어났다. 외부의 힘에 의해 개혁과 구조조정이라는 값비싼 비용을 치르면서 태국 거시경제는 위기 이전 수준을 회복했다. 그렇지만 많은 구조조정안이 완료되지 못한 채 지지부진한 상태로 남았고, 경제위기가 남긴 충격을 흡수하는 사회 안전망 구축도 여전히 미진했다. 경제위기로 인해 갖게 된 태국인들의 복잡한 감정 상태가 반영된 두 가지 정치적 결과가 신헌법의 제정과 탁신정권의 등장이었다. 1997년 10월 공포된 신헌법은 경제위기가 태국인들에게 준 위로이자 전회위복의 성과였다. 또한 2001년 탁신의 타이락타이당의 집권은 경제위기의 또 하나의 중요한 결과였다. 의회 과반수 의석을 차지하면서 강력한 집권당 체제를 구축한 탁신의 부상은 경제위기 이후 새로운 리더십을 갈망하는 국민들의 마음을 반영한 것이었다. 민족주의적 대중주의 전략을 사용한 탁신의 인기는 2005년 2월 총선에서의 압승으로 다시 확인되었다.

1997년 동남아 경제위기 직전 말레이시아의 상황은 신경제정책을 대체한 '비전(Vision) 2020'에 따른 제한적인 자유화정책이 추진되고 있었다. 이러한 상황에서 닥친 경제위기는 말레이시아 정치인들 간에 각자의 정치경제적 이해관계에 따라 해결방안을 놓고 대결하는 양상으로 나타났다. 경제위기 도래 이전의 말레이시아는 시대적 상황과 정치적 판단에 따라 무게중심이 성장과 분배사이를 오고 가고 있었다. 말레이인, 중국인, 그리고 인도인 등으로 분화된 종족구조하에서 분배가 중요한 이슈였지만 이에 대한 지나친 치중은 성장의 정체 원인이 되었기 때문에 성장과 분배 간의 조화가 말레이시아 정치경제의 핵심적인 과제였다. 1990년대 들어 성장을 위한 분배정책의 약화현상으로 계층 간 분열현상이 심화되었고 이런 현상은 경제가 위기를 맞게 되면서 정치적 갈등으로 나타났다.

동남아 경제위기는 말레이시아경제에 직접적인 충격을 주지는 않았지만 그동안 마하티르 총리가 이룩한 경제적 성취에 대한 회의와 불신의 폭발, 그리고 정치경제적 도전으로 옮겨갔다. 경제위기를 통해 그동안 잠재해 있던 경제계층 간 분열의 골은 더욱 깊어졌고 표면화되기 시작했다. 마하티르는 정치적 후계자에서 도전자로 부상한 안와르(Anwar Ibrahim)를 퇴출시키고 거대자본 우선 정책으로 선회했다. 다른 경제 조치들과 결합하여 위기로부터 탈출하는 효과를 보였지만 마하티르의 정치경제적 행태가 말레이시아 국민들에게 전적인 지지를 받았던 것은 아니었다. 1999년 총선에서 반마하티르 정서가 직접적으로 선거결과에 드러났고 경제위기가 말레이시아의 경제정책을 일시적으로 회귀시키기는 했지만 결국 신자유주의 경제를 향한 대세를 돌려놓을 수는 없었다. 동남아 경제위기가 오히려 그동안 파행적으로 진행되어 오던 새로운 정치경제모델의 도입에 대한 계기를 제공했고, 이러한 변화 속에서 마하티르의 퇴진과 바다위(Abdullah Badawi)로의 총리 교체는 경제위기 이전과 이후를 구분하는 경계선이 되었다.

말레이시아는 국가가 주도하는 경제정책에 의존하여 성장한 말레이 자본가와 화인 자본가들이 정치엘리트와 후원-수혜관계를 통하여 발전연합을 이루어온 발전국가 모델에 가깝다. 말레이시아는 발전국가 형태로 성장과 분배정책을 비교적 효과적으로 펼쳤고 동아시아 발전모델에서 흔히 볼 수 있듯이 국가가 주도하여 자본과 시민사회를 적절히 통제하고 또한 육성하기도 하였다. 그러나 산업화의 진전과 함께 서구 자유주의 사상의 확산으로 그동안의 집단적 가치로서의 종족적 결속력이 감소되고 경제적 차이에 의한 계층 간의 구분이 보다 부각되는 현상이 나타났다. 이는 그동안 종족을 기반으로 한 국가주도의 성장과 분배정책이 새로운 경제적 소외계층을 생성시키면서 사회적 갈등과 정치적 위협으로 부각되기 시작했다는 것을 의미한다.

동남아 경제위기는 베트남의 경우 국영기업의 개혁문제로 연결되었다. 베트남경제의 중추적 역할을 담당하는 국영기업의 개혁, 즉 국영기업부문의 효율성 제고문제는 매우 중요한 산업화 과제이자 베트남의 사회주의체제 성격의 변화와 관련하여 가장 민감한 영역이기도 했다. 국영기업의 개혁은 경제 전체의 건전한 발전을 위하여 신속히 추진되어야 했시반 급격한 전환이 가져올 경제적 충격과 국유경제부문이 경제 전체를 주도하여 사회주의체제를 유지하어야 힌다는 보수석 수장들과 결부되어 복잡한 상황을 맞고 있었다. 국영기업 개혁의 방향은 대형 국영기업의 총공사 또는 주식회사 형태로의 전환, 기업 운영에서 소유와 경영의 분리, 국가와 기업 간 권한과 책임의 명료화 등이다. 이러한 개혁을 통해 국영기업을 시장에서 경쟁할 수 있고 생산과 경영에 있어서 완전한 책임을 지는 효율성과 경쟁력 있는 기업으로 전환시키고자 하는 것이었다.

이러한 목표에도 불구하고 국유기업의 구조조정이 지체된 것은 표면적으로 국유기업 고용인의 실업문제였지만 베트남공산당과 정부의 경제에 대한 통제권 약화에 대한 우려가 중요한 이유로 지적되었다. 동남아 경제위기파정 속에서 국영기업개혁을 중심으로 한 베트남의 대응은 여러 조치로 나타났다. 1991년 1만 2,000여 개에 달하던 베트남 국영기업은 경영의 비효율과 영세성으로 인해 시장경쟁에서 살아남을 수 없다고 판단하고 국가전략 분야를 제외한 분야의 기업들을 주식회사화하는 방안이 추진되었다. 1992년 국영기업 주식회사화의 실험적 확대 지시가 있었지만 1996년까지 5개의 국영기업만이 주식회사로 전환되었다. 국영기업 주식회사화의 느린 진전에 대응하여 베트남정부는 1996년 주식회사화에 대한 정부결정을 공포하면서 주식회사화에 박차를 가했다. 그 결과 1999년 말에는 370개 국영기업이 주식회사로 전환되었고 2001년까지 529개의 국영기업이 추가로 전환되었다.

베트남은 국영기업의 주식회사화를 확대하기 위하여 과정상 발생한 문제점을 보완하기 위해 재무부 산하에 부채를 관리하는 2조 베트남동(Dong) 자본규모의 금융지주회사를 설립하고, 주식회사화 이후 실직할 국영기업 소속 잉여 노동력에 대한 지원을 목적으로 6조 270억 베트남동 규모의 잉여노동지원기금을 설치하였다. 또한 국영기업 개혁과정에서 발생하는 다양한 형태의 기업을 관리하기 위해 2003년 국영기업법을 개정하여 국영기업의 전환에 박차를 가했다. 베트남정부는 중앙정부 부처와 총공사들에게 매년 산하 국영기업의 전환계획을 제출하고 실행하도록 요구하고 있지만 정부가 이를 효율적으로 감독하거나 강제하지 못하고 있다. 국영기업의 주식회사로의 전환과정에서 정부가 일부 지분을 가진 다양한 형태의 주식회사 또는 국영유한책임회사 설립을 활성화하고 있다. 지분의 일부를 보유하여 명목상 국영기업을 유지하려는 베트남정부의 의지가 강하지만 국영기업의 실질적 사유화는 상당히 진행되고 있다.

태국의 외환위기로부터 시작된 1997년 동아시아 경제위기는 동아시아 모든 나라에게 몇 가지 중요한 교훈을 던져주었다. 거시경제의 안정성을 목표로 하는 정책의 수립과 집행의 중요성은 아무리 강조해도 지나치지 않다. 모든 경제정책의 궁극적인 목적은 지속적이고 적절한 속도의 경제성장을 달성하는 데 있다. 빠른 성장만이 능사는 아니다. 정책의 틀은 경제의 체질에 맞춰 비교적 높은 성장률이 지속적으로 유지될 수 있도록 하는 데 초점이 맞춰져야 한다. 견실한 경제성장은 빈곤을 감소시키고 분배를 이룰 수 있는 최고의 현실적 수단이다. 경제성장이 생활수준을 높이고 삶의 질을 향상시킨다는 것은 세계의 모든 지역에서 입증된 경험이다. 경제위기를 당한 나라들도 경제를 제 궤도에 진입시켜 다시 성장할 수 있도록 하는 것만이 위기가 초래했던 사회적 비용을 갚고 정상화시킬 수 있는 유일한 방안이라는 것을 인정해야 한다.

또 하나의 교훈은 경제정책의 두 분야인 재정정책과 금융정책이 조화를 이루면서 추진되어야 한다는 것이다. 적절한 재정정책은 경제성장과 빈곤 감소에 상당한 효과를 갖고 있다. 건전한 재정정책은 희소한 자원 활용을 활성화하고 적절한 자유화 조치와 조세 왜곡 축소조치 등과 더불어 경제에 활력을 불어넣는 역할을 한다. 그런데 재정정책은 경기순환과는 반대 방향으로 진행되어야 효과가 있다. 많은 나라들이 경기가 호황일 때 정부의 지출을 늘리는 팽창적인 재정정책을 추진함으로써 거시경제의 안정화라는 정책 목표를 오히려 그르치는 실수를 반복하고 있다. 경기가 좋은 상태에서 재정 정책은 재정적자 감소와 균형달성을 위해 의도적으로 긴축방향으로 추진되어야 한다.

경제위기 이후 달라진 상황 중 정부가 각별히 유념해야 할 재정 문제가 공공부채의 급격한 증가이다. 국가차원에서 경제위기를 해결해야 했기 때문에 정부는 결과적으로 상당한 공공부채를 떠안을 수밖에 없었다. 동아시아 국가들의 공공부채는 1996년 국내총생산의 40%에서 2001년에는 65% 이상으로 늘어났고, 이러한 추세는 계속 증가하고 있다. 높은 공공부채비율은 경제의 발목을 잡게 된다. 계속 이어지는 부채 상환압력으로 인해 이자율이 낮아지지 못하고, 민간부문의 투자를 위축시키고 재정정책의 유연성을 제한하게 된다. 공공부채 부담을 해소하려는 적극적인 노력이 없다면 이번에는 민간부문이 아닌 국가부문으로부터 발생하는 경제위기를 걱정해야 하는 상황이 나타날 수도 있다. 정부가 공공부채의 증가에 주목하여 긴축재정을 시행하고, 부채 원리금을 정상적으로 상환하고 있음을 보여 주는 것은 경제의 안정화와 국가에 대한 대내외 시장의 신뢰 형성에 매우 중요하다.

견실한 금융정책의 핵심은 변동환율제의 실시와 지나친 시장개입 자제 그리고 금융부문에 대한 투명한 관리감독 등으로 요약된다. 기업과 금융기관은 변동환율제에서 환위험을 피하면서 생산과 수출입, 자산관리에 대해 책임을 지는 훈련을 하게 된다. 금융정책은 부실여신을 줄이고 수신고를 적절하게 활용하는 선진기법을 금융기관들이 체득하도록 돕는 역할을 해야 한다. 그럼으로써 투자위험을 분산시키고 수익률 극대화에 중점을 두도록 유도하여야 한다. 또한 효율적인 부도처리법을 가동시켜 채권자와 채무자의 권리에 균형을 맞춘 부도처리가 되도록 하여 자유로운 시장 진출입이 가능한 분위기를 만들어가야 한다. 한편 금융기관에 대한 관리감독을 효과적으로 수행하는 수준을 넘어 정부는 재산권 보호와 법 지배 강화 그리고 부정부패 처벌을 위한 법과 제도의 정비를 확고하게 실행해 나가야 한다.

1997년 경제위기 발생 이후 동남아 국가들이 취한 개혁 노력은 상당한 성과가 있었다고 평가된다. 2003년 말까지 인도네시아가 IMF지원 프로그램을 완료함으로써 경제위기로 인해 IMF와 체결했던 동아시아의 경제개혁 프로그램들은 모두 종료되었다. 경제위기를 겪었던 나라들은 세계경제의 회복에 힘입어 순조로운 경제성장이 재개되었고, 거시경제구조도 예전과 비교해 상당히 건전해졌다는 평가를 받았다. 개혁프로그램은 재정정책보다는 금융구조조정에 초점을 맞췄던 금융정책분야에서 많은 성과가 있었다. 변동환율제도 이제 동남아지역에서 자리를 잡아 보다 안정적인 외환관리가 가능해 졌다.

그러나 제도적 개혁의 영역에서는 아직도 해야 할 일이 많이 남아있다. 여전히 제도상의 미진한 부문으로 인해 건실한 경제성장의 발목을 잡는 병목현상이 곳곳에 도사리고 있기 때문이다. 외부여건이 호전되고 경제성장세가 자리 잡은 시점이 반대가 심할 수 있는 제도개혁의 문제를 다룰 수 있는 호기라는 사실을 알아야 한다. 가장 시급하게 다루어야 할 분야는 역시 금융부문을 더욱 강화시키는 것이다. 금융부문의 선진화는 자본주의 체제를 건강하게 움직이는 핵심이기 때문이다. 금융부문이 취약하면 외부충격에 쉽게 타격을 입기 마련이다. 그렇지만 여전히 동남아 국가들의 은행과 기업들은 취약한 재정상태를 벗어나지 못하고 있다. 은행과 기업의 재정 악화는 성장잠재력을 약화시키는 것과 직결되어 있다. 따라서 금융부문의 개혁에 빅차를 사하는 나라만이 지속적인 성장을 확보할 수 있는 기회를 갖는다는 사실을 분명히 인식해야 한다. 시장의 진출입을 효율적으로 보장해 주는 부도처리법의 시행, 자본시장 감시망의 확충, 객관적 여신위험 평가체계 확립, 투명한 거래를 위한 회계 관련 법규 보완, 기업지배구조의 제도적 개혁, 과도한 은행의 존을 줄일 수 있는 채권과 부동산거래 시장의 활성화 등이 금융부문 구조조정과 함께 실현되어야 할 과제들이다. 다시 말해 금융부문의 건전성 확보는 지속적인 경제성장을 보장하기 위한 가장 중요한 기준이다. 금융위기는 언제 어디서라도 발생할 수 있고, 그 여파는 모든 경제에 급속하게 퍼져 나가기 마련이다. 그렇지만 금융구조가 튼튼하고 위기발생 경고시스템이 작동하고 있다면 위기를 사전에 막거나 피해를 최소화할 수 있다는 사실을 동남아 경제위기로부터 배워야 한다.

위기가 발생했지만 위기를 기회로 만드는 개혁은 결코 중단될 수 없는 지속적인 과정이어야 한다. 선진경제란 외부변화에 적극적으로 반응하면서 새로운 모습으로 진화하려는 끊임없는 적응의 과정을 보여주는 것이라고 생각한다. 그런데 경제가 최악의 상태를 벗어나 조금이라도 나아지면 개혁피로 증상이 사회전반에 나타나게 마련이다. 개혁에 대한 피로감은 사회 모든 분야에서 분출되어 개혁의 발목을 잡는 구실로 작용한다. 이럴수록 국가의 역할은 더욱 중요해진다. 노사의 가운데에서 중립적이면서 객관적인 판단을 행사할 수 있는 정부의 능력은 국가리더십의 문제와 직결된다. 동남아 경제위기 이후 위기극복의 국가리더십이 더욱 중요한 이유가 여기에 있다. 어떤 정치 리더십을 가지고 있느냐에 따라 개혁의 방향과 내용이 다르게 전개될 수 있기 때문이다.

경제위기 대응의 정치경제

경제위기에 대응하는 정책이 전혀 달랐던 동남아 국가사례가 태국과 말레이시아였다. 태국은 구제금융을 받는 조건으로 IMF프로그램을 추진한 IMF 의존형 정책을 택한 반면 말레이시아는 독자적인 추진을 하면서 IMF 독립형 정책을 추진했다. 두 국가의 비교되는 정책차이는 경제위기에 어떻게 대응하는 것이 바람직했는지 다시 한 번 돌아보게 하는 계기가 된다고 생각한다.

태국은 1997년 중반 환율방어 노력에도 불구하고 바트화에 대한 투매가 지속됨에 따라 1997년 7월 2일 환율제도를 복수통화 바스켓제도에서 관리변동 환율제도로 변경하였다. 그러나 태국이 변동환율제로 이행한 후 외국인 투자자들의 이탈과 외국은행들의 대출금 회수가 이어지면서 자국의 외환과 주식시장이 더욱 불안해 졌다. 결국 태국정부는

IMF에 긴급자금지원을 요청하게 되었고 8월 5일 외국인 투자자에 대한 신뢰도 제고와 경제안정화를 도모하기 위한 경제종합대책을 발표하였다. 1997년 8월 11일 IMF와 아시아·태평양지역 정부대표들은 도쿄에서 태국에 대한 금융지원계획을 확정하였고 태국정부는 IMF의 40억 달러 지원을 포함한 총 172억 달러 규모의 구제금융에 합의한 후 8월 20일 IMF와 지원조건에 최종 합의하였다. 이와 함께 IMF는 태국정부에 대해 재정을 비롯한 통화, 환율 등에 대한 정책수정을 요구하는 한편 금융분야에 대한 구조조정을 요구하였다.

태국은 IMF프로그램 초기에 과감한 구조조정을 통한 경제개혁보다는 임시방편적인 정책에 치중하여 경제위기가 더 악화되는 모습을 보였다. 정치적 기반이 취약했던 당시 차왈릿(Chavalit Yongchaiyudh) 총리의 연립정권은 정치적 인기에 연연하여 경제에 단기적인 충격이 큰 부실투자회사의 폐쇄보다는 일부 회사에 대한 단순업무 정치조치와 회생을 위한 자금지원책을 선택하였다. 또한 국민의 반발을 우려해 유류세 인상조치를 철회하고, 개혁을 추진하려는 재무장관이 사퇴하는 등 초기에 개혁을 진행하는 데 어려움이 있었다. 이와 같은 일관성이 결여된 경제정책으로 태국경제는 안정을 찾지 못했고, 결국 차왈릿 총리는 경제정책에 대한 실정의 책임을 지고 사임하였다. 뒤를 이어 민주당의 추언(Chuan Leekpai) 총리가 취임하여 IMF와 합의한 사항들을 이행하면서 적극적인 경제개혁정책을 추진해 나갔다. 태국정부의 경제위기 극복을 위한 주요정책은 크게 4가지로 나누어 볼 수 있다.

첫째, 금융부문의 구조조정을 살펴보면, 금융부문 개혁은 태국경제개혁의 핵심으로 태국경제에 대한 신뢰회복에 주목적을 두고 있었다. 태국은 1997년 10월 14일 금융위기 해소 및 대외신인도 회복을 위한 금융안정화대책을 발표했다. 주요 내용은 부실금융회사의 관리를 위한 금융

재건청(FRA: Financial Restructuring Authority) 및 부실채권정리를 위한 자산관리공사(AMC: Asset Management Corporation)신설, 외국인 지분제한 완화, 금융기관에 대한 건전성 규제 강화 등을 골자로 하고 있다. 또한 예금주들의 금융기관에 대한 불안감이 확산되어 대량 인출사태가 일어나는 것을 방지하기 위해 중앙은행 산하의 금융기관개발기금(FIDF: Financial Institute Development Fund)의 보험제도를 공식화하였다. 이상의 제도를 바탕으로 태국은 부실금융기관의 정리, 회생 가능한 금융기관의 자산 건전성 유도, 추가부실 방지 등을 금융구조조정의 주요 목표로 삼고 금융개혁을 추지했다.

둘째, 기업부문의 구조조정과정을 살펴보며, 태국정부는 기업의 채무조정을 위해 금융권의 부채를 지분으로 전환하고자 하였다. 태국의 기업채무조정은 금융기관개혁과 밀접한 관련이 있는데, 태국정부는 금융개혁과 기업채무조정을 통해 붕괴된 시장경제시스템을 재건하고 금융시스템내 신용거래와 민간부문의 회생을 지원하는 것을 목표로 하였다.

셋째, 재정건전화정책의 추진을 들 수 있다. 태국정부는 외환위기 이후 환율의 안정 및 경상수지 개선을 위해 재정정책과 통화정책의 긴축적인 운용을 추진했다. 태국은 당초 1997년과 1998년 회계연도 중 1,000억 바트 규모의 정부지출을 삭감키로 하고, 세수확보를 위해 부가가치세율을 기존 8%에서 10%로 인상하며 주류 등 사치품에 대한 관세를 인상하고, 부동산 거래에 대한 과세를 강화하였다. 통화정책에 있어서도 환율의 안정과 물가상승 압력을 억제하기 위해 긴축적으로 운용하였으며, 내국인과 해외거주 교민 및 외국인을 대상으로 한 국민저축채권을 발행하는 등 외환보유 확충과 외채 만기구조의 개선 등을 추진했다.

넷째, 민영화정책인데, 태국 공기업의 민영화는 IMF의 대태국 지원 조건의 하나로서 우선적인 대상 분야는 통신, 에너지 및 운송사업 등 인프라 분야였다. 태국의 민영화 계획은 IMF의 지원조건이행이라는 소극적 측면과 경제효율 극대화를 추진한다는 적극적 측면을 동시에 가지고 있었다. 태국의 국영기업은 통신, 상수도, 에너지, 수송, 기타(서비스, 농업, 금융기관 등) 5개 분야 59개 국영기업이 있었다. 태국정부는 먼저 민영화 추진을 위해 민간부문이 국영기업의 지분을 소유할 수 있도록 법적 근거를 확보하기 위한 제도정비에 착수했다. 또한 시장에 경쟁을 도입하고 독점을 방지하기 위한 경쟁법을 도입하여 두 회사가 합병 또는 담합을 하여 시장지분을 50% 이상 차지하는 것을 금지시켰다.

이상 살펴본 바와 같이 태국은 금융부문 및 기업부문의 구조조정과 긴축재정, 그리고 공기업의 민영화와 각종 규제완화를 추진함으로써 태국경제는 서서히 회복세에 접어들었다. 1998년 전례 없이 −10.4%의 실질국내총생산 하락이후 1999년 초부터 긍정적인 회복 징후가 보이기 시작했다. 태국의 실질GDP성장률은 1999년 4.1%, 2000년 4.5%까지 상승했다. 경제상황 악화로 유례 없이 높은 수치를 기록했던 실업률도 서서히 회복되면서 안정세를 유지하기 시작했다. 태국경제가 회복세를 보이기 시작한 것은 제조업의 생산증가와 수출 호조, 국내수요의 증가, 정부의 경기부양책 등이 효과를 본 결과였다. 태국의 경제성장을 주도한 원동력은 수출부문이었다. 이러한 경제회복세에 힘입어 태국은 2000년 6월 19일부로 IMF체제를 졸업하였다고 선언하게 되었다. 이미 1999년 6월 외환유동성이 개선되면서 IMF로부터 자금인출을 중단한 태국은 IMF관리로부터 공식 졸업하게 되었다.

태국의 바트화 폭락사태로 시작된 동아시아의 경제위기 이후 말레이시아도 경제위기에서 완전히 자유로울 수는 없었다. 대외여건의 악화와 금융불안이 나타나자 단기성 자금이 움직이기 시작했고, 링깃화에 대한 투매가 시작되었다. 이러한 투기적인 환공격에 대해 말레이시아는 링깃화의 절하방지를 위해 1997년 7월 9일 외환시장에 개입하였으나 14일 방어를 포기하였고, 7월 24일 38개월 만에 최대치인 달러당 2.65링깃을 기록하였다. 이에 마하티르 총리는 동남아 외환위기는 말레이시아 내부의 문제가 아니라 국제 환투기꾼들의 공격에 의한 것이라고 강력하게 비난하자 링깃화는 더욱 급속히 하락하였다. 이후 말레이시아정부는 환율에 대한 별다른 개입 없이 환율은 계속 절하되어 12월에는 달러당 3.88링깃에 달했다. 이는 6월 30일 환율에 비해 40% 이상 급상승한 것이었다. 주식시장은 더욱 급격하게 무너지기 시작했다. 1997년 1/4분기 쿠알라룸푸르 주식시장의 종합주가지수는 1,300을 상회하였으나 태국의 금융불안이 시작된 3월 이후 주식가격이 하락하기 시작했다. 그래도 7월 하순까지 1,000선을 상회하였으나 지속적인 하락세를 면치는 못했다. 실제로 말레이시아에 대한 증권투자 유입액은 1997년 2/4분기 들어 마이너스를 기록하였고 이는 1992년 이후 계속된 초과유입현상이 역전된 것이었다.

　통화가치와 주가의 하락으로 말레이시아경제도 여지없이 침체에 빠지게 되자 말레이시아정부는 경제회생을 위해 다양한 정책을 추진하게 되었다. 1997년 8월 28일 100개의 우량주에 대한 공매(short-selling)를 금지하고 9월 4일에는 수십억 달러 규모의 대형건설계획을 연기하였다. 위기 초기 말레이시아도 여타 경제위기 국가들과 경제정책 기조가 비슷했다. 말레이시아는 IMF의 지원을 거부한 것만 다른 뿐 IMF프로그램에 버금가는 수준의 경제개혁을 추진하였다. 말레이시아정부는 통화가치 하락이 가져올 물가상승, 금융기관 부실화, 외채상환부담 가중, 외자유출 등을 막기 위해 금융 및 재정의 긴축정책을 실시했다. 1997년 12월 5일 재정긴축 및 금융기관의 부실채권 처리 등을 주 내용으로 하는 긴급경제대책을 발표하였다. 그러나 긴축정책 이후에도 외환 및 주식시장은 안정을 찾지 못했다. 또한 신용경색으로 생산 활동이 둔화되고 물가상승도 계속되었으며. 단기자본 유출이 지속되는 등 실물과 금융을 비롯한 거의 모든 경제여건이 악화되었다.

말레이시아정부는 외환위기 이후 채택했던 IMF식 처방이 효과를 발휘하지 못하고 1998년 1/4분기 경제성장률이 마이너스로 돌아서자 1998년 6월부터 경제정책기조를 경기부양정책으로 전격 전환하였다. 이와 함께 말레이시아중앙은행도 종전의 환율방어와 물가안정을 위한 금융긴축에서 지급준비율 및 은행대출금 인하 등을 통해 유동성 공급을 확대하는 금융완화정책으로 전환하였다. 이러한 말레이시아의 경제정책 기조변화에 대해 미국과 IMF는 심각한 우려를 표명하였고 말레이시아 외환과 주식시장도 부정적인 반응을 보였다. 이러한 우려에도 불구하고 오히려 말레이시아정부는 더욱 강력한 정책으로 대응하였다. 1998년 9월 1일 전격적으로 외환통세를 실시하여 국내외 금융시장을 분리하고, 자본유출을 봉쇄하며 링깃화 환율제도를 변동환율제에서 1달러당 3.8링깃으로 고정하는 고정환율제로 바꾸는 자본통제정책을 단행하였다. 말레이시아정부는 자본통제정책의 취지를 환율안정과 유동성 확대를 통해 투자 및 소비를 촉진하고 단기적으로 투기자금의 유출입을 억제해 불안정한 국제금융시장으로부터 자국의 경제를 보호하는 것이라고 밝혔다.

말레이시아 자본통제정책의 핵심은 외환시장에서 외국인이 링깃화를 차입하여 투기적 공격활동을 금지하기 위한 대외계정의 자금이체 통제, 비거주자가 소유하고 있는 링깃 증권의 매각대금은 대외계정에 유지하며 1년 이상 보유한 링깃화 증권매각대금만 유출을 허용한다는 것이었다. 자본통제정책의 최종목적은 금리인하를 통한 경기부양이었다. IMF형 긴축정책은 고금리를 유발하여 생산과 소비를 감소시키고 이는 부실채권을 증가시켜 신용경색이 나타남으로써 기업의 부담이 증가하고 다시 생산이 감소하는 악순환을 겪게 된다는 것이다. 이러한 악순환의 고리를 끊기 위해서는 금리인하를 통한 경기부양이 필요하지만 이경우 자본유출과 환율급등 등 대외균형이 문제가 되기 때문에 자본통제와 고정환율제를 시행하여 대외 영향 없이 국내 금리를 인하하며 대출을 증가시키거나 채무상환부담을 경감시켜 경기회복 및 부실채권을 감소시키고 경기주체들의 신뢰회복을 기대하겠다는 것이었다. 국제사회의 부정적인 평가에도 불구하고 말레이시아의 자본통제정책은 소기의 목적을 달성해 나갔다. 대외계정을 동결함으로써 링깃화에 대한 투기를 막고 자금의 잠재적 유출을 억제하였다. 또한 통화량 확대, 이자율 인하 유도 등으로 외환 및 금융시장도 어느 정도 안정을 찾아갔다.

말레이시아의 자본통제정책은 우려했던 부작용이 나타나지 않았거나 부분적으로 현실화되는 데 그쳤고, 그것도 경상수지 흑자 등을 통해 상쇄되면서 뚜렷한 후유증을 남기지 않았다. 자본통제 이후 말레이시아정부가 환율인상에 대한 우려 없이 금리인하를 단행할 수 있었고, 기업이 장기적 관점에서 사업을 진행할 수 있게 되면서 수출이 다른 동남아 국가들보다 빠른 회복세를 보인 것은 긍정적으로 평가되었다. 특히 국내 금융시장의 안정을 위해서는 단기자본에 대한 규제가 필요하다는 인식이 국제적으로 확산된 것은 말레이시아의 자본통제정책이 거둔 성과라고 볼 수 있다. 1999년 2월 4일 말레이시아정부의 자본통제 완화조치는 복합적인 의도가 깔려있었다. 말레이시아는 외자를 유인하고 자본통제 조치에 따른 부작용을 완화하고자 했다. 1999년 8월이면 자본통제조치 유효기간 1년이 도래하는데 그 시점에서 외자의 대거이탈에 따른 부작용을 사전에 완화시켜야 한다는 생각이 작용하였다고 할 수 있다.

말레이시아의 경제위기 대응책은 상황에 따라 변화하였던 것을 알 수 있다. 이러한 정책기조의 변화 속에서 금융 및 기업부문 등 각 부문의 구조조정이 어떻게 이루어졌는지 살펴보자. 첫째, 금융부문의 구조조정은 정부가 주도하는 방식을 택했다. 말레이시아정부는 부실은행의 국유화와 유동자산 지원을 통해 구조조정을 지도했다. 금융개혁의 큰 줄기는 금융기관의 건전성 강화와 이를 위한 부실채권 처리였다. 1998년 초 말레이시아정부는 채권 매입과 은행자산 통제를 위한 다나하르타(Danaharta) 설립과 은행에 대한 자금제공과 은행통합 및 합리화를 돕기 위한 다나모달(Danamodal) 설립, 기업채무구조 개선을 위한 기업채무조정위원회(CDRC) 설립을 주도하였다. 1999년 7월 29일에는 금융체제 합리화와 경쟁력 강화를 위해 대대적인 금융기관 구조조정계획을 발표했다. 말레이시아중앙은행(Bank Negara Malaysia)은 1999년 6월말 기준 21개의 국내상업은행, 25개의 파이낸스사, 12개의 머천트뱅크를 각각 6개씩으로 통폐합하고, 이를 6개의 대형그룹에 각각 분야별로 1개씩 편입시키는 안을 내놓았다. 이에 따라 말레이시아정부는 말라얀은행 등 6개 은행을 주도은행으로 선정하였다.

둘째, 기업부문의 구조조정을 살펴보면, 외환위기 이후 경기침체로 파산기업의 수가 확대됨에 따라 말레이시아정부는 파산상태에 직면한 기업 중 생존가능성이 있다고 판단되는 기업에 대해 회생의 기회를 제공하기 위해 중앙은행 내에 민간채무구조조정위원회를 설치하여 기업의 채무구조조정을 지원하였다. 셋째, 국영기업의 민영화정책을 살펴보면, 말레이시아는 동아시아 경제위기 초기에 공기업의 효율성 제고와 재정적자 보전을 위해 국영기업의 민영화를 적극 추진하였다. 그러나 경제정책기조를 경기부양 쪽으로 전환하고부터는 공기업의 민영화보다 국영기업을 활용한 민간기업 지원을 추진하는 등 정반대 방향으로 돌아섰다. 실제로 말레이시아정부는 외환위기 이후 자금난으로 경영의 어려움에 처한 민간기업에 대한 자금지원을 위해 국영석유회사인 페트로나스(Petronas)와 피고용자연금기금(Employees Povident Fund) 등 국영기업을 활용하였다.

결과적으로 말레이시아는 대부분의 경제지표가 개선되는 경기회복세를 보였고, 우려했던 대규모 자본유출도 발생하지 않았다. 1998년 -7.5%를 기록하고 나서 1999년에는 실질GDP성장률이 5.4%, 2000년 4.1%로 상승하면서 건전한 상승세를 보였다. 이와 같은 빠른 경기회복으로 실업률도 낮아졌다. 1998년 3.2%에서 1999년 3%로, 2000년에는 2.9%로 하락했다.

태국과 말레이시아가 경제위기에 대처한 방식의 차이는 태국처럼 IMF지원을 받아 IMF식 처방을 받았느냐, 아니면 말레이시아같이 IMF 지원을 받지 않고 독자적인 방식으로 대처했는가 하는 것이다. 그래서 경제위기라는 동일한 충격에 상이하게 대응한 태국과 말레이시아를 비교해 보는 것은 흥미롭다.

표 5.1에서 보듯이 태국은 개방과 자유화, 선 구조조정 후 경기부양 정책을 골자로 하는 IMF프로그램을 적극 실천하여 경제회복을 추진하였다. 반대로 말레이시아는 IMF처방을 거부하고 자본통제와 고정환율제, 선 경기부양 후 구조조정이라는 독자적인 경제회복 방식을 추진하였다. 경제위기 이후의 결과를 놓고 볼 때 태국과 말레이시아 모두 2~3년 사이에 거시경제적인 회복과 안정을 이뤘다고 평가된다. 그런데 두 나라가 내린 정책결정 중 어느 나라가 더 옳았는지에 대해서는 확실하게 한 가지 답을 내놓기는 어렵다. 그렇지만 위기상황의 시급성 때문에 어쩔 수 없이 IMF로부터 구제금융을 받았던 태국이 IMF의 요구대로 대폭적인 구조조정을 함으로써 받은 국내 경제사회적 상처는 말레이시아가 대외적 압력을 버티면서 자체적으로 경제위기를 극복했던 비용과 비교

표 5.1	태국과 말레이시아의 경제위기 대응정책 비교	
	태국	**말레이시아**
대응 정책	• 긴축재정 등 IMF 프로그램 추진 • 대외신인도 회복 최우선 • 고금리 정책 추진 • 단기 외채 감축 • 적극적 금융 및 기업구조조정	• 자본통제 등 독자적 방식 추진 • 국내경기부양 최우선 • 저금리 정책 추진 • 통화 확대 • 금융 및 기업구조조정 지연

하면 결코 더 적다고 할 수는 없을 것 같다.

대응방식의 선호를 떠나 그럼 왜 경제위기 극복의 상이한 노선을 택하게 되었는지 설명해 보도록 하겠다. 첫 번째 배경요인으로 경제상황과 구조적 차이를 들 수 있다. 먼저 경제위기에 직면했을 때의 경제상황을 보면 말레이시아는 외환보유고나 외채규모 및 만기상환구조에서 태국에 비해 양호했다. 1997년 말 말레이시아의 외환보유고는 217억 달러로 태국의 90억 달러를 훨씬 상회하였고, 외채규모에 있어서도 태국은 934억 달러로 단기외채 비중이 37.3%였지만, 말레이시아는 447억 달러로 그 중 단기외채 비중이 28.5%로 외채규모나 단기외채 비중 모두 태국에 비해 낮아 외환유동성 확보에 있어서도 우월한 상황이었다. 외환유동성문제가 태국에 비해 그다지 심각하지 않았던 말레이시아는 상대적으로 국내부채가 심각한 문제로 인식되었다. 말레이시아의 국내부채는 GDP 대비 165% 수준으로 태국의 155%에 비해 높았다. 따라서 말레이시아는 IMF형 긴축정책보다는 국내 경기부양과 금리안정이 더 시급한 과제였으며 태국은 외환유동성의 문제가 심각했기 때문에 IMF의 지원이 불가피했다.

태국과 말레이시아는 외국인투자 유치에서 차이점을 가지고 있었다.

말레이시아의 외국인직접투자는 1991년 이후 매년 40억 달러 이상 유입되어 태국에 비해 훨씬 많았다. 이에 비해 증권투자 유입규모는 태국에 비해 훨씬 작았다. 직접투자가 경영을 목적으로 하는 장기투자의 성격을 갖는다면 증권투자는 상대적으로 단기이익을 노리는 투자이기 때문에 말레이시아가 태국에 비해 외화자산에 의한 경제교란 가능성이 더 작았다고 할 수 있다. 금융부문의 건전성면에서도 말레이시아가 태국에 비해 우수했다. 말레이시아의 금융부문의 부실채권(NPL)비율은 1996년 말 4% 정도로 태국의 13%에 비해 훨씬 낮은 수준이었다. 이렇듯 말레이시아 금융부문이 비교적 건실할 수 있었던 것은 말레이시아중앙은행이 외환통제를 적절하게 실행하고 단기성 해외차입 역시 외화가득률이 높은 기업에 한해 허용했기 때문이다.

두 번째 배경요인으로 정치체제 및 리더십 성향의 차이를 지적할 수 있다. 태국의 경우 정당구조의 취약성으로 인해 연정참여 세력 간 갈등과 야당의 잦은 불신임안 제출로 정치가 불안정한 상태를 면치 못하고 있었다. 실제로 1990년대 이후 1997년 경제위기까지 다섯 차례의 정권교체가 있었다. 반면 말레이시아의 경우 자금력과 조직력을 앞세운 말레이계 정당 UMNO가 여타 종족대표 정당들과 거대 여당연합을 구성하고 독립 이후 줄곧 정권을 장악하고 있었다. 이와 같은 태국과 말레이시아 정치구조의 차이가 1997년 경제위기에 직면했을 때 서로 다른 선택을 하게 되는 배경으로 작용하였다고 본다.

태국은 경제위기의 책임을 물어 1997년 11월 정권이 교체되었다. 새로 집권한 추언 총리는 경제위기의 책임으로부터 상대적으로 자유롭기 때문에 부정부패나 정실주의 등 과거 정치관행에서 경제위기의 원인을 지적했다. 이는 태국의 정치경제에 내재된 구조적 문제점들이 결국 경제위기를 불러왔다는 IMF의 지적과 궤를 같이 하는 것이었다. 반면 말레이시아의 경우 정치현실에 비추어 볼 때 IMF로 대변되는 서방의 지적을 받아들이기 힘든 상황이었다. 마하티르 총리는 1981년 집권한 이후 20여 년 가까이 권력을 유지하고 있었다. 따라서 마하티르는 과거로부터 자유로울 수 없었고, 경제위기의 원인이 서방이 지적한 잘못된 과거 정치의 관행들에 있었다면 그 자신이 경제위기의 책임을 면키 어려웠을 것이다. 마하티르는 20여 년간 말레이시아경제를 이끌며 쌓아온 자신의, 그리고 UMNO의 업적을 송두리째 부정하는 IMF식 처방은 도저히 받아들일 수 없었던 것이다. IMF의 지원을 받을 경우 기존의 정책노선과는 다른 IMF의 요구사항을 따라야만하고 경제정책의 자율성을 제한받는다는 사실은 마하티르 총리에게 치명적인 정치적 손상을 초래할 수 있는 것이었다.

이러한 정치구조적 차이 외에도 양국 지도자의 리더십 성향의 차이 또한 양국의 상이한 정책대응의 배경요인이 되었다고 본다. 반서방 감정을 지닌 마하티르 말레이시아 총리와 개혁 성향을 지닌 추언 태국 총리의 리더십 성향의 차이는 양국이 상이한 경제위기 대응책을 시행하게 된 또 다른 요인이었다. 1997년 동아시아 경제위기 소용돌이 속에서 서구자본이 절대적인 영향력을 보이고 '아시아적 가치'가 비판받을 때 유일하게 대항한 아시아의 지도자가 마하티르였다. 마하티르는 경제위기에 처한 아시아 국가들이 IMF의 지원을 받아 경제위기를 극복하고자 했을 때 IMF체제를 정면으로 거부하고 서방진영의 영향력을 최대한 배제하며 자율적 역량을 극대화하려는 방식을 택했다. 마하티르는 "서구에서 경제위기의 원인을 제공했다고 거론한 부정부패, 정실주의, 독과점, 인재부재, 불완전한 금융시스템과 관행들은 이미 수십 년 전에도 있었던 것이고 그럼에도 불구하고 말레이시아는 그 누구보다 훨씬 더 빨리 나라를 발전시켜 왔다. 물론 부정부패와 뒷거래는 허용되어서는 안

된다. 아시아인들은 과거와 마찬가지로 계속해서 우리의 발목을 잡는 요소들을 제거하는 데 노력해야 한다. 그러나 부정부패와 정실주의가 오늘날 위기의 직접적인 원인은 아니다"라고 서구가 지적한 동아시아 경제위기의 원인을 부정하였다. 마하티르는 "IMF관리체제에 들어갔다면 우리는 독립을 잃었을 것이다. IMF방식은 경제를 장악하는 것이다. 내게는 그것이 식민주의다. 경제를 장악하면 결국 정치도 장악하게 된다. 바로 인접국들에서 일어나고 있는 일이다"라고 IMF의 구제금융도 경제적 식민주의라고 강하게 비난했다.

반면 추언 총리는 마하티르와는 정반대로 경제위기의 원인을 해석했다. 그는 아시아 각국의 경제기초가 튼튼하고 투명성을 갖고 있었다면 이런 환란을 맞이하지는 않았을 것이라며 서방국가들이 동아시아의 경제위기를 조장했다는 음모론을 반박했다. 또한 그때까지 고속성장을 해온 동아시아 국가들의 낙관주의가 경제파멸의 원인이며 경제위기 국가들은 경제위기의 원인을 직시하고 관료주의의 비능률과 정책과정의 투명성 부족 등 정치적 문제들을 바로잡아야 경제위기에서 벗어날 수 있다고 지적했다. 세계화 시대에 법, 정치, 행정 그리고 거시경제구조를 세계적인 기준에 맞게 상향조정해야 한다고도 했다. 따라서 태국의 경제위기의 원인을 외부가 아닌 내부의 문제로 보았던 것이다. 추언 총리는 부실을 잘라내지 않고서는 국제사회로부터 신뢰가 회복되지 않는다는 것을 누차 강조했다. 이처럼 태국은 개방과 규제완화를 중심으로 하는 IMF 구조조정프로그램을 적극적으로 이행함으로써 추언은 'IMF 모범생'으로 불렸다. 추언은 적극적으로 외국인투자를 유치하면서 무역과 투자 자유화를 주장했고, 경제침체를 이유로 수입을 억제하거나 자본이동에 제한을 두어서는 안 된다는 태도를 견지했다.

동남아의 경제 상황 비교

동남아를 휩쓴 1997년 경제위기가 어느 정도 극복되고 21세기로 들어서자 동남아에서는 빈곤문제가 새로운 관심 대상으로 부상했다. 이렇게 된 첫째 배경은 베트남, 미얀마, 라오스, 캄보디아 등 소위 CLMV국가가 1999년 말까지 모두 아세안에 가입한 것이었다. 이들은 상대적으로 발전된 아세안(ASEAN: Association of South-East Asian Nations, 동남아시아국가연합) 국가와의 격차 때문에 아세안자유무역지대(AFTA: ASEAN Free Trade Area)의 완성시기를 늦출 수 있는 특별대우를 받았다. 둘째 배경은 1990년대 중반 이전의 빈곤문제가 개별 국가차원의 문제였다면 1997년 경제위기를 겪으면서 지역 차원의 문제로 인식하게 되는 계기가 된 것이다. 그 결과 빈곤퇴치를 위한 지역차원의 노력이 다양하게 전개되기 시작했다. 아시아개발은행(ADB: Asian Development Bank)의 메콩 유역 개발계획은 지역 내 빈곤퇴치가 중요한 목적 중 하나였다. 경제위기 이후 빈곤층의 급증으로 인한 아세안 차원의 노력도 다양하게 전개되었다.

동남아 국가들은 지난 수십 년 동안 경제성장으로 적어도 평균적으로는 빈곤문제 해결에 상당한 성공을 거두었다는 평가를 받을만하다. 구매력평가(PPP) 기준으로 1인당 하루 1달러 소비를 기준으로 하면 동남아 국가는 대부분 빈곤을 해소하고 있는 것으로 보인다. 말레이시아의 경우 2007년 1달러 기준 빈곤인구는 전체 인구의 0.5% 미만이고 태국의 경우도 1.5% 정도로 빈곤인구는 100만 명 정도에 불과하다. 인도네시아와 필리핀은 견실한 성장에도 불구하고 상대적으로 많은 빈곤인구를 가진 나라로 2007년 1인당 소비 1달러 기준 양국의 빈곤인구 비율은 각각 6.7% 및 8.1%로 빈곤인구도 1,550만 명과 700만 명에 이르러 아세안에서 가장 많은 빈곤인구를 가진 나라들이다. 베트남의 경우 1달러 소비 기준 빈곤인구는 오히려 낮아 4%에 불과하고 빈곤인구도 340만 명 정도이다. 베트남의 1달러 기준 빈곤인구는 1990년 50.8%에서 2007년 4%로 극적으로 줄어들었고, 2달러 기준으로도 87%에서 32.9%로 감소함으로써 어느 동남아 국가에 비해서도 양호한 빈곤 감소를 달성한 것으로 보인다. 대신 저개발국인 캄보디아와 라오스의 경우 상대적으로 빈곤 감소 속도가 느린 편이다. 캄보디아와 라오스의 빈곤인구 비율은 2007년 각각 9.3% 및 14.4%로, 빈곤인구는 140만 명과 90만 명이다.

그러나 하루 2달러 소비 수준을 기준으로 하면 빈곤 상황은 훨씬 나빠진다. 태국은 21.4%의 인구 1,410만 명이 빈곤 상황이고, 인도네시아에도 45.2%의 인구 즉 1억 명 이상이 빈곤에 허덕이는 것으로 보인다. 필리핀 37.5%, 베트남 32.9%, 캄보디아 50.5%, 그리고 라오스 62.3%의 인구가 여전히 빈곤 상태에 놓여있다. 그렇지만 시간 경과에 따라 빈곤인구가 많이 줄어들고 있는 것은 고무적인 현상이다. 하루 1.25달러 이하의 소득으로 생활하는 인구비율은 그 나라의 빈곤 수준을 측정하는 지표로 사용되는데, 이 기준에 의하면 2012년 태국 0.3%, 필리핀 19%, 인도네시아 6.2%, 베트남 2.4%, 캄보디아 10.1%, 라오스 30.3%를 나타낸다.

동남아의 국내총생산과 경제성장률 변화추이를 보면 글로벌 금융위기가 덮친 2008~2009년 이후 대체로 원만한 회복세를 보이고 있다. 브루나이는 90% 석유에 의존하는 경제이기 때문에 세계 석유가격 하락으로 경제성장에 타격을 입고 있는 것으로 보인다. 2014년 −2.5%, 2015년에는 −0.4%를 기록했다. 태국은 2006년 이후 계속되는 주기적인 정치적 혼란이 경제에 타격을 입혔다. 2014년에 0.7%, 2015년에 2.9%만 성장하는 침체를 보였다. 그에 비해 인도네시아, 베트남, 필리핀, 캄

표 5.2 동남아 국가의 경제성장 변화추이

	1인당 국내총생산(GDP) (달러)				실질경제(GDP)성장률 (%)			
	2008년	2010년	2015년	2018년	2008년	2010년	2015년	2018년
브루나이	36,223	29,675	30,968	33,824	−1.9	2.6	−0.4	2.3
캄보디아	805	814	1,164	1,485	6.7	6.0	6.9	7.0
인도네시아	2,237	2,974	3,336	3,789	6.0	6.1	4.9	5.1
라오스	856	1,004	2,159	2,690	7.8	7.9	7.5	6.8
말레이시아	8,088	8,423	9,644	10,704	4.8	7.2	5.0	4.7
미얀마	533	742	1,195	1,354	4.8	7.3	7.3	6.4
필리핀	1,919	2,123	2,873	3,099	4.2	7.6	5.9	6.5
싱가포르	37,971	43,117	53,630	61,230	1.5	14.5	1.9	2.9
태국	4,300	4,992	5,815	7,084	6.3	6.8	2.9	4.6
베트남	1,048	1,174	2,107	2,553	6.3	6.8	6.7	6.6

보디아, 라오스는 6~7%의 꾸준한 성장을 보이고 있다. 특히 미얀마는 2011년 이후 정치개혁과 개방조치의 효과로 7%가 넘는 높은 경제성장을 기록하고 있다. 국제사회의 제재가 걷히고, 외부로부터 시장 잠재력을 평가받으며 투자가 늘어나면서 과거와는 전혀 다른 방향으로 미얀마 경제가 성장하기 시작한 것으로 보인다.

　동남아 경제는 다른 지역과 비교했을 때 성장하는 지역으로 주목받는다. 이유는 동아시아라는 세계경제의 성장축을 형성하고 있다는 점과 인구와 자원 등 잠재력있는 풍부한 시장을 갖고 있다는 점이다. 개도국들이 대부분이고 세계시장의 영향을 많이 받을 수밖에 없다는 구조적 문제가 있지만 동남아 경제는 긍정적인 전망을 보여주고 있는 것이 사실이다. 더욱이 2015년 이후 아세안경제공동체(ASEAN Economic Community)가 출범하면서 동남아는 시장의 양적, 질적 확대를 기대하고 있다. 젊은 노동력이 풍부하고 인구는 꾸준히 늘어나고 있어 해외투자도 지속적으로 증가하는 추세이다. 국제시장이 그만큼 동남아 경제의 미래에 대해 긍정적인 평가를 하고 있다는 것이다. 동남아 전체 인구는 6억 5,000만 명에 달하고, 연평균 1.7%의 인구증가율을 가지고 있으며, 여성이 평생 출산하는 아이의 수를 나타내는 합계출산율은 싱가포르와 태국을 제외하고 모두 2명 이상을 나타내고 있다. 특히 65세 이상 인구를 0~14세 인구로 나눈 노령화지수는 싱가포르와 태국을 제외한 동남아 국가들 평균 2017년 기준 10~30을 보여 상당히 젊고 활력있는 사회가 유지되고 있음을 알 수 있다. 상대적으로 한국은 노령화지수 107.7로 세계 평균 34.6보다도 3배나 높은 노령사회이고, 합계출산율도 1.2의 매우 낮은 상태이다.

　동남아의 농촌인구 비율은 1960년대부터 지금까지 꾸준히 하락하는 추세지만 여전히 농촌인구의 비율이 높다. 도시국가인 싱가포르와

표 5.3 동남아 인구 현황

국가	국토면적 (1,000 km², 2017)	인구 (만 명, 2017)	연평균 인구 증가율 (%, 2010~2017)	인구 밀도 (명/km², 2017)	합계 출산율 (명, 2016)	노령화 지수 (2017)
브루나이	5.7	40	1.9	81	1.9	21.7
캄보디아	181.0	1,600	1.8	91	2.6	12.5
인도네시아	1,904.0	2억 6,400	1.7	146	2.4	17.9
라오스	237.0	690	2.0	30	2.7	12.1
말레이시아	330.0	3,160	2.0	96	2.0	24.0
미얀마	653.0	5,340	0.9	82	2.2	22.2
필리핀	300.0	1억 490	2.1	352	2.9	15.6
싱가포르	0.7	560	2.3	7,916	1.2	86.7
태국	513.0	6,900	0.6	135	1.5	61.1
베트남	331.0	9,550	1.4	308	2.0	30.4
아세안	4,456.0	6억 4,700	1.7	145	–	–

소규모국가인 브루나이를 제외하고, 동남아 나라들은 1960~1980년 대 70~80%의 농촌인구를 가지고 있었다. 산업화가 빠르게 진행된 말레이시아의 농촌인구는 1960년 73%에서 2017년 24%로 감소했다. 인구 대국인 인도네시아는 1960년 85%에서 2017년 45%로 거의 40%의 농촌인구가 감소하였다. 태국도 1960년 80%에서 2017년 50%로 줄었다. 캄보디아, 라오스, 미얀마, 베트남은 2017년 농촌인구가 여전히 65~75%수준에 달하고 있다.

거시경제지표를 좀 더 자세히 들여다보면, 2010년 이후 동남아 전체는 5% 초반대의 견고한 성장세를 지속하고 있다. 이는 인구의 증가

표 5.4 **동남아 농촌인구 비율 추이 (%)**

	1960	1970	1980	1990	2000	2010	2017
브루나이	56.6	38.3	40.1	34.0	28.9	24.3	22.4
캄보디아	89.7	88.3	87.6	87.0	83.1	77.2	76.6
인도네시아	85.4	82.9	77.9	69.0	58	46.3	44.7
라오스	92.1	90.4	87.6	85.0	81.1	66.8	65.0
말레이시아	73.4	66.5	58.0	50.0	38.2	27.8	24.0
미얀마	80.8	77.2	76.0	75.0	72.0	70.1	69.4
필리핀	69.7	67.0	62.5	60.0	57.5	55.6	53.1
싱가포르	0	0	0	0	0	0	0
태국	80.3	79.1	73.2	68.0	64.9	57.3	50.1
베트남	85.3	81.7	80.8	80.0	75.7	71.2	64.1

와 인프라 개발 등에 기인하는 것으로 분석된다. 2010년 이후 동남아의 선발 6개국은 5% 수준을, 캄보디아, 라오스, 미얀마, 베트남 등 소위 CLMV 국가는 6.5%의 경제성장률을 실현하고 있다. 국가별로는 라오스 7.5%, 캄보디아 7.1%, 미얀마 7%로 높은 데 반해, 고령화 진행 등으로 '중진국 함정' 우려가 제기되고 있는 태국(3.1%)과 원유편중형 경제구조의 브루나이(-0.2%)가 가장 낮은 성장세를 보여주고 있다.

2017년 말 기준 동남아 10개국의 GDP 규모는 총 2.8조 달러에 달한다. 이중 인도네시아 GDP가 1조 달러로 1위이고, 태국은 4,600억 달러로 2위를 기록하고 있다.

1인당 국내총생산(GDP)은 미얀마의 1,000달러 수준에서 싱가포르의 6만 달러까지 상당한 편차를 보이고 있다. 1위 싱가포르는 한국의 2배에 달하고, 2위 브루나이는 3만 달러로 한국과 비슷하며, 3위 말레이

표 5.5 동남아 국가별 실질 국내총생산(GDP) 성장률 (%: 실질경제성장률)

	2008	2009	2010	2011	2012	2013	2014	2015	2016	2017	2010~2017 평균
브루나이	−2.4	−1.8	2.6	3.7	0.9	−2.1	−2.5	−0.4	−2.5	1.3	−0.2
캄보디아	6.7	0.1	6.0	7.1	7.3	7.4	7.1	7.0	6.9	6.8	7.1
인도네시아	6.0	4.6	6.2	6.5	6.3	5.6	5.0	4.9	5.0	5.1	5.5
라오스	7.8	7.5	8.1	8.0	7.9	8.0	7.6	7.3	7.0	6.9	7.5
말레이시아	4.8	−1.5	7.4	5.3	5.5	4.7	6.0	5.0	4.2	5.9	5.2
미얀마	10.3	10.5	9.6	5.6	7.3	8.4	8.0	7.0	5.9	6.8	7.0
필리핀	4.2	1.1	7.6	3.7	6.7	7.1	6.1	6.1	6.9	6.7	6.2
싱가포르	1.8	−0.6	15.2	6.4	4.1	5.1	3.9	2.2	2.4	3.6	3.9
태국	1.7	−0.7	7.5	0.8	7.2	2.7	1.0	3.0	3.3	3.9	3.1
베트남	5.7	5.4	6.4	6.2	5.2	5.4	6.0	6.7	6.2	6.8	6.1
아세안 전체	4.7	2.5	7.5	5.0	6.2	5.2	4.7	4.8	4.8	5.3	5.2
ASEAN 6	4.3	1.9	7.5	4.9	6.2	5.0	4.4	4.5	4.6	5.0	5.0
CLMV	7.2	6.7	7.4	6.2	6.1	6.5	6.7	6.8	6.2	6.8	6.5

표 5.6 동남아 국가별 GDP 규모 (억 달러)

	2012	2013	2014	2015	2016	2017
브루나이	190.50	181.00	171.03	129.43	114.48	122.12
캄보디아	140.27	152.21	166.89	180.91	194.27	223.40
인도네시아	8,746.39	9,046.92	8,893.85	8,550.20	9,312.16	10,139.26
라오스	101.92	119.55	132.74	144.20	159.03	170.90
말레이시아	3,148.95	3,221.59	3,374.56	2,948.10	2,942.23	3,172.52
미얀마	602.82	618.63	663.31	597.95	646.02	656.07
필리핀	2,504.58	2,688.00	2,849.13	2,925.08	3,046.11	3,138.75
싱가포르	2,906.70	3,044.56	3,115.38	3,040.96	3,097.66	3,239.54
태국	3,977.63	4,206.17	4,073.03	4,017.64	4,117.74	4,557.04
베트남	1,558.20	1,712.19	1,862.24	1,936.28	2,054.39	2,238.37
아세안	23,877.96	24,990.84	25,302.15	24,470.76	25,684.09	27,657.98
ASEAN 6	21,474.75	22,388.25	22,476.98	21,611.41	22,630.38	24,369.23
CLMV	2,403.21	2,602.59	2,825.17	2,859.35	3,053.71	3,288.75

표 5.7 1인당 국민소득 (미국달러)

	2008	200	2010	2011	2012	2013	2014	2015	2016	2017
브루나이	38,535	28,454	35,525	47,116	47,648	44,560	41,521	31,385	27,436	28,986
캄보디아	803	735	785	882	952	1,037	1,118	1,191	1,257	1,421
인도네시아	2,244	2,359	3,032	3,498	3,564	3,636	3,527	3,347	3,600	3,872
라오스	882	913	1,079	1,262	1,565	1,799	1,949	2,221	2,402	2,531
말레이시아	8,393	7,216	8,772	10,259	10,671	10,663	10,989	9,453	9,301	9,899
미얀마	491	538	811	1,127	1,190	1,209	1,276	1,140	1,221	1,229
필리핀	1,917	1,829	2,147	2,364	2,595	2,737	2,853	2,880	2,950	2,992
싱가포르	39,724	38,577	46,570	53,233	54,715	56,389	56,957	54,940	55,243	57,722
태국	4,389	4,216	5,181	5,602	5,982	6,301	6,079	5,975	6,104	6,736
베트남	1,165	1,232	1,338	1,543	1,755	1,908	2,053	2,111	2,216	2,390
아세안 평균	2,716	2,673	3,293	3,767	3,951	4,083	4,080	3,901	4,046	4,308

시아는 1만 달러로 한국의 1/3 수준이다. CLMV 국가와 인도네시아, 필리핀은 모두 4,000달러 이하이다. 아세안 전체의 평균 1인당 소득은 2017년 기준 4,300달러를 보여준다.

동남아 국가의 산업별 경제 비중을 보면, 상대적으로 1인당 GDP가 높은 싱가포르와 브루나이는 농업 비중이 1% 이하로 미미하고, 관광업 등이 상대적으로 발달한 말레이시아, 필리핀, 싱가포르와 태국은 서비스업의 비중이 50%를 상회하고 있다. 2017년 기준 동남아 국가들의 산업구조는 경제발전수준을 반영하고 있다. 도시국가인 싱가포르는 3차 서비스산업의 비중이 70%이고, 석유생산이 절대적인 브루나이는 2차 산업 비중이 63%에 달하고 있다. 태국은 농수산업, 제조업, 서비스산업의 비율이 6:36:58의 구조를 가지고 있다. 필리핀은 태국과 유사한 비율의 산업구조를 가지고 있다. 베트남과 인도네시아는 평균 15:40:45 수준의 유사한 산업구조를 보여주고 있다. 이들 나라에 비해 동남아의 후발개도국인 미얀마, 캄보디아, 라오스는 1차 농수산업의 비중이 상대적으로 높은 20~25%에 달하고 있다.

물가상승률은 2008년 글로벌 금융위기 이후 고인플레이션이 우려되었으나 최근에는 4% 이내로 안정화 되어가는 추세를 보여주고 있다. 브루나이는 국제유가 하락에 따른 경기침체 등으로 물가가 최근까지 마이너스를 기록했다.

브루나이, 캄보디아, 라오스에서 확대된 재정적자는 시장의 우려를 야기하고 있다. 브루나이는 높은 석유 수출의존도로 인해 2014년부터 시작된 국제유가 하락이 2015년 본격화되면서 큰 폭의 재정적자를 유발했다. 캄보디아와 라오스는 OECD 권고수준인 3%를 큰 폭으로 상회하고 있다.

경제와 연관된 동남아 국가의 현황을 몇 가지 지표를 통해 비교해 보

표 5.8 동남아 국가의 산업별 비중 (%)

	농업				광공업				서비스업			
	2014	2015	2016	2017	2014	2015	2016	2017	2014	2015	2016	2017
브루나이	0.8	0.9	0.8	0.8	63.1	63.4	63.1	63.2	37.9	37.6	38.0	37.9
캄보디아	23.3	22.2	20.1	20.6	30.8	32.1	33.1	33.1	39.6	39.6	39.5	39.3
인도네시아	13.2	13.0	12.8	12.7	41.8	40.9	40.5	40.1	45.1	46.0	46.7	47.2
라오스	17.1	16.5	16.5	15.3	32.2	32.2	32.2	35.1	41.0	41.3	41.3	39.4
말레이시아	9.2	8.9	8.1	8.2	38.8	38.8	38.8	38.4	50.9	51.0	51.7	52.0
미얀마	29.9	28.9	27.2	25.9	29.7	30.0	30.9	31.5	40.5	41.1	41.9	42.5
필리핀	10.0	9.5	8.8	8.5	33.4	33.5	33.9	34.0	56.6	57.0	57.4	57.5
싱가포르	0.0	0.0	0.0	0.1	24.9	23.7	23.9	24.1	67.4	68.3	67.6	70.4
태국	7.2	6.8	6.4	6.3	36.9	36.7	36.5	36.0	56.5	57.6	58.3	58.1
베트남	16.8	15.3	15.3	14.8	33.2	32.5	34.6	35.0	38.4	36.4	38.6	38.8

표 5.9 연간 물가상승률 (%)

	2008	2009	2010	2011	2012	2013	2014	2015	2016	2017
브루나이	2.6	1.2	−2.1	1.8	0.4	0.2	−0.2	−1.0	−1.6	−0.1
캄보디아	12.5	5.3	3.1	4.9	2.5	4.6	2.4	2.8	3.9	2.3
인도네시아	11.1	2.8	7.0	3.8	4.3	8.4	2.7	3.4	3.0	3.6
라오스	3.2	3.9	5.8	7.7	4.7	6.6	2.4	0.9	2.5	0.1
말레이시아	4.4	1.1	2.2	3.0	1.2	3.2	2.7	2.7	1.8	3.4
미얀마	–	–	–	0.7	6.0	4.4	−0.1	10.3	6.6	4.0
필리핀	8.0	4.5	3.6	4.2	3.0	4.1	2.7	1.5	2.6	3.3
싱가포르	5.4	−0.5	4.6	5.5	4.3	1.5	−0.1	−0.6	0.2	0.3
태국	0.4	3.5	3	3.5	3.6	1.7	0.6	−0.9	1.1	0.8
베트남	19.9	6.5	11.8	18.1	6.8	6.0	1.8	0.6	4.7	2.8

표 5.10 재정수지 적자비율 (%: 재정수지적자액/GDP)

	2008	2009	2010	2011	2012	2013	2014	2015	2016	2017
브루나이	24.3	3.9	7.7	25.6	15.6	7.6	−1.0	−14.0	−	−
캄보디아	0.1	3.3	3.5	3.8	−	−	−4.9	−4.7	−4.2	−
인도네시아	−0.1	−1.6	−0.7	−1.1	−1.9	−2.2	−2.1	−2.6	−2.5	−2.5
라오스	−4.1	−2.4	−2.2	−1.9	−1.3	−5.4	−3.9	−4.5	−5.2	−5.6
말레이시아	0.8	0.2	1.0	0.3	−4.5	−3.9	0.1	0.2	−	−
미얀마	−	−	−	−	−	−	−	−	−	−
필리핀	−0.9	−3.7	−3.5	−2.0	−2.3	−1.4	−0.6	0.9	−2.4	−2.2
싱가포르	1.4	−0.3	0.3	1.2	1.6	1.3	0.1	−1.0	1.2	2.2
태국	−1.0	−4.2	−2.5	−4.1	−4.2	−1.9	−2.9	−2.9	−2.4	−
베트남	−1.9	−5.8	−3.4	−1.8	−	−	−	−	−	−

면, 우선 기대수명은 싱가포르가 83세로 가장 높고, 미얀마와 라오스가 66.5세로 가장 낮다. 20년 가까운 기대수명의 차이는 동남아 국가 간 사회복지와 인간안보의 수준 차이를 명확히 보여주고 있다. 아세안사회문화공동체가 지향하는 목표도 이러한 차이를 극복하고 하나의 공동체를 지향하는 것에 맞춰져 있다. 동남아의 문화생활 수준을 보여주는 지표로 2016년 인터넷 이용률을 보면 라오스의 21.9%, 미얀마 25.1%, 인도네시아 25.4%에서 베트남 46.5%, 태국 47.5% 그리고 말레이시아 78.8%, 싱가포르 84.5%, 브루나이 90%으로 나라마다 상당한 격차가 있음을 알 수 있다. 참고로 한국의 인터넷이용률은 92.8%이다. 현대 산업과 경제활동의 핵심인 정보통신분야의 발전을 보여주는 정보통신 발

표 5.11 **동남아 국가의 경제 관련 기타 통계**

	기대수명 (2016년)	실업률 (%)		인터넷 이용률(%) (2016년)	기업환경 평가 (순위, 2017년)	정보통신(ICT) 발전지수(IDI) (순위, 2016년)
		2010년	2017년			
브루나이	77.5	2.9	6.9	90.0	55.0	54.0
캄보디아	69.0	0.3	–	32.4	138.0	128.0
인도네시아	69.0	7.1	5.4	25.4	73.0	114.0
라오스	66.5	1.9	–	21.9	154.0	144.0
말레이시아	75.5	3.3	3.4	78.8	15.0	62.0
미얀마	66.5	4.0	4.0	25.1	171.0	140.0
필리핀	69.5	7.3	5.7	55.5	124.0	100.0
싱가포르	83.0	2.8	2.2	84.5	2.0	20.0
태국	75.5	1.0	0.7	47.5	27.0	79.0
베트남	76.5	2.7	2.2	46.5	69.0	108.0

전지수는 한국이 전 세계 1위를 보이고 있는 데 비해, 동남아 국가들은 싱가포르가 20위, 말레이시아가 62위, 필리핀이 100위, 베트남 108위, 인도네시아 114위, 미얀마가 140위, 라오스가 144위에 있다. 국가가 기업이 활동하기 좋은 환경을 제공하는지 여부를 보여주는 기업환경평가(Doing Business Index)는 창업, 건축관련인허가, 전력수급, 재산권 등록, 자금조달, 투자자 보호, 세금납부, 국제교역, 계약이행, 부도 해결 등을 종합해서 매년 세계은행이 발표하고 있는데, 2019년 자료에 따르면 싱가포르는 2위를 차지해 세계적으로 기업이 투자하기 좋은 나라로 평가받았다. 한국도 5위를 차지해 상대적으로 높은 평가를 받고 있다. 뒤를 이어 말레이시아가 15위, 태국이 27위로 50위 안에 들고, 브루나이 55위. 베트남 69위, 인도네시아가 73위로 100위 안에 들었고, 필리핀 124위, 캄보디아 138위, 라오스 154위, 미얀마 171위를 기록했다.

동남아 국가별 경제 동향

태국

태국은 한반도의 2배 반에 달하는 넓은 국토, 풍부한 천연자원과 노동력, 건실한 농업 생산기반, 외자유치를 통한 경제개발 등으로 성장한 아시아 신흥공업국 중 한 나라이다. 동남아에서 인도네시아에 이어 두 번째로 큰 경제 규모를 가지고 있고, GDP의 약 59%를 차지하는 수출이 주도하는 중진 개도국이다. 다만, 1990년대 중반 무역적자 확대, 과도한 외자유입 및 대외신인도 하락으로 인한 단기 해외자금의 급속한 유출로 인해 1997년 동아시아 외환위기 발생의 중심국이 되기도 했다. 외환위기에서 벗어나면서도 2003년 SARS, 2004년 쓰나미, 2004년부터의 고유가, 2006년 쿠데타와 이후의 정치혼란, 2008년 글로벌 금융위기, 2011년 대홍수, 2014년 쿠데타가 이어지며 태국의 경제성장률은 요동쳤다. 2009년 −2.3% 성장률을 기록하고, 2010년에는 7.8%로 회복되었다가 2011년에는 0.1% 성장에 멈췄다. 2012년 6.5%로 회복되었다가 2013년에는 정치불안으로 2.9%, 2014년에는 0.7% 성장에 그쳤다. 2016년에는 3.2%를 달성했지만 태국경제는 복잡한 정치상황과 연관되어 과거의 활발한 성장세는 더 이상 보여주지 못하면서 중진국 함정에 빠졌다는 평가를 받고 있다.

태국 GDP에서 농림·수산업이 차지하는 비중은 점차 축소되어 온 반면 제조업·서비스업 비중은 확대되었다. 태국은 전통적인 농업국가로서 농림·수산업의 GDP 비중이 1950년대 47% 이상을 차지했으나 점차 감소하여 2015년에는 9.1%까지 하락했다. 제조업은 태국경제의 근대화와 일본, 미국, 대만 등의 태국으로의 생산거점 이전이 가속화되면서 지속적으로 성장했다. 관광업을 중심으로 한 서비스·유통업도 꾸준히 성장하는 추세를 보였다. 2016년 GDP 대비 산업별 비중은 농림·수산업이 8.3%, 제조업·광공업·건설업이 33%, 관광·도소매·의료업 등을 중심으로 한 서비스분야가 58.7%를 차지하고 있다. 태국은 2015년 아세안공동체가 출범함에 따라 7년간(2015~2021년) 농업 및 농산품, 광물·도자기·기초금속, 경공업, 금속·기계·교통설비, 전기·전자, 화학·플라스틱, 종이 등 7대 투자 촉진 분야를 선정해 전략산업으로 육성하여 아세안 내 허브화를 추진하고 있다. 그러나 원천기술의 미확보, 숙련인력의 부족, 기술개발 등 혁신능력의 한계로 인해 애로를 겪고 있는 것으로 보인다.

외환위기 당시 4%대까지 올랐던 실업률은 경제회복으로 꾸준히 낮아져 2006년부터 2009년까지 1.4~1.5% 수준의 실업률을 유지했고, 2011년 홍수피해 복구 및 2012~13년 경기회복에 따른 고용 확대로 0.7%의 낮은 실업률을 기록하고, 2012~2016년까지는 1% 수준 이내에서 안정적 상태를 유지하고 있다. 1997년 외환위기 직전 1,000억 달러를 상회하던 외채규모는 계속된 무역·경상수지 흑자와 외국인 투자자금 유입으로 지속적으로 감소했다. 2004년에는 513억 달러로 외환위기 이후 가장 낮은 수준까지 하락했으나 이후 점차 상승하여 2013년 말에는 1,399억 달러를 기록하고, 2016년에는 1,300억 달러 수준의 안정된 모습을 보이고 있다.

1997년 외환위기 시 고정환율제를 자유변동환율제로 변경한 바트화 가치는 지속적으로 하락했는데, 2013년에는 무역적자 누적, 반정부 시위 등 정국불안의 장기화로 연말에는 달러당 32.86바트를 기록했다. 2014년 쿠데타 이후 정치·경제적 불확실성이 해소되면서 환율이 다소 안정되었지만 미국의 금리 인상 등 대외적 요인으로 인해 등락을 거듭하다가 2016년 말에는 달러당 35.57바트를 보였다. 태국중앙은행은 2009년 이후 정책금리를 인하하여 2010년 6월 최저수준인 1.25%를 유지하다가 2011년 8월까지 3.5%로 인상하였으나 10월 초순 발생한 대규모 홍수에 따른 경기회복 지원을 위해 금리를 인하해 3%를 유지했다. 그 후 외자유입에 따른 바트화 강세를 억제하기 위해 정책금리는 계속 인하되었고, 2015년 이후에는 글로벌 경기둔화와 저유가 지속, 태국 내 가뭄 지속에 따른 구매력 감소, 중국 등 수출상대국의 경기둔화, 미국금리 인상 가능성 등 불확실성 증가로 금리인하(1.5%)를 단행한 이후 동결되고 있다.

태국의 교역액은 2014년 쿠데타 이후 수출입 모두 지속적인 감소세를 보였으며, 2016년에는 수출이 미미하나마 증가세로 전환되어 교역액 감소폭이 완화되었다. 무역수지는 2011년 이래로 적자상태를 보였으나, 2015년 이후 수입 감소액이 수출 감소액을 추월하여 흑자로 전환되었지만 불황형 흑자의 특징을 보이고 있다. 주요 수출품은 자동차, 컴퓨터, 보석, 전기회로, 플라스틱, 기계류, 고무, 쌀, 해산물, 타피오카, 설탕, 닭고기, 과일, 새우 등 공산품과 농수산물로 대별된다. 2016년 기준 태국의 10대 수출대상국은 미국, 중국, 일본, 홍콩, 호주, 말레이시아, 베트남, 싱가포르, 인도네시아, 필리핀이며, 한국은 17번째이다. 태국의 주요 수입품은 기계류, 원유, 화학제품, 자동차, 철강, 전기회로, 보석, 전자제품, 컴퓨터, 곡물, 플라스틱, 과학 및 의료기기 등이며, 10대 수입 대상국은 중국, 일본, 미국, 말레이시아, 한국, 대만, 싱가포르, 인도네시아, UAE, 독일이다. 외국인직접투자는 2014년 쿠데타 이후 2015년에는 다소 감소되었지만 2016년에 회복되는 추세에 있다. 제조업 분야 중에는 자동차 및 컴퓨터에 대한 외국인투자 비중이 가장 높다.

미얀마

미얀마는 2011년 민선정부 출범을 계기로 수입 자유화, 국채 발행 등 경제 각 분야에서 개혁·개방 조치들이 취해지고 있으며 이는 더욱 가속화되고 있다. 국내총생산(GDP) 성장률은 2010년 5.3%, 2011년 5.9%, 2012년 7.3%, 2013년 7.5%를 기록했다. 경제발전을 위해 더웨이, 짜욱퓨, 띨라와 등 경제특구(Special Economic Zones)를 개발하고 있으며, 이를 위해 경제특구법(2011. 1), 더웨이 경제특구법(2011. 2) 등을 제정하는 등 외국인투자 유도를 위한 전향적인 정책을 추진하고 있다.

띨라와 경제특구의 경우 2012년 4월 떼인 세인(Thein Sein) 대통령의 방일을 계기로 양국 정부 간 합의를 기초로 미얀마 업체와 일본 업체가 51:49의 지분 배정하에 공동개발하고 있다. 2011년 10월 양곤시 현대화사업 추진을 선언하고, 상수도사업, 고가도로 개설, 교통시스템 개선 및 주거환경개선 등에 대한 계획을 추진하고 있다. 2014년 ASEAN 의장국을 수임하고 2015년 ASEAN과의 경제규범 통일 등에 대비하여 2012년 4월부터 관리변동환율제를 시작했고, 2015년에는 금융전산화를 바탕으로 주식시장을 개설했다. 2012년 외국인투자법을 개정하여 민간은행의 외국환 취급과 신용장 개설을 허가했다. 외국인 최소투자금액 규정을 폐지하고 민간소유 토지의 임차를 허용하고 소득세를 5년간 면제하는 등 외국인투자 확대가 가속화되고 있다. 2012월 4월 1일 재보궐 선거의 성공적 실시 이후 미국, EU 등 서방국가의 대미얀마 경제제재가 대폭 완화 또는 해제되면서 서방세계의 대미얀마 진출이 활발하게 전개되고 있다.

미얀마는 풍부한 천연자원, 저렴한 노동력, 전략적으로 유리한 시정학적 위치, 광대한 국토와 시장 등 경제발전 잠재력이 크다는 점에서 대내 정치상황 개선과 대외 개혁·개방조치가 지속될 경우 새로운 아시아 경제의 강자로 부상할 가능성이 크다. 아시아개발은행(ADB)은 2012년 미얀마경제 특별보고서(Myanmar in Transition: Opportunities and Challenges)에서 향후 10여 년간 연 7~8% 경제성장 및 2030년까지 1인당 국민소득 2,000~3,000달러 도달 가능성을 전망하면서 미얀마를 아시아의 떠오르는 스타(one of the next rising stars in Asia)로 평가했다. 미얀마는 아직 세수 기반이 취약하고 대규모 인프라 프로젝트에 대한 정부 투자가 증가하여 만성적인 재정수지 적자를 기록하고 있지만 경기 활황에 따른 세수 증가를 기대하고 있다. 만성적인 재정부족의 가장 큰 원인은 정부가 세원을 효과적으로 확보·관리하지 못하기 때문이며, 법인세와 소득세 납부 회피 사례가 많고, 다양한 세원을 개발하지 못하고 있으며, 국방부문의 과다지출과 비효율적인 공기업 운영 등 예산운영의 비효율성을 개선할 여지가 여전히 크다.

미얀마정부는 2015년까지 아세안경제공동체 가입, 2020년까지 최빈국 탈피, 2030년까지 아세안 회원국과 동등한 경제수준을 달성한다는 향후 20년간 국제사회 합류를 목표로 하는 종합국가개발계획(2011~2030년)을 수립하였다. 이를 실현하기 위해 재정 및 세제개혁, 금융 및 은행 시스템 개선, 무역 및 외국투자 규제 완화, 민간부문 활성화, 교육 및 보건 확대, 식량 안전 및 농업 개발, 정부 투명성 증대, 휴대폰 및 인터넷 보급, 사회기본 인프라 구축, 정부 행정능력 강화 등 10대 개혁 분야를 제시했다. 이런 종합국가개발계획의 행동계획으로 제1차 5개년 개발계획(2011~2015년)을 수립하고, 목표는 연평균 7.7% 경제성장, GDP 대비 2차 산업 비중 26%에서 32% 확대 및 농업비중 상대적 축소, 2010년 대비 국민소득 30~40% 증가와 빈곤율 축소를 설정했다.

미얀마중앙은행(Central Bank of Myanmar)이 2013년 7월 재무부로부터 독립하여 새롭게 출범하였고, 통화정책이 재정정책과 독립적으로 추진될 수 있는 선진국형 업무구조를 구비하였다. 2008년까지 10~30%대에 이르던 소비자물가상승률이 2009년 이래 한자리수대로 점차 낮아지고 있으며 물가상승률은 2010년 8.2%, 2011년 2.8%, 2012년 2.8%, 2013년 5.8%를 기록했다. 민선정부 출범 후 만성적인 외환부족 상황을 극복코자 개혁조치를 적극 추진함으로써 대외수출입 확대를 모색하고 있다. 2013년 4월부터 일부 제한품목을 제외한 모든 수출입에 대해 사전허가를 받는 제도를 폐지했다. 미얀마정부는 2015년부터 9개 외국은행의 영업 개시를 허가했다. 10여개국 33개 이상의 외국은행이 허가 또는 허가 진행 중에 있으며 주로 싱가포르, 말레이시아, 태국, 캄보디아, 방글라데시, 브루나이, 베트남, 중국, 일본, 한국계 은행이 진출해 있다.

미얀마에 대한 외국인투자(FDI)는 전력(41%), 석유가스(31%)에 대한 투자가 전체 투자액의 72%를 차지하여 대미얀마 투자를 주도하고 있다. 2011년 신정부 출범 이후 경제제재가 완화됨에 따라 제조업(8.8%), 호텔관광(3.9%) 등에 대한 투자도 빠른 속도로 증가하고 있다. 국가별로는 중국, 태국, 홍콩, 싱가포르, 영국, 한국의 순으로 투자가 들어오고 있다. 최근 들어 자원개발을 중심으로 영국, 프랑스, 미국 등의 투자도 증가세에 있다.

미얀마경제의 산업별 GDP 비중은 농림수산업 30%, 광공업 32%, 서비스업 38%를 차지하고 있다. 규모가 큰 공장과 주요산업은 미얀마정부가 독점하고 있으며 그마저도 외화 부족에 따른 원료수입 곤란, 노후기계 교체지연 및 수리불량 등으로 가동률이 현격히 저조한 상태이다. 주력산업은 농업, 광업, 임업 등 1차 산업이며, 해상 천연가스전 개발이 활성화되면서 자원개발 분야의 비중이 커지는 추세이다. 미얀마는 동, 아연, 주석, 텅스텐, 니켈, 철, 석탄, 석유, 보석류 등 다양하고 풍부한 광물자원을 갖고 있으나 생산량은 상대적으로 소량이다. 외국업체의 광물자원 개발사업이 허용되었으나 아직도 생산과 수출은 미얀마정부가 깊이 관여하고 있다.

미얀마의 주요 자원 동향을 보면 2009년 Tagaun Taung(니켈광산), Monywa(레파타웅 지역 구리광산) 등 주요 광산을 중국이 대거 확보하였고, 루비, 제이드와 같은 보석류 역시 미얀마의 주요 외화 수입원이다. 천연가스는 야다나(Yadana) 및 예타곤(Yetagon) 가스전 개발로 2001년부터 미얀마 최대 수출품이 되고 있으며, 야다나는 Total(프랑스), Unocal(미국), PTT(태국), 예타곤은 Petronas(말레이시아), Nippon Oil(일본), PTT(태국)가 진출해 있다. 한국은 대우인터내셔널이 인도기업과 함께 미얀마 북서부 여캉잉주 근처 해상광구에서 천연가스를 개발하여 2014년 말부터 안정적인 공급을 하고 있다. 2013년에는 벵갈만-중국 국경간 송유관 및 가스관 건설공사가 완료되었다.

전체 국토의 절반(3억 3,400만/6억 7,700만ha)이 산림지역인 미얀마는 중국, 인도에 이은 아시아 제3위의 산림자원 보유국이며, 주요 임산자원인 티크(Teak) 원목의 식림 면적은 64만 8,000에이커에 달한다. 미얀마 수산물은 약 150개의 수출업체를 통해 중국, 일본, 말레이시아, 싱가포르, 태국, 사우디아라비아, 방글라데시, 호주, UAE 등 약 40여 개국에 수출되고 있으며, 수출량은 전체 생산량의 약 10% 가량이고 꾸준히 증가하고 있다.

미얀마의 전력생산은 절대적으로 부족하고 수요는 급증하는 추세이다. 전력사정은 매우 열악해서 제1도시인 양곤에서도 단전사태가 자주 발생하고 일부 지역은 시간제로 공급되는 실정이다. 송배전 설비가 낡아 전압이 일정치 않고 전력손실률이 매우 높아 2000년대 초부터 전력 산업 발전을 위한 30년 장기계획을 세우고 실행 중에 있다. 2012년 기준 수력발전이 총전력생산량의 71%, 가스발전 26%, 석탄발전 3% 순이다. 미얀마는 에야워디(Ayeyawady, 2,063km), 탄윈(Thanlwin, 1,660km), 친드윈(Chindwin, 1,151km) 등 긴 강으로 인해 대규모 수력자원을 활용한 수력발전 비중이 주변 국가에 비해 매우 높은 편이다. 우기(5~10월)와 건기(11~4월)의 강우량 차이가 심해 건기에는 강우량 감소에 따른 수력 발전량 감소로 전력부족 현상이 심화되고 있어 고질적인 전력부족 현상을 타개하기 위해 화력발전에 대한 투자를 확대하고 있다.

미얀마 제조업은 농림수산업에 기반을 둔 제조업이 대부분이며, 식음료 산업이 제조업 생산의 약 80%를 차지하고 있다. 수산물은 주요 외화가득원이다. 합판, 베니어, 가구 등 임업 관련 제조업은 내수와 수출용으로 육성하고 있다. 수출을 전제로 한 봉제업은 농수산 기반 제조업 다음의 최대 제조업이다. 봉제업은 제조업 중 외국인투자가 가장 활발히 이루어지는 분야이다. 주요 수출 품목으로는 천연가스, 옥(jade), 의류, 티크, 쌀, 콩, 수산물 등이며, 수입 품목은 기계 및 운송 장비, 정유, 비금속 제품, 전기기계, 직물 등이다. 주요 수출국으로는 태국, 중국, 인도, 일본, 싱가포르, 한국 등이며, 주요 수입국은 중국, 싱가포르, 일본, 태국, 한국 등이다.

캄보디아

캄보디아경제는 최근 6년간 봉제업 수출 증가 등에 힘입어 연평균 7% 내외의 경세성상률을 기록하고 있으며, 2018년에는 전년 대비 소폭 상승한 7.25%를 기록했다. 국내총생산(GDP)은 2015년 180.8억 달러, 2016년 200.4억 달러, 2017년 221.4억 달러, 2018년 241.1억 달러를 기록했다. 1인당 GDP는 2015년 1,163.4달러, 2016년 1,270.5달러, 2017년 1,379.3달러, 2018년 1,485.3달러로, 세계은행 기준으로 저소득국을 벗어나 2015년부터 중저소득국 지위(1,046~4,125달러)에 도달했다. 경제성장과 함께 2008년 25%까지 올랐던 물가는 이후 안정세를 찾아 최근에는 3%대를 유지하여 경제성장률 대비 안정적인 상승률을 보이고 있다. 물가상승은 유가 상승으로 인한 물류비 증가, 식료품 가격 인상, 내수 증가로 인한 외식 및 의류 부문 지출 증가 등이 영향을 미치고 있는 것으로 보인다. 환율은 경제성장과 더불어 2000년대 후반에 상승, 하락을 반복하다 2018년 1달러당 4,000리엘 선에서 안정화되어 있다.

　캄보디아는 대부분의 기본 소비재와 유류를 수입에 의존하는 소비시장의 특성상 무역수지의 만성 적자 상태를 벗어나지 못하고 있다. 연간

20억 달러 내외의 무역적자는 투자 및 관광 등 서비스분야의 흑자로 대체되고 있다. 주요 수출 품목은 외국인 진출 기업에서 생산하는 의류와 천연고무, 농산물, 수산물 등이며 주요 수입 품목은 직물, 원유 및 석유제품, 자동차 및 부품, 기계류, 전기기기, 담배, 의약품, 철강제품 등이다. 글로벌 금융위기로 2009~2010년 교역액이 대폭 감소했으나 2011년 이후 경기가 회복되면서 2017년에 수출 112억 달러, 수입 142억 달러를 기록하였다.

캄보디아의 재정수지 적자 규모는 2018년 GDP 대비 10.1%로 매년 정부의 목표치인 GDP 6%를 넘어설 정도로 심각한 수준이다. 캄보디아정부의 재정수입은 동남아 국가의 평균 수준(20%)에 비해 낮은편이다. 이런 배경에서 캄보디아는 자본과 선진기술 도입, 고용창출 등 사회경제발전을 위한 외국인투자 유치에 주력하고 있다. 1989년 시장경제체제로 전환한 이후 1994년 외국인투자법을 제정하고 투자개발위원회(CDC)를 통한 투자절차를 간소화했다. 2003년 외국인투자법 개정 등 외국인투자를 유치하기 위한 제도적 노력에 힘입어 투자 여건이 많이 개선되었다. 이런 노력에 힘입어 캄보디아에 대한 외국인직접투자는 글로벌 경기침체 영향 이후에도 꾸준히 증가해 2017년에는 52.2억 달러의 외국인투자를 유치하는 성과를 낳았다. 캄보디아 주요 산업인 봉제·건설·관광·농업 등을 중심으로 투자가 활발하며, 2017년도 외국인투자는 GDP의 10.8%를 차지했다. 이처럼 성공적인 외국인투자 유치에도 불구하고 캄보디아의 공식·비공식적 규제로 인한 비즈니스 환경의 악화와 인프라 면에서의 기본적인 한계로 인해 외국자본 유치는 여전히 제약받고 있다.

캄보디아의 산업구조는 2015년 기준 인구의 22.5%가 제조업에 종사하고 있고, 전체 GDP의 약 28%를 생산하고 있다. 캄보디아 기업의

45%는 식품제조업, 35%는 의류·신발 등 단순 봉제업에 치중되어 있는데, 7만 7,000개의 전체 기업 중 영세기업이 97.3%, 중소중견기업이 2.2%이고 대기업는 0.6%에 불과하다. 반면 대기업이 인력의 63.3%를 고용하고 있으며, 대기업 중 63%가 외국계 기업이다. 2017년 기준 캄보디아 수출의 72%는 의류와 신발 등 봉제업에서 이루어지고 있다.

농림수산업의 1차 산업 2017년도 생산 총액은 GDP의 24.9%이고, 인구의 45% 이상이 농업에 종사하고 있다. 농업의 경우 토지소유권 분쟁, 관개시설 미비, 생산성 향상 기술 미흡, 농자재 생산 및 수급 미흡, 유통구조 및 농업연구 기술개발 투자 미흡 등의 원인으로 농업 생산성이 낮은 상태이다. 단위면적당 쌀 생산량은 동남아 인접국보다 낮고, 생산성이 높은 건기에는 관개시설이 미흡하여 우기 재배 면적의 19.7%민 재배되고 있다. 제조업에서 봉제업이 수출과 고용 측면에서 대부분을 차지하며 외국 기업의 투자도 이들 산업 중심으로 이루어 지고 있다. 봉제 산업은 캄보디아에서 거의 유일한 2차 산업으로, 봉제 관련 제품 수출은 캄보디아 전체 수출의 72%를 차지하고 있으며, 무관세와 일반 특혜관세(GSP)혜택을 받아 미국(24%), 유럽(46%), 일본(19%) 등으로 수출되고 있다. 한국 기업은 중국에 이어 2위로 캄보디아 봉제 산업의 15% 정도를 차지하고, 10만여 명을 고용하고 있다. 2017년 봉제산업 고용인원은 74.3만 명으로 전년대비 11% 증가하였다. 캄보디아에는 원자재 생산업체가 없어 대부분을 수입하고 있으며, 대부분 저렴한 노동력에 의존하고 있는 봉제업체들이 단순 가공하여 재수출하는 형태이다. 캄보디아는 전기료, 물류비가 높아 저임금 요인을 제외하면 봉제산업의 가격경쟁력을 찾기 어려운 실정이다. 캄보디아 최저임금은 월당 100달러(2014), 128달러(2015), 140달러(2016), 153달러(2017), 170달러(2018)로 지속적으로 인상되고 있다. 참고로 2018년 기준 1인당 노동생산성을 비교하면, 싱가포르(14만 5,864달러), 일본(8만 571달러), 한국(7만 6,850달러), 말레이시아(6만 8,321달러), 태국(3만 3,839 달러), 중국(2만 7,667달러), 필리핀(2만 1,300달러), 파키스탄(1만 8,679달러), 베트남(1만 2,235달러), 방글라데시(1만 874달러), 미얀마(1만 624달러), 캄보디아(6,964달러)이다 (The Conference Board Total Economy Database, 2018).

건설업은 1998년 이후 꾸준히 성장하여 2015년 3.3억 달러에서 2017년 6.4억 달러로 증가하였다. 최근 높은 대외개방성, 정치적 안정, 낮은 세금 등에 힘입어 부동산 개발 붐이 일면서 건설부문 비중이 급증하는 추세이다. 서비스업 등 3차 산업이 전체 GDP에서 차지하는 비중은 2017년도 기준으로 42% 수준이다. 씨엠립의 앙코르왕국 등 관광산업이 비약적으로 계속 성장하고 있으며 2017년에는 외국인 관광객 560만 명을 기록했다. 2020년까지 외국인 관광객 700만 명과 관광 수입 50억 달러를 예상하고 있다. 캄보디아정부의 적극적인 관광 개발 정책에 따라 호텔·리조트 등 관련 산업 분야에 대한 기업 투자가 증가하는 추세이다. 유선전화 및 인터넷 보급률이 낮은 수준이지만 휴대전화 보급률은 빠르게 성장 중이며, 2016년 기준 전 인구의 약96%가 보유하고 있다.

캄보디아정부는 2004년 '국가전략개발계획(NSDP: National Strategic Development Plan)'을 수립해 5년 주기로 '사각전략(RS: Rectangular Strategy)'을 발표하는데, 2019~2023년 제4기 사각전략은 기간 내 7% 경제성장, 경쟁력 있고 다변화된 산업구조 조성, 물가와 환율 안정, 안정적 외환보유고 확보, 안정적 부채 관리 등의 거시경제 목표와 청년층의 고용 확보와 기술 교육, 빈곤인구 비율 10% 이하 감축, 사회 보호정책의 실행, 질 좋은 공공서비스 제공, 정부와 공공기관의 제도적 능력 및 거버넌스 강화 등의 시행 목표를 설정하고 있다.

　　캄보디아경제의 문제점은 봉제업을 제외한 여타 제조업이 거의 전무한 상태로 기본 소비재 대부분을 수입에 의존하는 전형적인 소비시장 형태를 가지고 있다는 점이다. 베트남·태국·라오스 등과 국경을 접하고 있어 인도차이나지역의 밀무역 중개시장 역할을 하고 있다. 최근 세계 최빈국을 벗어나 중저소득국에 진입했으나, 여전히 생활용품이 절대적으로 부족하고 구매력이 약하여 중고 제품 위주의 시장이 형성되어 있다. 계층 간·도농 간 소득 불균형이 심화되면서 전체 소득이 소수 계층에 집중되고 있다. 전 인구의 약 14%가 거주하고 있는 프놈펜에 소비시장이 집중되어 있고 운송 수단이 열악하여 유통구조가 취약하다. 아시아개발은행(ADB)과 세계은행 등 국제기구와 한·중·일 등의 원조로 인프라 건설과 복구 사업이 진행 중이다. 민간 저축률이 매우 낮아 자체 재원 조달이 불가능하여 외국 자본 및 원조에 대한 의존도가 매우 높은 경제체제이다. 내전으로 캄보디아 화폐 가치의 신뢰도가 떨어지면서 날러화가 자유로이 통용되는 달러 경제권을 형성하여 인플레이션이 발생하는 것도 캄보디아경제의 문제점이다. 숙련 노동력의 부족과 도로, 전력, 용수 등 열악한 인프라와 더불어 심각한 부정부패는 캄보디아가 안고 있는 구조적 문제점이다.

라오스

라오스경제는 2011년부터 2013년까지 연 평균 8% 이상의 경제성장률을 달성하였으며, 2014년 및 2015년에는 국제경제 침체에도 불구하고 수력발전 분야에 대한 지속적인 해외투자와 서비스분야 성장으로 인해 경제성장률 7.8% 및 7.6%를 달성했다. 경제성장은 주로 라오스의 천연자원을 이용한 수력발전과 광업 분야의 대규모 해외직접투자(FDI) 및 원조공여국의 ODA에 기인한 바가 크다. 라오스는 안정적인 성장을 달성하기 위해서는 각 분야의 역량 강화, 투명성 증대, 특히 재정건정성 달성을 위한 개혁조치의 성공적인 이행 및 친 투자환경 조성 등이 시급하다. 2015년 라오스의 주요 무역대상국은 태국, 중국, 일본, 한국, 인도 등이며, 주요 투자국은 중국, 태국, 베트남, 말레이시아, 한국 순이다. 2015년 대라오스 총 FDI 규모는 승인기준 12.7억 달러 수준이며, 수력발전 등 자원개발이 FDI 총액의 약 50% 이상을 차지하고 있다.

라오인민혁명당(LPRP: Lao People's Revolutionary Party)은 시장경제체제 도입과 대외 개방 등을 통한 경제발전을 최우선 정책으로 추진하고 있으며, 안정된 정치기반을 확보하고 있다. 라오스는 경제규모에 비해 외채규모가 과중한 편이나 해외원조에 대한 의존도가 높아 외채 중 양허성 차관이 약 40%를 차지하고 있다. 2013년 물가상승률은 6.4%를 기록했으나, 세계원유가격 및 수입물가 하락 등으로 2014년 물가수준은 4.1%로 하락하였고, 2015년에도 1.7%의 낮은 수준을 유지했다. 라오스중앙은행의 관리변동환율제 시행 및 지속되는 외국 투자자본 유입으로 2016년도 킵(Kip)화 환율은 안정세를 유지했다.

라오스정부의 재정적 어려움으로 제7차 사회경제개발계획(2011~2015년)에 따라 추진되었던 도로, 공항, 교량 등 인프라 건설을 포함한 59개 메가프로젝트 착공이 지연되고 있다. 2016년도 추진 중인 인프라, 에너지 분야 대형 투자는 중국-라오스 고속철도(중국 자본, 사업비 68억 달러), 동서횡단철도(말레이시아 자본, 사업비 50억 달러), 사야부리 수력발전소(1,285MW 규모, 태국 자본, 사업비 38억 달러, 2012년 11월 착공, 2019년 완공예정) 등이 있는데, 이런 대형 프로젝트들이 계획대로 진행될 경우 라오스는 내륙국의 한계를 벗어나 물류의 중심이자 아세안의 전력공급원으로 탈바꿈하는 경제성장을 이룩할 수 있을 것으로 기대된다.

　라오스경제는 광공업의 호조 및 광물 생산량 증가, 수력발전 생산량 증가, 각종 인프라 프로젝트 및 건설업의 호조, 관광업의 활성화 등으로 2005년 이후 7% 이상의 높은 경제성장률을 기록하고 있다. 2012년에는 광물 생산량의 증가와 수력발전의 증가, ASEAN 유니버시아드 대회 개최에 따른 건설 프로젝트 증가 등으로 8.3%의 높은 경제성장률을 기록했다. 서비스분야와 관광 분야의 지속적인 성장과 댐 가동에 따른 전력생산량 증대에 힘입어 2015년에 7.6%의 성장을 이루었다.

　물가상승률은 2010년 7.6%, 2012년 5.1%, 2013년 6.4%를 기록하고, 2014년에는 세계 원유 가격 및 수입물가 하락에 힘입어 4.1%로 하락했다. 주변국들에 대한 수입의존도가 높은 구조적 문제가 라오스 물가상승률에 결정적인 요인으로 작용하는데, 세계 원유가격 및 태국과 같은 주변국들의 수입품 가격이 하락하는 추세에 힘입어 2015년 물가상승률은 1.7%를 기록했다. 2006년 이래 미달러에 대한 깁(Kip)의 가치는 지속적인 상승추이를 보이다가 2014년 이래 평균환율 8,100킵/달러의 안정세를 유지하고 있다. 풍부한 천연 자원을 바탕으로 구리, 금 등의 광물과 수력발전 전력을 주로 수출하고 있지만 대형 투자 사업의 확대 및 국내수요 증가에 따라 자본재와 소비재의 수입이 상대적으로 급증하여 만성적인 무역수지적자를 기록하고 있다. 반면 2014년 관광 수입은 역대 최고치인 6억 4,000만 달러를 기록하는 등 서비스수지는 지속적으로 흑자를, 공적개발원조에 따른 자금 유입으로 경상이전수지 또한 지속적인 흑자를 기록하고 있다. 2015년 기준 총외채잔액은 56.27억 달러로, GDP의 45.7% 수준으로 경제규모에 비해 외채규모가 과중하고, 수출액 대비 총외채잔액 또한 164%로 높은 상태이다. 2010년 이래 외채가 지속 증가추세를 보이고 있는데 과중한 외채 잔액을 축소해야 할 필요성이 커지고 있다.

라오스의 GDP에서 무상원조가 차지하는 비중은 2011년 5.96%, 2012년 6.46%, 2013년 6.13%, 2014년 5.69%, 2015년 4.53%로 규모는 5.6억 달러에 이른다. 2009년까지는 교육, 보건 등 사회분야에 비교적 ODA 재원이 집중되었으나, 2010년부터는 전반적 지원증가와 함께 경제인프라 분야 지원이 증가했다. 한국의 무상원조 지원실적은 1987년~2015년간 1.45억 달러이며 최근 5년간(2010~2014년) 대라오스 양자원조 규모는 일본, 호주, 태국, 한국, 독일순을 보이고 있다.

라오스는 세계 최빈개도국으로 2020년까지 최빈국 탈피를 목표로 '국가사회경제개발 5개년 계획(NSEDP)'이행에 힘쓰고 있다. 라오스정부는 강력한 정치, 사회적 안정을 바탕으로 도시와 농촌간 조화로운 발전을 추구하고, 농업·임업·공업·서비스업의 균형 발전을 위해 서방 세계와 관계 개선을 통한 서방 자본유치 및 원조 확대, 외국인투자의 적극 유치, 시장경제화의 지속적인 추진을 도모하고 있다. 제8차 경제사회개발계획(2016~2020년)에 따르면 경제성장률 연 평균 최소 7.5% 이상 달성으로 2020년 세계 최빈개도국을 졸업하고, 1인당 GDP 2020년 3,190달러, 물가상승률 5% 이하 유지를 목표로 하고 있다. 수출 연 15% 및 수입 6% 성장과 재정수입 GDP의 19~20%, 재정적자 GDP의 5% 미만 유지를 목표로 하고 있다. 2020년까지 빈곤률 10% 미만 달성과 15세 이상 문자해독률 95% 달성, 영유아 사망률 30/1,000명 미만, 산모사망률 160/10만 명 미만 달성을 목표로 하고 있다. 2025전략(2016~2025년 10개년 경제사회개발 전략)을 보면 경제성장률 연 평균 최소 7.5% 이상 달성, 1인당 GDP 2015년의 2배 이상 달성, 빈곤률 5% 이내 달성을 목표로 하고 있다.

베트남

베트남은 1986년 제6차 공산당대회에서 '도이머이(Doi Moi, 쇄신)'정책을 공식 채택하며 본격적인 시장경제 요소를 도입했고, 이후 30여년이 지난 지금까지 지속적으로 정책을 실행한 결과 놀랄만한 경제적 성과를 보여주고 있다. 1987년 외국인투자법 공포, 1993년 토지법 개정, 1995년 ASEAN 및 AFTA 가입, 1998년 APEC(Asia-Pacific Economic Cooperation, 아시아·태평양경제협력체) 가입, 2000년 기업법 발효 및 베트남-미국 무역협정을 서명하고 호치민에 최초 증권거래센터가 개설되었다. 2001년 4월 제9차 공산당대회에서 베트남 개혁경제의 지향점을 '사회주의 지향의 시장경제체제'로 최초 공식화하고, 다부문 경제육성 및 국가경제 관리능력 강화와 효율성 제고를 목표로 제시했다. 당대회에서는 2001~2010년 10개년 경제·사회개발전략 및 2001~2005년 5개년 경제·사회개발계획을 채택했다. 2001년 12월 사회 모든 분야에서 '법의 지배' 강화, 기업 및 개인 등 사적 부문에 경제활동 자유 확대, 공직자에 대한 국회 불신임권 신설 등 헌법 개정을 통해 지속적인 개혁추진을 위한 법적토대를 구축했다.

2001년 12월 베트남-미국 무역협정 발효로 베트남전 이후 26년 만에 베미경제관계가 정상화되고, 미국 수입관세가 4%대로 대폭 하락하면서 미국시장에 본격진출하였다. 2005년 11월 신투자법과 통합기업법 제정으로 내·외국인투자 및 국내·외 기업에 대한 차별이 철폐되었다. 2006년 4월 제10차 전당대회에서 2006~2010년 5개년 경제·사회개발계획이 채택되었다. 2007년 세계무역기구(WTO:World Trade Organization)에 정식가입하고, 2007년 6월 한-ASEAN FTA 상품협정이 체결되었다.

2011년 2월 제11차 공산당대회에서 2011~2020년 10개년 경제·사회개발계획 및 5개년 개발계획이 발표되었다. 베트남 국회에서는 2020년까지 산업화·공업화된 중소득국가 달성을 목표로 국민소득 3,000달러, 경제성장률 7~8% 시현, 거시경제(물가 안정, 무역 및 재정적자 완화, 고용창출) 안정화를 담은 'Resolution 11'을 채택했다. 이를 기반으로 베트남은 경제성장률 제고, 급속하고 지속가능한 발전, 저개발국가에서의 신속한 탈출, 국민 생활수준 제고, 산업화 및 근대화 과정의 가속화 기반 마련, 지식기반경제 조성 등에 역점을 두는 방향으로 정책을 추진하고 있다. 특히 인프라 건설, 전문기술인력 육성, 행정 효율성 개선 및 부패 근절을 주요 정책목표로 설정하였다. 2015년 12월 한국과 베트남은 FTA를 공식 발효했다.

2016년 제12차 공산당대회와 국회를 거쳐 5개년 사회·경제개발계획(2016~2020년)을 채택하며 베트남정부는 거시경제 안전성 확립, 국민의 삶의 질 향상, 사회주의 시장경제체제, 교통·도시 인프라 개발, 과학 기술인력 양성을 목표로 설정했다. 2020년까지의 주요 실행 목표로 경제성장률 6.5~7% 달성, 생산성 경제성장 기여도 35%, 1인당 GDP 3,200~3,500 달러, GDP 중 제조 및 서비스분야 비중 85%, 노동생산성 성장 연 5%, 국가재정의 자본조달비율 20~21%로 축소, 도시화 비율 38~40%, 숙련공 비율 65~70%, 실업비율 4% 미만, 빈민층 비율 1.1~1.5%, 의료보험 대상자 80% 이상, 수도보급률 농촌 90% 및 도시 95%를 제시했다.

사회주의 시장경제를 지향하는 베트남경제의 개혁과제는 크게 국영기업 개혁과 금융분야 개혁으로 나누어 볼 수 있다. 국영기업 개혁은 2000년까지 약 500개의 국영기업만이 구조조정을 거쳐 민영화, 인수·합병, 청산 또는 파산되었다. 2001년 이후 정부 주도로 국영기업 개혁,

특히 민영화를 강력히 추진했는데, 총리직속 '국영기업개혁 및 발전위원회' 설치하여 2001~2005년간 총 5,655개의 국영기업 중 3,349개 기업이 구조조정되었고, 이중 2,188개 기업이 민영화(주식화), 252개 기업이 청산, 416개 기업이 합병되었다. 베트남정부는 2011~2015년 민영화 계획에 적극적인 의지를 보여 2015년 말 기준 약 4,000개 이상의 베트남 국유기업이 민영화되었는데, 정부의 초기 계획은 2011~2015년간 531개 국유기업을 민영화하는 것이었다. 현재 민영화 정책에도 불구하고 많은 투자를 유치하지 못하고 있는 실정인데, 이는 베트남정부의 민영화 정책 상 베트남 투자자는 베트남 국영기업의 소수 지분만 소유할 수 있고, 외국인투자자는 베트남정부의 부패 및 관리부실 탓에 국영기업 투자에 부정적 견해를 가지고 있기 때문이다.

2012년 12월 세계은행은 베트남 원조공여국회의(Consultative Group Meeting)에서 베트남정부에 금융권 부실채권이 베트남 성상의 저해요소라고 지적하고 시급한 해결을 촉구했다. 베트남중앙은행은 난립한 상업은행의 감축과 부실채권 축소를 목표로 2011년부터 2015년까지 1차 금융권 구조조정을 실시하였으며, 중앙은행의 상업은행 인수 및 은행간 합병 등을 통해 42개 상업은행을 2015년 말 기준 34개까지 감축했다. 2013년 부실채권 해소를 위해 자산관리공사(VAMC)를 설립하여 부실은행의 채권을 매입하고, 2012년 말 약 8.75% 수준의 부실채권 비율을 2015년 말 2.72%로 축소했다고 발표했다. 2016년부터 2020년까지 2차 금융권 구조조정이 예고되었으며, 현재 34개 상업은행을 15~17개 수준으로 축소하고 부실채권 비율도 3%이하로 관리하겠다는 목표를 제시했다.

베트남경제의 동향을 살펴보면, 2017년 수출 2,140억 달러, 수입 2,111억 달러로 교역액은 4,251억 달러로 2016년 대비 21.7% 증가했다. 주요 수출상대국은 미국, 중국, 일본, 한국 등이며, 미국은 베트남의 최대 수출 상대국으로 2017년 대미국 수출액은 전년 대비 8% 증가한 416억 달러를, 대한국 수출액은 전년 대비 29.8% 증가한 148.23억 달러를 기록했으며, 매년 큰 폭으로 확대되고 있다. 2017년 기준 중국은 베트남의 최대 수입국으로서 2017년 수입 금액은 전체 수입액의 약 27.6%에 달하는 582.3억 달러를 기록했다. 한국은 중국의 뒤를 잇는 2위 수입국으로, 2017년 수입액은 전년 대비 약 45% 증가한 467.3억 달러로, 이는 전체 수입액의 약 22%에 해당하는 수치이다.

베트남에 대한 외국인직접투자액은 2017년 누계 기준으로 총 2만 4,748건 3,187.2억 달러를 기록해 신규 투자와 증액투자 모두 증가하는 추세이다. 국가별로는 2017년 누계 기준으로 한국이 6,532건 576.6억 달러를, 일본(494.6억 달러), 싱가포르(422.3억 달러), 대만(309.1억 달러) 등이 주요 투자국이다. 한국은 2014년 이후 투자건수 및 투자액에서 모두 1위를 유지하고 있다. 한국의 대베트남 투자는 삼성과 LG가 선도하고 있으며, 삼성전자 제2 휴대폰공장(타이응웬성), 삼성전기, 삼성디스플레이, 호치민 삼성가전 단지, 삼성 R&D센터 등이 투자되었고, LG 역시 하이퐁 지역에 가전공장, LG디스플레이 등 30억 달러를 투자했다. 일본은 전통의 투자 강점 분야인 자동차/오토바이(Toyota, Honda, Yamaha), 전자산업(Panasonic, Canon, Fuji)을 필두로 최근 부동산과 유통시장(AEON)에도 상당한 투자를 감행하고 있다. 2017년 외국인 직접투는 8,781건 358억 8,300만 달러로, 국가별 투자는 일본이 전체 외국인투자의 약 25.4%를 차지하여 1위를 기록했고, 이어 한국(23.7%), 싱가포르(14.8%), 중국(6%), 버진아일랜드(4.6%), 홍콩(4.1%), 대만(4%) 순이었다.

베트남경제의 산업별 동향을 보면, 전화기 및 부품과 컴퓨터·전자제품 및 부품은 각각 베트남의 2017년 1위, 3위 수출품목으로 베트남 전체 수출액에서 차지하는 비중이 각각 21.2%, 12.1%이다. 베트남은 중국을 대체하는 새로운 제조업 생산기지로 급부상하면서 삼성, LG, 캐논, 파나소닉, 인텔, 폭스콘을 비롯한 다수의 글로벌 전자기업이 베트남에 진출해 있는 상황이다. 전자업에 종사하는 FDI 기업 수는 베트남 전체 전자기업 수의 약 1/3 수준에 불과하지만 전체 수출액 대비 점유율은 90%를 상회하고, 현지 시장 점유율도 80%에 달한다. 삼성전자, LG전자 등 한국 전자기업이 베트남 전자기기 시장을 선도하고 있으며, 한국기업의 현지 전자산업 투자총액은 200억 달러를 상회했고, 한국기업 수출액이 베트남 전체 수출액에서 차지하는 비중도 25% 이상이다.

2008년 글로벌 금융위기 이후 내리막길을 걸었던 베트남 부동산 및 건설시장은 최근 6%대 경제성장률이 지속되며 내국인의 부동산 투자가 늘어나 크게 주목받고 있다. 외국인의 부동산 및 주택 구입, 임자와 재임대가 가능해진 새로운 주택법과 부동산법이 2015년 7월 시행되어 세계화에 부합하는 제도적 장치가 마련되면서 경제개방에 따른 투자유입도 활발해져 2015년 건설경기가 5년 만에 가장 높은 10.8% 성장세를 기록했다. 베트남 건설시장은 국내 경제성장과 도시화 속도, 외국인직접투자, 금리, 물가상승률에 크게 영향을 받는 편이다. 2017년까지 전국 도시화 비율은 38%로 전년 동기 대비 0.9% 상승하였고 지난 10년간 베트남 도시 인구는 평균 3.5%씩 매년 증가했다. 주택에서 시작된 베트남 내 부동산시장 회복세가 건설시장 전반까지 확대되면서 국내 건설사 수주활동도 활발해지고 있고, 해외건설협회에 따르면 2018년 베트남 건설시장 규모는 135.7억 달러로 최근 8년간 최대 수준으로 전망된다. 베트남정부는 2020년까지 도로, 철도, 항공 등 교통 인프라개발에 약 500억 달러를 투입할 계획이며 전력 수입국에서 수출국으로 전환한다는 목표에 따라 2025년까지 600억 달러 규모의 전력개발 프로젝트를 외국 자본을 활용해 발주할 예정이다.

베트남은 세계 7위의 섬유·의류제품 수출국이다. 전화기 및 부품에 이어 베트남의 2위 수출품목인데, 2017년 기준 베트남의 섬유·의류제품 총수출액은 당해 수출총액의 12.2%에 상당하는 260억 3,800만 달러로, 전년 대비 9.3% 증가했다. 주요 수출국은 미국, EU, 일본, 한국 등이다. 섬유·의류기업의 수출액도 점증하는 추세인데, 2017년 해외직접투자기업의 동 품목 수출액은 전년 대비 9.5% 증가한 157억 9,000만 달러를 기록했고, 동 품목 총수출액에서 외국인투자 기업 수출액이 차지하는 비중은 60.6%였다. 베트남은 세계 5위 섬유의류산업국으로, 2015년 기준 베트남 내 약 3,800개 이상의 기업이 250만 명 이상의 고용을 창출하고 있으며, 기업 수 기준으로 민간기업과 외국투자기업, 국영기업이 각 74%, 25%, 1%를 차지하고 있다. 생산량 기준 베트남 국내 기업과 외투기업이 차지하는 비중은 각 45%, 55%이며, 베트남 기업 중 국영기업이자 베트남 최대 섬유기업인 Vinatex가 상당 비중의 섬유·의류 제품을 생산하고 있다. 그러나 베트남 내 섬유·의류 제조에 소요되는 원·부자재 다수가 해외 수입에 의존하고 있는 실정으로, 현지 원·부자재 생산량은 실수요의 1/3 수준에 불과하다.

베트남 신발산업은 전화기, 섬유·의류제품, 컴퓨터·전자제품에 이어 베트남의 제4위 수출 제조업으로, 2015년 말 기준 812개 업체가 62만 4,000명을 고용하고 있다. 베트남의 신발제품 수출액은 2017년 146억 5,200만 달러로 전년 대비 12.7% 증가했고, 당해 총수출액에서 신발제품 수출액이 차지하는 비중은 6.8%로 전년도(7.4%) 대비 소폭 감소했다. 베트남에서 생산된 신발제품은 주로 미국, 중국 등에 수출되고 있으며, 2017년 기준 양국 수출액은 각 51억, 11억 달러를 기록했다.

인도네시아

인도네시아경제는 2억 6,000만 명에 달하는 거대한 인구에 기반한 내수시장과 중국경제의 성장과 국제 원자재 가격 상승에 힘입어 2010년 6%대의 성장률을 지속하다가 2013년 이후 성장세가 둔화되었다. 2016년 기준 국내총생산(GDP)기준 세계 16위(9,410억 달러)를 기록한 인도네시아 경제성장률은 2017년 5.1%로, 2016년의 5%보다 소폭 개선되었다. 인도네시아경제는 GDP의 절반 이상을 차지하는 내수와 외국인투자가 성장을 뒷받침하고 있다. 인도네시아 통화인 루피아화는 2017년 달러당 1만 3,300루피아 전후를 기록하며 안정된 흐름을 유지하고 있다. 기준금리는 인도네시아중앙은행이 2013년 하반기 인플레이션 억제 및 외국자본 이탈 억제를 위해 7.50%로 인상시킨 후 경기부양을 위해 점차 금리인하정책을 지속하고 있다. 기준금리는 2016년 7월 6.5%, 2016년 10월 4.75%, 2017년 9월 4.25%로 인하했는데, 아세안 경쟁국인 필리핀(3%대), 말레이시아(3%대), 태국(1%대)과 비교했을 때 인도네시아의 기준금리가 높은 편이므로 추가 인하 여지가 있다. 물가상승률은 2016년 초 정부의 연료가격 인하에 따른 교통비 하락과 쌀을 포함한 식품가격 안정에 힘입어 3.7%를 기록했다.

2016년 외국인투자(FDI)는 전년 대비 8.4% 증가한 396.6조 루피아, 내국인투자(DDI)는 전년 대비 20.5% 증가한 216.2조 루피아를 보였다. 외국인투자(FDI)의 산업별 순위는 금속·기계·전자(38.9억 달러), 화학·제약(28.9억 달러), 제지·인쇄(27.8억 달러), 광산(27.4억 달러), 운송산업·설비(23.7억 달러)순이었다. 내국인투자(DDI)의 산업별 순위는 식품(32조 루피아), 화학·제약(30조 루피아), 운수·창고·통신(26.7조 루피아), 전기·가스·수도(22.8조 루피아), 작물·조림(21조 루피아)

순이었다. 2016년 국가별 FDI는 싱가포르(91.7억 달러)에 이어 일본 (54억 달러), 중국(26.6억 달러), 홍콩(22.5억 달러)이며, 한국은 10.6 억 달러로 9위를 기록했다. 한국의 투자순위는 2014년 11.2억 달러(7 위), 2015년 12.1억 달러(5위), 2016년 10.6억 달러(9위)였다.

인도네시아의 2016년 총수출은 1,444억 달러, 총수입은 1,356억 달러로, 총교역액이 2,800억 달러를 기록했는데, 무역수지는 88억 달러 흑자를 기록하였지만 수출 및 수입 감소세가 2013년부터 지속되고 있고, 전체 교역량도 전년대비 4.4% 감소하는 등 불황형 흑자를 보이고 있다. 인도네시아의 수출은 석유가스부문(131억 달러), 비석유가스부문(1,313억 달러)로 구성되며, 수입은 석유가스부문(187억 달러), 비석유가스부문(1,169억 달러)로 구성되었다. 비석유가스부문의 주요 수출품목은 광물성 연료·에너지, 전기기기·TV·VTR, 귀석·귀금속이며, 주요 수입품목은 전기기기·TV·VTR, 플라스틱류와 관련 제품, 유기화합물 등이다.

인도네시아는 37억 배럴의 석유매장량을 보유한 세계 27위 국가로, 전 세계 매장량 1조 3,000억 배럴의 0.2%를 차지하고 있다. 석유생산량은 80만 배럴/일로 전 세계 생산량의 1.1%로 세계 20위이다. 전체 생산의 89%가 인도네시아석유공사(Pertamina)와 외국회사 간 생산량 분할계약으로 생산되며, 11%는 Pertamina가 독자 생산하고 있다. 인도네시아는 2014년 기준 생산 80만 배럴, 소비 130만 배럴로 2004년부터 석유 순수입국이 되었으며 2008년 OPEC을 탈퇴하였다가 2015년 OPEC에 재가입하였다. 인도네시아의 석유생산 분야는 외국인투자 감소와 석유탐사 및 광구시설의 노후화로 인해 1993년 이후 생산량이 지속적으로 하락하고 있다. 한편 천연가스 매장량은 103조 cf(cubic feet)로 세계 10위인데 이는 전 세계 매장량 6,534조 cf의 1.6%를 차지한다.

인도네시아의 천연가스 생산량은 72억 cf/일로 세계 10위이다. 신규 가스전 발견으로 매장량이 증가하고 있고, 석유에 비해 상대적으로 생산량은 지속적으로 유지되고 있다.

인도네시아는 주요 광물자원이 풍부하게 매장된 나라로, 생산량 기준으로 석탄(세계 5위), 주석(2위), 니켈(2위), 동(11위), 금(8위), 수출량 기준으로 석탄(세계 1위), 주석(1위), 니켈(3위), 동(6위)을 기록하고 있다. 2009년 신광업법이 제정되어 2014년부터는 인도네시아 국내에서 원광석을 정제한 이후 수출하게 하는 원광석 수출금지 제도를 운영하고 있다. 인도네시아는 국토의 65%가 산림(124만㎢)인 세계 2위 열대산림자원 보유국이며, 일부 종족림을 제외한 전 산림이 국유림으로 국영공사가 관리한다. 칼리만탄, 수마트라, 자바섬의 산림은 많이 벌채되었거나 진행 중에 있고, 파푸아주의 산림 대부분은 미개발 상태이다. 인도네시아는 동남아 최대 목재산업국으로 400만 명의 고용인력과 전체 수출액의 15%를 점유하고 있다. 인도네시아의 연간 임목생장량(수목이 일정기간 동안 생장하는 양)은 수종과 지역에 따라 차이가 있지만 ha당 10~20㎥으로 경쟁력이 매우 높다. 인도네시아정부는 산림자원보전을 위해 2011년 천연림과 이탄지의 신규 개발을 2년간 중지하는 '산림개발모라토리엄'을 공포했고, 이를 연장하여 2016년 천연림과 이탄지 개발을 제한했다. 2015년 극심한 엘니뇨현상으로 수마트라와 칼리만탄 지역 이탄지에서 대형 산불과 연무가 빈번하게 발생하자 인도네시아정부는 2016년 훼손된 300만 ha 이탄지 중 5년 내 200만 ha의 이탄지를 체계적으로 복원하기 위한 이탄지복원청(Peat Land Restoration Agency)을 설치했다.

인도네시아의 정보통신기술(ICT)산업 규모는 2017년 기준 GDP의 3.8% 수준이며, 매년 10% 이상 높은 성장세를 보이고 있다. 2006년 3G

서비스 개시 이후 2015년 하반기부터 4G LTE 서비스를 개시했다. 인도네시아 유선전화 가입자는 100명당 8.8명 수준이나 무선전화 가입자는 100명당 132.4명에 이르며, 가구 인터넷 접속률은 38.4% 수준이다. 유선가입자는 감소하는 반면, 무선가입자는 지속적으로 증가하는 추세로, 스마트폰 사용자의 꾸준한 증가, 급증하는 데이터 사용량, 4G LTE서비스 개시 등으로 관련 시장의 지속적인 성장이 예상된다. 정부의 광대역 통신망 구축, 통신업체의 서비스 확대, 인터넷 보급률 증가 등으로 유·무선 송수신 장비 등 관련 분야 수요도 지속적으로 증가하고 있다. 인터넷 보급 확대와 속도 향상으로 e-commerce(상거래), e-learning(교육), e-health(보건), e-government(전자정부) 등 분야가 성장하고 있다. 페이스북 및 트위터 이용자는 세계 3~5위권 수준을 유지할 정도로 많다. 젊은 중산층 중심의 ICT기기 활용 확산과 소득 증대에 따른 ICT 기기 구매 증가로 새로운 통신서비스 개발이 지속될 전망이다.

인도네시아의 인프라 경쟁력은 세계경제포럼(WEF: World Economic Forum) 조사대상 138개 국가 중 60위로 아시아 주요 경쟁 국가인 말레이시아(24위), 태국(49위)보다 낮다 (베트남 79위, 필리핀 95위). 세계경제포럼의 "2016~2017년 국제경쟁력 보고서"에 따르면 인도네시아의 인프라 순위는 78위(2012) → 61위(2013) → 56위(2014) → 62위(2015) → 60위(2016)를 보였다. 인도네시아경제의 근본 문제는 열악한 인프라 사정이다. 열악한 인프라 문제는 섬 간의 연결성을 떨어뜨리고, 경제발전을 제약하고 있다. 도로, 철도, 항만 등 열악한 인프라로 인한 물류비 상승은 인도네시아경제의 구조적 약점으로 작용한다. 열악한 인프라 사정은 그대로 기업 경쟁력 약화로 이어지고, 산업구조 고도화의 성패는 결국 인프라 확충 여부에 달려있다. 선진국의 7~10%와 비교해 인도네시아기업은 제품 가격의 27%를 물류비용으로 지불하고 있는데 이로 인해 인도네시아의 인프라는 기업 활동의 최대 장애로 평가된다. 열악한 인프라는 자원수출과 연관된 제조업의 원가상승, 물가상승, 임금 상승으로 이어진다. 인프라 건설은 인도네시아정부의 최대 과제이다.

2014년 10월 조코위(Joko Widodo)정부의 출범 이후 해양중심국가 건설 및 지역 간 균형발전을 정책기조로 하면서 인프라 확충 정책을 적극 추진하고 있다. 조코위정부의 정책 방향을 반영하여 5.5천조 루피아 규모(약4,100억 달러)의 2015~2019년 '중기국가개발계획'을 발표했고, 부처별로 도로, 철도, 항만 등 세부계획을 수립하여 집행하고 있다. 조코위 대통령은 임기 내에 2,000km의 도로를 건설하고, 4,000km의 지역도로를 국도로 전환하여 2020년까지 국도 총연장을 6,000km까지 확대하는 계획과 2019년까지 5년간 자바섬 외 지역 철도개발에 총 111.1조 루피아를 투자하는 계획을 수립했다. 조코위 대통령은 2,168km의 '트랜스 수마트라 철도(51.7억 불 규모)'를 철도개발의 첫 번째 사업으로 지목하고 지방정부에 토지수용시간 단축을 요구했다. 물류비 절감을 위한 24개 국가 항만개발 계획을 수립하고 2015년 4개 항만에 대한 개발에 착수했으며, 해양 강국 건설을 위해 5년 동안 574억 달러(699조 루피아)를 투자해 인도네시아군도를 바닷길로 연결하는 해양고속도로 프로젝트를 추진하고 있다. 인도네시아는 쌀, 설탕, 콩, 옥수수 등과 같은 농산품이 풍부한 나라임에도 많은 양을 아직도 수입에 의존하고 있다. 조코위정부의 중장기 발전전략은 식량자주권 확보와 해양중심국가 건설에 맞춰져 있지만, 일상화된 부패와 비능률적인 관료주의 극복은 조코위정부가 풀어야 할 또 다른 오랜 과제이다.

말레이시아

말레이시아는 원유와 천연가스, 팜유, 주석, 천연고무 등 천연자원이 풍부한 나라이다. 팜유생산은 세계 2위이고, 천연고무(3위), 주석(10위), 원유(25위), 천연가스(14위) 등에 기반하여 국가재정 수입의 상당부분을 차지한다. 1980년대 초 이후 한국과 일본의 경제발전을 본받고자 '동방정책(Look East Policy)'을 기치로 하여 전기전자, 자동차, 석유화학, 철강 분야의 외국인투자 유치와 제조업 육성 정책을 실시하였고, 그 결과 반도체, 노트북, 전자부품, 가전제품 분야의 글로벌 기업의 투자를 유치하는 데 성공하여 전기전자 등 제조업 성장 기반을 마련하였으며, 특히 전기전자 제품은 말레이시아의 최대 수출 상품으로 부상했다. 최근 중국·인도 등 신흥시장국이 급속히 발전하여 국가경쟁력이 저하되자, IT·BT(생명공학) 등 지식기술 집약 산업과 할랄을 기반으로 한 이슬람 금융, 관광 등 서비스업 분야 육성을 위해 노력하고 있다.

말레이시아정부는 'Vision 2020'이라는 장기발전 전략과 5년 단위의 말레이시아 중기발전계획을 수립하여 경제발전을 추구하는데, 목표는 1990년부터 30년간 매년 7%의 실질 경제성장률을 달성하여 2020년에는 1990년 실질GDP의 8배를 이룩하여 선진국에 진입한다는 계획이다. 2015년 5월 정부는 2020년 고소득 국가(1인당 GNI 1만 5,000달러 이상) 달성을 목표로 '제11차 말레이시아 계획(2016~2020)'을 추진하고 있다. 2018년 집권한 신정부는 2018년 10월 제11차 말레이시아 계획의 성과를 점검하고, 향후 정책 방향에 대한 우선순위 및 중점 과제를 재설정하였다. 현 정부는 그간 전반적인 사회경제적 발전에도 불구, 이전 정부에서 추진된 정책들이 사회계층·지역 간 불균형을 초래했고, 생산성 향상보다는 생산요소 투입형 경제성장 구조를 지속하여 경제구조 개혁이 부진했던 점을 문제점으로 지적했다. 따라서 2018~2020년 중 경제가 보다 포용적이고 지속가능한 성장 경로를 밟아갈 수 있도록 사회계층·지역 간 불균형을 완화하고 질적 성장을 추구하고, 향후 경제정책은 절차적으로 보다 투명하고 재정적으로 지속가능하며 말레이시아 국민에게 도움이 되는 방향으로 추진하겠다고 밝혔다. 경제성장 달성 목표를 하향 조정하여 2018~2020년 중 민간부문 주도로 연 4.5~5.5% 성장으로 설정하고, 2020년 1인당 국민총소득(GNI) 목표도 4만 7,720링깃(1만 1,695달러)으로 낮췄다. 당초 2020년 균형재정 달성에서 재정적자 규모도 GDP의 3% 이내, 물가상승률은 2~3%, 실업률은 3.5% 이하로 유지하는 것으로 수정했다.

말레이시아정부는 종족 간 균형발전 정책을 추진하고 있다. 전체 인구의 약 22%인 중국계가 대부분의 상권을 장악하고 있고, 동남아 화인 및 중국·대만과의 비즈니스 네트워크가 강력한 상황에서 말레이시아정부는 종족 간 부의 편중문제 해결을 위해 국민의 다수를 차지하는 말레이계를 우대하는 부미푸트라(bumiputra) 정책을 실시하고 있으며, 지역발전 정책은 쿠알라룸푸르·슬랑고르 주 등 클랑밸리(Klang Valley) 중심의 경제 집중을 완화하고 낙후 지역을 발전시키기 위한 지역균형발전 정책을 추진하기로 했다.

말레이시아정부는 아세안경제공동체 결성과 동아시아 경제협력 강화에 주력하여 수출시장을 개척하고, 투자유치 및 경제협력 지원 확보 등을 위해 주요 교역국과 FTA 체결에도 적극적이어서 일본과 양자 FTA를 체결하였으며, 한국, 중국과는 아세안 차원에서 FTA를 체결했다. 환태평양파트너십(CPTPP: Comprehensive and Progressive Trans-Pacific Partnership) 회원국으로서 역내포괄적경제파트너십(RCEP: Regional Comprehensive Economic Partnership) 협상 등 다자 차원의 무역자유화 논의에도 적극 참여하고 있다. 말레이시아는 이슬람 국가와의 밀접한 관계를 이용하여 이슬람 국가와의 경제협력을 대폭 강화하고 있으며 이슬람금융, 중동 건설시장 진출 등을 적극 추진하고 있다.

　말레이시아경제는 2017년 이후 글로벌 경기 회복, 민간부문의 소비 및 투자 확대 등에 힘입어 성장세를 보이고 있으며, 2018년에도 민간부문을 중심으로 견고한 성장을 지속하였으나 광업 및 농업 부문의 일시적 생산 둔화, 공공투자 부진 등의 영향으로 성장률이 전년에 비해 다소 둔화되었다. 경제성장률은 2016년 4.2%, 2017년 5.9%, 2018년 4.7%를 기록했다. 링깃화 가치는 2017년 이후 무역수지 흑자가 확대되고, 글로벌 투자 자금 유입 등으로 강세를 보이다가 2018년 2/4분기 이후 외국인 증권투자 자금 이탈과 글로벌 달러화 강세 기조 등으로 약세로 전환하였다. 2016년 말 4.486RM/달러, 2017년 말 4.062, 2018년 12월 말 4.139를 보였다. 물가는 낮은 수준을 유지하다 2017년 이후 유가 및 원자재 가격 상승 등으로 상승폭이 확대되는 모습을 보였으나, 2018년 이후 기저효과, 국내 유류가격 동결, 정부의 물품용역세(GST) 폐지 등의 영향으로 상승폭이 상당폭 축소되었다. 2016년 2.1%, 2017년 3.7%, 2018년 상반기 1.5%, 3/4분기 0.5%를 보였다. 고용시장은 신규 노동 공급 규모와 경제성장에 따른 고용이 확대되면서 대체로 3.4%수준의 안정세를 유지하고 있다.

　말레이시아중앙은행은 금융부문 마스터플랜을 10년 단위로 추진하고 있는데, 2001~2010년에 이어 2011년부터 정부의 고부가가치, 고소득 경제 전환 정책을 뒷받침하기 위해 '금융청사진(Financial Blueprint) 2011~2020'을 수립하여 시행 중이다. 금융청사진의 주요 목표는 효과적 금융 중개, 금융시장 심화, 금융 포용 강화, 지역·국제금융 통합 강화, 이슬람금융 국제화, 지배구조·위험관리기법 향상, 전자결제 통한 경제 효율성 증대, 소비자 역량강화, 금융부문 인재 개발 등으로 설정하여 실행하고 있다.

말레이시아의 이슬람금융은 상당히 성장하고 있는 것으로 보인다. 말레이시아는 1960년대부터 정부 주도로 세제 혜택을 부여하는 등 이슬람금융 우대 정책을 통해 이슬람금융을 적극적으로 발전시켜 오고 있으며, 현재 이슬람금융 이용 및 기법이 가장 발달한 국가로 평가받는다. 이슬람금융의 기본 원칙인 샤리아를 여타 중동 국가에 비해 유연하게 적용하여 다양한 상품을 개발하였다. 샤리아 6대 원칙은 이자 수수 금지, 수익·손실의 공동부담, 불확실성 금지, 투기·도박적 요소 거래 금지, 샤리아에서 금지하는 도덕·사회·종교적 금지 행위 불허, 자금의 저장 금지 등이다. 2013년 '이슬람금융법 2013(The Islamic Financial Services Act 2013)'을 도입하는 등 이슬람금융을 체계적으로 발전시키기 위한 제도 정비 노력을 지속저으로 추진하여 밀레이시아 금융시장에서 이슬람 은행 및 보험의 시장 점유율이 계속 확대되고 있으며, 이슬람 채권인 수쿡(sukuk)은 말레이시아 채권시장의 60% 가까이 차지하게 되었다.

말레이시아의 2017년 총교역액은 약 4,132억 달러, 수출 2,179.4억 달러, 수입 1,952.4억 달러로 무역수지는 약 227억 달러의 흑자를 기록하였다. 말레이시아의 교역 대상 1위는 중국(16.4%)이며, 그 다음은 싱가포르(12.9%), 미국(8.9%), 일본(7.8%)이고, 한국은 말레이시아의 8위 교역국(3.7%)이다. 주요 수출품은 전자집적회로, 석유제품, 석유가스, 팜유 등이고, 주요 수입품은 전자집적회로, 발광다이오드, 전기전자 부품, 석유제품, 원유, 반도체 장비 등이다. 말레이시아는 전자직접회로(반도체) 기판(wafer)을 수입해 이를 가공한 후 재수출하는 것이 강점이다. 석유 제품 관련 말레이시아는 경유·중유 등 석유 제품을 수출하는 동시에 유사한 석유 제품을 동시에 수입하고 있다.

말레이시아 투자환경은 동남아에서 싱가포르 다음으로 우수하다고 평가되고 있어 다국적기업들이 다수 진출해 있다. 특히 도로, 항만, 전력, 교육 및 영어 능력 등이 매우 양호하다. 각종 투자환경과 국가경쟁력 비교에서는 예전보다 약간 후퇴했지만 동남아지역에서는 상대적으로 여전히 우수하다는 평가를 받는다. 2017년 외국인직접투자(FDI)는 141억 달러로, 제조업(56억 달러), 서비스업(74억 달러) 순이다. 2003년 7월 제조업 분야 외국인 지분 소유 한도를 완전 자유화한 이후 제조업 부문 외국인직접투자 누계가 꾸준히 증가하고 있다. 2017년 대말레이시아 최대 투자국은 중국이며, 다음은 스위스, 싱가포르, 네덜란드, 독일 순이다.

말레이시아경제는 수출 성장세가 지속되고, 민간소비가 활성화되는 등 견조한 성장을 이어갈 전망이나 성장세는 다소 둔화될 가능성이 있다. 정부 부채 관리를 위한 공공투자 축소, 글로벌 무역분쟁 심화 가능성, 시장금리 상승, 글로벌 금융시장 불확실성 등으로 성장세가 축소될 가능성이 커지고 있기 때문이다. 원유, 가스, 팜오일, 주석, 목재 등 자원이 풍부한 말레이시아는 다국적기업의 투자를 통한 수출주도형 공업화를 달성하고 세계적인 반도체 가공기지 역할을 하고 있지만 제조업의 낮은 생산성 상승률로 타국에 비해 경쟁력이 하락하고, 산업구조에서 제조업 부문과 수출의 역할이 감소하며 서비스산업이 성장을 지탱하고 있다.

싱가포르

싱가포르는 동남아에서 제일 부자인 나라이자 세계에서도 부자 나라로 평가된다. 2017년 세계은행이 발표한 구매력평가(PPP) 기준 1인당 국민총소득(GNI)이 9만 570달러로 세계 3위 (1위 카타르 12만 8,060달러, 2위 마카오 9만 6,570달러, 4위 브루나이 8만 3,760달러, 31위 한국 3만 8,260달러)이다. 싱가포르는 국토가 좁고 부존자원이 거의 전무한 여건을 극복하기 위해 정부 주도로 대외개방형 경제를 추구함으로써 세계적인 비즈니스 중심지로 발전하였다. 1970년대에 외자를 이용한 수출주도형 공업화를 추진하여 높은 성장을 이룩하였으나 1980년대에 들어 경쟁력이 약화되면서 전자·기계·제약 등 고부가가치 산업으로의 구조조정을 추진하였다. 또한 제조업과 금융, 물류, 통신 등 제반 서비스가 통합된 국제적 비즈니스 도시가 될 수 있도록 제조업과 서비스업의 공동 발전 전략을 추진했다. 1997년 동아시아 금융위기 이후 장기적인 성장을 위해 정부가 적극적으로 지식기반 위주의 경제구조 전환을 추진하여 미래산업 개척 전략을 마련하였다. 특히 MICE 산업(회의[Meeting], 포상관광[Incentives], 컨벤션[Convention], 전시회[Exhibition]의 축약어) 및 교육, 의료분야에서의 허브를 추진하고, 카지노 개장을 포함한 복합리조트를 건설하는 등 관광산업 육성에도 노력하고 있다.

싱가포르경제의 특징은 무역자유화와 외자유치를 통한 세계적 비즈니스 센터 역할을 지향하는 것인데, 중개무역항이라는 입지 조건을 최대한 활용하기 위해 무역자유화에 나서는 한편 외국인투자 유치를 위해 지속적인 투자환경 개선과 인센티브를 제공했다. 싱가포르의 무역액은 GDP의 약 2.2배(2017년)로, 40% 이상이 중개무역이며 주류, 유류, 담배 등 일부 품목을 제외한 모든 물품이 무관세로 거래되며 세계적인 교통, 물류, 금융, 원유 거래의 중심지 역할을 하고 있다. 싱가포르항은 총 7개 컨테이너 터미널과 57개 선석으로 구성되어 있는 세계 최대의 컨테이너 항구 중 하나로 세계 환적량의 1/7 이상을 처리하고 있다. 2017년 3,335만 TEU의 컨테이너를 처리(세계 2위)했는데, 투아스(Tuas) 신항구 완공 시 연간 6,500만 TEU의 컨테이너 처리로 세계 1위로 도약할 것으로 전망된다. 창이공항은 100여개 항공사가 주 6,700회의 정기항 공편을 운항하여 80개국, 320여개 도시를 연결하는 세계적인 항공 허 브이다. 2017년 승객 6,222만 명(세계 18위), 국제화물 212만 톤(세계 7위)을 처리했다.

싱가포르는 외환거래 및 자산운용 분야에서도 두각을 나타내면서 국 제금융 중심지로 부상했다. 런던, 뉴욕, 홍콩에 이은 세계 4위의 외환 시장으로, 2017년 119개 외국은행이 소재하며 자산운용 규모는 2.7조 싱가포르달러(2.01조 미국달러, 2016년 말)내외이다. 뉴욕, 런던에 이 은 세계 3대 원유 거래시장이기도 하다. 세계 최대의 선박용 석유 거래 시장이며 아시아 최대의 석유제품 공급센터 역할을 하고 있다. Shell, Esso, Caltex, BP, Mobil 등 세계 메이저 석유회사가 싱가포르에 진출 해 있다. 2017년 싱가포르 인구의 약 3배인 1,742만 명의 관광객이 방 문하는 관광대국으로, 적극적인 관광객 유치 및 연중 각종 국제회의, 전 시·박람회를 개최하고 있고, 의료허브 및 교육허브 육성 정책을 통해 외국인 유치를 도모하고 있다.

싱가포르경제는 서비스 중심의 산업구조이지만 제조업 비중도 18% 수준에 이른다. 서비스업이 GDP의 66.8%로 산업의 주종을 이루며, 그 외 제조업 18%, 건설업 4% 등으로 농림·어업·광업은 거의 전무하다. 서비스 산업은 싱가포르경제의 중심이며 싱가포르정부는 인프라 확충, 자유화 조치 및 인센티브 제공 등 지속적으로 서비스 산업을 지원하고 있다. 제조업은 다국적기업의 유치 및 국내 기업과의 연계강화, 다국적 기업의 판매망 이용 등을 통해 발전하였다. 전기전자와 석유화학 중심이 었으나 최근 바이오허브 육성에 중점을 두면서 생의학 비중이 확대되고 있다. 국영기업과 다국적기업이 경제의 중추적 기능을 수행하는데, 정부

투자회사인 테마섹 홀딩스가 주요 기간산업(항만-PSA, 통신-SingTel, 항공-싱가포르항공, 금융-DBS, 방송-MediaCorp)의 최대 주주이며, 순수민간기업의 역할은 상대적으로 미약하다. 이들 기업이 많은 자회사들을 거느리고 있어 정부연관기업이 1,000여개 이상이다. 그러나 정부연관기업 등도 시장경제원리에 의해 전문경영인이 경영하며 경제발전의 견인차 역할을 하고 있다. 외국 자본, 기술, 고급인력의 유입 정책으로 9,000여 개 이상의 다국적기업이 진출하면서 GDP의 40% 이상이 외국기업 및 외국인으로부터 발생하고 총투자의 약 90%가 외국인투자로 구성되어 있다.

싱가포르경제는 2008년 글로벌 금융위기 영향으로 2009년 성장률이 −0.6%를 기록한 이후 정부의 재정정책과 세계경제의 회복추세에 힘입어 2010~2013년 중 대체로 높은 성장세를 시현하였고, 2014년 이후 세계경제 성장률 둔화의 영향으로 경제성장률이 크게 떨어지면서 2015년과 2016년에는 2%대의 저성장을 기록했다. 2017년 들어 세계경제회복에 따라 반도체 중심의 제조업, 금융 및 서비스업이 경제회복을 견인하면서 3.6%의 성장률을 기록했다. GDP는 2011년 2,759억 달러, 2012년 2,907억 달러, 2013년 3,045억 달러, 2014년 3,115억 달러, 2015년 3,041억 달러, 2016년 3,098억 달러, 2017년 3,240억 달러를 기록했고, 1인당 GDP는 2011년 4만 6,570달러에서 2015년 5만 4,941달러, 2016년 5만 5,243달러, 2017년 5만 7,722달러로 상승했다. 실업률은 연평균 2%수준을 유지하고 있으며, 물가상승률은 2012년 2.8%에서 2015년 −0.5%, 2016년 −0.5%, 2017년 0.6%의 안정된 수준을 유지하고 있다. 평균환율은 달러당 1.35싱가포르달러 수준을 안정적으로 유지하고 있다. 2017년 수출은 3,730억 달러, 수입은 3,274억 달러로 총교역규모는 7,000억 달러를 넘어섰다. 무역수지 흑자를 견지하고 있으며, 경상수지는 평균 550~600억 달러 흑자를 유지하고 있다. 생산부문에서 제조업(10.1%)이 반도체 경기 호황에 따라 매우 높은 성장률을 보이고 서비스업(1.4% → 2.8%)의 성장률도 2배 확대된 반면 건설업(1.9% → −8.4%)은 크게 부진해졌다.

2018년 경제성장률은 2017년보다 감소한 2.5%를 소폭 웃도는 수준으로 안정적인 성장세를 보였다. 싱가포르경제가 글로벌 경제회복과 함께 안정적 성장세를 이어가고 물가상승압력이 높아질 것으로 예상됨에 따라 그동안 경기부양에 초점을 맞춰온 거시경제정책도 경기부양보다는 안정적 경제성장에 보다 중점을 두고 있다. 통화정책 측면에서 싱가포르정부는 경제 성장세 지속 속에서 인플레이션 상승 압력 증대 등을 고려하여 명목실효환율을 그간의 0% 절상률에서 완만하고 점진적인 절상기조로 전환하는 긴축적 통화정책을 시행하고 있다. 재정정책 측면에서 단기적 경기부양보다는 역동적·혁신적 경제개발, 스마트, 그린 및 살기 좋은 도시 건설, 사회안전망 강화, 재정 건전성 확보 등 중장기적 목표에 중점을 두고 정부예산을 운용하고 있다.

한편 싱가포르정부는 반세계화의 확산, 급속한 기술변화, 인구 고령화 등으로 미래경제의 불확성이 커진 점에 대응하여 미래경제위원회를 구성하여 국가경쟁력 제고를 위한 중장기 관점의 향후 10년 경제발전 전략을 수립하여 시행하고 있다. 2017년 발표된 경제발전 전략은 국제적 연계성(international connections)의 심화 및 다양화, 심도있는 기술(deep skills) 습득 및 활용 강화, 기업의 혁신능력 제고 및 대규모화(scale up) 지원, 강력한 디지털 능력(strong digital capabilities) 배양, 역동성·연계성(vibrant and connected) 높은 스마트시티 건설, 산업구조개혁(industry transformation maps) 추진, 혁신과 성장을 위한 경제주체 간 상호 협력 강화 등 7대 전략으로 구성되어있다.

브루나이

브루나이는 2017년 기준 GDP의 54%를 차지하는 풍부한 원유와 천연가스 수출로 인한 안정된 외화 수입과 1967년 이래 싱가포르달러와 1:1 통화 교환 체제를 통해 안정적 경제를 운영하고 있다. 하지만 국가경제의 석유산업 의존도가 과도하게 높고, 임금은 높지만 숙련 노동력이 부족하며, 제조업과 사회간접자본 등 국내 산업기반이 취약한 편이다. 또한 브루나이 상권을 장악하고 있는 5만 명 정도의 화인과 브루나이정부 간의 쌓여있는 불협화음도 구조적인 문제점이다. 제6차 경제개발 5개년 계획(1991~1995년), 제7차 5개년 계획(1996~2000년) 중 산업다각화를 추진하였지만 재원 및 경제정책 수행 능력 부족으로 가시적 성과는 미약했다. 1997년 동아시아 경제위기 및 저유가 추세에 따른 석유 수입 급감으로 국가 재정 및 왕실 자산으로 운영되던 Amedeo사가 2008년 파산하는 등 국고가 손실된 이후 약 10년간 경제개발 관련 투자가 위축되었고, 1%대 경제성장률을 기록하는 등 경제성장이 둔화되었다. 2002년 초 제8차 경제개발계획(2001~2005년)을 본격 추진하여 원유와 가스에 대한 경제 의존도를 낮추고 산업다각화를 위한 노력을 경주했으나 성과는 연평균 2.1%로 미미했다. 2008년 이후 국제유가 상승으로 국가 재정 상태가 개선되면서 주택건설, 도로확충 등 투자 확대를 추진하였으나, 2009년 글로벌 경제위기 여파로 정부의 신규 개발사업이 중단되고 유가가 하락하면서 국내 경기는 위축되고 실업이 증가했다.

2008~2009년 실질GDP가 마이너스 성장(2008년 −1.9%, 2009년 −1.8%)하였고, 국제 원유가 변동에 따라 GDP가 급변하는 상황이었다. 2011~2012년 실질GDP가 증가하였으나(2011년 3.7%, 2012년 0.9%), 2013년은 석유 생산 감소로 마이너스 성장(−2.1%)하였다.

원유·가스 생산량의 지속적인 감소와 국제유가 하락으로 2013~2016년에도 마이너스 성장이 계속되었다. GDP는 2014년 −2.5%(171억 달러), 2015년 −0.4%(129.3억 달러), 2016년 −2.5%(114억 달러), 2017년 1.3%(121.3억 달러), 2018년 2.3%(147억 달러)를 기록하며 저성장 늪에 빠져있다는 인상이 든다. 1인당 GDP는 2013년 4만 4,716달러, 2014년 4만 1,631달러, 2015년 3만 1,047달러, 2016년 2만 6,968달러, 2017년 2만 8,278달러, 2018년 3만 3,824달러를 기록했다. 브루나이 화폐와 연동되어 있는 싱가포르 화폐 가치가 안정되어 있어 안정적 환율이 운영되고 있으며 미 1달러당 1.35브루나이달러가 유지되고 있다. 환율 안정과 브루나이정부의 다양한 보조금 지원으로 물가도 거의 0~1%대에 머물러 있고, 실업률은 6~7%대 선이다. 재정수입에서 원유·가스의 비중이 2011년 91.4%에서 2013년 87%, 2015년 77%로 감소했다.

　브루나이는 석유와 가스 수출로 꾸준히 무역수지는 흑자를 유지하고 있으나 석유·가스의 생산이 감소함에 따라 수출액이 현저히 감소하는 추세에 있다. 브루나이의 주요 수출품인 원유 및 가스는 총수출의 90%를 차지하고 있다. 2017년 기준 주요 수출대상국은 일본, 한국, 말레이시아, 태국, 인도이며, 주요 수입대상국은 중국, 싱가포르, 말레이시아, 미국, 독일이다. 브루나이의 주요 수입품은 기계류, 자동차, 공산품, 식료품, 화학제품 등이다.

　브루나이의 유전 및 가스전 개발 동향을 살펴보면, 2000년대 초 새로 분양된 2개의 육상광구와 2개의 해양광구에 대해 각 광구별로 컨소시엄이 구성되어 현재 탐사 작업이 진행 중이며, 해양광구 2곳(CA1, CA2)은 말레이시아와 경계 분쟁 대상이었으나 2009년 3월 양국 정상간 합의를 통해 브루나이의 소유로 결정되었다. 2010년 육상광구(L, M) 2

곳에 광구별 각 2회 탐사정 시추 작업이 실시되었다. 이전까지 브루나이 유전과 가스전 개발은 Royal Dutch Shell과 Total 등 2개 기업이 주도하여 왔으나, 새로 분양된 4개 광구에는 미국 ConocoPhillips, 폴란드 Kulczyk, 호주 Tap Energy 등의 기업이 참여하고 있다. 브루나이는 2018년 4월 에너지산업부를 신설했으며, 2002년 설립된 국영석유회사 '페트로브루나이(PetroBrunei)'가 유전 및 가스전 개발과 탐사, 규제를 하면서 LNG 생산을 담당하는 Brunei LNG(BLNG)와 원유 생산을 담당하는 Brunei Shell Petroleum(BSP)을 감독 관할하고 있다.

브루나이는 삼림이 전 국토의 85%를 차지하고, 경작지는 5%, 목초지는 0.5%에 불과하며, 2016년 기준, 농·임업 및 수산업 생산은 국내 총생산의 약 1.2%를 차지하고 있다. 2016년 브루나이 GDP 내 농업은 비중은 약 0.6%이며, 그중 쌀 생산은 농업 부문 GDP의 10% 수준에 불과하다. 육류의 경우 닭고기의 상당량은 국내 조달하고 있으나, 소고기 및 양고기는 호주 등 인근 국가에서 수입하고 있으며, 어업은 소규모 연근해 어업이 주종이며 수요의 약 90%를 수입에 의존하고 있다.

2010년대 들어 브루나이정부가 발주한 교량 공사 입찰이 대규모로 진행되었는데, 2012년 8월 석유화학단지(PMB)연결 교량 및 인프라구축 사업에 한국기업 컨소시엄(평화, 삼안, 한국도로공사, 서울시)이 컨설턴트로 선정되어 사업이 진행되었으며, 2018년 5월 종료되었다. 2013년에는 대림건설이 브루나이의 대표 관광지인 수상가옥 마을을 연결하는 총길이 622m의 리파스 대교(Ripas Bridge) 공사를 약 1억 달러에 수주하여 2017년 10월 개통했다. 브루나이 본토와 템부롱(Temburong)지역을 연결하는 총길이 약 30km의 템부롱 교량공사는 14.6억 달러의 브루나이 역사상 가장 큰 규모의 공사로 구간별 입찰에 한국 건설업체가 참여하여 2015년 대림산업이 2구간(5.2억 달러) 및 3

구간 공사(2.1억 달러)를 수주하여 2019년 종료하였다.

　브루나이정부는 국제유가 변동에 따른 재정수지 악화와 부존자원 고갈에 대비하여 에너지산업 의존도를 감소시키고자 현 원유·천연가스 일변도의 경제를 다변화하기 위한 여러 정책을 추진하고 있다. 2015년 말 중소기업센터 및 해외투자유치 위원회 설립, 2016년 비즈니스 환경 개선 운영위원회 설립 등 해외투자 유치 활동을 강화하고 중소기업 육성을 추진하고 있다. 볼키아(Hassanal Bolkiah) 국왕은 2017년 3월 제13차 입법위원회 개회 시정연설에서 2017년도 긴축개정 하의 경제다원화를 계속 추진하고, 외국인투자 유치를 위한 자유무역지구(FTZ) 설치, 중소기업 발전을 위한 중소기업은행 설치, 구직자 관리를 위한 도제 프로그램 도입을 발표했다. 2018년 3월 제14차 입법위원회 개회 연설에서 볼키아 국왕은 재정 균형 및 산업다각화의 중요성을 재강조하고 중점 분야로 농업을 제시하였다.

　2007년 1월 브루나이정부는 2035년까지 1인당 GDP 및 삶의 질을 세계 10위권에 진입시킨다는 국가장기발전계획 '국가비전 2035(Wawasan 2035)'을 제시하고, 이를 실현하기 위해 8개 핵심 분야의 중기전략 정책 수립과 2007년부터 5년간 95억 브루나이달러를 투입하여 연 6% 경제성장률을 달성한다는 '브루나이 장기발전계획'을 발표했다. 국가비전 2035(Wawasan 2035)는 브루나이가 아시아에서 1인당 국민소득이 가장 높은 국가 중 하나이지만 원유 및 가스 등 천연자원에 대한 경제 의존도가 매우 높고, 경제성장률이 인구증가율을 밑돌고 있으며, 공공 분야의 인력 포화 상태로 더 이상 젊은 세대에게 취업 기회를 제공하기 힘든 상황에 처해 있다고 진단하고 있다. 이러한 문제를 해결하기 위해 2035년을 목표로 국가장기발전계획을 설정했으며, 목표는 모든 국민에게 변화하는 환경에 적응하기 위해 필요한 소양교육 제공 및 평생교육을 지원하는 최상의 교육시스템 건설, 사회복지 및 생활환경 향상을 통해 삶의 질 수준을 '유엔 인간개발지수' 기준 세계 10위권 진입, 인구성장률과 같은 수준의 경제성장률 달성을 통해 더욱 폭넓은 취업 기회를 보장하며, 1인당 GDP 세계 10위권 진입으로 설정했다. '국가비전 2035' 계획을 위하여 석유·가스 의존 탈피를 위한 산업다각화, 중소기업 육성, 인프라 개발, 인재 육성 정책을 추진하기로 했다.

필리핀

2000년대 아로요(Gloria Arroyo)정부부터 점차 회복세를 보이던 필리핀경제는 해외근로자 송금, BPO(Business Processing Outsourcing, 회사 업무의 과정을 외부 업체에 맡겨 처리하는 방식) 사업 및 건설경기 호황, 정부의 인프라 부문 지출 증대 등에 힘입어 아키노(Corazon Aquino)정부 평균 6%대의 고성장을 달성했다. 2016년 6월 출범한 두테르테(Rodrigo Duterte)정부는 기존 거시경제 기조를 유지하면서 인프라 투자 확대, 세제개혁, 외국인투자 유치 증대를 위한 정책을 추진하고 있다. 2017년도 필리핀은 강력한 내수와 인프라 중시 정책을 바탕으로 6.7% 성장을 기록하였는데, 이는 아시아 주요 개도국 중 중국(6.9%), 인도(6.8%)에 이어 세 번째로 높은 성장률에 해당한다.

두테르테정부의 경제정책은 거시경제·무역정책기조지속, 조세개혁, 외국인 투자지분 제한완화, GDP 5% 이상 인프라투자 확대, 농업개발, 토지개혁, 보건교육 개선, 과학기술증진, CCT(조건부 현금지급 프로그램)제도 확대, 가족계획 경제 등 10개 항의 사회경제발전전략(Zero to Ten Socioeconomic Agenda)에 기초하고 있으며, 특별히 평화와 치안 안정에 기반한 경제성장, 인프라 투자 확대, 조세 등 제도개혁에 중점을 두고 있다.

필리핀경제에서는 서비스 산업이 GDP 대비 가장 큰 비중을 차지하여 전통적인 성장동력 역할을 하고 있으며, 금융·도소매 유통·부동산 및 외국인투자에 기반한 서비스 수출 중심의 BPO 산업이 서비스 산업에서 큰 비중을 차지한다. 제조업은 자국 기업의 경쟁력이 취약하여 현지 진출 다국적기업이 원재료나 반제품을 가공·제조해 완제품을 수출하는 가공무역 비중이 높다. 소비중심 경제라는 특성이 반영되어 내수 대상 제조업으로서 식품 가공업, 음료산업 등을 중심으로 발전하고 있다. 농업은 코코넛, 바나나, 파인애플 수출이 주를 이루며, 풍부한 강수량과 2모작이 가능한 기후임에도 불구하고, 대지주 중심의 토지제도, 관개시설 부족, 우량종자 미보급 등으로 인해 쌀 자급이 이루어지지 않는 실정이다.

2017년 필리핀의 무역적자는 298억 달러로 이전 2년간의 추이와 대비하여 다소 축소되었다. 2017년 기준 필리핀의 10대 교역국 중 미국과 홍콩에 대해 무역수지 흑자를 보이는 반면 중국과는 99억 달러의 최대 무역수지 적자를 보이고 있다. 한국, 인도네시아, 태국, 대만, 말레이시아, 싱가포르, 일본 등에 대해서도 무역수지 적자를 기록하고 있다. 외국인직접투자는 최근 조세개혁 및 인프라 투자 확대 노력, ASEAN 및 동아시아 국가와의 지리적 인접성, 외국문화에 대한 개방성, 영어 구사 가능한 풍부한 젊은 인력과 인접국 대비 안정된 인건비 상승률 등의 장점이 작용하여 늘어나고 있는 추세지만, 취약한 인프라, 높은 전기료, 헌법에 근거한 외국인 토지소유 금지 및 일정 업종에 대한 외국인 지분 제한 제도, 정권 교체에 따른 정책의 비일관성, 잔존하는 부패 관행 등은 투자 저해 요인으로 지적되고 있다. 특히 필리핀에 대한 외국인직접투자 규모가 여타 아세안 국가에 비해 낮은 이유는 각종 외국기업에 대한 규제가 지목되고 있다. 외국인 토지소유 금지와 아울러 외국인 투자제한 업종이 대표적인 사례이다. 외국인 투자제한 업종 리스트는 2년마다 업데이트 되고 있고 외국인 지분제한은 업종별로 60%에서 0%(지분소유 금지)까지 차등적용하고 있다.

필리핀경제의 특징은 첫째, 해외근로자 송금이 차지하는 비중이 매우 높다는 것이다. 필리핀은 중국, 인도, 멕시코 등과 더불어 세계 4대 해외 인력 송출국 중 하나로 해외근로자(OFW: Overseas Filipino Worker)가 전체 인구의 10%에 이르는 것으로 추산된다. 풍부한 영어 구사 인력, 높은 국내 실업률, 정부의 정책적 지원 등이 주요 배경인데, 송출 대상국이 200여개에 이르며 전체 근로자의 60% 이상이 사우디 아라비아, 아랍에미리트 등 중동지역에 근무하고 있다. 이들 해외근로자의 국내 송금액은 전체 국가 GDP의 8.7%에 육박(2017년 281억 달러)할 정도로 필리핀경제에 미치는 영향이 막대하다. 이는 풍부한 외환보유고를 유지하게 하여 세계적인 경제위기 속에서도 외풍을 차단하고 경제불황에도 국내소비를 촉진시키는 데 기여하고 있다.

둘째, 필리핀은 BPO 산업의 최적 투자지로 부상했다. 필리핀의 풍부한 영어구사 노동력과 저렴한 인건비, 정부의 정책적 지원 등을 바탕으로 2010년 인도를 제치고 '콜센터의 천국'으로 자리매김했다. 필리핀내 총 BPO 기업 수는 1,500여개로 BPO 분야 종사자는 105만 명을 상회하는 것으로 추정된다. 2017년 230억 달러를 기록한 매출액은 수년 내 전체 GDP의 10%에 이를 것으로 예상한다. 시내 중심지 빌딩의 70~80%는 BPO 산업 공간으로 활용되고 있는 것으로 보이며, BPO 근로자들의 24시간 교대 근무 패턴에 따른 심야 요식업과 교통 등 파생산업도 동반 성장하고 있다. 최근에는 콜센터와 정보통신을 접목한 IT-BPO가 새로운 성장산업으로 각광받고 있다.

셋째, 인프라 산업에 대한 투자 확대이다. 아키노정부는 부패척결, 재정적자 축소와 더불어 민관협력(Public-Private Partnership) 사업을 통한 인프라 개발을 추진하였으나 사업추진 속도가 지지부진하여 6년간 사업자 선정단계까지 진행된 사업은 12개에 불과했다. 두테르테정부는 신속한 인프라 사업 진행을 위해 경제부처가 참여하는 협의체를 구성하여 임기내 주요 인프라 프로젝트를 완성하겠다는 목표를 설정하고 2022년까지 GDP의 7.4%까지 인프라 관련 투자를 확대할 계획이다.

필리핀경제의 향후 과제는 높은 경제성장률에도 불구하고 높은 실업률과 서민층의 빈곤문제가 지속되고 있어 포용적 성장을 실현하기에는 아직도 요원하다는 평가를 받고 있다. 2018년 1월 기준 실업률과 불완전 고용률이 각 5.3%, 18%에 이르며, 20%의 이상의 근로자가 비정규직 부문에 고용된 것으로 추산되고 있다. 또한 국내투자보다는 해외근로자 송금액에 힘입은 내수소비 주도의 경제성장 패턴에 대한 한계가 지적된다. 해외근로자 송금액은 대부분 장기적 관점에서의 투자가 아닌 국내소비로 이어지면서 단기적이고 가시적인 경제성장 효과만을 가져오는 한계를 안고 있다. 중동 지역에 60% 이상의 근로자가 파견되어 있어 중동에서 정치, 경제적 변동성이 커질 경우 송출국의 국내정세가 필리핀경제에 영향을 주는 상황이 발생할 수 있다. 부모의 해외근로로 편부편모 가정이 증가하고 해외 파견근로자에 대한 외국인 고용주의 인권유린 등이 사회문제로 계속 등장하고 있다. BPO 산업의 과도한 비중 또한 한계로 지적된다. 외국투자가 대부분인 BPO 산업은 세계경제위기 또는 외국투자기업에 의한 돌발적인 상황에 취약한 구조로, 2016년 트럼프(Donald Turmp) 대통령 취임 이후 자국내 일자리 및 투자 강조로 미국의 BPO 산업에 대한 투자가 영향을 받을 수 있다는 우려가 제기된다. BPO 근로자 소득 역시 대부분 단기성 가계소비로 이어지고 있는 실정이다.

경제성장이 지나치게 정부지출과 소비에 의존하며 전형적인 소비경제의 형태를 띠고 있는 점도 극복해야 할 과제로 지적된다. 필리핀경제가 일부 재벌 가문에 집중되어 있고, 인구의 상당수가 빈곤층이면서 지니계수는 0.43을 기록하여 매우 높은 소득분배 불평도를 보이고 있다. 정치권과 관료조직을 비롯해 아직도 사회 전반에 걸쳐 부정부패가 상존하고 이와 연계된 치안불안 상황은 필리핀경제의 발목을 붙잡는 구조적인 문제로 지적된다.

동남아 화인의 경제력

동남아 경제의 특징 중의 하나로 화인의 경제력을 강조하지 않을 수 없다. 화교는 중국 국적을 갖고 있는 해외 중국인을 말하고, 화인은 중국국적을 갖고 있든 아니든 중국인의 후예라는 정체성을 가지고 해외에 사는 중국인을 통칭한다. 화인은 전세계에 퍼져 살고 있는데, 그 중에서 지리적으로 가깝고 오랜 역사적 배경을 갖는 동남아에 가장 많이 사는데, 약 3,000만 명 이상의 화인이 동남아에 살고 있는 것으로 알려져있다.

화인이 동남아에서 부각되는 이유는 주식시장의 상장기업 시가 총액으로 계산한 표 5.12에서 보는 바와 같이 전체 인구에서 차지하는 비율에 비해 상대적으로 화인이 갖고 있는 부의 비중이 매우 높다는 사실 때문이다. 싱가포르는 중국인이 세운 나라여서 부의 비율이 인구비율과 비슷하지만, 말레이시아는 화인 비율이 29%인 데 반해 말레이시아 전체 주식가치의 69%를 보유하고 있고, 태국은 10%의 화인이 80%의 주식을 차지하고 있다. 인도네시아는 4%의 화인이 73%의 주식을, 필리핀에서도 2%의 화인이 65%의 주식을 갖고 있어 소수의 화인에게 막대한

표 5.12	동남아 화인의 경제력 비중	

국가	화인이 차지하는 인구비율 (%)	화인이 차지하는 민간 부의 비율 (%)
싱가포르	77	81
말레이시아	29	69
태국	10	80
인도네시아	4	73
필리핀	2	65

부가 집중되어 있는 사실을 알 수 있다. 미국의 유대인이 경제를 장악하고 있다면, 동남아에서는 화인들이 소수지만 실질적으로 경제를 좌지우지하는 집단이라고 하겠다.

화인들은 중국의 출신지별로 크게 5대 파벌(5大幫)로 나뉘는데, 광동 출신의 광둥방, 조주출신의 차오저우방, 복건성 출신의 푸지엔방, 객가 출신의 하카방, 해남성출신의 하이난방이 있다. 동남아의 화인들은 출신지별로 주력하는 사업별 특성이 있고, 가족중심적 상업전통을 강하게 유지하면서 끈끈한 화인자본 네트워크로 거미줄처럼 연결되어 있다. "무능한 가족이나 친지의 판단이 유능한 타인의 판단보다 더 믿을만하다"는 화인들의 사고는 가족과 신용관계 중심의 화인사회를 이해하는 핵심개념이다. 화인들은 '화교 삼도(華僑 三刀)', 즉 지연(地緣), 혈연(血緣), 업연(業緣) 등 세 가지 인연으로 끈끈하게 엮여있는 공동체라고 할 수 있다.

화인들이 하고 있는 사업의 특징을 살펴보면, 5대 파벌 중 광둥방은 중국 광동성 광저우와 중산 주강 삼각주지역 출신들이고, 차오저우방은 광동성의 동부지역 출신으로 태국 CP그룹 등 태국의 대기업 대부분이 조주 출신들이다. 푸지엔방은 복건성의 샤먼과 장주 지역 출신으로 싱가포르 홍륭그룹, 말레이시아 겐팅그룹, 필리핀 SM그룹, 루시오 탄 그룹이 있고, 복주지역 출신은 말레이시아 로버트 콱그룹과 인도네시아 살림그룹이 있다. 하카방은 매주지역 출신으로 싱가포르 정치경제에 큰 영향력을 갖고 있다. 각 방은 출신지별 방언으로 인해 지역성이 강하고 이를 바탕으로 한 사업분야와 자본 네트워크를 형성하고 있다. 헨리 시(Henry Sy), 루시오 탄(Lucio Tan), 조지 티(George Ty) 유첸코(Alfonso Yuchengco) 등은 타이판(Tai-pan, 大班)이라 불리는 필리핀의 대표적인 중국인 부호들이다. 이들은 농축산품, 음료, 부동산, 금융, 호텔, 도소매업 등 필리핀의 전 경제에 포진하고 있다. 필리핀의 대표적 화인기업인 SM그룹의 헨리 시는 1972년부터 SM 몰(Mall)을 시작하여 부동산과 금융업으로 2011년부터 필리핀 최대 부호가 되었다. 그는 몰을 버스, 택시 등 중소도시를 잇는 교통의 허브이자 행징기관과 레저시설을 갖춘 복합쇼핑센터로 발전시켜 필리핀에서 "모든 길은 몰로 통한다"는 말을 만들 정도였다.

화인의 동남아 진출은 오랜 역사를 가지고 있지만 특히 청나라 말기의 어려운 국내 사정으로 인해 19세기말부터 20세기초까지 중국인의 대규모 동남아 이주가 발생했다. 가난과 기근을 피해 이주했던 중국인들은 복건성 출신의 쿽홍풍(Quek Hong Png, 말레이시아 홍륭그룹)과 림고통(Lim Goh Tong, 말레이시아 겐팅그룹), 임소룡(Lim Sioe Liong, 인도네시아 살림그룹) 등이 대표적이다. 1960년대 동남아 국가들의 수입대체산업화 과정에서 수입독점권을 획득한 인도네시아 살림그룹과 하산그룹, 말레이시아의 로버트 콱(Robert Kuok), 태국의 CP 그룹, 필리핀의 코후앙코(Cojuangco)와 루시오 탄 그룹 등이 비약적으로 성장했다. 화인 기업들은 일본자동차 조립과 같은 내수형 제조업과

제당 및 제분사업에 진출해 더욱 자본력을 키웠다. 수입대체기간 정부로부터 인허가권을 획득한 것은 화인 기업성장의 중요 요소였고, 이로 인해 동남아 정치권력과 화인기업간 정경유착모델이 생겨났다.

동남아 대기업의 소유형태는 첫째, 싱가포르 정부연계기업, 말레이시아 부미푸트라기업과 태국 시암시멘트그룹 같은 국영기업과 공기업이 있고, 둘째, 싱가포르와 말레이시아의 전자산업과 태국의 자동차산업 같은 다국적기업이 있으며, 셋째, 금융, 유통, 부동산, 1차 상품 생산과 가공분야에 있는 화인기업들로 구분된다. 화인기업들은 다국적기업과 제조업 분야에서 합작관계를 형성하고 동남아 경제의 핵심적인 역할을 하고 있다. 2018년 포브스(Forbes)지 선정 세계 부호 중 동남아 화인기업가는 62위 태국 CP그룹의 차런(Charoen, 蘇旭明), 94위 필리핀의 헨리 시(Henry Sy. 施至成), 115위 말레이시아 로버트 곽(Robert Kuok. 郭鶴年), 132위 태국의 다닌(Dhanin. 謝國民), 140위 인도네시아의 부디(Budi. 黃惠忠), 202위 말레이시아의 퀵(Quek. 郭令燦), 324위 위초 여우(Wee. 黃祖耀)가 있다. 참고로 한국의 이건희 삼성회장이 68위, 이재용 삼성 부회장이 239위, 정몽구 현대자동차 회장은 334위이다.

동남아 각국의 정치

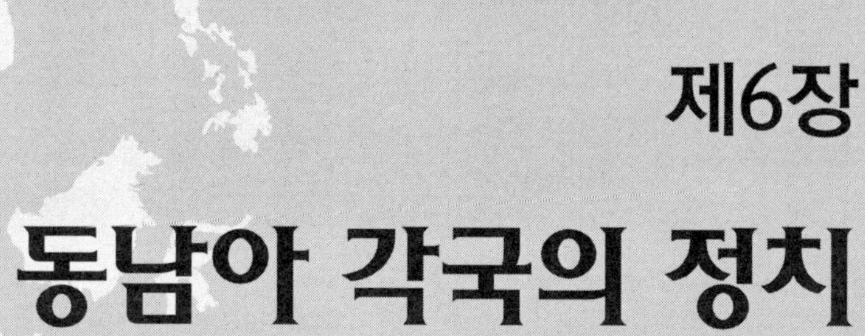

동남아 각국의 비교정치는 그 나라의 국내정치 상황을 설명하는 분야이다. 정치학은 분석수준 차원에서 국내정치를 다루는 비교정치와 국가 간 정치를 다루는 국제정치 영역으로 구분된다. 정치는 권력과 선택의 문제로 요약된다. 사람은 둘 이상만 모이면 반드시 힘의 관계가 형성되고 영향력을 주고받게 된다. 사회적 존재인 인간에게 정치는 필연적으로 발생한다. 권력의 형성과 발동은 정치의 핵심이다. 선택은 다수의 사람들이 모여서 하는 공동의 의사결정을 말한다. 지도자를 선출하고 법을 제정하고 정책을 만드는 것이 다 공동 선택의 영역이다. 다수에게 영향을 미치는 의사결정의 내용, 과정, 결과가 정치의 본질이다. 이렇게 권력과 선택의 문제를 다루는 것이 정치이며 국가의 안에서 일어나는 정치현상을 분석하는 분야가 비교정치이다.

민주주의라는 중요한 정치개념을 가지고 동남아 국가를 비교해 보자. 동남아 국가들의 정치발전 정도, 즉 민주주의의 수준은 나라마다 많은 차이를 보인다. 민주주의 실현은 거스를 수 없는 세계적 추세이자 보편적인 정치체제로 자리 잡았다. 동남아에는 정치체제부터 정치문화에 이르기까지 매우 다양한 나라들이 있다. 브루나이와 태국처럼 군주제 문화가 강한 나라부터 베트남과 라오스처럼 공산당 일당지배를 하고 있는 나라가 있다. 필리핀과 미얀마, 인도네시아처럼 대통령제를 가진 나라부터 말레이시아와 캄보디아, 싱가포르같이 의원내각제를 가지고 있는 나라까지 폭 넓게 분포한다. 1998년 수하르토체제에서 벗어나 문민정권 아래 민주화를 진전시키고 있는 나라로 평가받는 인도네시아가 있는 반면 독립 이후 한 번도 정권이 바뀐 적이 없는 싱가포르가 있다. 최근의 정치개혁에도 불구하고 여전히 군부의 영향력이 강한 미얀마가 있으며 태국은 2006년 쿠데타 이후 군부의 정치개입이 일상화되어 버렸다. 아시아 민주화의 물결을 제일 먼저 일으켰던 필리핀은 정체된 민주주의라는 평가를 받고 있고 캄보디아는 1인독재의 모습을 드리우고 있다. 민주주의의 실현을 위해서는 공정하고 자유로운 선거의 실시뿐 아니라 국민의 정치참여와 관련된 기본권이 보장되고, 성숙하게 행동하는 시민사회와 효율적으로 운영되는 국가가 있어야 한다. 이러한 관점에서 동남아 나라들의 국내정치는 아직 온전한 민주주의로 평가받기에는 부족한 것이 사실이다 (서경교 외, 2001; 박은홍, 2008; Bertrand, 2013).

1986년 필리핀에서 아시아 민주화의 첫 신호탄이 오르며 1987년 한국의 민주화에 방아쇠 역할을 했다. 1992년 태국의 민주화에 이어 1998년 32년간 집권한 인도네시아 수하르토 대통령의 권위주의체제가 무너지는 민주화의 물결을 맞았다. 그런데 30년이 지난 현재 필리핀의 민주주의 수준은 민주주의체제로서 만족할 만한 것인가? 헌정주의 차원에서 볼 때, 1987년 새롭게 만든 소위 '민주헌법'은 변함없는 지위를 누리고 있지만 이것이 안정적이고 효과적인 헌법운영을 의미하지는 않는다. 1987년 이후 모두 실패하기는 했으나 10여 차례의 군부쿠데타 시도가 있었고 시민들의 반정부 시위도 계속되었다. 필리핀의 경제사회 상황도 다수 국민의 빈곤문제를 여전히 해결하지 못하고 있다. 또한 태국은 역사상 가장 민주적이라고 일컫는 1997년 헌법이 만들어진 후 이에 따라 치러진 2001년 하원선거를 통해 민주정권이 등장했으나 2006년 쿠데타로 붕괴되었고, 2014년에도 쿠데타가 일어났고 2019년 선거로 군부의 정치개입이 제도화된 체제가 들어섰다. 이와는 달리 상대적으로 인도네시아는 안정적인 민주주의체제를 성공적으로 진행하고 있다고 평가받지만 민주주의 질과 심화의 수준은 여전히 충분하다고 평가하기는 어렵다.

영국의 이코노미스트지(EIU)에서 매년 발표하는 민주주의 인덱스(Democracy Index)는 세계 국가를 완전한 민주주의, 결함이 있는 민주주의, 혼종체제, 권위주의체제 등 4개 범주로 분류하고 있다. 2012년 자료에 따르면 세계 167개 국가들 중 완전한 민주주의는 25개, 결함이 있는 민주주의는 54개, 혼종체제는 37개, 권위주의체제는 51개 나라가 있다. 한국은 20위로 완전한 민주주의로 분류되는데, 동남아 나라들을 보면 민주주의이기는 해도 무언가 부족한 수준의 민주주의인 결함이 있는 민주주의에 인도네시아, 태국, 말레이시아, 필리핀이 들어가 있고, 민주주의와 권위주의적 요소가 뒤섞여있는 혼종체제는 싱가포르와 캄보디아, 완전 비민주적인 권위주의체제에는 베트남, 미얀마, 라오스가 포함된다. 브루나이는 조사대상에서 빠져있지만 권위주의체제로 분류하는 게 맞다고 본다. 북한은 세계에서 가장 권위주의적인 나라로 평가된다. 6년간의 변화를 보기위해 2018년 자료와 비교해 보면 한국은 결함이 있는 민주주의로 분류되었고, 선거를 통한 정권교체를 이룬 말레이시아가 52위로 상승하고, 필리핀과 싱가포르가 결함이 있는 민주주의로 평가받았다. 상대적으로 정치적 후퇴를 하고 있는 태국은 혼종체제로, 캄보디아

표 6.1 민주주의 인덱스 (2012년)

완전한 민주주의	결함이 있는 민주주의	혼종체제	권위주의체제
한국(20위)	인도네시아(53위) 태국(58위) 말레이시아(64위) 필리핀(69위)	싱가포르(81위) 캄보디아(100위)	브루나이(자료없음) 베트남(144위) 미얀마(155위) 라오스(156위) 북한(167위)

표 6.2 민주주의 인덱스 (2018년)			
완전한 민주주의	결함이 있는 민주주의	혼종체제	권위주의체제
	한국(21위) 말레이시아(52위) 필리핀(53위) 인도네시아(65위) 싱가포르(66위)	태국(106위)	브루나이(자료없음) 미얀마(118위) 캄보디아(125위) 베트남(139위) 라오스(151위) 북한 (167위)

는 권위주의체제로 하락하였으며, 베트남, 미얀마, 라오스는 약간의 순위 변동만 있을 뿐 여전히 권위주의체제에서 벗어나지 못하고 있다.

　세계 여느 나라와 마찬가지로 동남아 국가들은 저마다의 정치적 문제로 씨름하고 있다. 긍정과 부정, 낙관과 비관을 오가는 시계추 같은 다양한 평가가 있지만 정치가 경제, 사회, 문화를 이끌어 가는 핵심 분야이기 때문에 정치에 대해 자세히 정리해 보는 것이 좋겠다. 동남아 각국의 현대 정치사의 흐름을 따라가면서 각국 정치의 특징을 정치과정과 제도를 중심으로 살펴본다. 동남아 각국의 정치체제가 나타나게 된 역사적인 배경과 중요한 전환점, 주요 사건과 인물의 영향을 연관지어 설명하고자 한다.

태국

미소와 친절의 나라로 알려진 태국은 동남아를 대표하는 문화를 가지고 있는 나라다. 한국전쟁에 군대를 파견해준 우리나라의 오랜 우방이고, 한국인들이 가장 많이 찾는 관광대국이자 한류 유행의 중심국이다. 한반도 2배 반에 달하는 51만㎢의 국토에 7,000만 명의 국민이 살고 있는 태국은 동남아에서 유일하게 식민지배를 받지 않은 자부심을 갖고 있다. 1932년 쿠데타 이후 지금까지 19번의 쿠데타가 발생하여 군부의 정치개입이 일상화되었지만 국왕과 불교, 국민으로 상징되는 국기처럼 태국의 정치문화는 비교적 안정된 모습을 보인다. 그런데 2001년 탁신(Thaksin Shinawatra) 총리가 등장한 이후 태국의 정치지형은 큰 변화를 맞았다. 탁신의 집권은 태국 사회를 근본부터 흔들어 놓는 결과를 낳았다. 왕실을 포함한 보수 기득권세력의 반발을 받던 탁신이 2006년 쿠데타로 축출되고 나서 태국은 정치적 혼란에 빠졌다. 왕실, 관료와 군부, 방콕의 중산층으로 대표되는 보수세력과 탁신 등장 이후 정치참여의 효과를 경험한 도시빈민과 근로자 및 대다수 농민들로 구성된 진보세력 사이에 새로운 대립전선이 형성되었다.

태국의 국명은 타이왕국(Kingdom of Thailand)이고, '자유의 땅'이란 의미를 갖고 있다. 국기는 청, 백, 적의 삼색기로 가운데 청색은 국왕, 백색은 불교(Sangha), 적색은 국민을 상징하며 국왕과 불교와 국민의 삼위일체식 결합을 의미한다. 태국을 상징하는 국왕은 태국국민의 단결과 화합의 구심점으로 상징적 국가원수 이상의 권위를 행사한다. 태국 헌법은 누구도 국가와 불교와 국왕을 위해하면서 자신의 헌법적 권리와 자유를 누릴 수 없다고 규정하고 있다. 태국의 왕권에 대한 불교식 원리에 따르면 왕은 모든 사람들의 집합체로부터 선출되는 것이고, 국민들이 진정으로 의지할 수 있는 보호자로서 올바르게 군림해야 하며 불교의 도덕률에 따라 지배해야 한다. 국왕은 마하싸마타(Mahasammata), 즉 선출된 위대한 사람이나, 라자(Raja) 즉 사람들의 이해를 정의롭게 조정하는 지배자라는 뜻으로 불렸다. 국왕과 불교는 국가적 통합을 상징하고 태국정치체제를 지탱하는 문화적 장치이다.

1932년 군부쿠데타가 처음 발생해 절대왕정을 종식시킨 이래 태국에서는 지금까지 19번의 쿠데타가 발생하고 헌정이 중단되었다. 그럼에도 불구하고 태국이 비교적 정치적 안정을 유지했던 이유는 국왕과 불교에 대한 국민들의 뿌리 깊은 신념에서 비롯된 유대감 때문이다. 국왕이 건재하는 한 권력의 중심은 국왕에게 있지 군부나 독재자의 손에 있지 않다는 믿음이 태국 국민들 마음속에 자리 잡고 있는 것이다. 국왕은 군의 통수권자이자 비난과 고소의 대상이 될 수 없는 지존의 존재이다. 태국은 1980년대부터 중도적 국가개혁과 공동체 강화론을 펼쳤지만 1930년대 이래 유지해온 입헌적 존왕주의(尊王主義)를 넘어서지는 않았다. 국왕을 중심으로 하는 의회제를 유지하면서 법적, 제도적 개혁을 요구하는 운동을 하는 선에서 시민운동도 전개되었다. 국왕은 국가정책에 대한 추후 동의와 총리 임명권을 행사하고, 국왕이 임명하는 18인 이하의 위원으로 구성되는 추밀원(Privy Council)의 보좌를 받는다.

현 태국왕조인 짜크리(Chakri)왕조 제9대(Rama IX) 푸미폰 아둔야뎃(Phra Parmendra Maha Phumiphon Adulyadet Maharaja) 국왕은 1946년 즉위하여 2016년 서거할 때까지 70년간 세계 최장수 재위를 기록했다. 태국의 현대 정치사와 함께 했던 푸미폰 국왕은 전통적인 국왕의 위상뿐 아니라 재능과 인품까지 갖춘 국왕으로서 태국 국민의 절대적인 존경을 받았다. 반복되는 쿠데타와 민주화 시위에 대해 국왕이 보였던 행동은 국왕의 존재가 태국정치에서 차지하는 비중을 충분히 보여주는 것이었다. 재위 이래 한 번의 해외여행도 하지 않고, 농업기술개발에 앞장서며 국민들에게 가까이 다가간 푸미폰 국왕의 자세는 태국인들의 존경을 받지 않을 수 없었다. 그러나 21세기에 들어서서 푸미폰 국왕의 건강이 악화되면서 입원과 퇴원을 반복하며 적절한 정치적 역할을 수행하는 데 한계를 보였다. 2016년 10월 13일 푸미폰 국왕은 서거했고, 12월 1일

와치라롱껀(Maha Vajiralongkorn) 왕세자가 라마 10세로 왕위를 계승하였다.

1932년 첫 쿠데타 이후 입헌군주제로 전환한 태국은 내각책임제와 상하 양원제를 유지하고 있다. 내각수반으로서의 총리는 총리실과 각료회의를 관장하고, 관료제의 실권자이며, 국왕의 이름으로 권력을 행사한다. 태국에서 의회제 선택에 영향을 미친 가장 큰 요인은 국왕제의 존재이다. 국왕제도는 가장 전통적

사진 6.1 푸미폰 아둔야뎃 국왕

이면서도 현재형의 제도이다. 역사적으로 태국은 다른 동남아 국가들에 비해 지속성과 보수성을 특징으로 한다. 그것의 핵심이 국왕과 왕실의 존재이다. 1932년 쿠데타에 의해 절대군주제가 무너졌지만 쿠데타 세력의 보수적 구성과 집권 전략에서 보면 입헌군주와 의회의 병립은 가장 안전한 권력구조이자 정부구성이었다. 국왕이 없는 태국은 문화적으로나 제도적으로 생각하기 힘든 상황이다. 국왕을 정점으로 의회와 내각, 그리고 법원을 통해 국권을 행사한다는 정부구조는 1932년 이래 큰 변화가 없다. 그렇지만 의회제의 내용을 보면 태국은 서구식 의회라기보다 군부통치를 보장해 주는 수단으로 이용되었다. 헌법상 의회는 입법과 행정을 통제하는 권한을 갖는 기구였지만 실질적으로 그러한 권한은 선거와 상관없이 임명되었던 군부 출신의 총리에게 집중되었다. 그러나 군부와 관료들은 의회가 정통성의 원천이라고 생각했기 때문에 형식적이더라도 의회제의 존립에 상당한 의미를 부여했다 (김홍구, 1996).

지속성이 강한 태국의 역사를 살펴보면, 태국문자를 만든 람캄행(Ramkhamhaeng) 대왕(1275~1317년)과 태국문화의 요람으로 불리

는 수코타이(Sukhotai, 1237~1488년)왕국, 태국문화의 꽃으로 불리는 아유타야(Ayuthaya, 1350~1767년)왕국, 버마의 침공으로 몰락한 아유타야왕국을 이어 딱신(Taksin)의 톤부리(Thonburi, 1767~1782년)시대를 거쳐 현재의 짜크리(Chakri, 1782년~)왕국으로 이어지고 있다. 13세기 크메르왕국의 힘이 약화되자 태국인들은 1350년 짜오프라야강 하류에 아유타야왕국을 세웠다. 아유타야는 태국정치의 진정한 출발로 간주된다. 아유타야왕국이 400년간 지속하면서 태국인들은 다양한 문화를 흡수하여 점차 자신들의 독특한 문화로 키워나갔다. 특히 인도식 신왕(神王)개념과 상좌(上座)불교는 아유타야왕국의 정치적 권위를 형성하는 데 큰 영향을 미쳤다. 짜크리왕국은 텅두엉(라마1세, 1782~1809년), 몽꿋(라마4세, 1851~1868년), 쭐라롱껀(라마5세, 1868~1910년) 대왕을 거쳐 1932년 6월 24일 쿠데타로 입헌군주제로 전환되었다. 쿠데타와 군부 실력자들로 유명했던 태국은 1932~1957년까지 피분과 프리디의 시대, 1957~1973년까지 싸릿, 타넘, 프라팟의 시대, 1973~1976년까지 세니와 큭릭 프라못의 짧은 민주화시기, 1976~1992년까지 타닌과 쁘렘의 시대를 거쳤다. 1992년 5월 방콕 민주화 운동의 성공으로 문민정권이 들어서게 된 태국은 선거를 통해 추언(1992~1995년), 반한(1995~1996년), 차왈릿(1996~1997년), 추언(1997~2000년) 총리로 이어졌다.

1997년 태국에서 발생한 외환위기로 대폭적인 IMF 구조조정을 받게 되면서 태국정치도 요동쳤다. 차왈릿 총리에서 추언 총리의 민주당 정부로 교체되었으며 정치세력 간의 갈등으로 오래 지연되던 신헌법이 마침내 제정되었다. 1997년 신헌법은 국민의 강력한 정치개혁 요구를 구체적으로 반영한 민주헌법이었다. 금권선거의 폐해를 제도적으로 방지하기 위해 정당과 선거 개혁에 관한 조항들을 담고 있었는데, 책임 있는 정당정치 실현을 위해 선거구제와 비례대표제를 병행하고, 독립된 선거관리위원회를 설립하여 선거를 중립적으로 감독하는 기능을 부여했다. 상하 양원 모두 직선으로 선출하고, 의원이 내각 각료직에 취임하지 못하도록 하여 행정권과 입법권이 상호 견제와 균형을 이루도록 했다. 정치의 투명성을 강화하고 부패정치를 근절하기 위한 헌법재판소, 행정법원, 인권위원회, 반부패위원회, 감사위원회, 옴부즈맨 제도가 신설되었다 (김홍구, 2008).

1997년 헌법에 따라 탁신이 1998년 창당한 타이락타이(TRT)당이 2001년 선거에서 민주화 이후 최초로 하원의 과반수를 차지하는 대승을 하며 정권을 차지했다. 탁신은 태국 통신사업을 주도한 기업가 출신으로 풍부한 자금과 대중영합주의적 선거 공약 (마을당 100만 바트 개발지원금 지급, 빈민층에 30바트 건강보험금 지급, 농민에게 3년간 부채 유예)을 내걸고 IMF체제로 낙망한 국민들의 마음을 달래며 선서에서 압승을 거두었다.

2001년부터 2005년까지 의회해산 없이 4년 임기를 완전히 채운 탁신은 2005년 선거에서 하원 500개 의석 중 377석(75%)을 차지하는 압도적인 승리를 다시 거뒀다. 이러한 탁신의 거침없는 행보에 불안을 느낀 관료와 군부 등 보수세력은 2006년 탁신이 19억 달러에 이르는 자신과 가족의 보유주식을 역외에서 처분하며 세금을 한 푼도 내지 않자 이를 빌미로 반탁신 운동을 확산시켰고, 끝내 2006년 9월 19일 손티(Sonthi Boonyaratglin) 군사령관이 주도한 쿠데타를 통해 탁신을 실각시켰다.

사진 6.2 탁신 친나왓 전 총리

1932년 이래 18번째이자, 1991년 이후 15년 만에 일어난 쿠데타였다. 다시 군부가 주도하는 국가안보평의회가 권력을 장악하고 군 출신 수라윳(Surayud Chulanont) 총리가 과도정부를 맡았다. 과도정부는 2007년 8월 신헌법을 국민투표를 실시하며 통과시켰다. 투표율은 58%였고 반대는 40%에 달했다. 그만큼 실각한 탁신에 대한 지지가 폭넓게 형성되어 있었던 것이다.

군부가 주도해 만든 2007년 헌법은 1997년 헌법과 비교하면 민주적 요소를 상당히 상실하였다. 선출되던 200석의 상원을 150석으로 축소하고, 절반인 74석은 임명하도록 했다. 임명직 상원 의원은 헌법재판소, 대법원, 행정법원, 선거위원회, 반부패위원회, 옴부즈맨에서 구성되는 패널을 통해 임명하도록 했다. 상원은 자신들을 임명하는 헌법기관의 상당수를 임명하는 권한을 보유했다. 상원은 총리를 비롯한 선출직 정치인을 감독하고 5분의 3의 의결로 탄핵이 가능하도록 했다. 정부와 상원이 돌아가며 권력을 유지하는 체제가 되어버렸다. 선거는 소선거구제에서 중·대 선거구제로 변경되어 다당제 연립정부 출현이 불가피해졌다. 2006년 쿠데타 지도자들과 관련자들에 대한 기소 사면 조항도 포함되었다. 2007년 12월 신헌법에 의한 총선이 실시되었는데 결과는 해산된 타이락타이당을 이어 만들어진 탁신계 팔랑쁘라차촌당(PPP)의 승리였다. 일인일표의 선거를 통해서는 탁신의 인기가 여전함이 입증된 것이었다.

2008년 1월 사막(Samak Sunthorawet) 팔랑쁘라차촌당(PPP) 당수가 총리에 임명되고 6개정당의 연립정부가 구성되었다. 2월 망명 중이던 탁신이 귀국하자 5월부터 반탁신 운동이 재개되었다. 민주주의민중연대(PAD)는 왕실을 상징하는 노란셔츠를 입고 거리로 나와 반정부·반탁신 시위를 주도했다. 사막 퇴진과 의회 해산을 요구하며 총리공관,

정부청사와 수완나품 국제공항까지 점거했다. 2008년 8월 탁신 부부는 재출국했고, 10월 대법원은 탁신의 권력남용 혐의를 인정하고 징역 2년 형을 선고했다. 12월 헌법재판소는 선거운동 부정혐의를 인정하여 집권당인 팔랑쁘라차촌당의 해산을 결정했다. 집권여당이 해산되자 의회는 아피싯(Aphisit Wetchachiwa) 민주당수를 새 총리로 선출하고 민주당을 중심으로 한 5개 정당의 연립정부를 만들었다.

2009년에 들어서자 이번에는 친탁신계의 독재저항민주연합전선 (UDD)이 빨간셔츠를 입고 방콕거리에서 시위를 시작했다. 2009년 3월 UDD는 총리공관을 점거하고 정부청사를 봉쇄하였다. 4월에는 빨간셔츠들의 점거시위로 파타야에서 열릴 예정이던 아세안과 아세안+3 정상회의가 무산되었다. 노란셔츠와 빨간셔츠의 시위와 충돌은 2009년 내내 계속되었다. 2010년 2월 대법원은 권력남용과 부정축재 혐의로 탁신의 재산 766억 바트 중 460억 바트(60%) 몰수형을 내렸다. 2010년 3월 UDD가 아피싯 총리의 퇴진과 의회해산 및 조기총선을 요구하며 시위는 더욱 격화되었다. 4월 아피싯 총리는 방콕지역에 비상사태를 선포하였지만 시위는 계속 확산되었다. 5월 3일 아피싯 총리는 11월 14일 초기총선 실시를 약속하고, 왕정 보호, 경제불평등 해소, 미디어개혁, 시위관련 사건조사, 헌법개정 등 화해를 위한 5개항 로드맵을 제의했다. 5월 10일 아피싯 총리는 UDD 시위대의 철수를 요구하였지만 시위대가 정부의 제안을 거부하자 19일 군을 동원해 강제진압에 나섰다. 군의 시위진압으로 방콕시내에서만 21명이 사망하고 870여명이 부상하는 유혈사태가 발생했다. 빨간셔츠 시위의 주동자를 검거하고 처벌하는 강경조치가 이어지면서 상황은 소강상태에 들어갔다 (Ferrara, 2015).

2011년 3월 11일 아피싯 총리는 의회해산 후 총선 실시를 약속했다. 7월 3일 아피싯 총리의 민주당 대 탁신의 분신이자 PPP당의 후신인 프어타이당(PT)의 대결로 다시 총선이 치러졌다. 탁신의 막내 여동생인 잉락(Yingluck Shinawatra)이 이끈 프어타이당이 480석 중 233석(49.5%)을 차지해 선거를 하면 탁신이 승리한다는 사실을 재확인했다. 8월 잉락이 총리에 취임했다. 2011년 10월 짜오프라야강 범람 등 70년 만의 대홍수를 겪으며 민심은 더욱 분열되었다. 집권한 잉락의 프어타이당은 2012년 들어 망명 중인 탁신의 조정을 받으며 사면과 헌법개정 카드를 꺼내 들었다. 2006년 이래 모든 형사범을 일괄사면하고, 관련 헌법을 개정하자는 것인데 야당과 노란셔츠로부터 탁신의 사면이 목적이라는 강력한 반발에 부딪쳤다. 그럼에도 프어타이당은 2013년 11월 1일 하원에서 포괄적 사면법안을 통과시켰다. 이에 대해 11월 11일 보수세력이 다수인 상원은 사면법안을 부결처리시켰고, 수텝(Suthep Thaugsuban) 전 부총리가 지휘하는 반정부시위대(PDRC)는 정부청사를 점거하는 농성을 벌이기 시작했다. 2014년 1월 PDRC가 방콕 셧다운 시위를 개시하자 잉락정부는 2월 2일 조기총선 실시로 맞받았다. 2월 2일 총선이 실시되었지만 3월 21일 헌법재판소는 총선 무효결정을 내렸다. 잉락 총리는 선거관리위원회와 7월 재총선에 합의했지만 헌법재판소는 5월 7일 잉락 총리의 권한남용 혐의를 인정해 총리직 해임을 결정했다. 정국이 더욱 혼란스럽게 전개되자 군부는 2014년 5월 20일 계엄령을 선포하고, 22일 쁘라윳(Prayut Chan-o-cha) 육군사령관은 19번째 쿠데타를 선언했다. 정국의 안정을 위해 개입했다는 군부는 국가평화질서위원회(NCPO)에 권력을 집중시킨 임시헌법을 통과시켰다.

　NCPO가 만든 2014년 임시헌법은 NCPO에서 선출한 220명의 의원으로 구성된 국가입법회의(NLA)에서 총리를 선출했고, 쁘라윳 사령관은 총리가 되었다. NCPO는 필요하면 입법, 사법, 행정부의 권한을 중지시키는 명령권을 보유하고 군부의 정치개입에 대한 사면 조항도 임시헌법에 넣었다. 2015년 4월 계엄령이 해제되고, 헌법초안위원회(CDC)가 만든 헌법안이 2016년 8월 7일 국민투표에 부쳐졌다. 비민주적 조항이 가득한 헌법안에 대해 언론 비판과 집회가 금지된 가운데 시행된 국민투표는 59%의 투표율에 그쳤고, 찬성 61%, 반대 39%라는 결과로 통과되었다. 신헌법에 따른 총선 일정이 예정되었다가 푸미폰 국왕이 2016년 10월 13일 서거하자 일 년의 애도 기간이 선포되면서 모든 정치일정은 중단되었다. 군사정부는 애도기간이 지나고 2018년 들어 총선 일정을 발표하며 정치의 정상화를 예고했다.

태국의 20번째 2017년 헌법은 총선에 의해 민간에 권력을 이양한 후 5년까지 군부가 정치에 개입하는 것을 명문화하고 있다. 국가위기 발생 시 군사령관, 경찰사령관이 포함되는 국가전략개혁화해위원회(NSRRC)가 행정 및 입법권을 장악한다는 것이다. 2017년 헌법은 1980년대 사용된 1978년 헌법이 개정 복사판과 같다. 1973년부터 이어진 문민정부를 1976년 유혈 쿠데타로 붕괴시킨 크리앙삭(Kriangsak Chamanan) 육군사령관이 만든 1978년 헌법은 총선 결과에 상관없이 비선출직 명망가를 총리로 임명할 수 있는 내용이었고, 1980년대 군 출신인 쁘렘을 총리로 만든 헌법이었다. 2017년 헌법은 이 모델을 그대로 복사하고 있다. 상원은 NCPO가 250명 의원 중 244명을 지명하고 나머지 6석은 군사령관과 육, 해, 공, 경찰사령관 등 군 고위직에 자동 배당된다. 상원은 정부 불신임권을 보유하여 언제든 표결로 하원을 해산시킬 수 있다. 총리 선출은 하원(500명 중 350명 지역구+150명 비례대표 선출)에서 5% 이상의 의석을 차지한 정당에서 비선출직 명망가도 포함된 3명의 후보를 추천받아 하원의 과반수 의결로 결정한다. 만약 하원에서 과반수 의결 선출이 실패하면 상하 양원 합동회의에서 결정한다. 2017년 헌법의 핵심은 군부통치의 제도화를 위해 선출되지 않은 원외 총리와 임명직 상원제를 명문화한 것이다. 이런 일련의 군부 보수세력의 조치에 대해 개헌은 금 간 벽에 벽지를 바른 것에 불과했다.

총선 일정을 미루던 군사정부는 와치라롱껀 국왕의 2019년 5월 대관식 행사를 위해 결국 3월 24일 총선을 실시했다. 원외 총리 선출이라는 정치적 목적을 달성하기 위해 쁘라윳 총리와 군부는 팔랑쁘라차랏당(Palangphracharat)을 창당해 탁신계 정당과 민주당 의원까지 포섭에 나섰다. 선거는 변형된 1인 1표 연동형 비례대표제로 인해 소수 정당에게 유리한 결과가 나타나도록 설계되었다. 탁신계 프어타이당이 과반수에는 미달하는 다수 의석을 차지하더라도 다양한 요인으로 등장한 소수 정당들이 프어타이당을 중심으로 연정을 구성하여 하원에서 총리 선출이 가능할지, 아니면 군부의 팔랑쁘라차랏당으로 소수 정당들이 기울어져 하원의 총리 선출이 무산되고 상하 양원에서 총리가 선출될지가 2019년 태국 총선의 관전 포인트였다. 결과는 군부가 의도한 대로 진행되었다. 선거 결과 하원 의석은 친군부계 정당인 팔랑쁘라차랏당(116), 루엄팔랑쁘라차찻타이당(5), 팔랑텅틴타이당(3), 락쁜빠쁘라텟타이당(2), 팔랑찻타이당(1)과 기타11개 소수 정당(각1석), 반군부계 정당인 프어타이당(136), 아나콧마이당(81), 쎄리루엄타이당(10), 쁘라차찻당(7), 쎗타이낏마이당(6), 프어찻당(5), 팔랑뿌엉촌타이당(1), 그리고 중도정당들은 민주당(53), 품짜이타이당(51), 찻타이팟타나(10), 찻팟타나당(3)으로 결정되었다. 어느 쪽도 하원에서 총리를 선출할 수 없는 상황이 되었고, 총선 후 5월

사진 6.3 마하 와치라롱껀 국왕

24일 국회가 소집되어 상하원 의장이 선출되고, 6월5일 상하 양원회의
에서 쁘라윳을 총리로 선출하였다 (찬성 500표, 야당인 아나콧마이당의
타나턴 244표 획득). 총리 선출권을 확보하려면 최소 상하 양원 과반수
인 376표를 얻어야 하는데 상원은 사실상 군부가 장악하고 있어 군부가

표 6.3 2019년 3월 태국 총선 결과

정당명	득표수	지역구 의석	비례대표 의석	합계
Palang Pracharath 팔랑쁘라차랏	8,441,274	97	19	116
Pheu Thai 프어타이	7,881,066	136	0	136
Future Forward 아나콧마이	6,330,617	31	50	81
Democrat 쁘라차티빳(민주당)	3,959,358	33	20	53
Bhumjaithai 품짜이타이	3,734,459	39	12	51
Seree Ruam Thai 쎄리루엄타이	824,284	0	10	10
Charthaipattana 찻타이팟타나	783,689	6	4	10
Prachachat 쁘라차찻	481,490	6	1	7
New Economics 쎗타이낏마이	486,273	0	6	6
Puea Chat 프어찻	421,412	0	5	5
Action Coalition for Thailand 루엄팔랑쁘라차찻타이	415,585	1	4	5
Chart Pattana 찻팟타나	244,770	1	2	3
Thai Local Power 팔랑텅틴타이	214,189	0	3	3
Thai Forest Conservation 락쓰빠쁘라텟타이	134,816	0	2	2
Thai People Power 팔랑쁘어엉촌타이	80,186	0	1	1
Thai Nation Power 팔랑찻타이	73,421	0	1	1

지지하는 인물이 총리가 되는 데는 전혀 문제가 없었다.

2006년 이후 14년이 지난 지금까지 태국의 정치상황은 제도와 리더십, 시민사회의 총체적 부조리로 인해 민주주의는 위기를 맞고 있다고 생각한다. 총체적 부조리는 첫째, 1997년 헌법과 2007년 헌법, 2014년 임시헌법, 2017년 헌법 등 제도적인 부조리, 둘째, 국왕과 탁신 리더십의 부조리, 셋째, 시민사회의 대립의 부조리, 넷째, 시대착오적 쿠데타 의존, 다섯째 기득권층의 의식 불변을 말한다. 이러한 부조리들이 겹치면서 지금의 태국은 통치하는 자가 선거에서 이길 수 없고, 선거에서 이긴 자는 통치할 수 없는 출구가 막힌 '정치가 없는 정체' 상태가 지속되고 있는 것이다.

1997년 헌법은 민주적이되 강한 정부를 지향했는데 결과는 탁신의 등장이었다. 거대여당을 견제할 만한 야당세력은 약화되었다. 2006년 쿠데타 후 퇴행한 2007년 헌법이 만들어졌는데 모든 정치제도의 핵심인 헌법의 무기력을 낳고 말았다. 헌법기관 사이의 눈치보기와 기관들의 이기주의도 늘어났다. 대법원과 헌법재판소 등 사법부는 보수세력의 기지가 되어 버렸다. 태국은 1932년 입헌혁명 후 지금까지 20차례의 헌법 개정이 있었다. 1932년부터 1992년 5월 민주화운동까지 관료체제 강화를 목적으로 했던 대부분의 태국헌법은 군과 경찰, 민간관료들로 구성되는 임명직 상원의 유지와 선출직 하원의 권한을 약화시키기 위해 개정되었으며 총리직도 대부분 군 출신 인사를 임명하도록 하는 조항이 유지됐다. 1932년부터 60여 년간 태국 의회정치에서 한 가지 특별한 점을 지적한다면 임명직 상원이 군부의 비공식적 정당 역할을 했다는 사실이다. 1997년 신헌법이 제정되기까지 하원은 선출직인 반면 상원은 군과 경찰 및 관료 출신들이 임명되었고 이는 의회 내 집권세력의 통로 역할을 했다.

그런 가운데 1992년 민주화 운동을 거쳐 태국 역사상 가장 민주적이라는 이른바 '국민의 헌법'이 1997년에 만들어졌다. 이 헌법은 직선 총리제와 태국 최초의 국민직선 상원제 도입, 정당과 의회를 중심으로 한 정치체제의 강화 등을 목적으로 했으며 소수정당들의 무분별한 난립과 불안정한 연립정권으로부터 비롯된 정치적 불안정을 불식시키기 위해 여러 제도를 마련했다. 또한 행정부와 입법부를 통제할 수 있는 사법권을 강화시키고 국민의 권익을 보장하기 위한 사법적, 준사법적 기구도 신설했다. 신헌법에 의해 국가인권위원회가 설치되었고 오랜 기간 지속되던 반공법도 폐지되었다. 그러나 입헌군주제의 단일제 국가라는 제도적 기초는 변함없이 유지되었다.

1997년 헌법에 따라 2000년 태국 최초의 선출직 상원의원 선거가 치러졌으며 2001년에는 하원의원 선거가 실시돼 탁신의 타이락타이당이 의회 과반수에 육박한 의석을 차지해 탁신은 안정된 정치상황 속에서 태국 최초로 4년 임기를 성공적으로 마친 총리가 되었다. 2005년 탁신의 2기정권은 권위주의적 행태와 부패, 주식의 역외판매로 저항에 직면하던 중 2006년 9월 군사쿠데타로 붕괴되었다. 군사정권하에서 2007년 헌법이 새로 만들어졌다. 2007년 헌법은 1997년 헌법의 반작용으로 생겨났다. 내용은 쿠데타로 물러난 탁신정권하에서의 선출직 총리의 독선적 정치행태를 지양하기 위해 총리의 권한을 축소시키고, 직접 선출된 정치인들의 부패를 줄이기 위해 의회규모를 축소하여 권한을 약화시켰다. 상원의원 절반을 임명직으로 임명하고 선거제도를 변경하여 특정 지지세력의 영향력을 감소시키고, 사법권을 강화하는 내용을 담았다. 2007년 헌법은 군과 관료의 정치개입을 제도화시켜 1997년 헌법에서 배제되었던 영향력을 다시 확보하려고 했다. 결국 친탁신세력을 견제하며 쿠데타세력과 반탁신세력의 정치적 이해에 부응하기 위한 것이 목적이었다.

1997년 헌법이 제도화에 실패한 주요 원인은 무엇보다도 헌법상 명시되지 않은 현실적인 권력공유를 무시한 데서 찾을 수 있다. 태국은 1980년대 이래 국왕을 중심으로 한 이른바 군주제 네트워크가 작동하고 있는데, 이 네트워크는 군부, 관계, 재계 등 보수세력 동맹으로 형성되며 그 정점에 있는 국왕이 이들의 이해를 대표하고 있다. 2001년과 2005년 선거를 통해 탁신은 의회 과반 의석을 확보한 후 군주제 네트워크 중심의 기득권 권력기반의 위계질서를 뒤흔드는 도전적 리더십을 보여주었다. 결국 군주제 네트워크와의 권력공유를 거부한 탁신은 쿠데타로 정권붕괴를 맞게 되었다 (퐁파이칫, 2010). 1997년 헌법 제도화의 또 다른 실패원인은 책임성 측면에서 정치인들의 고질적인 부패문제이다. 정통성을 갖춘 탁신정권을 붕괴시킨 쿠데타의 명분도 부정부패 문제였다. 사법권의 강화는 바람직한 것이지만 정치적으로 중요한 사건들, 예를 들어, 헌법재판소에 의한 2004년 4월 총선 무효판결, 2007년 5월 제1당인 타이락타이당과 3개 연립정당에 대한 해산판결, 2008년 12월 탁신계열의 팔랑쁘라차촌당(PPP)과 3개 연립정당에 대한 해산 판결, 2014년 3월 총선 무효판결, 2014년 5월 잉락 총리 해임 판결은 기득권세력을 위한 편파적인 판결 시비에서 자유롭지 못하다. 연이은 헌법재판소의 판결들은 군주제 네트워크에 비우호적인 탁신세력을 무력화하기 위해 사법부가 전면에 나섰다는 비판을 받기에 충분했다.

한편 태국정치의 혼란은 너무나 강했다가 쇠약해진 국왕의 리더십과 지나치게 영악한 탁신의 리더십이 충돌하면서 나타난 현상으로 볼 수 있다. 푸미폰 국왕의 건강문제와 후계문제의 발생은 추밀원과 군부 등 왕당파 보수세력을 움직이게 하는 배경이 되었다. 축출된 탁신은 해외에서 지속적으로 반정부 투쟁을 지원하며 계산된 활동을 했다. 푸미폰 국왕 사후 태국의 입헌군주제가 지속될지 아니면 약화된 국왕의 위상으로 인해 공화제로 전환될지 태국정치의 앞날은 예측하기 힘든 상황으로 들어가고 있다. 민주적 제도가 작동할 여유도, 타협하고 협상할 정치력 훈련도 부족한 것이 태국정치의 현실이다. 이렇게 제도와 리더십이 다 같이 부조화를 이루는 가운데 태국 민주주의는 교착상태에 빠져있다. 보수 기득권세력은 대안이 없는 진부함과 정치적 무능력을 보여주고 있다. 태국정치는 새로운 국왕의 승계와 더불어 탁신으로 대표되는 대안세력의 등장으로 인해 서로 각자 이익을 추구하는 복잡한 전략적 선택 게임의 상황으로 진입하였다고 생각한다. 언론과 시민단체의 이중적 태도는 사태를 더욱 악화시키고 있다. 태국 언론은 1997년 헌법 제정 시 정치개혁의 강력한 지지세력이었지만 2006년 탁신 퇴진운동에는 헌정주의를 무시한 가두시위와 집회를 선동했고 일부언론은 군부쿠데타를 적극적으로 동조하기도 했다. 시민사회는 민주주의민중연대(PAD)와 반독재민주주의연합전선(UDD)으로 나뉘어 대립했고, 노란셔츠 대 빨간셔츠 간 색깔의 정치(Color Politics)를 만들어냈다. 탁신을 반대하거나 찬성하는 것으로 분열된 태국 시민사회는 나아가 방콕 중산층 대 농민과 도시빈민 간 계급갈등으로 확산되었다.

태국정치의 특징을 지속과 변화의 두 측면으로 나누어 정리해 본다. 지속적인 측면은 1932년 이래 입헌군주제하의 의원내각제를 실시하고 있다는 점, 서거한 푸미폰 국왕에 대한 국민의 절대적 존경과 왕실의 권위가 존속되고 있다는 점, 1932년 이래 19번의 쿠데타와 군부의 정치개입이 계속되고 있다는 점, 국민의 90%이상이 불교도이고 위계질서에 대한 순응적인 정치문화를 가지고 있다는 점이다. 반면 변화의 측면은 국민소득 6,000달러 수준의 중진국에 도달하면서 소득과 도농 간 불균형 발전과 계층 간 갈등이 증가하고 시민사회가 성장하고 있는 점, 태국판 보수와 진보의 대립, 즉 왕실, 대기업, 관료, 군부 및 방콕 중산층으로 대표되는 보수기득권 세력과 농민, 자영업자, 근로자, 도시빈민으로 대표되는 진보세력이 탁신에 대한 평가로 분열되며 대립의 정치가 부상하였다는 점이다. 이러한 지속과 변화의 측면들이 앞으로의 태국정치를 구성해가는 복합적인 힘으로 작용할 것으로 생각한다.

미얀마

미얀마의 국명은 미얀마연방(the Union of Myanmar)이다. 미얀마는 버마족과 소수종족으로 이뤄진 연방제 국가이다. 1989년 당시 군사정권은 버마에서 미얀마로 국명을 변경하였다. 1988년 8월 8일 이른바 8888 민중항쟁을 유혈 진압한 군부가 인권탄압국이라는 오명을 피하기 위해 일방적으로 국명을 바꿨다. 미얀마는 한반도 3배 크기인 67만㎢의 국토를 갖고 있고, 에야워디강(Irrawaddy River)이 미얀마 북부에서 남부를 관통하여 안다만해로 흘러든다. 미얀마 국토는 지리적으로 양곤 중심의 Lower Burma와 만달레이 중심의 Upper Burma로 나뉜다. 미얀마는 행정적으로 버마족이 거주하는 7개의 도(Divisions)와 7개의 소수종족들이 사는 국경을 따라 있는 7개의 주(States)로 구성되어 있다. 에야워디강을 따라 형성된 7개의 도에는 총인구 5,300만 명 중 약 70%를 차지하는 버마족이 살고 있으며, 7개의 주(State)는 소수종족의 이름을 딴 샨(Shan), 카친(Kachin), 여카잉(Arakan), 친(Chin), 카렌(Karen), 몬(Mon), 카야(Kayah)주가 있다. 미얀마에는 130여개의 소수종족이 있다. 미얀마 문화를 상징하는 버강왕국(Pagan)은 11~13세기까지 번성하였는데 1대 어노여타(Anoratha)왕과 그의 아들 짱싯따

(Kyanzitta)왕이 기초를 놓았다. 버강은 1287년 몽골의 침략으로 멸망하였다.

19세기 들어 영국은 세 차례 버마와 전쟁을 일으켜 1885년 버마를 완전히 식민지화하여 영국령 인도의 행정구역으로 편입시켰다. 영국 식민지에 편입되기 이전까지만 해도 소수종족에 대한 버마족의 지배는 느슨했다. 소수종족들은 그들의 고유 언어와 문화를 유지하였으며 조공을 바치는 정도였다. 그러나 영국의 식민통치하에 놓이면서 공존의 법칙은 흔들리기 시작했다. 영국 식민당국은 다수 종족인 버마족을 견제하기 위해 카렌, 친, 카친족 등 일부 소수종족에게만 군 입대 기회를 주었다. 특히 카렌족은 기독교화되면서 식민군대의 중심 역할을 했다. 이것은 제국주의의 전형적인 분할지배정책이었다. 영국의 분할지배 정책은 종족 간 불신을 키우게 되었고 독립 이후 송족분쟁의 원인이 되었다.

태평양전쟁기간 중 일본 점령 하에 아웅산(Aung San, 1915~1947년)장군에 의한 독립운동이 전개되었다. 독립투쟁과정에서 '아웅산과 30인의 동지'라는 유명한 일화가 생겼다. 1947년 2월 영국과 아웅산은 독립을 위한 빤롱합의(Panlong Agreement)를 체결했다. 미얀마를 연방체제의 국가로 독립시키고 10년 후 소수종족의 희망에 따라 독립과 자치를 허용한다는 내용에 합의했다. 그러나 1947년 7월 14일 아웅산은 다른 파벌에 의해 암살당했고, 1948년 1월 4일 버마연방(The Union of Burma)이 탄생했다.

1948년부터 1962년까지 버마는 영국식 의회민주주의체제로 운영되었다. 1950년대 내내 경제파탄과 내전이 거듭되자 우누(U Nu) 총리는 군사령관이던 네윈(Ne Win)에게 공정한 선거 실시를 위한 거국내각을 구성하도록 요청했다. 이를 네윈이 수락하고 17개월 동안 네윈이 국정을 책임지기도 했다. 버마군부는 아웅산과 30인의 동지의 후광을 업고 독립 이후 정치엘리트의 공급원이자 사회주의세력의 보루로서 영향력을 행사했다. 독립 당시 버마군은 영국 식민군대 출신, 독립의용군, 소수민족 군대 등 다양한 배경을 가진 이질적 집단으로 구성되었다. 따라서 군 내부의 통일성을 확보하는 것이 급선무였다. 여기에다가 우누정부는 소수종족과의 분쟁, 경제침체, 평화에 대한 요구 등과 같은 사안을 제대로 해결하지 못하여 국정관리 능력이 한계에 봉착했다. 강력한 지도력을 행사하고 있던 네윈은 필요악 같은 존재였다. 더군다나 네윈은 아웅산과 함께 '30인의 동지'에 참여한 경력이 있었기 때문에 정치적 정통성도 갖고 있었다.

우익 자유주의성향의 우누정부와 좌익 사회주의성향의 군부는 1960년 선거를 치르기로 타협했다. 1960년 선거에서 우누의 정파가 소수종족집단의 지지를 받아 군부가 지지하는 정파를 누르고 승리함에 따라 우누 세력은 정치적 정당성을 회복했다. 그러나 우누정부에 대해 연방제를 요구하는 소수종족 대표자들의 압력이 거세지고 실제 일부 종족이 분리독립 카드까지 꺼내자 1962년 3월 네윈의 군부는 분열 위기에 놓여 있는 조국을 구한다는 명분을 내걸고 쿠데타를 단행하였다. 우누 총리와 각료들 그리고 의원들은 체포되었고 의회민주주의는 종지부를 찍고, 버마는 끝을 알 수 없는 군사독재의 터널로 들어섰다. 네윈을 의장으로 하는 17명의 혁명평의회가 입법, 사법, 행정의 모든 권력을 독점하였다. 혁명평의회는 1974년 신헌법 제정으로 외양상의 민정 이양을 하기 까지 국가최고기관으로 군에 의한 사회 장악을 확고히 했다. 네윈은 '군의 버마화'를 실현한 사람으로 비옥한 땅 버마를 가난과 억압의 나락으로 떨어뜨린 장본인이 되었다.

1962년 3월 2일 네윈에 의한 쿠데타 이후 버마는 불교와 민족주의, 마르크스주의의 혼합으로서의 '버마식 사회주의'로 전환되었다. 버마사회주의계획당(BSPP: Burmese Socialist Program Party)에 의한 일당지배체제가 1988년까지 이어졌다. 네윈의 혁명평의회는 그들이 만든 버마사회주의계획당 이외의 정당 활동은 일체 금지시켰다. 모든 주요 국가기관이 군부에 의해 장악되었다. 1974년 형식적인 민정이양은 네윈의 군사통치를 정당화하는 수단에 불과했다. 네윈은 혁명평의회를 국가평의회로 바꾸고 자신은 국가평의회 의장이자 버마사회주의공화국의 대통령에 취임했다. 버마는 폐쇄적 경제체제로 인해 세계와 동떨어진 은둔의 나라로 변해갔다. 네윈은 사회주의경제의 건설을 주장하였지만 의사결정과정을 독점한 군부엘리트의 경제계획과 운용의 무능력으로 인해 자원배분은 왜곡되었고, 대외적 고립을 자초하여 필요한 자본과 원자재의 도입도 차단되는 결과를 낳았다. 네윈정권이 실시했던 일부 경제자유화조치도 관료행정기구의 비효율성과 착취적 국가의 성격이 바뀌지 않으면서 한계에 봉착했다. 버마의 주요 수출품이던 곡물과 티크, 광물의 수출가격 하락과 인플레이션의 증가, 외채상환 부담이 늘어가면서 암시장과 밀무역문제가 심각하게 대두되었다.

버마정부는 1985년 11월 가장 널리 유통되던 25짯 지폐의 유통을 무효화하는 통화폐기정책을 단행하며 신규화폐로의 교환조치를 하지 않음으로써 국민들의 불만은 악화되었다. 네윈은 심각한 물자 부족과 암시장의 확산을 막기 위해 1987년 9월 농산물 거래를 일부 자유화했다. 그러나 이 조치는 부유층과 투기꾼의 이익만 보장하였다. 1987년 버마는 외환보유고가 3,000만 달러밖에 안되면서 외채는 35억 달러에 달했다. 같은 해 초 버마는 UN에 외채 조정을 포함하여 최우선 원조혜택을 받을 수 있는 최빈국으로 분류해 줄 것을 요청했고, 12월 UN은 이 요청을 정식으로 받아들였다. 이 사실이 알려지자 국민들의 분노가 끓어오르기 시작했다. 1988년 7월 네윈은 모든 문제에 책임을 지고 퇴진하겠다고 선언했다. 그리고 다당제 도입을 시사했다. 그러나 국민들의 분노는 진정되기는커녕 계속 확산되어 1988년 8월 8일 이른바 '8888 민중항쟁'으로 폭발하였다.

1988년 8월 네윈정권에 반대하는 대규모 민중항쟁이 양곤에서 일어났다. 군부는 무자비하게 탄압했고 9월 19일부터 21일까지 1,000명 이상이 사망했다는 기록이 있다. 시위를 지휘했던 아웅산장군의 유일한 혈육이던 아웅산 수찌(Aung San Suu Kyi) 여사는 8월 26일 처음으로 대중 앞에 등장하여 연설하며 민주화의 상징이 되었다. 아웅산 수찌의 첫 연설은 "지금 우리 앞에는 총체적 위기에 빠진 조국 버마가 있다. 나는 아웅산의 딸로서 지금 일어나고 있는 모든 일들을 외면할 수 없다. 지금의 국가적 위기는 사실상 제2의 독립투쟁이라고 할 수 있다. 조국 버마는 우리에게 새로운 독립을 위해 다시 한 번 투쟁할 것을 요구하고 있다"고 선언했다. 아웅산의 딸이고 영국 옥스포드대학 출신의 엘리트는 영국으로 돌아가라는 군사정부의 회유를 뿌리치고 저항 세력을 결집하는 중심에 섰다. 1988년 9월 24일 반정부 운동세력인 민주주의민족동맹(NLD: National League for Democracy)을 결성했다. 군부는 수찌 여사를 가택연금하였고, 그 후 26년간 연금 상태는 지속되었다.

사진 6.4 아웅산 수찌

1988년 9월 18일 네윈을 이어 육군참모총장 소몽(Saw Mong)장군을 의장으로, 탄쉐(Than Shwe)를 부의장으로 하는 국가법질서회복평의회(SLORC: State Law and Order Restoration Council)가 설립되어 새로운 군사정권이 만들어졌다. 국민들의 민주화 요구를 무시하고 위기관리를 명분으로 또 다른 군사기구인 SLORC

이 등장한 것이다. 신군부는 과거의 사회주의체제를 폐기하고 외국인 직접투자를 유치하고 외부 지향적 시장경제와 대외개방을 선언했다. 1988년 11월 외국인투자법이 제정되고, 1989년에는 국명도 버마사회주의연방공화국에서 미얀마연방으로 변경하였다.

1990년 5월 다당제가 허용된 가운데 총선이 치러졌다. SLORC이 총선을 실시하게 된 것은 1988년 민주항쟁을 진압하며 제시했던 약속을 이행함으로써 정당성을 결여하고 있는 군부의 정치개입을 정당화하려는 의도가 깔려있었다. 당시 아웅산 수찌는 가택연금되어 있었고 계엄령으로 인해 4인 이상의 옥외집회가 금지되어 있었기 때문에 선거의 공정성에 회의적일 수밖에 없었지만 결과는 아웅산 수찌가 이끄는 NLD가 485개 의회 의석 가운데 392석을 얻어 전체의석의 80%를 차지하는 압승이었다. 반면 군부의 국가통일당은 10석밖에 얻지 못하는 참패를 당했다. 이는 군부와 NLD도 모두 예상치 못한 결과였다. 군부는 총선의 승리 가능성을 높게 보고 개표과정을 정상으로 운영한 결정적 오류를 범했다. 압승을 거둔 NLD는 군부에 대해 새로운 헌법 제정을 위해 조속히 권력을 이양해 줄 것을 요구하였다. 그러나 군부는 NLD 지도자 아웅산 수찌를 그대로 가택연금 상태에 두고 나아가 NLD 지도부 체포에 나섰다. 총선 결과 수용을 전면 거부하고 의회도 구성하지 않았다. 선거 결과에 놀란 군부는 탄압과 공포정치를 더욱 강하게 밀어붙였다. 이때를 계기로 적지 않은 학생과 정치인들이 버마를 탈출하기 시작하였다. 총선 두 달 뒤 SLORC은 '1990년 제1호 선언'을 발표하며 자신들이 '헌법의 상위기관이자 계엄령하의 국가통치기관'임을 명확히 했다. 이는 사실상의 정권이양 거부였다 (양길현, 2009).

군부의 강력한 압박으로 미얀마의 미완의 민주화는 오랜 침묵의 상태로 들어서게 되었다. 국제사회에서 1991년 아웅산 수찌는 노벨평화상

수상자로 선정되었지만 그녀는 군부의 출국 회유에 불응하며 참석하지 않았다. 노벨상은 장남 알렉산더(Alexander Aris)가 12월 어머니를 대신해 수상했다. 수찌 여사는 그 후 가끔 가택연금이 해제된 틈을 이용해 군중모임과 주말 대담을 했다. 그리고 미얀마의 민주화를 위해 국제사회의 도덕적이고 실질적인 도움을 호소했다. 군부는 그때마다 다시 수찌 여사를 가택연금시켰고 이런 상황은 2011년까지 반복되었다.

1992년 소몽의장이 사임하고 탄쉐가 의장직을 승계하고 총리와 국방장관직을 겸임하며 미얀마 군부의 최고실세로 등장했다. SLORC은 1993년 신헌법 제정을 위해 군부가 지명한 700명의 대의원으로 이뤄진 국민회의를 구성하였다. SLORC은 1993년 인도네시아의 골까르와 유사한 연방단결발전협회(USDA: Union Solidarity and Development Association)를 만들어 NLD에 대항하는 조직으로 이용했다. 1997년 11월 군부 내에서 권력조정을 위한 조용한 쿠데타가 일어나 SLORC은 국가평화발전위원회(SPDC: State Peace and Development Council)로 이름을 변경하였다. 21명의 장성들로 구성된 SLORC이 해체되고 탄쉐대장, 마웅예(Maung Aye), 킨뉸(Khin Nyunt)정보국장 등 19명의 장성으로 구성된 SPDC가 출범했다. 미얀마군부에 대한 국제사회의 비난과 광범위한 제재조치가 이어졌지만 군부는 물러서지 않고 버텼다.

2005년 11월 탄쉐는 수도를 양곤에서 북쪽으로 400km 떨어진 네피도(Naypyidaw)로 이전했다. 갑자기 수도를 옮긴 것은 국내외 비판세력의 방해 없이 국가를 통치하기 위한 목적이 컸지만 탄쉐의 과대망상적 생각이 저지른 결과이기도 했다. 2007년 8월 미얀마정부는 휘발유와 디젤 가격을 각각 66%와 100% 인상하고, 천연가스도 500% 인상한다고 발표했고, 이는 즉각 교통비 2배 인상으로 이어지면서 국민들의 불만은 폭발 직전에 달했다. 2007년 8월 19일 400여명의 시민들이 시위에 나서고 1988년 민주항쟁의 기억을 갖고 있던 30~40대의 88세대가 시위에 합류했다. 유류가격 인상에 대한 불만은 정치적 민주화 요구 시위로 발전했다. 미얀마군부는 강력한 진압에 나섰지만 9월 5일 경찰이 빠코쿠(Pakoku)에서 시위 중인 승려를 폭행하자 격분한 승려들이 9월 17일 정부의 사과를 요구하며 시위는 더욱 확대되었다. 시위는 미얀마 승려들의 참여로 승려들이 입는 연황색 가사인 샤프론을 인용해 '샤프론혁명(Saffron Revolution)'으로 불리게 되었다. 군부의 유혈진압으로 수백 명의 사망자와 수천 명의 부상자가 생겼다. 2008년 5월에는 남부 미얀마지역을 휩쓴 사이클론(태풍)의 피해로 10만 명 이상이 희생된 것으로 알려졌다. 정권전복을 두려워한 군부의 외부 지원 거부로 피해는 더욱 커졌다. 외국의 구호물품도 군부가 제공한 것으로 선전했다.

2008년 군부정권은 신헌법안을 국민투표에 부쳐 통과시켰다. 1988년 이후 중단된 헌정을 재개해야 하는 부담을 갖고 있던 군부기 자신들의 영구집권을 보장하는 신헌법을 제정하고 2010년 총선을 실시한다는 계획이었다. 신헌법안의 핵심은 인도네시아 수하르토체제의 군부의 이중기능과 유사한 것이었다. 주요 내용 중 국가는 대통령을 정점으로 한 중앙집권적 연방제로 만든다는 것인데, 대통령은 폭넓은 군사지식과 20년 이상 국내거주하고 가족 모두 미얀마국민이어야 한다는 조항을 넣었다. 아웅산 수찌를 대통령 후보에서 아예 배제하려는 의도였다. 대통령은 상하원에서 각각 한명씩, 군부가 지명한 후보 등 3명의 후보 중에서 상하원 의원들의 선거인단으로 간접 선출된다. 군부는 상하 연방의회와 지방의회 의석의 4분의 1을 무투표로 차지하며 의원직과 군보직을 겸직한다. 대통령이 국가수반이지만 실질적인 권한은 군총사령관이 갖고 있다. 왜냐하면 대통령을 포함한 11명의 국방안보평의회(NDSC)가 국가비상사태 선언 시 군총사령관으로 최고권력이 이양된다는 것이 헌법의 핵심내용이기 때문이다. 신헌법안은 군부의 의도대로 국민투표를 실시해 무난히 통과되었다.

국민투표에서 신헌법안이 통과되자 2010년 초 군부정권은 11월 7일 총선을 실시한다고 발표했다. 1990년 이후 20년 만의 총선이었지만 NLD는 신헌법의 비민주성과 군부의 정치개입에 반대하며 '국민에게 드리는 호소'를 통해 "지난 22년간 정치개혁과 민주화를 위해 노력했으나 소기의 성과를 거두지 못했고, 2010년 총선에 참가하지 않을 것"을 선언했다. 총선은 상원인 민족회의 224석, 하원인 국민의회 440석과 14개 주별 지방의회 889석을 뽑는 것이었다. 총선은 NLD의 불참 속에 진행되었고 예상대로 군부가 사회복지기구인 연방단결발전연합(USDA)을 모태로 창당한 연방단결발전당(USDP)이 상원 129석, 하원 259석, 지방의회 495석 등 총 80% 가까운 의석을 차지했다. 군부는 25%의 무투표당선으로 상원 56석, 하원 110석, 지방의회 224석을 차지했다. 총선 실시 일주일 후 군부는 가택연금해온 아웅산 수찌를 석방했다. 군부 지도자 탄쉐는 2011년 3월 4일 모든 권력을 민간정부에 양도한다고 하며 퇴진했다. 이어서 3월 30일 떼인 세인(Thein Sein) 전 총리가 상하 양원 합동회의에서 659표 중 408표를 얻어 대통령에 선출되었다 (장준영, 2013).

떼인 세인 대통령은 아웅산 수찌와 대화를 시작했고, 야당인 NLD의 보궐선거 참가 설득, 정치범 석방 약속, 언론의 자유화 및 시민권리의 확대, 소수민족과의 분쟁 해결 노력 등 예상치 못했던 개혁조치를 단행했다. 떼인 세인의 행보는 국제사회의 주목을 받았고 미국을 위시한 많은 국가들과의 관계가 개선되는 효과를 보기 시작했다. 세계는 미얀마의 개혁이 예상을 뛰어넘는 속도로 진전되고 있다는 평가를 내렸다. 아웅산 수찌가 NLD와 함께 2012년 4월 1일 보궐선거에 참여하기로 결정한 것도 이러한 변화를 반영하는 것이었다. 보궐선거에서 수찌 여사는 양곤의 서민층 지역인 카우무에 출마해 65%의 득표로 국회의원에 당선되는 등 NLD가 45석 중 43석을 차지하는 압승을 거뒀다. 그러면서 NLD는 2015년 총선에 참가하겠다고 선언했다.

4년 뒤인 2015년 11월 8일 치러진 총선 결과 아웅산 수찌가 이끄는 NLD는 상원 224석 중 군부 할당 56석을 제외한 선출직 168석 중 136석을, 하원 440석 중 군부할당 110석을 제외한 선출직 330석 중 255석을 차지해 총 391석을 얻는 압도적 승리를 거뒀다. 군부가 지원한 연합단결발전당(USDP)은 상원 12석, 하원 30석 등 총 42석의 초라한 결과를 받았다. 기타 정당들은 상하원에서 59석을 얻었다. 아웅산 수찌의 NLD는 상하원 의석의 59%를 차지하는 제1당이 되었다. 4분의 1을 군부의석으로 할당하고도 NLD가 의회에서 절대과반수를 확보하게 된 것이다. 이로써 NLD는 상하 양원 합동회의에서 선출되는 대통령을 자신늘의 힘만으로 배출할 수 있게 되었다. 2016년 3월 15일 차기 대통링으로 아웅산 수찌의 가장 가까운 동지인 틴쩌(Htin Kyaw)가 선출되었다. 미얀마에 군부가 만든 헌정제도 속에서 문민정부가 탄생하는 엄청난 변화가 일어난 것이다.

2008년 군부가 만든 신헌법 59조에서 외국 국적의 배우자 또는 자녀가 있는 경우 대통령이 될 수 없다는 조항이 있다. 수찌 여사의 사망한 남편과 두 아들은 모두 영국 국적을 가지고 있기 때문에 대통령 선거에 나설 수 없었던 수찌 여사는 대신 대통령실, 외무부, 전력에너지부, 교육부 등 네 개 부처를 맡아 국정을 이끄는 국가고문이 되었다. 미얀마 민주화의 정신적 지주이자 산 증인인 아웅산 수찌의 리더십은 향후 미얀마의 미래를 결정짓는 가장 중요한 변수가 되었다. 26년의 가택연금과 군부의 온갖 회유와 압박 속에서 굴하지 않고 이겨낸 아웅산 수찌는 건국의 아버지 아웅산의 신화와 함께 군부와의 미묘한 동거 속에 여전히 새로운 미얀마를 만들어 가는 중심추 역할을 하고 있다.

베트남

베트남은 국가형성의 단계마다 외부세력으로부터의 도전과 응전사이에서 가장 극적인 변화를 많이 보여준 나라이다. 베트남은 한국과 같이 중국문화의 영향을 받은 유교 문화를 가진 동남아의 유일한 나라이다. 베트남의 역사는 북으로부터 남쪽으로 세력을 확대해 나간 영토 확장 과정이다. 베트남의 공식국명은 베트남사회주의공화국(The Socialist Republic of Vietnam)이다. 사회주의라는 명칭이 들어간 것은 20세기 이후 현대 베트남의 독립투쟁과정의 산물이다. 국토는 한반도의 1.5배 크기인 33만㎢이고 남북길이 1,650㎞, 남중국해에 접한 해안선길이 3,260㎞를 갖는 반도형태의 국가이다. 지리적, 역사적으로 북부인 하노이와 홍강유역의 통킹(Tongking), 중부의 후에와 다낭이 있는 안남(Annam), 남부의 호치민시와 메콩삼각주가 있는 코친차이나(Cochinchina) 등 세 지역으로 구분된다. 인구는 9,500만 명이며 74%가 농촌지역에 거주하고 있다. 비엣(Viet, 越)족이 88%를 차지하고 타이족, 크메르족과 산악종족 등 소수종족이 분포한다. 중국으로부터 전래된 대승불교가 인구의 절반 이상을 차지하고, 프랑스지배로 포교된 가톨릭교도가 약400만 명 정도 있고, 남부지역에 베트남 토착종교인 카오다이교와 메콩삼각주지역의 호아하오교가 있다. 국기의 모양은 금성홍기(金星紅旗)로서 빨간색은 혁명의 피와 조국의 정신을, 노란별의 다섯 개 모서리는 노동자·농민·지식인·청년·군인의 단결을 표시한다.

베트남의 역사는 한국과 중국과 마찬가지로 왕조의 연속사로 정리된다. 기원전 7세기부터 3세기 말까지 문랑국(文郎國, Van Lang)을 거쳐 기원전 206년부터 111년까지 남월국(南越國, Nam Viet)이 지금의 중국 남부와 베트남 북부에 걸쳐 존재했었다. 비엣(越)족이 세운 남월국은 중국 한나라에 의해 기원전 111년 복속되어 서기 938년까지 무려 1,000년간 중국의 지배를 받았다. 이 시기 비엣족은 중국화되었다. 중국의 천년지배를 벗어나 독립을 쟁취한 해가 서기 939년이고 하노이에 응오왕조(Ngo, 吳)가 세워졌다. 서기 963년까지 짧은 응오왕조의 시대가 끝나고 딩왕조(Dinh, 丁, 966~980년)와 띠엔레(前黎, Tien Le, 980~1009년)를 거쳐 리왕조(Ly, 李, 1009~1225년)가 세워졌다. 왕조를 세운 성을 따라 불렸던 베트남의 역사는 쩐왕조(Tran, 陳, 1225~1400년), 호왕조(Ho, 胡, 1400~1407년)를 지나 중국 명나라의 침공을 받아 1407년부터 1427년까지 다시 중국의 직접지배를 당하게 되었다. 명나라의 침략을 물리친 여리(黎利, Le Loi)의 승리로 레왕조(Le, 黎)가 1428년부터 1788년까지 350년간 이어졌다. 레왕조 시기 혼란을 틈타 막왕조(Mac, 莫, 1527~1592년)가 들어섰던 시기가 있었다. 레왕조의 몰락은 따이선의 반란에 의해 따이선(Tay Son, 1771~1802년)왕조를 낳았고, 따이선을 물리친 응웬푹안(阮福映, Nguyen Phuc Anh)에 의해 베트남의 마지막 왕조인 응웬왕조(Nguyen, 阮, 1802~1945년)가 세워졌다(조재현·송정남, 2004).

19세기 중반 이후 영국세력의 확장을 우려했던 프랑스는 동남아지역에서의 교두보 확보가 급박해졌다. 응웬왕조의 미숙한 외세 대처능력을 이용하여 프랑스는 메콩델타지역에 코친차이나를 식민지로 세우고, 1883년까지 중부와 북부 베트남에 안남과 통킹 보호령을 만들었다. 이어서 라오스와 캄보디아지역까지 합병했다. 프랑스 해군이 사이공과 주변 3개성을 합병한 1861년 이래 베트남에 대한 프랑스의 식민주의는 베트남 민족주의 형성에 결정적인 자극을 주었고, 이어서 베트남공산당 운동의 시작과 결과적으로 현대 통일 베트남 탄생의 배경이 되었다.

프랑스 식민세력에 대한 베트남의 저항적 민족주의는 20세기 초 주로 프랑스식 교육을 받고 자란 1세대인 지식층에서 시작되었다. 1930년까지 두 개의 민족주의 운동의 흐름이 일어났다. 하나가 판추찐과 판보쩌우가 이끈 민족주의 운동이었고, 다른 하나가 호치민이 주축이 되어 일어난 공산주의 운동이었다. 전자는 결과적으로 실패로 끝났고, 후자는 베트남 현대사의 축이 된 성공 사례가 되었다. 양 운동세력은 현대 민족국가 설립을 지지하여 옛 왕정을 회복하는 것을 거부하였다. 두 운동의 중요한 차이점은 그들의 사상을 실현하는 전략과 전술상의 문제였다. 민족주의 운동은 제1차 세계대전 직후 시작되었고 민족자결원칙에 크게 고무되었다. 대부분의 민족주의 운동은 지식인 계층과 새로운 경제세력으로 부상하기 시작한 소자본가계급을 중심으로 도시에서 일어났다. 그들 간에도 점진적 개혁을 지지하는 개혁파와 폭력 혁명을 선호하던 과격파의 두 그룹으로 갈라져 있었다.

프랑스에 대해 다양한 도전을 벌인 이후 민족주의자들은 1927년 베트남국민당을 설립하였으나 1930년 초 옌바이에서 발생한 폭동의 실패로 괴멸되고 말았다. 초기 민족주의운동의 실패는 몇 가지로 설명될 수 있다. 첫째 이유가 프랑스 식민세력의 공포에 가까운 철저한 분쇄정책 때문이었지만 그보다 중요한 이유는 대중들 사이에 기반을 조성하는 능력이 민족주의자들에게 부족했기 때문이었다. 당시에 여전히 정치에 무관심했던 농민과 노동자들과 이들 간에 가까운 유대관계란 전혀 이루어지지 못했다. 민족주의자들은 베트남사회의 전통적 위계의식과 자신들의 이상적인 영웅주의에 도취되어 자신들의 전략을 지지해 줄 농민과 노동자들을 동원하는 데 실패했던 것이다.

　민족주의자들의 실패와 비교하여 호치민으로 대표되는 베트남공산주의자들은 독립을 쟁취하기 위한 처절한 노력과 적절한 전략을 성공적으로 수행하였다. 베트남의 현대사는 호치민을 빼놓고는 생각할 수 없는데, 그는 외세에 저항한 베트남 민족주의의 상징이자 현대 국가의 기초를 다진 국부로서 확고하게 자리 잡고 있다. 1890년 태어나 1911년 베트

사진 6.5　호치민

남을 떠나 전 세계를 떠돌아야 했던 호치민은 베트남으로 돌아와 1930년 2월 3일 211명의 당원으로 베트남공산당을 조직했다. 베트남공산당은 당시 코민테른의 지시로 인도차이나공산당으로 이름을 변경했다. 그러나 1930년과 1931년 일어난 일련의 폭동사태 시 공산당세력은 프랑스의 잔인한 보복을 받아 거의 모든 당원들이 체포되고 처형되어 조직은 붕괴되고 말았다. 호치민은 가까스로 중국으로 탈출하였으나 흩어진 조직을 재건하기에는 입은 타격이 막대하여 태평양전쟁이 끝날 때까지 숨어서 힘을 축적해 갈 수밖에 없었다.

　태평양전쟁을 일으킨 일본이 1945년 8월 항복하자 호치민과 공산주의자들이 주도한 베트민(Viet Minh, 베트남독립동맹, 越盟)이 베트남민주공화국을 선포하며 북부와 중부지역에 강한 지지기반을 확보하였다. 그러나 베트민은 남부에서는 세력을 확대시키지 못했다. 베트민과 전쟁 후 돌아온 프랑스군의 8년에 걸친 충돌은 1954년 디엔비엔푸전투에서 베트민의 결정적 승리로 막을 내렸다. 새로운 민족주의를 표방하고 농민과 노동자 간에 광범위한 지지를 확보하여 대중적 정통성을 얻음으로써 베트민은 성공적인 민족전선으로 부상했다 (듀이커, 2003).

더욱 중요한 사실은 엄격한 규율로 단련된 당원과 결사 항전의 군대를 기반으로 한 베트민의 조직과 관리 능력으로 다양한 계층 간 이해를 통합하고 독립을 향한 결속을 이룩할 수 있었다는 점이다. 1954년까지 베트민은 계급투쟁보다 민족투쟁에 우선권을 두었다. 우선 독립을 달성하기 위해 베트민은 노동자와 농민뿐 아니라 도시전문직업인들과 부유한 지주계층까지 포함한 폭넓은 사회지지기반을 규합해야 했다. 가난한 농민을 위한 다양한 정책을 실행하여 베트민은 농촌인구를 동원하는 힘도 축적하였고, 1946년부터 1954년까지 북부 농촌 전 지역을 연결하는 광범위한 조직을 구성했다. 인민해방군, 인민해방위원회 및 구국연합 등이 베트민의 통제 아래 설립되었다. 특히 베트남의 전통촌락의 상조그룹을 모델로 형성된 민족구국연합은 독립운동의 주도적인 역할을 수행하였다.

프랑스의 철수와 함께 맺은 1954년 제네바협정에 의해 북위17도에서 갈라진 북베트남과 남베트남 간 무력충돌은 그 후에도 계속되었다. 남부의 베트남공화국은 미국의 지원을 받아 통일베트남 설립을 위한 총선거를 거부하였다. 1960년 남부베트남 민족해방전선(NLF)이 형성되어 남부베트남에서의 전투는 가속화되었다. 1964년 통킹만사건을 의도적으로 일으킨 미국은 1965년 직접 베트남에 무력 개입하였고, 이후 베트남전쟁은 1975년까지 계속되었다. 베트남전쟁에서 대내외적으로 수세에 몰리게 된 미국은 1973년 파리평화협정을 맺고 베트남전쟁에서 물러났다. 10여 년에 걸친 미국의 대규모 군사개입과 경제원조에도 불구하고 베트남공화국은 북베트남의 총공세에 밀려 1975년 4월 30일 패망하였다. 무력통일을 달성한 베트남공산당은 1976년 전 베트남에 걸친 베트남사회주의공화국(SRV)을 선포하였다.

베트남의 통일은 자본주의 남부베트남에 대한 북부 공산주의의 승리로 보이지만 그것은 오히려 프랑스 식민주의 아래 베트남 민족주의의 최후의 과업 성취로 보아야 한다. 베트남 사람들은 100년이 넘는 기간 동안 민족 정체성을 회복하기 위해 투쟁해 왔고 이는 베트남의 외세 침략에 대한 오랜 민족적 저항역사에서 볼 때 결코 특이한 일은 아니었던 것이다. 베트남 민족주의는 베트남인들이 공유하고 있는 가장 자연스럽고 확고한 신념이었다. 호치민은 민족주의와 공산주의 간에 어떠한 모순이 있다고 생각하지 않았으며, 민족주의와 공산주의의 결합은 혁명적 민족주의라고 불릴 수 있었다. 호치민은 유교의 가르침에 따라 지속적인 정치교육, 도덕적 솔선수범에 의한 지도 그리고 권위에 대한 복종 등을 강조했다. 세속적 목표와 정신적 가치를 혼합하여 공산주의자들은 다양한 정치사회계층을 통합하고 대중들로부터 정치적 정통성을 획득해 나갔다. 프랑스 식민세력에 의해 민족정체성이 흐트러지고 경제가 극도로 왜곡되던 이려운 상횡에시 민족주의와 공산주의혁명에 헌신하는 공산주의 운동의 부상은 가장 베트남 적이었다. 국가적 가족체제의 정점에는 '박호'라고 불렸던 호치민이 있었다. 호치민은 유교적 권위와 베트남 민족주의 정통성의 상징으로 존재했다. 호치민과 베트남공산당에 의해 대표되는 베트남 국가이념은 외침에 대한 오랜 투쟁으로부터 성장하였다. 그것은 공산주의와 유·불교의 전통이 혼합되어 발전한 혁명적 민족주의 형태였고, 호치민사상으로 불리며 지금도 여전히 베트남공산당의 확고한 기본이념이다.

　1975년부터 1986년까지 베트남공산당은 통일베트남을 신속히 사회주의화하기 위해 매진했다. 그러나 미국을 위시한 국제사회의 제재와 자연재해로 인한 농산물 작황 부진 등으로 인해 10년간의 노력은 실패로 끝났다. 1986년 제6차 베트남공산당대회를 기해 베트남은 개혁개방정책(도이머이[Doi Moi], 콩카이[Cong Khai])으로 선회를 결정했다. 1990년대로 넘어오면서 세계적 탈냉전이 진행되었고, 베트남의 개혁개방정책은 탄력을 받게 되었다. 1992년 한국과 베트남이 수교했고, 1993년 레주언(Le Duan) 공산당서기장이 중국을 방문하고, 1994년 미국이 베트남에 대한 경제제재를 해제하며 1995년 미국과도 수교하였다. 1995년 베트남은 아세안의 회원국이 되었고 2006년에는 세계무역기구(WTO)에 가입했다.

1975년 통일 이후, 베트남 현대사는 공산당 정권의 특성상 정기적으로 개최되는 베트남공산당대회를 통해 베트남정치의 변화와 지속을 들여다 볼 수 있다. 베트남공산당대회(NPC: National Party Congress)의 시작은 1930년 인도차이나공산당이 결성된 후 마카오에서 15명의 대표자가 참석한 1차 대회였고 호치민이 당대표로 선출되었다. 그 후 프랑스의 압박과 미국과의 전쟁을 겪으며 베트남공산당은 당대회를 제대로 열지 못했다. 1975년 남부베트남을 무력통일한 후 1976년 12월 하노이에서 열린 제4차 당대회가 비로소 제대로 열린 대회였다. 1,000여명의 대표자가 참석한 당대회에서 베트남의 통일을 세계에 자랑하며 베트남공산당으로 당명을 공식 변경하였다. 4차 당대회에서는 집단농장제와 생산수단의 국유화 등 사회주의로의 빠른 이행을 결정하고 제2차 5개년계획(1976~1980년)을 승인하였다. 1969년 숨진 호치민 이후 공석이던 공산당서기장에 레주언을 선출하고, 공산당중앙위원회 정위원 101명과 후보위원 32명도 선출하였다.

통일 이후 베트남 역사의 획을 그은 사건은 1986년 제6차 베트남공산당대회를 기점으로 발생했다. 매 5년마다 하노이에서 정기적으로 개최되는 공산당대회는 1,129명의 대표자가 모인 6차 당대회에서 통일 이후 10년 과정을 돌아보며 혹독한 자체 평가를 단행했다. 사회주의로의 이행을 목표로 했던 정책의 연이은 실패와 공산당 내부의 부패와 무능을 비판하는 장이 되었다. 이를 계기로 베트남공산당은 개혁과 개방을 주축으로 하는 도이머이정책(Doi Moi)으로 경제정책의 방향을 과감히 변경하였다. 1978년부터 실시된 중국 덩샤오핑(鄧小平)의 개혁개방정책과 궤를 같이하는 변화였다. 베트남을 외부세계에 개방하고 사회주의 노선은 고수하되 자본주의적 방식을 도입하는 혁신책을 결정하고 제4차 5개년계획(1986~1990년)의 방향을 완전히 전환하였다. 이와 함께 집단지도체제의 리더십도 교체되었다. 남부출신의 응웬반린(Nguyen Van Linh)이 서기장으로, 도므어이(Do Muoi)가 정무원 총리로 선출되었다. 공산당중앙위원회도 정위원 124명과 후보위원 49명으로 대폭 교체되었다. 더불어 호치민을 도와 통일을 달성한 혁명1세대(쯔엉찡[Tuong Chinh], 팜반동[Pham Van Dong], 레둑토[Le Duc Tho])가 퇴진하였다.

1975년 통일 이후 1986년 제6차 당대회를 기점으로 현대 베트남은 전과 후로 구분된다. 1986년 이후 베트남공산당은 1991년 7차 당내회, 1996년 8차 당대회, 2001년 9차 당대회, 2006년 10차 당대회, 2011년 11차 당대회, 2016년 12차 당대회를 5년마다 개최하며 도이머이정책의 성공적 수행과 지속적 추진을 확인하였다. 2001년 9차 당대회에서는 '사회주의 지향의 시장경제'를 최초로 공식화하였고, 2011년 11차 당대회에서는 국가주도 사회주의 시장경제체제의 유지와 점진적인 개혁원칙을 확인하였고, 2020년까지 현대적 산업국가로 발전한다는 계획을 선언했다. 또한 자본가들의 선별적인 공산당 입당 허용을 결정하였고 여성, 소수민족, 청년층 후보자도 포함시켰다 (이한우, 2011).

베트남은 공산당 일당지배체제의 유지와 사회주의 노선의 견지를 분명히 하면서도 개혁개방의 성과를 극대화하기 위한 전략을 지속적으로 추진하고 있다. 당대회를 통해 지도부가 정규적으로 교체되고 있고, 당의 부패를 감시하고 비판하는 기능도 이루어지고 있다. 현재는 공산당

서기장을 중심으로 국가주석, 국회의장, 정무원총리 등 4인의 집단지도 체제가 베트남 최고리더십의 특징으로 자리매김했다. 베트남공산당 권력의 삼대 축은 정치국, 서기국, 중앙위원회로 구성된 베트남공산당 지도구조와 베트남공산당 간부 및 베트남 민족주의에 기초한 공산주의로 이루어져 있다. 베트남공산당은 마르크스-레닌주의의 민주적 집중제에 기반하고 있으며 1969년 호치민 사후 이래 집단지도체제에 의한 제도화된 권력승계절차를 정착시켰다. 베트남정치의 유산은 북부, 중부, 남부로 나뉘는 지역주의, 중앙과 마을의 관계와 마을 단위의 자율성과 독립성을 중시하는 전통주의, 유교와 불교 등 종교적 영향, 외부변화에 대한 유연한 실용주의를 들 수 있다. 베트남 정치권력의 핵심은 정치국으로 집단의사결정 원칙을 견지하며 집단결정의 무오류성을 강조한다. 정치국 내에는 개혁파, 중도파, 보수파로 나뉘는 파벌 간 경쟁이 존재하며, 홍(紅) 대 전(專)의 논쟁을 지속하고 있다. 베트남공산당도 중국식 일당지배체제와 시장사회주의체제의 병행 가능성을 시험하고 있다. 경제성장의 내외부적 도전을 맞아 베트남공산당은 자신들에게 제기되는 비효율성, 무능력, 부정부패문제를 극복하는 여부에 따라 운명이 결정될 것으로 보인다.

베트남은 2016년 1월 20일부터 28일까지 제12차 베트남공산당 당대회를 개최하였다. 전체 인구의 5%인 450만 명의 당원을 가진 베트남공산당이 지금까지 개최한 당대회 중 참가 대의원이 1,510명으로 가장 많았다. 2016년 제12차 공산당 당대회의 주요 안건은 공산당 중앙위원회 및 당서기장을 비롯한 최고 지도부와 이들이 포함된 정치국원, 중앙서기국, 중앙 감찰위원회를 선출하는 것이었다. 또한 도이머이 정책추진 30년 이행과정을 평가하고 제12차 계획기간(2016~2020년) 사회경제 발전을 위한 목표와 방향을 설정하는 것이었다. 제12차 당대회의 최고지도부 인선에서 나타난 특징은 과거와 달리 지역 및 성향의 안배 구도가 무너졌다는 점이다. 베트남은 전통적으로 실질적인 최고지도자인 공산당중앙위원회 서기장, 국가원수인 주석, 행정과 경제 실무 최고책임자인 총리가 분업하는 트로이카체제를 채택하고 있다. 전통적으로 북부 지방이 장악해온 공산당서기장은 북부 출신인 현 서기장이 유임되었으나, 주로 남부와 중부 지방 출신이 등용되던 국가주석과 총리 자리는 북부와 중부 지방 출신이 차지했다. 북, 중, 남부지역 안배는 2006년 이후 남부 출신이 주석과 총리 자리를 모두 차지하면서 와해되기 시작했다. 정치국원 전체도 북부 출신이 11명으로 압도적으로 많은 가운데 남부와 중부는 각각 4명에 불과하다. 정치성향은 최고지도부 3인이 모두 중도보수 혹은 온건파로 분류되고 있어 개혁파는 위축된 것으로 보인다. 응웬푸쏭(Ngyen Phu Trong) 공산당서기장은 사회주의 이론가이자 대표적인 중도보수로 분류되며, 국가주석인 쩐다이꽝(Tran Dai Quang)은 공안부 장관 출신이자 현역군인으로 역시 중도보수로 분류되었다. 반면 총리로 내정된 응웬쑤언푹(Nguyen Xuan Phuc)은 응웬떤중(Nguyen Tan Dung) 전 총리와 적극적인 개혁 작업을 추진해왔으나 2012년경 개혁그룹에서 이탈해 온건파로 분류되고 있다. 2016년 제12차 베트남 당대회의 결과는 응웬푸쫑 현 서기장의 유임과 응웬떤중 총리의 탈락, 북부와 중부 출신 우대, 중도보수 또는 온건파의 대거 등용 등으로 정리된다. 따라서 베트남경제는 향후 5년(2016~2021년) 개혁개방보다는 안정에 주력하고 실리와 실용주의가 힘을 얻을 것으로 전망된다. 권력서열 4위인 국회의장에는 국회부의장인 응웬티킴응안(Nguyen

사진 6.6 응웬푸쫑

표 6.4 베트남의 최고지도부 구성 내역

선출 시기	공산당 서기장			국가주석(대통령)			정무원 총리		
	이름	출신	성향	이름	출신	성향	이름	출신	성향
1991~ 1992년	도므 어이	북부	중도	레득 아잉	중부	보수	보반 키엣	남부	개혁
1997년	레카퓨	북부	보수	쩐득 루옹	중부	중도	판반 카이	남부	개혁
2001년	농득 마잉	북부	개혁	쩐득 루옹	중부	중도	판반 카이	남부	개혁
2006년	농득 마잉	북부	개혁	응웬 민찌엣	남부	개혁	응웬 떤중	남부	개혁
2011년	응웬 푸쫑	북부	중도 보수	쯔엉 떤상	남부	개혁	응웬 떤중	남부	개혁
2016년	응웬 푸쫑	북부	중도 보수	쩐다 이꽝	북부	중도	응웬 쑤언푹	중부	개혁→ 온건

출처: 정재완, "제12차 베트남 공산당 전당대회의 특징과 향후 정치·경제 전망," 『KIEP 지역연구』 Vol. 16. No. 12 (2016. 3. 31)에서 재인용.

Thi Kim Ngan)이 지명되었는데, 이는 베트남 최초의 여성 국회의장 탄생이다. 제12차 당대회는 정치국원의 확대(15명 → 19명), 중앙위원의 확대(150명 → 200명), 경제관료 3명(중앙은행 총재, 경제담당 부총리, 수송부장관)의 정치국원 선임 등을 결정했다.

2018년 베트남은 GDP성장률 7.1%를 달성해 지난 10년 중 가장 높은 성장을 했다. 1인당 GDP는 2,587 달러를 기록했다. 수출 2,477억 달러, 수입 2,375억 달러로 72억 달러의 무역흑자를 냈다. 정치적으로 2018년에는 쩐다이꽝 국가주석이 사망하고 그 뒤를 응웬푸쫑 공산당서기장이 국가주석직을 겸임하게 되었다. 베트남은 전통적으로 공산당서기장을 정점으로, 당 서열 2위 국가주석, 정무원 총리, 국회의장 순으로 분권적 집단지도체제를 구성하고 있지만 쩐다잉꽝의 사망으로 공석이 된 국가주석직을 응웬푸쫑 서기장이 겸직하는 상황이 벌어졌다. 응웬푸쫑 서기장으로의 권력 집중으로 그의 시대가 열렸다는 평가가 나온다. 상대적으로 보수적 색채가 강한 응웬푸쫑 서기장이 펼치는 부패척결운동의 성과가 그에 대한 평가를 가를 것으로 보인다. 2018년에 베트남은 국회가 선임한 고위지도자들에 대한 신임투표를 실시했다. 2013년, 2014년에 이어 세 번째 신임투표였다. 하노이와 호치민시 공산당위원회, 공산당 정치국과 비서국에서도 신임투표가 있었다. 불신임이 없는 제한된 신임투표이기는 하지만 정치리더십에 대한 공개적 평가가 이뤄진다는 점에서 베트남정치의 변화로 보인다.

라오스

라오스의 국명은 라오인민민주공화국(Lao People's Democratic Republic)이다. 베트남처럼 공산당인 라오인민혁명당이 지배하는 일당지배체제 국가이다. 국토는 23만 7,000㎢로 한반도보다 조금 넓으며 동남아 유일의 내륙국이다. 700만 명의 인구를 갖고 있으며 전국민의 95%가 불교도이다. 라오스의 역사는 란상왕국에서 시작된다. 100만 마리의 코끼리를 의미하는 란상왕국(Lan Xang)은 1353년 파 응움(Fa Ngum)에 의해 무앙수아(현재의 루앙프라방)에 건립되었다. 파 응움은 앙코르왕국과 아유타야왕국 사이에서 영토를 확장시켰고, 프라방이라는 스리랑카의 황금불상을 가져와 소승불교를 받아들이며 라오스 정체성의 기반이 되었다. 라오스와 태국인은 정체성에서 차이가 없는 중국 남서부 지방에서 내려온 타이족의 분파들이다. 란상왕국은 15세기이후 태국과 미얀마, 베트남왕국의 팽창의 희생물이 되는 시련을 겪었다. 1560년 셋타리랏(Settathirat)왕은 미얀마의 침공을 우려해 수도를 위앙짠(Vieng Chan, 현재의 비엔티안)으로 옮기고 오늘날 라오스의 상징인 탓루앙(That Luang)사원을 만들었다. 이후 주변국의 간섭과 내부 혼란이 심해지면서 란상왕국은 18세기 들어 북부의 무앙수아왕국, 중부의 위양짠왕국, 남부의 참파삭왕국 등 세 개의 작은 왕국들로 분열되었다. 분열된 왕국들은 1778년 위양짠왕국이 베트남에 점령되었고, 무앙수아왕국은 미얀마에, 참파삭왕국은 태국에 점령되었다. 위앙짠왕국 차오아누(Chao Anou)왕은 라오스의 문화를 지키고자 태국에 저항하다 결국 태국에 복속되는 운명을 맞았다.

19세기 중반부터 베트남과 캄보디아를 식민화한 프랑스는 태국왕국에 압력을 가해 메콩강 동쪽지역을 차지했다. 프랑스는 1899년 루앙프라방, 비엔티안, 참파삭 지역을 통합하고 라오스(Laos)로 부르게 되었다. 프랑스는 라오스를 식민화하여 영국의 확장을 막고자 하였다. 이후 메콩은 미얀마, 태국, 라오스의 국경을 가르는 기준이 되었다. 프랑스는 루앙프라방의 왕을 라오스의 국왕으로 승격시키고 위앙짠을 행정수도로 삼았다. 식민정부하에 국왕은 명맥만 이어가는 허수아비에 불과했지만 라오스, 베트남과 캄보디아 등 인도차이나의 다른 지역에 비해 비교적 약한 식민지배를 받았다 (이요한, 2013).

태평양전쟁의 발발과 일본의 침공으로 프랑스가 물러나는 변화가 라오스에도 몰려왔다. 전쟁 종료 후 프랑스가 재점령하려고 돌아오자 라오스인들은 라오 이사라(Lao Isara, 자유 라오스)라는 조직을 만들고 독립을 주장하였다. 그러나 프랑스의 진압으로 1946년 시사왕웡(Sisavang Vong)이 프랑스의 보호령하의 국왕으로 즉위했다. 독립운동세력들은 저항을 계속해 방콕에 망명정부를 수립했다. 결국 프랑스는 1949년 자치를 허용하며 라오스의 독립을 공식 인정한 후 1953년 10월 라오스에는 입헌군주제의 왕립라오정부가 세워졌다. 프랑스로부터 독립은 얻었으나 좌우파 간의 대립과 냉전의 파도가 밀려와 라오스는 혼란에 빠져들었다. 라오스 내정은 공식적인 왕이자 중립주의자인 수바나품왕자와 우익성향의 분움왕자, 좌파인 파테트 라오(Pathet Lao, 라오의 땅 의미)의 수파누봉(Soupha Nouvong) 왕자 등 세 세력이 충돌했다. 라오스내전은 베트남전쟁과 외세의 개입과 더불어 더욱 치열해졌다. 1975년 공산화 통일까지 우파인 라오 왕당파와 좌파인 파테트 라오의 협상과 충돌이 지속되는 혼란을 겪었다.

1975년 4월 베트남의 공산화 통일에 이어 1975년 8월 마침내 파테트 라오가 정권을 잡았다. 12월 왕정을 폐지한 파테트 라오의 라오인민혁명당(LPRP: Lao People's Revolutionary Party)은 라오인민민주공화국을 선포했다. 라오인민혁명당은 1950년대 초 카이손 폼비한(Kaysone Phomvihane)에 의해 창당되었다. 라오스의 중북부 산악지역을 중심으로 미군의 폭격을 견디며 라오스 왕정과 대립각을 세우며 투쟁했던 파테트 라오와 라오인민혁명당은 라오스인들의 지지를 받으며 1973년 라오스 13개 주중 11개를 장악했었다. 1975년 정권을 잡은 라오인민혁명당은 왕정을 폐지하고 라오인민민주공화국을 수립했다. 왕족으로 라오인민혁명당에 참여했던 수파누봉 왕자가 라오스 초대 대통령으로 취임했다. 라오스인들의 존경을 받던 수파누봉을 내세웠지만 실권은 라오인민혁명당 서기장인 카이손 폼비한 총리가 갖고 있었다.

사회주의국가 실현을 내건 라오인민혁명당은 1986년 라오인민혁명당 제4차 당대회에서 경제개방 및 시장경제 원리를 주축으로 하는 신경제제도를 도입하며 국영기업의 민영화, 은행제도 및 세제개혁, 외국인

투자 유치법 제정 등의 조치를 취했다. 1991년 8월 최초의 헌법이 공포되고, 1992년 2월 최초의 국회의원선거가 실시되었다. 1980년대 중반 이후 사회주의경제실험의 실패를 인정하며 라오인민혁명당은 일당지배체제를 유지하되 시장경제체제의 혼합을 지향하는 정책으로 돌아섰다. 이는 1986년 베트남의 도이머이정책 도입과 유사한 과정으로 보면 된다. 1996년 6차 라오인민혁명당 대회가 개최되었고, 1997년에는 아세안에 가입하였다. 라오스 공산화의 주역 수파누봉의 은퇴와 1992년 카이손 폼비안의 사망이후 노악 폼사반(Nouhak Phoumsavanh) 대통령과 서기장, 캄타이 시판돈(Khamtai Siphandon) 총리를 거쳐 2006년 춤말리 사야손(Choummaly Sayasone) 대통령이 취임하고 라오인민혁명당 서기장을 겸직했다. 춤말리 대통령은 통싱 탐마봉(Thongsiong Thammavong)을 총리로 임명했다. 2016년 1월 제10차 라오인민혁명당 전당대회가 열려 10년간 대통령이자 서기장이었던 춤말리가 물러나고 분냥 워라칫(Bounnhang Vorachith)부통령이 당 서기장에 임명되고, 2016년 4월 개원한 국회에서 대통령에 선출되었다. 분냥 서기장은 부총리와 총리를 거쳐 2006년부터 라오스 부통령을 역임한 인물이다. 제10차 당대회에서는 중앙위원회와 11명으로 구성된 정치국이 확정되었다. 총리는 2016년 4월 임명된 통룬 시술릿(Thongloun Sisoulith)으로 부총리와 외교장관을 역임했다.

라오스는 라오인민혁명당에 권력이 집중된 일당지배체제이다. 1991년 최초의 성문헌법에 의해 라오인민혁명당의 정치국이 최고권력기관이다. 공산당식 간부정당체제로 당 간부이면서 동시에 행정부 직위를 갖고 있다. 대통령과 부통령이 있고, 총리와 3명의 부총리가 집단지도체제를 갖추고 행정부를 관리한다. 대통령은 국회의원 3분의 2이상의 지지를 받아 선출되며 임기는 5년이다. 대통령은 군통수권자이자 최고 임명권자이다. 총리는 국회의 승인을 받아 대통령이 임명하며 임기는 5년이다. 총리는 국회의 승인을 받아 대통령이 임명하며, 행정부를 지휘한다. 총리가 대통령에 비해 행정 운영의 실권을 갖고 있지만 실제로 권력은 라오인민혁명당의 서기장에 집중되어 있다. 라오스의 유일정당인 라오인민혁명당은 정치국원과 중앙위원회가 국가 권력의 핵심을 구성하고 있다. 중앙위원회는 당대회를 열어 정치국원을 선출한다. 중앙위원회는 인사, 감찰, 이념당당 상임위원회와 운영전반을 담당하는 비서국으로 이루어져 있다. 라오인민혁명당의 당원수는 5만 명에 달한다. 라오인민혁명당의 당원이 되는 것이 라오스에서는 정치적 출세의 지름길이다. 그런데 라오인민혁명당의 기득권 세력의 후손들이 주요 당직을 맡아 권력이 세습되는 양상을 보이고 있다.

라오스는 2003년 헌법 개정을 통해 시장경제와 경제활동 자유에 관한 조항을 신설해 경제체제 전환을 명문화했다. 라오인민혁명당은 공산당계열의 정당이지만 사회주의 국가건설에 그다지 집착하지는 않았던 것으로 보인다. 인민혁명당의 권력 독점을 유지하는 선에서 경제체제를 운영해 나가고 있다. 국회는 단원제이며 2016년 3월 제8대 총선에서 149명의 국회의원을 선출했다. 의원들은 전원 라오스의 유일 정당인 라오인민혁명당 소속이자, 그 산하단체인 라오국가건설전선(Lao Front for National Construction)의 일원이다. 라오스 지방정부는 17개주와 1개 특별시(수도 비엔티안)로 이루어져있는데, 선거구도 총18개로 선거구마다 다수 의원을 뽑는 대선거구제를 채택하고 있다. 국회는 연2회 개최되며 헌법의 승인과 수정, 법률 제·개정, 대통령 선출, 총리 임명 등의 권한을 갖고 있다. 그러나 실제로는 대통령과 총리 등 최고 권력층이 결정한 인사와 정책을 지지하는 역할에 머물고 있다.

캄보디아

캄보디아의 국명은 캄보디아왕국(Kingdom of Cambodia)이다. 국왕이 있는 양원제 국회와 내각책임제로 운영되는 국가이다. 1,600만 명의 인구 중 90%가 크메르어를 사용하는 크메르(Khmer)족이다. 서기 9세기부터 15세기까지 동남아 대륙부를 지배했던 크메르왕국의 후손들이다. 크메르왕국이 15세기 태국의 아유타야왕국에 의해 패망한 이후 프놈펜으로 왕국을 옮겼지만 그 후 태국과 베트남의 힘에 눌려 명맥을 유지하는 작은 왕국으로 쇠락했다. 18세기 말까지 태국과 베트남은 캄보디아왕국의 왕위계승에 간섭하며 경쟁했다. 두 나라 사이에서 흔들리는 사이 크메르인들의 반란도 종종 발생했다. 1846년 태국과 베트남의 타협으로 앙 두옹(Ang Duong)이 캄보디아왕으로 승인되며 두 나라에 조공을 바치는 관계로 정리되었다. 앙 두옹은 두 나라의 간섭보다 프랑스의 보호령이 되기를 기대하며 외교전략을 펼쳤지만 실패하고 장남인 노로돔(Norodom)에게 왕위를 넘겨주었다. 왕위에 오른 노로돔은 태국과 프랑스 사이에서 줄타기외교를 했지만 1863년 프랑스와의 보호령조약을 승인할 수밖에 없었다. 프랑스는 1867년 캄보디아 서부의 바탐방과 씨엠립지역에 대한 태국의 종주권을 인정해 주는 대신 캄보디아왕국에 대한 지배권을 갖는다는 조약을 태국과 체결했다. 이후 프랑스에 저항하던 노로돔은 1884년 프랑스가 프놈펜을 공격하자 통치권을 프랑스에 넘겨주는 조약에 서명하지 않을 수 없었다. 이로써 캄보디아의 내정도 완전히 프랑스의 관할로 들어가게 되었다.

프랑스의 캄보디아 지배는 태평양전쟁이 끝나고 1953년까지 이어졌다. 프랑스 식민지배하에 노로돔의 동생 시소왓과 시소왓의 아들 시소왓 모니봉에 이어 노로돔의 증손자였던 노로돔 시하누크(Norodom

Sihanouk)가 1941년 왕위를 계승했다. 식민지배에도 불구하고 캄보디아는 군주제에 대한 열망이 강하게 존속하고 있었다. 1945년 일본이 항복하고 철수하자 노로돔 시하누크는 프랑스를 상대로 독립을 향한 8년간의 협상을 시작했다. 1946년 잠정협정으로 캄보디아를 프랑스연방 내의 자율적 왕국으로 인정했지만 전쟁 이전의 관계로 돌아간 것이나 같았다. 협상을 계속한 시하누크는 1949년 11월 조약에서 프랑스는 캄보디아 국내문제에 대한 캄보디아의 주권을 승인했고, 캄보디아의 국제적 승인도 받아냈다. 1953년 3월 전 세계를 돌며 독립을 호소한 시하누크는 마침내 1953년 6월 3일 프랑스로부터 완전한 독립을 받아냈다. 캄보디아로 돌아온 시하누크는 크메르 세라이, 크메르 루주 등 공산주의계열을 비롯해 왕국체제에 반대하던 세력들까지 통합하는 데 주력했다. 1955년 징치조직으로 인민사회주의연합인 상쿰(Sangkum)을 만들며 총선을 실시해 압도적 지지를 받고 자신은 총리가 되었다. 시하누크는 비동맹과 정치적 중립을 공식적으로 천명하며 중국과 미국사이에서 줄타기 외교를 벌였다. 외세의 틈에서 취약했던 캄보디아가 냉전구도 속에 취한 외교전략일 수밖에 없었다.

그러나 1960년대 중반 이후 베트남전쟁이 확대되며 미국과의 관계가 악화되면서 시하누크의 전략은 한계를 보였다. 시하누크가 누렸던 정치적 연대도 분열을 보이기 시작했다. 1966년 총선에서 우파세력이 절대다수를 차지하고 론 놀(Lon Nol) 장군이 총리로 선출되었다. 시하누크의 친사회주의경향을 비판한 론 놀과 우파세력은 국유화 해제와 외국투자확대를 주장하며 시하누크를 압박했다. 1967년 바탐방과 콤퐁참에서 발생한 크메르 루주의 무장봉기는 시하누크를 더욱 난처하게 만들었다. 시하누크는 크메르 루주 등 공산계열과 거리를 두면서 론 놀과의 관계를 수정해 나가려고 했다. 시하누크는 확대되는 베트남전쟁에서 외교활동을 통해 캄보디아의 안보를 지키려고 했다. 1970년 1월 프랑스, 소련과 중국을 방문하기 위해 시하누크가 출국했다. 이 틈을 이용해 국회와 왕국평의회(Council of the Kingdom)는 합동회의에서 론 놀에게 비상조치권을 부여하고 시하누크를 국가원수에서 물러나게 하고, 그의 귀국을 금지시켰다. 론 놀은 10월 9일 크메르공화국을 선포하며 천여 년간 지속되어 온 군주제를 종식시켰다. 론 놀은 1971년 국회로부터 입법권을 빼앗고 1972년 자신을 총리이자 초대 대통령으로 선언했다.

해외순방 중 폐위된 시하누크는 캄푸치아민족통일전선(FUNK)을 구축하고 캄푸치아민족연합왕실정부(GRUNK)를 만들며 저항했다. 국내에서는 크메르 루주의 키우 삼판이 FUNK의 군사조직인 캄푸치아인민민족해방군 사령관을 맡아 론 놀정부에 대항했다. 북베트남과 남베트남해방전선(베트콩)의 지원을 받으며 크메르 루주는 급격히 강화되었다. 그렇지만 망명 중이던 시하누크는 더 이상 크메르 루주를 통제할 수 없었다. 그 동안 베트남전쟁은 캄보디아로 확대되었다. 캄보디아정부군은 베트남군과 크메르 루주와의 전투에서 계속 패배했다. 설상가상 론 놀정부를 받쳐주던 미국이 북베트남과 파리평화협정을 맺고 1973년 베트남에서 완전히 철수하자 사태는 캄보디아정부에 급격히 불리하게 전개되었다. 1974년 북베트남군, 베트콩, 크메르 루주는 캄보디아의 80%를 이미 장악했다. 론 놀이 인도네시아를 거쳐 미국으로 망명한 1975년 4월 1일 크메르공화국은 종막을 고했다.

프놈펜에 입성한 크메르 루주는 정복자로서 왔다고 말하며 캄푸치아민주공화국을 선포했다. 1975년부터 1978년까지 크메르 루주가 지배한 캄보디아는 동남아 현대사에서 가장 잔인한 대량학살이 벌어진 죽음의 땅, 킬링필드(the Killing Field)로 변했다. 사회개조를 위해 프놈펜에서 지방으로의 강제추방과 사회주의 학습을 빌미로 자행된 학살이 캄보디아를 뒤덮었다. 혁명기구인 앙가 로우(캄푸치아공산당)가 진행한 조치들로 대략 700만 명의 캄보디아 인구 중 200만 명이 학살과 기근으로 죽어갔다. 국내로 돌아온 시하누크도 시민으로 전락하여 연금상태에 들어갔고 모든 권력은 갑자기 등장한 폴 포트(Pol Pot)에게 집중되었다. 폴 포트는 1924년생으로 프랑스에 유학하면서 공산주의자가 되었다. 1953년 캄보디아로 돌아와 고등학교 교사가 되었고 1960년 비밀리에 캄푸치아공산당을 결성하고 서기장이 되었다. 폴 포트는 1976년 총리가 되면서 외부세계에 알려졌다. 1931년생으로 역시 파리 유학을 거쳐 경제학 박사학위를 받고 공산주의 운동에 들어온 키우 삼판(Khieu Samphan)은 국가수반인 국가최고회의 의장이 되었다. 교사와 외교관이었던 이엥 사리(Ieng Sary)는 부총리와 외무장관을 맡았다. 폴 포트, 키우 삼편, 이엥 사리 등 3인방은 목표를 중국과의 관계 강화와 베트남의 영향력 배제에 맞추고 급격한 사회주의정책을 밀어붙였다. 폴 포트는 이전 정권의 모든 봉건적, 제국주의적, 자본주의적 계급들을 숙청하겠다면서 자기 민족을 향한 대학살을 지휘했다. 완전 국유화, 화폐사용금지, 학교폐지, 집산주의, 강제이주, 노동교화 등 초유의 극단적 사회주의방식이 동원되었다. 잔혹한 학살로 이어진 과정에서 크메르 루주 내에서 3인방에 대한 수차례의 쿠데타 시도도 있었지만 허사로 끝났다. 태국과 베트남으로 대규모의 난민 탈출이 발생하며 크메르 루주와 베트남 간의 충돌로 이어졌다.

1978년 5월 베트남 국경근처 콤퐁참 지역 크메르 루주 사령관인 헹 삼린(Heng Samrin)이 주도한 봉기가 일어났다. 헹 삼린의 배후에는 베트남이 있었다. 봉기에 실패한 헹 삼린은 베트남으로 도주했고, 그해 12월 25일 베트남은 헹 삼린을 앞세워 대규모 침공을 개시했다. 압도적인 군사력으로 파죽지세로 몰아붙인 베트남은 1979년 1월 7일 프놈펜을

함락시키고 헹 삼린을 수반으로 하는 캄푸치아인민공화국(PRK)을 출
범시켰다. 폴 포트 일당은 밀림으로 도망쳤고, 이엥 사리는 태국으로 도
망갔다. 사실상 크메르 루주에 의해 가택연금 상태였던 시하누크는 함
락 며칠 전 중국으로 출국했다. 1979년 2월 베트남과 캄푸치아인민공화
국은 베트남군대의 25년간 캄보디아 주둔을 인정하는 조약을 체결했다.
베트남은 악명 높은 폴 포트정권을 제거해야 한다는 명분으로 캄보디아
를 점령하였고 1991년까지 꼭두각시 정권을 세워놓고 지배했다. 헹 삼
린은 국가수반의 지위를 갖고 있었지만 1985년 32살 나이의 훈 센(Hun
Sen)이 총리이자 외무장관이 되었다. 훈 센은 크메르 루주에 가담했다
가 1977년 폴 포트가 크메르 루주 내 반대세력을 숙청하기 시작하자 베
트남으로 도망쳤다. 베트남군대와 헹 삼린과 함께 캄보디아로 돌아온
훈 센은 지도자로 급부상했다. 이념보다는 실용주의적인 태도로 베트남
으로부터 독립된 정부를 만들기 위해 노력하면서 전 정권들과의 협상에
나서게 되었다.

베트남의 지배를 받게 된 캄보디아는 전통적인 반(反)베트남 정서에
불을 붙였다. 축출된 폴 포트의 거의 3만 명의 크메르 루주는 밀림에서
게릴라전을 전개했다. 중국의 배후 지원도 가세했다. 베트남은 소련의
지원을 받고 있었기 때문에 캄보디아는 공산대국인 소련과 중국의 대리
전이 벌어지는 장소가 되었다. 소모적인 10여 년간의 내전은 캄보디아
사람들의 기아와 난민화로 이어졌다. 내전으로 뿌려진 수를 알 수 없는
지뢰는 아직도 캄보디아 사람들의 목숨을 위협하고 있다. 외교적으로 아
세안 국가들은 헹 삼린정권을 인정하지 않겠다고 천명하며 사태는 혼란
을 거듭했다. 시하누크, 손 산, 폴 포트 등 축출된 캄보디아의 구세력들
은 반(反)베트남, 반(反)헹삼린 연합전선을 구축하여 민주캄푸치아연립
정부(CGDK)를 구성하였다. 군주적인 시하누크, 반공노선의 손 산, 그

리고 공산노선의 폴 포트 등 전혀 이질적인 세 정파는 1982년 6월 쿠알라룸푸르에서 연립정부 결성을 선언하였다. 시하누크는 캄보디아의 정통성의 상징이란 이유로 대통령직을 받았고, 키우 삼판은 부통령과 외무장관, 손 산은 총리직을 받아들였다. 과거에는 서로 몰아내고 싸우던 적에서 헹 삼린정권이 공동의 적으로 등장하자 협력할 수밖에 없는 묘한 관계가 되었던 것이다.

캄보디아에서의 베트남 세력의 확대로 안보위기를 절감한 아세안(ASEAN)은 1980년대 유엔외교를 전개해 민주캄푸치아연립정부를 캄보디아의 정통적인 정부로 인정받는 데 성공했다. 나아가 캄보디아사태를 해결하기 위한 협상을 제안하며 앞장서 문제를 해결하려는 노력을 보였다. 유엔의 주도로 1989년 7월부터 시작된 파리평화회담은 1991년 10월 23일 캄보디아의 4개 정파가 참여하여 평화조약에 서명하는 결과를 낳았다. 시기적으로 탈냉전의 전환을 맞아 중국과 소련이 개입을 철회하면서 10여 년간 끌어온 캄보디아사태는 종식되었다. 협정의 내용대로 유엔캄보디아과도행정기구(UNTAC)가 구성되어 평화유지 활동을 시작하며 캄보디아에 새로운 정부를 세우기 위한 작업에 착수했다. UNTAC은 1992년부터 2만 2,000명의 인력을 파견하고 20억 달러를 지원하며 4개 정파의 무장해제와 총선을 감독하는 기능을 원만하게 수행했다.

1993년 5월 캄보디아에 첫 자유 총선거가 실시되었다. 20여개 정당이 참여한 결과 시하누크왕과 시하누크의 아들인 라나리드(Norodom Ranariddh)의 '캄보디아 자주, 중립, 평화, 협력을 위한 민족연합진선(훈신뼛, FUNCINPEC)'이 120석의 의석 중 58석을 차지하여 제1당이 되었고, 이어서 훈 센의 캄보디아인민당(CPP)이 51석, 손 산의 불교자유당(BLDP)이 10석을 차지했다. 캄보디아 현대사에 가장 아픈 상처를

사진 6.7 훈 센

남긴 폴 포트의 크메르 루주는 국민들의 거센 저항을 받아 총선에 불참할 수밖에 없었다.

1993년 총선의 결과 훈신뺏과 캄보디아인민당 간 정파 분열 문제가 대두되었다. 제1당이 되지 못한 훈 센은 국회의석의 3분의 2를 얻지 못하면 단독정부를 구성할 수 없다는 조항을 헌법에 삽입하고, 제1당과 2당이 일종의 거국내각을 구성하도록 유도했다. 1993년 9월 신헌법이 공포되고, 시하누크를 국왕으로 하는 입헌군주제와 양원제, 그리고 제1총리는 라나리드, 제2총리는 훈 센이 맡는 이중 권력구조의 내각을 구성하여 향후 5년간 유지하는 데 합의했다. 그러나 라나리드와 훈 센의 갈등은 갈수록 심해졌다. 결국 1997년 6월 시하누크가 와병 중일 때 제2총리 훈 센은 라나리드를 제거할 목적의 쿠데타를 일으켜 라나리드를 축출했다. 관료조직과 지방정부, 군부를 장악한 훈 센은 라나리드보다 훨씬 큰 세력을 확보하고 있었다. 이 사건으로 아세안은 캄보디아의 아세안 가입을 거부했다. 1998년 4월 15일 밀림에 숨어있던 폴 포트가 죽으면서 크메르 루주는 사실상 와해되었다.

1998년 5월 망명에서 귀국한 라나리드와 훈 센 간에 타협이 이루어졌다. 두 사람은 총선에 합의하고 1998년 7월 26일 제2차 총선거가 실시되었다. 결과는 훈 센의 캄보디아인민당이 122개의 의석 중 64석을 차지했지만 단독정부를 구성하는 의석확보에는 실패했다. 1998년 11월 훈 센과 라나리드는 헌법 개정과 연정에 합의하고, 훈 센 총리가 주도하는 연립정부를 구성하고 라나리드는 국회의장에 취임했다. 5년 뒤 2003년 제3차 총선에서 훈 센의 캄보디아인민당은 123석 중 73석을 차

표 6.5 캄보디아 정권 변동

	시하누크 정권	론 놀 정권	폴 포트 정권	헹 삼린 정권	유엔 캄보디아 과도 행정기구 (UNTAC)	훈 센/ 라나리드 연립정권	훈 센 정권
집권기간	1953~1970	1970~1975	1975~1978	1979~1990	1991~1993	1993~2003	2003~현재
국명	캄푸치아 왕국	크메르 공화국	캄푸치아 민주공화국	캄푸치아 인민공화국	⇒	캄보디아	캄보디아
정치체제	입헌군주제	공화제	공화제	공화제		입헌군주제	입헌군주제
경제체제	사회주의	자본주의	급진적 사회주의	사회주의		자본주의	자본주의
주요 정당	인민사회 주의연합 (Sangkum)		캄푸치아 공산당(KCP)	캄푸치아 인민혁명당 (KPRP)	⇒	Funcinpec CPP, SRP, BLDP	CPP Funcinpec SRP/CNRP
집권세력	시하누크	론 놀	폴 포트, 이엥 사리, 키우 삼판	헹 삼린, 훈 센		훈 센, 라나리드, 시하누크, 손 산	훈 센
대립세력	크메르 공산당, 론 놀의 군부	시하누크, 크메르 공산당	시하누크, 헹 삼린	폴 포트, 시하누크, 손 산, 민주캄푸치아 연립정부 CGDK 구성)	⇒	크메르 루주 (폴 포트, 키우 삼판)	라나리드, 삼 랑시, 켐 소카
외교정책	중립외교	친미외교	친중국, 반베트남외교	친소련, 베트남 외교		전방위외교	전방위외교

지하는 대승을 거뒀고, 훈신뻿은 26석만을 얻었다. 상대적으로 삼 랑시 (Sam Rainsy)가 만든 삼랑시당이 24석을 차지하며 인민당에 대항하는 세력으로 새롭게 부상했다. 2008년 제4차 총선은 훈 센의 1인독재의 힘이 드러난 선거였다. 훈 센의 인민당은 90석을 차지하는 압도적 승리를 거뒀다. 훈 센의 탄압과 내분으로 라나리드가 축출된 훈신뻿은 2석, 라나리드당도 2석만을 차지하는 참패를 맛보았다. 그 후 두 당은 결국 소멸되었다. 2013년 제5차 총선에서 훈 센의 인민당은 야당인 삼랑시당에서 분화한 캄보디아구국당의 거센 도전을 받았다. 결국 인민당이 68석을, 구국당이 55석을 획득하면서 양당 구도가 형성되었다. 득표율로는 두 당이 거의 비슷한 수준이었다. 훈 센정권에 대한 국민의 비판이 드러난 것이었다. 캄보디아정치가 의회에서는 양당이 대결했지만 훈 센의 권력장악과 부정부패의 고리로 집권 기득권층의 외연은 더욱 확대되었다.

2014년 9월 캄보디아인민당은 부정선거 의혹을 제기하는 야당의 국

표 6.6　캄보디아 총선 결과

	1993년		1998년		2003년		2008년		2013년	
	득표율	의석	득표율	의석	득표율	의석	득표율	의석	득표율	의석
캄보디아 인민당(CPP)	38.2	51	41.4	64	47.4	73	58.1	90	48.8	68
삼랑시당/ 캄보디아 구국당(CNRP)			14.3	15	21.9	24	21.9	26	44.5	55
인권당							6.6	3		
훈신뻿 (Funcinpec)	45.5	58	31.7	43	20.8	26	5.1	2	3.7	0
라나리드당							5.6	2		

회 등원 거부로 단독으로 국회를 개원하고 신정부를 출범시켰고, 이후 여야 영수 회담을 통해 야당 국회 등원이 합의되는 등 여야 관계가 일시적으로 개선되었으나, 2015년 하반기부터 여야 관계는 경색 국면으로 회귀되었다. 2017년 6월 제4대 지방선거에서 집권당인 인민당 50.8%, 제1야당인 구국당 43.8%의 득표율로 선거구와 의석수 면에서 캄보디아인민당이 승리하였으나, 2012년 지방선거와 같은 압도적인 승리는 거두지 못해 '인민당의 절반의 승리, 구국당의 약진'으로 평가되었다. 2017년 9월 3일 캄보디아구국당의 켐 소카(Kem Sokha) 대표가 국가전복 혐의로 체포되고, 11월 16일에는 대법원의 결정에 따라 구국당이 해산되고 구국당 소속 주요 인사들에 대한 5년간의 정치활동 금지령이 내려졌다. 훈 센은 정부에 비판적인 캄보디아데일리(the Cambodia Daily)와 프놈펜포스트(the Phnom Penh Post) 등의 언론에 세금 폭탄을 매겨 폐간하거나 매각을 유도했다.

2018년 7월 29일 캄보디아구국당 등 야당이 부재한 상황에서 비민주적 선거라는 국제사회의 거센 비판 속에 6차 총선이 치러졌다. 33년간 캄보디아를 통치해 온 훈 센 총리와 그가 이끄는 집권여당 캄보디아인민당(CCP)이 76.6%를 득표하며 국회 의석 125석을 다 차지하는 일방적인 승리로 끝이 났다. 투표율은 80%를 넘겨 지난 총선 69%보다 10% 이상 높아졌다. 투표 보이콧 운동을 벌인 야당 세력의 바람과 달리 캄보디아 총선은 투표 강요와 금권선거에 의한 매표 의혹이 컸다. 따라서 투표율은 별 의미가 없어 보인다. 제1야당인 캄보디아구국당을 해체하고 언론을 완전히 통제하는 가운데 치른 총선 승리로 훈 센은 5년을 더 집권하게 되었다. 캄보디아인민당과 훈 센 총리는 선거권위주의 정권을 이어가고 있다. 캄보디아왕국의 현재 국왕은 노로돔 시하모니(Norodom Sihamoni)이다. 시하누크의 막내아들로 형들과 비교해 정치적 야망이 없으며 유럽에서 성장한 안무가이자 영화인으로 정치적 기반도 전혀 없다. 훈 센으로서는 개인통치를 강화하는 데 국왕의 영향력이 약화될수록 좋을 것이다.

인도네시아

인도네시아의 국명은 인도네시아공화국(Republic of Indonesia)이다. 국토는 한반도의 9배에 달하는 192만㎢이고, 1만 3,000여 개의 섬으로 구성된 세계최대의 도서국가이다. 동서 길이가 5,000km, 남북길이가 2,000km에 이르고 내해 면적까지 합치면 519만㎢로 미 대륙의 크기에 달한다. 인도네시아의 지도를 유럽지도에 겹쳐본다. 서쪽 수마트라 아쩨를 이베리아반도의 끝인 지브롤터해협에 맞추면 동쪽인 파푸아가 모스크바에 가서 닿는다. 100여개의 활화산을 가지고 있는 환태평양 화산지대에 놓여있어 화산폭발과 지진 등 자연재해가 빈번하게 발생한다. 화산재로 이뤄진 비옥한 토양에 열대 해양성 기후를 갖고 있어 커피, 담배, 차, 사탕수수, 팜오일 등 5대 열대작물과 목재, 수산자원, 원유와 가스, 광물 등 풍부한 천연자원을 가지고 있다.

2억 6,000만 명의 세계 4위 인구대국이며 국토면적 7%의 자바섬에 60% 이상의 인구가 집중되어 있다. 인도네시아군도에는 300여 종족이 살고 있다. 자바족과 순다족이 다수 종족을 이루고, 마두라, 바딱, 아쩨, 다약, 또라자, 부기스, 미낭까바우, 발리족 등 100만 명 이상의 종족들이 살고 있다. 인도네시아에는 자바어, 순다어 등 580여개의 지방어가 있지만 학교에서 공통으로 배우는 국어인 바하사 인도네시아(Bahasa Indonesia)가 인도네시아 전역에 걸쳐 사용되고 있다. 자바어처럼 가장 많은 인구가 사용하는 언어를 국어로 채택하지 않고, 소수가 사용했지만 여러 지방에 흩어져 상업어로 쓰이던 스리비자야왕국의 언어를 인도네시아어로 선택한 것은 원심력이 강한 지방 사람들을 국민으로 통합하는 데 가장 바람직한 정책이었다고 생각한다. 인도네시아 인구의 88%가 무슬림으로 세계최대의 무슬림 국가이지만 이슬람교를 국교로 정하지는 않았다. 나머지는 5.5%의 기독교도, 2.5%의 가톨릭교도, 2%의 힌두교도, 1%의 불교도로 구성되어 있다.

인도네시아는 동남아에서 가장 복잡하고 다양한 사회로 구성된 국가이다. 인도네시아의 종족적 다양성과 지리적 분산성 속에 자바인들의 압도적 위치가 인도네시아정치를 이분법적 시각으로 보게 하는 원인이 되었다. 지배적이며 농업중심적인 자바인들과 수적으로 열세이면서 상업중심의 변방도서 주민들과의 선봉적인 대립이 있고, 이슬람교리에 치중하는 산뜨리 문화와 다신앙적인 자바 중심의 아방안 문화 긴의 대립이 있다. 산뜨리는 이슬람 국가의 창설을 원하지만 아방안은 세속화된 국가를 선호한다. 독립 이후 인도네시아의 중앙정치를 아방안과 산뜨리의 이분성으로 설명하면 산뜨리 문화에 대한 아방안 문화의 점진적 우위의 확보과정이라고 할 수 있다.

1945년 독립선언 이후 지금까지 인도네시아의 현대사를 정치적 시기로 나눠보면, 1945년~1949년까지 대네덜란드 독립투쟁시기, 1950~1958년까지는 1950년 헌법에 따른 의회민주주의시기, 1959~1965년까지는 1959년 7월 5일 계엄령에 이은 의회해산과 1945년 헌법 복귀에 따른 수카르노 대통령의 교도민주주의(Guided Democracy)시기, 1965년 9월 30일, 즉 9·30사태 이후 권력교체가 이루어지고, 1966~1998년까지 수하르토 대통령의 신질서체제(Orde Baru)시기, 1999~2020년 현재까지 민주화시기로 구분된다. 교도민주주의시기는 수카르노를 국가권력의 정점으로 하고 그의 두 정치기반이던 좌파의 인도네시아공산당(PKI)과 우파인 군부가 지탱하던 NASAKOM(민족주의, 이슬람, 공산주의 연합체제)체제였다. 수카르노 대통령은 종종 '붕(큰형님)카르노'로 불리면서 국민들 사이에 인도네시아 민족주의와 자바의 영광을 재현할 수 있는 카리스마있는 지도자로 부각되었다. 그의 열정적인 이상주의는 인도네시아인들에게 강한 국가연대의식을 고취시켰으며 고대왕국의 왕이나 마을의 촌장과 같은 전통적인 자바 지도자의 이미지에 부합되는 상징으로서 확고한 위치를 가지고 있었다.

1999년부터 민주화된 현재의 인도네시아를 이해하기 위해 32년 간 인도네시아를 지배했던 수하르토정권에 관해 알아 둘 필요가 있다. 수하르토는 수카르노와 달리 비인격적인 위계질서를 제도화하는 방식을 통해 권력을 강화해 나갔다. 군부와 기술관료를 중심으로 지탱되는 세속화된 국가를 발전시키는 것을 의미했다. 수하르토는 파탄지경에 이른 국가경제를 재건하는 방향으로 국가조직을 동원하고, 수차례의 경제개발계획으로 물적, 재정적 자원을 독점함으로써 국가의 역량을 급속하게 키웠다 (신윤환, 2001). 수카르노의 열정적인 이상주의와 다르게 수하르토는 세속화된 국가이념을 정치적 권위를 합법화하는 수단으로 적극 활용했다.

1945년 헌법전문(前文)에 수록된 "Pancasila(빤짜실라)"는 인도네시아 국가이념이자 국민철학인데, 다섯 가지(panca) 원칙(sila)은 첫째, 전능한 신에 대한 신앙심, 둘째, 정의롭고 예의바른 인간성 셋째, 인도네시아의 통일 넷째, 대중합의와 대의제도를 통한 민주주의 다섯째, 전인도네시아인을 위한 사회정의를 말한다. 인도네시아는 '다양성 속의 통일(Bhinneka Tunggal Ika, Unity in Diversity)'을 국가건설의 중요한 목표로 삼고 있다. 이는 인도네시아 국민들의 전통적 가치관(가족중심주의, 상부상조정신, 협의주의)에 기초한 상상의 공동체(An Imagined Community)를 건설하기 위한 상징적인 노력을 압축한 것이다. 초대 대통령 수카르노는 빤짜실라의 상징성에 주목한 반면 수하르토 대통령은 빤짜실라의 구체적인 정치작업화를 추구하여 빤짜실라를 반대하는 것은 정부에 대한 반대이고 국기기초를 부정하는 것과 동일시했다. 이는 정치적 이슬람세력의 탈정치화를 위한 수단으로 이용하는 한편 선거와 정당을 개편할 목적으로 사용했다. 빤짜실라는 1978년 이후 국민교육의 중심이념으로 정착하여 1983년 모든 정당과 사회단체의 정강으로 강제로 채택되어 인도네시아의 국가이념으로 발전하였다.

수하르토체제의 중심축을 구성했던 인도네시아 군부(ABRI: Angkatan Bersenjata Republik Indonesia)는 군 총사령관 지휘의 통합군체제를 갖고 있디. 군부는 억사적으로 인도네시아 국가건설과 통합의 정당성을 획득한 사례를 갖고 있다. 첫 번째가 1948년 10월 19일 수카르노 내통령이 네덜란드에 구속되면서 항복 선언을 했을 때 당시 군사령관이었던 수디르만은 "정부가 있건 없건 군은 계속 투쟁한다"고 선언하며 네덜란드에 대한 저항을 이어갔다. 두 번째가 1950~1960년대 자바 이외의 지역에서 많은 분리독립 움직임이 발생했을 때 군이 나서서 저지했다. 세 번째가 1965년 공산당 세력에 의한 쿠데타였던 9·30사태를 해결한 것이다. 수하르토정권에서 군부는 이중기능(Dwi Fungsi, dual function)을 수행했다. 인도네시아 건설과정과 관련하여 '군은 국가의 구체적 상징'이고, '군은 인도네시아 사회, 종족, 종교적 분열을 묶어내는 핵심정치제도'라는 점을 1982년 법률로 명문화하고 군이 전 행정조직을 장악했다. 이중기능은 국내외 위협에 대한 위협과 분쟁에 대한 대처 임무인 안보군사기능과 경제사회 개발담당 세력으로서의 임무인 경제사회기능을 군이 동시에 수행한다는 것이다. 이러한 논리로 군부는 인도네시아의 전 영역에 침투하고 관리하는 막강한 정치세력이 되었다.

수하르토정권에서 정당과 선거는 대통령과 군부 중심의 국가경영을 보조하는 역할에 머물렀다. 집권여당은 200여개의 각종 직능단체의 연합체로 구성된 직능그룹을 의미하는 골까르(GOLKAR)였다. 1964년 인도네시아공산당(PKI)의 득세에 대항하기 위해 군부가 지원하는 정치사회단체로 출발한 골까르는 수하르토정권이 출범하고 1969년 10월 정당으로 전환하였다. 골까르는 대표적인 5개 산하단체로 인도네시아공무원조직(KORPRI), 전인도네시아노동조합(FBSI), 인도네시아청년위원회(KNPI), 고통로용협동조합(KOSGO-RO), 공무원노조협동조합중앙회(IKPN)를 가지고 있었다. 골까르는 수하르토 시절 집권여당이 아니고, 집권자의 당이라는 평가를 받았다. 통일개발당(PPP: Partai Persatuan Pembangan)은 1973년 1월 정부의 통폐합정책에 의해 4개 이슬람정당인 NU(Nahdatul Ulama), 무슬림인도네시아당(MI), 인도네시아이슬람연맹당(PSII), 이슬람교육연맹당(PRRTI)이 연합하여 만들어졌다. 정치에 유일하게 남게 된 이슬람동맹체인 PPP는 1987년 선거를 앞두고 유일한 이념적 기반인 이슬람을 포기하고 빤짜실라를 받아들일 수밖에 없었다. 이로 인해 PPP내 최대 파벌이던 NU가 결국 탈퇴했다. 인도네시아민주당(PDI: Partai Demokrasi Indonesia)은 1973년 5개 군소정당이 통합한 비이슬람계 민족주의적 지식인정당으로, 1927년 수카르노가 창설한 인도네시아국민당(PNI)세력이 주도하고 인도네시아독립수호연맹(IPKI), Partai Murba가 참여했다. 수하르토정권의 권위주의적 성격은 '관료정체', '신질서피라미드', '가산제적 정체', '제한적 관료다원주의', '관료적 권위주의' 등 다양한 개념으로 불렸다.

1998년 IMF사태의 후유증 속에 국민들의 대규모 저항이 발생하자 5월 21일 32년 동안 권좌에 있던 수하르토 대통령은 스스로 물러났다.

이로써 인도네시아는 오랜 군부권위주의체제를 벗어나기 시작했다. 1999년부터 본격화된 민주화는 6월 7일 총선 실시로 PDI를 이어 받은 투쟁인도네시아민주당(PDI-P)이 원내 제1당을 차지했고, 10월 국민협의회(MPR)에서 와히드 대통령과 메가와티 부통령이 선출되었다. 2001년 7월 국민협의회는 뇌물수수와 부정혐의로 와히드 대통령을 탄핵하고 메가와티(Megawati Sukarnoputri) 부통령이 대통령직을 승계했다. 메가와티는 초대 수카르노 대통령의 딸이다. 2004년 4월 5일 국회 총선이 실시되어 수하르토 시절 여당이던 골까르당이 제1당으로 복귀했다.

2004년 7월 5일 헌법 개정에 따른 최초의 국민직선으로 대통령 선거가 실시되었고, 일차투표에서 과반수 이상을 얻은 후보가 없어 결선 투표를 거쳐 군사령관 출신의 유도요노(Yuhdoyono)가 메가와티를 누르고 대통령에 당선되었다. 2009년 9월 두 번째 치러진 대통령 직선에서 결선투표 결과 유도요노 후보가 재선되었고 헌법에 따라 2기 대통령직을 수행하였다. 5년마다 치러지는 세 번째 대선인 2014년 7월 정부통령 선거에서 조코 위도도(Joko Widodo)와 유숩 깔라(Jusuf Kalla)후보 대

사진 6.8 수카르노와 수하르토

쁘라보오 수비안또(Prabowo Subianto)와 하타 라자사(Hatta Rajasa) 후보 간의 대결에서 조코위 후보가 53%를 득표하여 대통령에 당선되었다. 2014년 10월 취임한 조코 위도도(조코위)는 인도네시아 최초의 민간인 출신 직선 대통령이 되었다. 5년 뒤 2019년 4월 대선에서 조코 위도도/마루프 우노 후보는 다시 쁘라보오 수비안또/마루프 아민 후보를 누르고 재선에 성공했다. 2014년 득표율 차이는 8.6%에서 2019년 11%로 확대되었다. 조코위 대통령과 아민 부통령에 대한 지지는 빤짜실라 헌법 정신에 입각한 지지의 특성을 보인다. 이슬람 중에서도 전통주의, 온건주의, 실용주의로 대표되는 NU의 전국적 지지와 인구밀도가 높으면서 NU가 활발하게 활동하는 동부자바, 족자카르타를 포함 중부자바, 중국계 인도네시아인들이 많은 자카르타, 메단, 방카 불리퉁, 수라바야, 힌두교도들의 섬인 발리, 기독교인들이 다수인 말루쿠와 파푸아 등에서 조코위와 아민 후보의 지지율이 더 높게 나타났다. 2014년에서 2019년 선거 사이에 불거졌던 정체성 투쟁정치의 결과는 조코위와 아민 후보의 승리로 끝났다. 그들을 지지했던 지역과 지역민들의 특성으로 볼 때 '강성 이슬람'이 지배적인 인도네시아보다는 '빤짜실라적 전통'이 살아있는 인도네시아를 다수의 인도네시아 국민들이 선택했다고 볼 수 있다. 인도네시아는 무슬림이 다수인 사회이고, 여전히 폭력적이며 군사적인 강성 이슬람주의자의 움직임은 남아있지만 기독교, 힌두교와 중국계 인도네시아인을 비롯한 소수 종족들의 사회적 지위가 인정받는 사회를 선택한 것이다.

인도네시아 다수 국민들은 조코위 정부정책의 지속을 선택했다. 인프라 강화

사진 6.9 조코 위도도

정책, 디지털경제로의 전환, 부패극복과 관료구조의 혁신, 사회보장제도의 지속과 확대, 빤짜실라 정신에 기초한 사회통합으로서 미래 청년세대의 온건주의와 중용주의 강화정책 등이 계속 이어질 것으로 예상한다. 제2기 조코위정부의 추가된 정책 중에서 주목해 봐야할 것이 샤리아 경제정책이다. 샤리아경제는 빈곤극복과 빈곤층 해소에 목적을 두고 있어 의미하는 바가 크다. 외교정책은 인도네시아가 무슬림 민주주의 국가로서 무슬림 세계의 중재자로 적극적인 외교를 펼칠 것을 밝히고 있다.

헌법 개정에도 인도네시아는 여전히 대통령 중심제를 유지하고 있다. 단일제 공화국의 강력한 대통령은 국가원수 겸 행정수반이고 국가통치권과 군통수권을 장악하고 있다. 국민의 직선으로 선출되는 대통령의 임기는 5년이고 두 번까지(중임 제한) 재직할 수 있다. 대통령은 중앙행정기관으로 정치안보, 경제, 복지 등 3개 조정장관과 20개 부처장관 및 10개 국가장관을 임명한다. 대통령은 지방행정기관으로 32개 주(이 중 Jakarta, Yogyakarta, Aceh는 특별자치구), 327개 군, 55개 구 및 3,841개 면을 관할한다. 대통령은 통합군 체제의 군부를 지휘하는 권한을 갖는다.

국내외의 많은 우려에도 불구하고 인도네시아는 조금씩 민주화의 수레바퀴를 굴려 나가고 있다. 제일 시급했던 국가제도의 변경을 위해 헌법상 인도네시아의 최고주권기관인 국민협의회(MPR: Majelis Permusyawaratan Rakyat)가 헌법 개정을 위한 조치를 진행했다. 1999년부터 2002년까지 4단계 조치를 진행하여 37개 조항의 1945년 헌법을 73개 조항의 헌법으로 개정했다. 주요 개정 내용을 보면 대통령 직선 및 중임 제한, 지역대표의회(DPD: Dewan Perwakilan Daerah) 신설, DPD와 국회(DPR: Dewan Perwakilan Rakyat)의 국민협의회

(MPR) 공동구성, 국회의원 및 지역대표의회 의원의 국민 직선, 최고자문위원회 폐지, 헌법재판소 및 사법위원회 신설, 인권관련 조항 추가 등이었다. 1999년 5월 1차 개정의 핵심은 행정부의 권한을 축소하고, 입법부의 권력을 강화한 것이었다. 그리고 대통령의 권한에 대한 법적 근거와 제한을 마련했다. 2000년 8월 2차 개정의 핵심은 대통령제 유지를 명확히 하고 군부의 이중기능을 폐지하며 지방자치를 도입한 것이다. 2001년 11월 3차 개정의 핵심은 국민주권은 국민협의회(MPR)에 의해 행사되는 것이 아니라 헌법에 따라 행사되는 것으로, 국민주권 개념이 확립된 것이었다. 사법영역의 독립으로서 헌법재판소를 대법원으로부터 분리하였다. 2002년 8월 4차 개정을 통하여 대통령과 부통령의 직접선출 조항이 만들어지고 선거관리위원회(KPU)의 독립성이 헌법에 보장되었다.

개정 헌법에 따르면 국민협의회(MPR)는 헌법상 최고주권기관의 위상을 유지하며 의원 임기는 5년이다. 주요 기능은 헌법의 제정 및 개정, 정·부통령에 대한 탄핵과 주요 국가시책 결정 등이다. 과거 대통령을 선출하던 국민협의회의 기능은 국민직선제로 사라지게 되었다. 국민협의회는 국회(DPR)의원과 지역대표의회(DPD)의원을 합한 인원으로 구성된다. 국회(DPR)는 지역별 정당명부식 비례대표제로 선출되는 임기 5년의 550명 의원으로 구성한다. 주요 기능은 입법권, 예산결정 및 예산집행 감독, 행정부 견제 등이고, 정부에 대한 불신임권은 없다. 지역대표의회(DPD)는 국회(DPR)의 기능을 보완하고, 지역대표성을 강화하기 위한 헌법 개정으로 신설되었는데, 32개 주(propinsi)에서 각4명씩 선출되는 128명의 의원으로 구성되며 정당에 소속되지 않은 개인자격으로 출마하는 것이 의무화되었다. 주요 기능은 지방행정, 지자체 관련 사업 심의 및 예산 심의, 관련 입법권과 지방분권 관련 입법권 등이다.

민주화 이행 과정에서 가장 큰 변화를 경험한 국가기관이 국민협의회(MPR)이지만 국민협의회가 사라지지 않은 것도 주목된다. 국민협의회는 5년에 한번 소집되어 대통령과 부통령을 선출하고 국가정책과 관련한 지침을 결정하던 인도네시아 최고주권기관이었다. 민주화 이후 삼권분립 구도가 현실화되었음에도 불구하고 국민협의회는 여전히 존속되고 있다. 인도네시아는 다양성을 하나의 통일성으로 이끌어내는 데 성공한 국가이고 그것을 담당하던 국민협의회는 그러한 의미에서 인도네시아 권력구조의 특수성을 담고 있다. 현재 국민협의회는 헌법을 개정할 수 있고, 대통령과 부통령을 취임시키며 대통령과 부통령의 권한을 정지시킬 수 있는 제도적 거부권을 가지고 있다. 이것은 국민협의회가 여전히 최고의 주권기관이라는 것을 의미한다. 단지 이제는 국민협의회가 국민직선으로 선출된 국회(DPR)와 지역대표의회(DPD)의원으로 구성되어 민주적 대표성을 확보하고 있다는 사실이다.

인도네시아는 2019년 4월 17일 총선과 대선을 동시 실시했다. 2019년에서 적용된 가장 중요한 변화는 국회의원선거와 대통령선거를 같은 날 실행했다는 점이다. 민주화 이후 국가의 정체성을 둘러싼 장·단기적 갈등에 대해 일단락을 짓고, 10월 20일부터 새로운 중앙정부와 국회와 지방의회가 함께 5년의 임기를 시작한다는 의미가 있었다. 세계에서 가장 크고 복잡한 선거라고 불린 2019년 인도네시아 선거는 대통령과 부통령 각 1명씩 2명, DPR 의원 575명, DPD 의원 136명, DPRD Provinsi 의원 2,207명, DPRD 의원 1만 7,610명으로 총 2만 530명을 뽑는 선거였는데, 출마한 후보자만 24만 5,000명에 달했고, 이 중 30%가 여성후보였다. 국회(DPR) 80개 선거구에 모두 후보를 출마시킨 전국 정당이 16개였고, 10개 선거구에만 후보를 출마시킨 정당이 4개로 모두 20개 정당이 경쟁했다. 국회(DPR)의원 575명은 34개 주를 80개

표 6.7 1998년 민주화 이후 주요정당별 득표율과 의석수 변화

정당명	1999년 득표율 (%)	2004년 득표율 (%)	2009년 득표율 (%)	2014년 득표율 (%, 의석수)	2019년 득표율 (%, 의석수)
골까르당(Golkar: Partai Golongan Karya)	22.26	21.58	14.45	14.75 (91)	12.31 (85)
투쟁인도네시아민주당(PDIP: Partai Demokrasi Indonesia Perjuangan)	33.73	18.53	14.03	18.95 (109)	19.33 (128)
국민계몽당(PKB: Partai Kebangkitan Bangsa)	12.66	10.57	4.94	9.04 (49)	9.69 (58)
통일개발당(PPP: Partai Persatuan Pembangunan)	10.72	8.15	5.32	6.53 (35)	4.52 (19)
민주당(PD: Partai Demokrat)		7.45	20.85	10.91 (61)	7.77 (54)
복지정의당(PKS: Partai Keadilan Sejahtera)	1.36	7.34	7.88	6.79 (40)	8.21 (50)
국민수권당(PAN: Partai Amanat Nasional)	7.12	6.44	6.01	7.59 (47)	6.84 (44)
월성당(PBB: Partai Bulan Bintang)	1.94	2.62	1.79	1.46 (0)	0.79 (0)
인도네시아행동당(Gerindra: Partai Gerakan Indonesia Raya)			4.46	11.81 (73)	12.57 (78)

선거구로 구분하여 각 선거구에서 인구규모 비례로 최소 3명에서 10명을 선출하는 중대선거구제로 운영된다. DPR의원은 개방형 정당명부식 비례대표제를 통해 선출되고 전국적으로 정당 득표율이 4%이상이어야 의회에 진출할 수 있다. 인도네시아 국회 선거가 승자독식게임으로 귀결되지 않고 제도적 차원에서 다층적으로 이해관계를 교차하게 만들어 선거 이후에 어떤 정당도 독점적인 권력을 행사하지 못하도록 한 것은 매우 중요한 정치적 효과가 있다고 본다. 인도네시아 선거제도는 이해관계를 인구비례적으로 표출하게 만들고, 정당별로 분산되게 만들고 지역을 세분화하는 대표체계를 만든 것이다.

2019년 총선 결과는 16개 전국정당 중 9개 정당만 의회에 진출할 수 있는 4% 이상의 전국 득표율을 얻었다. 그러나 어느 정당도 전국적으로 늑표율 20%를 넘지는 못했다. 국회에 진출한 9개 정당은 PDI-P, Gerindra, Golkar, PKB, NasDem, PKS, PD, PAN, PPP이나. 이슬람 정당은 PKB, PKS, PAN, PPP이다. 이 정당들 중에 조코위/아민 후보군 뒤에는 PDIP, PKB, Golkar, NasDem, PPP 등 5개 정당이 지지했다. 득표율에 따른 의석 배분 결과는 PDI-P는 128석, Golkar는 85석, Gerindra는 78석, NasDem은 59석, PKB는 58석, PD는 54석, PKS는 50석, PAN은 44석, PPP는 19석을 차지했다.

인도네시아 권력구조는 1950년대 의회민주주의를 제외하고 항상 대통령제를 유지하였다. 민주화 이행 전과 이행 이후의 대통령제의 차이는 대통령과 부통령을 국민이 직접 선출하고, 대통령은 입법부에 의해 견제받으며, 대통령 탄핵은 국민협의회 본회기 동안 4분의 3이상의 구성원 참석과 참석 인원의 3분의 2이상의 승인으로 결정된다는 점이다. 또한 대통령은 국회를 해산하거나 기능을 정지시킬 수 없고, 대통령 권한을 행사할 수 없을 경우 부통령이 수임하며 부통령이 공석일 때 대통령에 의해 임명된 두 명의 후보 중에서 부통령을 선출하기 위해 국민협의회는 60일 안에 회의를 열어야 한다. 민주화 이행 이후 인도네시아 대통령제를 보면 강력한 대통령제라기보다 견제와 균형, 특히 입법부와의 관계에서 이전 수하르토체제에서의 대통령제의 위험성을 극복하기 위한 장치들을 법적으로 많이 규정하였다. 따라서 현재 인도네시아의 대통령제는 실질적으로 의회주의적 성격을 띤 대통령제로 평가할 만하다. 인도네시아의 정부구성은 단독정부 형태가 아니라 국회소속 여러 정당들이 참여하는 연합정부 형태를 보인다. 주목할만한 사실이 조코위 대통령은 대선 경쟁자였던 쁘라보오를 국방장관에 임명했다는 점이다. 이렇듯 인도네시아정치는 유도요노 대통령 시절부터 무지개연합정부(rainbow coalition government)로 불리고 있다. 이것은 대통령제임에도 불구하고 합의제적 민주주의의 가장 큰 특징인 다당제적 연합정부 구성을 보여주는 것이다.

민주화 이행 이후 인도네시아정치의 큰 변화 중 하나는 국회 고유기능의 회복이다. 국회는 대정부 질의권, 국정조사권이 갖고 있으며, 특히 국가예산 관련 법안에 대해 대통령과 국회 사이에 공동승인을 강조한 것은 제도적 거부권을 갖고 있는 것이다. 행정부 권력과 입법부 권력의 공동승인을 최대한 이끌어내고자 한다는 것은 합의제적 민주주의가 기능한다고 볼 수 있다. 또한 국회의 기능 중에 획기적인 변화는 지역대표의회(DPD)의 신설이다. DPD 구성원도 총선을 통해 모든 주에서 선출되고, 각주의 DPD 구성원은 동수여야 하며 DPD의 구성원은 DPR 구성원의 1/3을 넘지 않아야 한다. 각 주마다 동수의 DPD 구성원을 뽑는 것은 인구비례보다는 주의 대표성을 강조하는 의미가 있다. 민주화 이후 감사원, 헌법재판소, 사법위원회, 선거관리위원회를 두면서 민주주의의 수평적 책임성을 높이기 위한 방향으로 진전이 있었다. 수평적 책임성의 핵심은 2004년 유도요노정부에서 시작된 본격적인 반부패정책으로, 관료사회의 개혁을 지향하고 있다. 성과 여부와는 별도로 전반적으로 인도네시아 사회가 부패문제를 심각하게 인식하고 있다는 데 공감하고, 행정부의 정책수행능력을 높이기 위한 개혁을 화두로 삼고 있는 것이 사실이다. 세계은행이 발표하는 세계거버넌스지수(WGI)는 참여와 책임성, 정치적 안정과 비폭력, 정부 효과성, 규제성. 법의 지배, 부패 규제 등 여섯 개의 지표로 구성되는데, 100에 가까울수록 긍정적인 의미를 갖는다. 인도네시아는 모든 지표의 점수가 낮은 국가군에 속하며, 각 지수의 값이 50점을 넘는 것이 없다. 6개 범주 중 가장 낮은 점수는 정치적 안정성과 부패통제이고, 상대적으로 점수가 높은 영역이 정부의 효과성과 규제성이다. 민주화 이행 이후 상대적으로 점수가 높아지고 있기는 하지만 인도네시아정치의 책임성 측면은 상당한 개혁추진을 통해 개선해 나가야 할 것으로 생각한다.

말레이시아

말레이시아의 국명은 말레이시아연방(Federation of Malaysia)이다. 국명에서 알 수 있듯이 말레이시아는 연방제 국가이다. 33만 ㎢의 국토는 말레이반도의 13.2만 ㎢와 동말레이시아 사라왁과 사바의 19.8만 ㎢로 남중국해를 사이에 두고 동과 서로 나눠져 있다. 인구는 3,200만 명으로 이슬람교를 믿는 말레이인 60%와 이반족 등 동부말레이시아 토착민 5%를 합친 65%의 부미푸트라(Bumiputra, 원주민의 의미), 유교, 불교, 도교를 믿는 27%의 중국인과 힌두교를 믿는 8%의 타밀계 인도인으로 구성되는 대표적인 복합사회이다. 수도인 쿠알라룸푸르 등 수도권과 북부 빼낭, 중부 이포, 남부 조호바루 등 말레이반도에 인구가 집중되어 있다. 최근에는 쿠칭(사라왁), 꼬타키나발루(사바) 등 동부말레이시아에 인구가 증가하는 추세이다. 언어는 인도네시아어와 같은 바하사 말레이시아(Bahasa Malaysia)를 국어로 사용하고 상용어로 영어가 통용된다. 이슬람이 국교로 지정되어 있지만 종교의 자유는 보장된다.

말레이시아의 현대사는 1957년 8월 31일 영국으로부터 독립하면서 시작되었다. 1956년 식민종주국이었던 영국과 헌법회의를 열어 말라야연방헌법을 제정하며 독립의 문을 열게 된다. 연방헌법은 강한 연방정부를 중심으로 한 의회민주주의제도를 채택하였으며 기본권 조항은 서구 민주주의에 가깝게 명문화하였다. 그러나 언론, 표현, 집회, 결사의 자유 등의 기본권이 안보, 외교, 공공질서 및 도덕에 위배될 때는 법률에 의해 규제를 받도록 규정했다. 또한 말레이인만이 국왕이 될 수 있으며 이슬람교를 국교로, 말레이어를 국어로 정하고 정부시책에 말레이인의 우선권을 인정하는 등 부미푸트라에 대한 특권조항을 포함시켰다.

1957년 말레이반도의 말라야연방(Federation of Malaya)으로 독립하였고 초대총리는 말레이 보수세력의 라흐만(Rahman, 1957~1970년)이 맡았다. 1963년까지 말라야연방으로 있다가 1963년 9월 16일 사라왁과 사바, 싱가포르를 새로 가입시킨 말레이시아연방으로 확대되었다. 2년 후 1965년 8월 17일 싱가포르가 말레이시아연방에서 탈퇴하여 독립하였다. 말레이시아 현대사의 분수령이라 할 수 있는 인종폭동은 1969년 5월 13일 발생했다. 선거결과에 불만을 품은 충돌이 말레이인과 중국인 간 인종폭동으로 확대된 결과였다. 500여 명의 사상자가 발생하여 계엄령이 발령되고 2년간 의회가 해산되었다. 사태를 수습하며 총리가 된 라작(Razak, 1970~1976년)과 후세인 온(Hussein Onn, 1976~1981년) 총리에 이어 1981년 마하티르(Mahathir bin Mohamad)

가 총리직에 올랐다.

마하티르는 2003년까지 20여 년 말레이시아를 통치했다. 마하티르는 1925년생으로 끄다(Kedah)주 출신이고 싱가포르의 에드워드7세 의대를 졸업한 의사출신 정치인이다. 말레이인의 대표정당인 통일말레이국민조직(UMNO: United Malay National Organization) 초기부터 정치활동을 했고, 1964년 총선에서 연방하원의원에 당선되었지만 1969년 총선에서는 낙선했다. 교육분야 정부직에 진출하여 1968년 고등교육위원회 위원장, 1974년 국립대학위원회위원장, 1973년 상원의원에 임명되었고, 1974년 총선에 출마해 당선 후 교육부 장관이 되었다. 1976년 부총리에 임명되고 1978년 개각에서 무역산업부 장관에 취임했다. 1975년 UMNO의 3인의 부총재에 선출되고 1981년 총재로 선출되었다. 1984, 1987, 1990, 1993년 총재에 재선되었고, 1982, 1986, 1990, 1995, 1999년 총선을 승리로 이끌었다. 1997년 동남아 경제위기가 터지자 마하티르는 위기를 맞았지만 서구 자본주의의 횡포를 비난하고 아시아적 방식을 외치는 고집스런 정책을 밀고 나가면서 위기를 돌파하였다. 이 과정에서 자신의 후계자로 촉망받던 안와르(Anwar Ibrahim)를 1998년 부총재직에서 제거하는 강경책을 사용했다. 1999년 12월 총선에서 UMNO가 대승하며 마하티르는 건재를 과시했고 그 후 바다위(Badawi) 부총리를 후계자로 선임하고 2003년 총리직에서 물러났다 (Hwang, 2014). 마하티르는 은퇴한 지 15년만인 2018년 총선에서 야당세력을 이끌며 UMNO에 승리해 다시 총리로 돌아왔다.

말레이시아는 입헌군주제하의 13개

사진 6.10 마하티르

주와 2개 연방영토(쿠알라룸푸르, 라부안)로 구성된 연방제도를 갖고 있다. 13개 주는 말레이반도에 11개(Perlis, Kedah, Trengganu, Pulau Pinang, Perak, Pahang, Selangor, Negri Sembilan, Malacca, Johore, Kelantan)와 동말레이시아에 2개(Sarawak, Sabah)가 있다. 빼낭, 말라카, 사바, 사라왁은 국왕이 임명하는 주지사(Governor)가 있고, 나머지 9개 주는 이슬람 세습 부족장인 술탄(Sultan)이 주 수반이다. 그렇지만 실제로 주를 운영하는 행정은 술탄과 주지사가 임명하는 주총리(Menteri Besar)가 맡고 있다. 말레이시아의 공식국가원수는 국왕(Yang di-Pertuan Agong)이다. 특이한 것은 통치자회의(Ruler's Conference)에서 9명의 술탄 중 1명을 임기 5년마다 선출하여 돌아가며 국왕직을 수행한다. 국왕은 의회와 내각의 권고에 따라 행정권을 행사하고, 총리를 임명하며 총리의 권고에 따라 대법원과 고등법원 판사를 임명하고 국군총사령관을 맡는다. 그러나 실질적인 권력은 의회 다수당의 당수가 맡는 총리직에 있다. 총리는 국왕이 하원 과반수의 신임을 얻은 하원의원 중에서 임명하며 각료는 국왕이 총리의 권고에 의해 하원의원(일부 상원의원) 중에서 임명한다.

국회는 상원과 하원으로 구성된 연방의회가 중심이다. 하원은 예산안을 단독으로 처리하는 등 상원보다 우위에 있다. 상원(Dewan Negara)은 69석으로, 주 대표 29석 (13개 주 의회에서 각 주당 2명 선출, 연방영토인 쿠알라룸푸르 2명과 라부안 1명은 국왕이 임명)과 국왕이 임명하는 40석(직능대표, 국가유공자, 소수민족대표)으로 구성된다. 상원의원의 임기는 3년으로 두 번 이상 연임은 불가하다. 말레이시아 정치권력의 중심인 하원(Dewan Rakyat)은 193석으로, 선거구당 1명씩 소선거구 단순다수대표제로 선출한다. 의원의 임기는 5년이며 의회가 해산한 경우 60일 이내에 총선을 실시해야 한다. 자격은 21세 이상이며 공무원은 사임한 후 출마가 가능하다. 하원은 총리의 권고에 따라 국왕이 해산할 수 있으나 상원은 해산이 불가하다. 주 의회는 13개 주마다 단원제를 갖고 있고, 연방하원과 마찬가지로 임기는 5년이고 선거구당 1명씩 선출하는 소선거구 단순다수대표제를 사용하고 있다. 말레이시아의 사법부는 주법원, 연방고등법원, 연방대법원으로 구성된다. 대법원은 연방과 주, 주와 주 간의 분쟁조정과 위헌여부를 해석한다. 2개의 연방고등법원은 말레이반도와 동부말레이시아를 각각 관할한다.

말레이시아의 정당은 다종족 복합사회의 특징을 반영하여 종족 간 동맹을 결성하여 활동하는 것이 특징이다. 정당의 정치적 자원은 이념과 계급이 아닌 종족이 바탕이며 말레이계의 정치적 주도권을 보장하는 가운데 다른 종족들이 동맹관계를 맺는 정당체계로 발전하였다. 범여권을 형성하고 있는 국민전선(BN: Barisan Nasional)은 1946년 결성된 말레이계의 UMNO가 중심이 되어 1949년 만들어진 중국계 MCA(Malaysian Chinese Association)와 1946년 결성된 인도계 MCI(Malaysian Indian Congress) 등과 1953년 연합전선을 구축한 것이 시작이었다. 1957년 독립 이후 1973년까지 동맹당(Alliance Party)을 형성하였고, 1974년 군소정당까지 흡수하여 BN으로 확대하여 정당으로 공식 등록하였다. 2018년 이전 모든 총선에서 승리하면서 정국을 주도했다. 정당연합의 구성은 총선마다 변하고 있지만 UMNO, MCA와 MCI 등 종족 중심의 세 정당이 주도하는 구도를 가지고 있었다. 특별히 UMNO는 자금력, 조직력, 이념을 지배하는 정당으로 군림했다 (Case ed., 2010).

이에 대해 말레이시아 야권도 연합전선을 구축하고 대응했다. 1987년 마하티르 총리의 당권에 도전했다 실패한 라잘레이(Razaleigh) 상공장관을 중심으로 1989년 창당한 스망맛46(Semangat 46, Spirit of '46)과 이슬람국가건설을 정강으로 하는 1951년 결성된 이슬람당(PAS: Parti

Islam Se Malaysia), 1966년 창당한 중국계 민주행동당(DAP: Democrati Action Party), 인도계 범말레이인도진보전선(IPF) 등이 1990년 야당연합(Gagasan Rakyat Malaysia)을 결성했다. PAS는 1974년 국민전선 참여 이후 1977년 이념적 문제로 국민전선을 탈퇴하고 야당으로 전환했고, 1999년 주 선거에서 끌란탄, 뜨렝가누주에서 승리해 집권했다. DAP는 싱가포르 인민행동당(PAP)의 말레이시아 지부로 출범하였고 타 정당에 비해 종족적 색채는 가장 적다. 그러나 야당연합은 1995년 PAS와 DAP간 이념적 차이로 인해 연합이 붕괴되었다.

1999년 11월 총선에서 안와르 지지 세력으로 탄생한 국민정의당(PKR)이 PAS와 DAP 간 연합을 시도하여 다시 야당동맹체제인 국민연합(PR)을 출범시켰다. 안와르는 1971년 이슬람말레이청년운동을 창설하고 1982년 UMNO 청년국장으로 입당해 1998년 부총리로 마하티르 총리의 후계자로 주목받던 정치인이었다. 그러나 1997년 동아시아 경제위기의 해법을 놓고 마하티르 총리의 정책에 반하는 발언을 하자 마하티르로부터 배척당해 부패와 동성애 혐의 등으로 체포되어 2004년까지 수감생활을 했다. 혐의가 풀어지면서 석방된 후 안와르는 UMNO에 대항하는 야당정치인으로 변신하였다. 야당동맹체제를 이끌며 2008년, 2013년 총선을 지휘했다.

2008년 총선에서 여당연합인 국민전선(BN)은 연방의회 222석 중 140석을 차지해 3분의 2의석 확보에 실패했고, 야당연합은 82석을 획득해 정치적 승리를 기록했다. 주의회도 국민전선이 307석, 야당연합이 196석을 차지했고, 주지사 선거도 종래 야당이 장악했던 끌란탄주에 더해 끄다(Kedah), 페락(Perak), 뻬낭(Penang), 슬랑고르(Selangor)주에서 승리했다. 2008년 야당연합의 대약진에 비해 2013년 총선은 여당도 야당도 승리했다고 할 수 없는 성적표를 받았다. 나집(Najib Razak)

총리와 안와르의 대결은 두 사람 모두의 리더십에 상처를 입혔다는 평가를 받았다. 선거 후 국민전선은 여당연합 내의 협의주의 전통의 지속 여부가 문제로 대두했고, 국민연합은 야당연합체제의 공고화의 과제가 숙제로 남았다. 아래 2013년 총선 결과표에서 주목할 만한 것은 여당연합 국민전선이 말레이반도에서 45.7% 득표한 반면 야당연합인 국민연합은 53.5%로, 유권자 과반수 이상의 지지를 받았다는 사실이다. 그런데 연방의회 의석은 국민전선이 133석, 국민연합이 89석으로 득표율이 의석 수에 제대로 반영되지 않고 있다는 사실을 알 수 있다. 이는 말레이시아 선거가 소선거구 단순다수대표제에서 나온 결과이며 선거구가 여당에게 유리하게 획정되어 있기 때문이다.

표 6.8 **2013년 말레이시아 총선 결과**

	정당	연방의회 의석	주의회 의석
국민전선(BN) 연방의회 133석 주의회 275석 득표율 47.4% (말레이반도 45.7%)	UNMO	88	242
	MCA	7	11
	MIC	4	3
	Gerakan	1	5
	기타 (사바, 사라왁 소수정당)	33	15
국민연합(PR) 연방의회 89석 주의회 229석 득표율 50.9% (말레이반도 53.3%)	PKR	30	49
	DAP	38	95
	PAS	21	85
	기타 (사바, 사라왁 소수정당)		1
총 계		222	505
투표율 84.8%			

말레이시아의 정치를 협의제 민주주의의 사례로 드는 경우가 많다. 말레이시아는 다종족으로 구성된 대표적인 복합사회이다. 종족 간 화합을 통한 국가정체서의 확립이 최대 국가목표인 나라이다. 따라서 종족 간 협의에 바탕을 둔 정치를 하는 것이 특징이다. 1969년 5월 발생한 종족폭동은 종족 간에 경제적, 사회적 불균형을 시정해야 한다는 긴급한 필요성이 인식되는 중요한 계기였다. 이에 따라 1970년대부터 1980년대까지 장기발전계획(OPP-I: Outline Perspective Plan)과 신경제정책(New Economic Policy)이 시행되었다. 장기적 국가정책목표를 제시한 OPP와 동 계획의 실행정책으로서의 NEP는 국민의 50%에 달했던 빈곤층의 해소와 종족 간 부의 공평한 분배를 목표로 설정했다. 계획이 마감된 1990년 빈곤층은 17.1%(목표 16.7%)로 떨어졌고, 말레이계를 말하는 부미푸트라(bumiputra)의 주식자본 보유비율은 1971년 2.4%에서 20.3%(목표 30%)로 신장되었다. 1990년대에 추진된 제2차 장기발전계획(OPP-II)과 국가개발정책(NDP) 및 제6차, 7차 경제개발계획도 종족 간 균형발전이라는 NEP의 기본정신을 바탕으로 하면서 인적자원개발, 과학기술진흥, 환경보호 등 추가목표를 설정하고 공공부문보다 민간부문의 자율적 역할을 강조하였다. 비전2020(VISION 2020)은 마하티르가 1991년 제창한 장기적인 국가개발 청사진으로 30년 후인 2020년까지 말레이시아를 선진국대열에 올려놓자는 구호였다. 구체적인 목표로 연평균 경제성장률 7% 및 1인당 GNP 1만 달러 달성(1990년 불변가격 기준)과 함께 종족별 교육쿼터제 실시 등 부미푸트라 우대정책을 유지했다.

말레이시아의 정치는 정기적인 자유선거가 실시된다는 점에서 절차적 민주주의는 확립되어 있다. 그렇지만 경쟁성과 권력공유, 책임성 측면에서 실질적 민주주의로 보기에는 부족한 부분이 많다. 재판 없이 무제한 구금이 가능한 국내보안법(Internal Security Act)이 여전히 존재하고, 경찰법, 인쇄 및 출판법, 치안유지법(Sedition Act), 공공비밀법(Official Secrets Act)이 언론과 집회 및 시위의 자유를 규제할 수 있는 각종 사회통제법으로 작동하고 있다. 정치활동에 대한 규제와 비판세력의 성장을 차단하는 수단이 여전히 존재한다. 민주주의의 제도적 기반이 헌법상, 그리고 기타 정치관련 법상 비교적 잘 갖추어져 있고 정기적인 선거가 실시되며 정당체제가 비교적 안정되어 있다는 일면의 모습과 시민적 자유에 대한 일정한 제약이 있다는 부정적 모습이 겹쳐져 있다. 말레이시아의 종족적 복합성 때문에 이런 모습이 이어지고 있다는 점도 말레이시아정치의 특징이라고 할 수 있다.

말레이시아의 정치체제는 종족적 복합성으로 인한 권력공유라는 특징으로 설명된다. 말레이시아라는 국가 정체성의 모호함을 권력공유라는 형태로 관리했다. 나수 종족인 말레이인과 소수종속인 숭국인-인도인 혹은 비말레이인간의 권력공유라는 개념이 일찍부터 발달했다. 이런 권력공유가 독립 직후 만들어진 메르데카헌법에는 다양한 영역에서의 권력공유가 아닌 영역별 권력의 분점이라는 형태로 나타났다. 정치영역에서는 말레이인의 우위를 인정하는 대신 경제영역에서는 현실적으로 경제력을 가진 비말레이인의 경제활동의 자유를 인정하여 경제 권력을 보다 많이 갖도록 했다. 외형적으로는 권력공유, 그리고 실질적으로는 말레이종족 정당인 UMNO의 절대적 지배가 지속되었던 것은 말레이시아 정치동학의 유동적인 상황을 반영하고 있다. 말레이시아 헌법에 명시된 정치공학적 권력공유는 본래 유동적인 성격을 가지고 있기 때문에 누구라도 종족 간 권력의 배분에 대해 불만을 나타내며 말레이인의 권력을 강화하는 방향이든, 아니면 다른 종족들의 권력을 강화하는 방향이든 변화를 시도할 수 있다. 따라서 이런 제도적인 권력공유를 통한 종족문제 관리 방식은 한계를 가질 수밖에 없다.

독립 이후 말레이계, 중국계, 인도계 등 주요 종족을 대표하는 정당들이 국민전선이라는 동맹체제에 참여하며 정부 요직의 비례적 배분 속에서 말레이시아 종족정치는 안정을 구가했었다. 헌법에는 정당연합에 대한 어떤 규정도 존재하지 않지만 현실적인 필요에 의해 종족 간 연합이 생겼고, 선거 공천과 내각 임명에서 종족비율을 일정 부분 감안하며 분배되었다. 하지만 이런 헌법상 명시되지 않은 현실적인 권력공유는 지속적인 논란의 대상이 되기도 했다. 권력공유는 보다 많은 지분을 차지한 다수 종족의 여타 종족에 대한 지배권과 통제권을 강화하는 도구가 되기도 했다. 이는 말레이시아정치의 비민주성을 키우는 원인으로 작동한다. 지금까지 UMNO는 대부분의 선거에서 집권연합이 차지한 의석의 40~50% 정도의 의석을 점해왔다. 이런 수적 우위는 정부의 구성에서 UMNO의 핵심적 역할을 가능케 했고 UMNO가 다른 정당들에 대해 갖는 압도적인 협상력을 만들어냈다. UMNO가 정부형성에서 행사하는 지배적인 힘은 의회에서의 수적 우위만큼이나 강력했다. 단적인 예로 UMNO는 독립 이후 모든 총리와 부총리를 배출했고, 내각 구성에서도 절대적인 다수를 UMNO 소속 의원들이 차지했었다. 이러한 UMNO 우위의 정치에는 Money(자금), Media(언론), Machine(조직)을 장악한 소위 '3M정치'가 작동하고 있었다.

UMNO 중심의 종족대표 권력공유방식이 유지될 수 있었던 것은 국민전선의 소속정당들이 각 종족집단으로부터 충분한 대표성과 지지를 확보할 수 있었기 때문이었다. 그러나 국민전선에 대항하는 야당연합이 대안세력으로 등장하고, 야당연합이 2008년과 2013년 선거에서 선전하면서 변화의 기운이 입증되었다. 득표율은 오히려 야당연합이 더 높게 나타났다. 야당연합의 부상으로 국민전선의 종족 대표성도 독점할 수 없는 상황이 되었다. 국민소득의 증가와 소득불균형의 확대, 시민사회의 성장 등 경제사회적 요인들이 말레이시아정치의 핵심 담론이던 종족정치구도를 변화시키고 있었다. 2015년 나집 총리의 중동자본과 연계된 대규모 부패혐의가 말레이시아를 흔들었다. 장기집권과 부패의 고리가 말레이시아에도 예외 없이 나타났다.

마침내 2018년 선거를 통해 말레이시아정치는 독립 이후 가장 극적인 변화를 보여 주었다. 2018년 5월 9일 말레이시아 총선에서 최초의 정권 교체가 이루어졌다. 1957년 독립 이래 61년간 집권해온 통일말레이국민조직(UMNO) 중심의 여권연합 국민전선(BN: Barisan Nasional)이 처음으로 야권연합 희망연합(PH: Pakatan Harapan)에 패배했다. 93세의 마하티르 전 총리가 선봉에 선 야권연합은 하원 222석의 과반인 122석을 차지하는 승리를 거뒀다. 1998년 이래 지속되었던 여야 간 일대일 대결이 무산되고 모든 선거구에서 단일 여당후보와 복수의 야당 후보 간에 치러진 총선이었기에 야당조차 선거 압승을 전혀 예상하지 못한 결과였다. 출범 2년 차에 불과한 희망연합(PH)이 국민정의당(PKR) 47석, 민주행동당(DAP) 42석, 사바(Sabah)주의 Warisan 8석 등 122석을 확보했다. 반면 여권연합 국민전선(BN)은 79석을 얻는데 그쳐 2013년 총선 때 획득한 133석의 절반 수준에 그쳤다. 희망연합(PH)은 안와르의 PKR 47석, 중국계 DAP 42석, 마하티르의 Bersatu 13석, PAS에서 나온 Amanah 11석, 사바주의 Warisan 8석, 무소속 1석으로 합계 122석을 차지했으며, 국민전선(BN)은 UMNO 54석, MCA 1석, MIC 2석, PBB 13석, PDP 2석, PRS 3석 등 79석을 얻었다. 희망연합에 참여하지 않은 PAS는 18석을 얻었다. 2013년 투표율 85% 보다는 낮았지만 평일에 치러진 선거로 76%를 기록하는 등 말레이시아 국민들의 높은 정치개혁 의지를 보여준 선거였다.

희망연합(PH)의 승리로 마하티르는 15년 만에 총리직에 복귀했다. 22년간 UMNO의 총재이자 총리였던 마하티르는 근대화의 국부이자 개발독재자라는 이중적 평가를 받았던 인물이다. 나집 총리의 비리로 퇴진 운동을 벌이다 UMNO에서 축출된 마하티르는 야당 지도자로 변신해 2017년 말 희망연합의 총리 후보로 추대되어 야권의 선거운동을 지휘했다. 국민전선의 나집 총리는 2015년 국영투자회사 1MDB에서 수조 원의 돈을 비자금으로 조성했다는 의혹에 휘말렸고, 이런 여권 수뇌부의 부정부패 의혹과 민생 악화로 국민의 불만은 더욱 커졌다. 선거는 여당의 지지기반이던 농촌 지역까지 돌아서면서 야권의 압승으로 끝나고 초유의 정권교체가 이루어졌다. 총선 승리 후 마하티르 총리는 동성애 혐의로 투옥된 야권의 실질적 지도자 안와르 전 부총리를 즉각 석방하고 사면 복권시켰으며, 2년 후 안와르에게 총리직 이양을 약속하고. 적폐청산과 과거사 진상 규명, 나집에 대한 사법처리, 중국과 싱가포르와의 불공정 메가프로젝트의 중단을 발표하는 등 파격적인 행보를 보였다. 그런데 2020년 2월 마하티르는 갑자기 총리직을 사임했고, 뒤이어 헌법에 따라 국왕은 무히딘 야신(Muhyiddin Yassin)을 새총리에 임명했다. 안와르에게 총리자리를 물려주고 싶지 않던 마하티르의 작전이 집권세력 내에 의외의 반전으로 나타났다.

독립 이후 61년 동안 지속된 국민전선(BN)방식의 패권적 집권연합체제가 2018년 14대 총선에서 무너지게 된 것은 '쓰나미 현상'의 축적 결과로 보고 있다 (황인원, 2018: 216). 2018년 총선은 갑자기 발생한 현상이 아니고, 지난 20여 년간 선거를 통한 정치변동에 대한 기대가 축적된 결과로 본다. 쓰나미의 연속은 1998년 개혁 정국 이후 1999년의 '말레이 쓰나미', 2008년 '정치적 쓰나미', 2013년 '중국인 쓰나미'를 거쳐 2018년 '말레이시아인 쓰나미'를 통해 비로소 선거권위주의체제가 붕괴되었다고 보는 것이다 (Ueda, 2018). 집권연합(PH) 내의 복합적인 관계가 향후 말레이시아정치를 움직이는 힘으로 작용할 것으로 예상한다.

싱가포르

싱가포르의 국명은 싱가포르공화국(Republic of Singapore)이다. 싱가포르는 사자를 의미하는 싱하(Singha)와 도시를 의미하는 푸라(Pura)의 산스크리트어에서 유래되었다. 그래서 싱가포르의 상징 문장이 머리는 사자이고 몸은 물고기인 멀라이언(Merlion)이다. 싱가포르의 면적은 1,000㎢가 조금 넘어 서울특별시의 크기와 비슷한 도시국가이다. 500만 명이 인구를 가진 싱가포르는 중국인 75%, 말레이인 20%, 인도인 5% 정도로 구성되어 있다. 동남아에서 유일하게 중국인이 다수를 차지하고 있다. 이것이 싱가포르를 다른 동남아 나라와 구별 짓는 근본적인 차이점이다. 그렇지만 싱가포르는 다수 종족으로 이루어진 특성을 강조하여 종족적 배경을 넘어선 "We are the Singaporeans(우리 모두 싱가포르인이다)"라는 구호를 선호한다. 언어는 말레이어를 국어로 지정하고 있지만, 영어, 만다린어, 말레이어와 타밀어 등 4개 언어를 공용어로 사용한다. 싱가포르식 억양이 섞인 영어가 상용어로 쓰인다.

싱가포르의 역사는 13세기 스리비자야왕국의 지배까지 올라갈 수 있다. 그렇지만 싱가포르가 정치적으로 의미있게 등장하게 된 시기는 1819년 자바 부총독이던 영국의 래플즈(Stamford Raffles) 대위에 의해 싱가포르의 전략적 중요성이 발견되면서부터이다. 래플즈는 싱가포르섬 바로 건너편 말레이반도 끝에 있는 조호르(Johore)의 술탄을 설득해 싱가포르에 영국의 무역기지를 세웠다. 1820년 자유무역항을 선언하고 동인도회사를 설립했다. 나폴레옹전쟁이 끝나고 1824년 네덜란드와의 런던 조약으로 말레이반도에 공식적인 지배를 시작한 영국은 그 후 140년간 빼낭, 말라카와 함께 싱가포르를 영국의 해협식민지(Straits Settlement)로 지배했다. 인도양을 거쳐 말라카해협을 지나 남중국해로 나가는 요충지에 있는 싱가포르는 영국의 동남아 지배의 핵심이었다. 태평양전쟁 중 일본은 싱가포르를 점령하고 영국군을 몰아냈다.

태평양전쟁 이후 싱가포르는 다시 영국의 식민지로 돌아갔다. 1954년 11월 리콴유(李光耀)를 지지하는 노조원들과 지식인들에 의해 중도좌파정당으로 창당된 인민행동당(PAP: People's Action Party)은 싱가포르정치의 핵심세력으로 부상했다. 1959년 6월 3일 영국으로부터 외교와 국방을 제외한 자치권을 획득하며 리콴유는 자치정부 수반이 되었다. 1959년부터 리콴유의 리더십에 바탕을 둔 인민행동당의 집권은 현재까지 지속되고 있다. 1962년 9월 주민투표에서 말레이시아연방 가입이 압도적 지지를 획득하고 1963년 말레이시아연방의 주(州)로 편입되면서 독립을 얻었다. 그러나 말레이시아연방의 결성에 따른 정치이념, 종족감정, 재정문제 등 복잡한 문제들이 갈등으로 비화되었다. 대외적으로는 말레이시아연방에 반대하는 인도네시아의 대결정책으로 인해 무력충돌도 발생했다. 1965년 말레이시아연방정부는 싱가포르를 분리시킨다는 결정을 내렸고 중국인이 다수인 싱가포르는 말레이시아연방에서 탈퇴했다. 물과 식량조차 자체 조달할 수 없는 환경을 갖고 있던 싱가포르는 말레이시아연방의 보수적인 말레이 세력에 의해 축출된 것이나 마찬가지였다.

사진 6.11 리콴유

1965년 8월 9일 싱가포르공화국이 출범했다. 국가독립은 싱가포르에 있어서 새로운 위기 상황을 고조시켰다. 독립 당시 싱가포르는 부패와 비능률, 관료기구의 무사안일주의, 중계무역과 산업투자의 급격한 쇠퇴에 따른 붕괴 직전의 경제, 인구·실업 폭발에 따른 국민들의 불만 고조, 다종족·다언어 사회에 기인하는 갈등, 좌익세력의 반정부 투쟁에 따른 정치적 혼란 등 최악의 위기상황에 직면하여 있었다. 이러한 정치·사회적 혼란과 경제 침체, 안보적 불안은 독립 이후 싱가포르에 있어서 '생존의 위기'로 연결되었고, 인민행동당 정부는 모든 것을 국가의 생존문제와 연결시키게 되었다. 국가 생존의 목표를 실현한다는 명목 하에 반대파와 사회에 대한 탄압을 정당화할 수 있었다.

1970년대부터 1980년대까지 싱가포르는 지속적인 고도 경제성장을 기록했다. 이것은 인민행동당의 지속적인 집권의 정당성을 보장해 주었을 뿐 아니라 권위주의적 국가 성향을 용인하는 배경이 되었다. 독립 이후에도 지속적으로 주둔하기로 약속하였던 영국 군대가 1971년까지 철수하겠다고 발표하자 주변국들로부터의 안보위협을 명분으로 인민행동당이 정치적 안정을 호소하는 데 있어서 효율적인 계기를 제공해 주었다. 결국 이러한 정치·경제적 환경을 이용하여 인민행동당은 1970년대까지 '생존의 정치'를 표방하면서 강력한 지배정당체제를 유지할 수 있었던 것이다. 그렇지만 1980년대부터 싱가포르의 정당정치는 점진적인 변화를 표출하고 있다. 젊은 중산층 유권자들을 중심으로 한 민주화 요구는 야당의 의회 진출로 이어졌으며, 이에 따라 인민행동당 정부도 과거의 억압적 통제 양식에서 벗어나 다원주의적인 요소들을 수용하기 시작했다. 그러나 인민행동당의 신세대 엘리트들이 주축이 되어 1980년대 후반부터 전개하여 온 '보다 개방적이고 협의지향적인 정치'의 실험도 인민행동당 지배체제의 연속선상에서 이루어진 것이며, 권위주의적인 정치질서가 기본구조를 형성하고 있는 가운데 제한적 변화에 머물렀다고 평가된다.

싱가포르의 헌법은 1959년 자치령 발족 시 말레이시아 헌법을 신헌법으로 지정했고 그 후 싱가포르의 독립법에 저촉되지 않는 조항은 그대로 적용하고 있다. 그러나 이러한 헌법 적용이 주권의 포기를 의미하지는 않는다고 명백히 천명하고 있다. 싱가포르의 행정부는 영국식 의회주의에 입각한 총리 중심의 의원내각제를 갖고 있다. 대통령은 4년 임기로 의회에서 선출되며 국가원수의 역할을 한다. 1991년 민선 대통령법 통과 후 1993년 8월 초대 대통령 옹텅청(王鼎昌)이 취임했다. 그러나 실질적 권력은 의회 내 다수당 지도자에서 선출된 총리가 행사하고 있다. 싱가포르의 정당체계는 인민행동당이 주도하는 지배정당체제(dominant party system)로 불린다. 인민행동당이 평균 70%이상의 광범위한 국민의 지지를 얻고 자유선거가 실시되고 있다는 점에서 일당체제(one party system)와는 구별된다. 1981년 총선 이래 인민행동당(PAP)의 독주는 마감되었다. 그렇지만 등록된 정당이 인민행동당 외에 노동당, 사회주의전선, 싱가포르민주당, 통일인민당, 싱가포르정의당 등 20여개가 있었지만 조직, 활동, 영향력 면에서 PAP의 경쟁상대가 되지못했다. 정부여당의 압도적 힘과 효율성을 강조하는 정치문화, 정당 내적 자원의 결핍 등이 복합적으로 작용하고 있는 것으로 보인다.

입법부는 단원제 의회체제이고, 소선거구 단순다수대표제에 의한 5년 임기의 의원으로 구성된다. 1984년부터 전국구의원제를 도입하였는데, 야당 입후보자가 당선되지 않더라도 15% 이상의 득표율을 올린 야당 후보 중 3명의 최고 득표자를 선정하여 국회의원으로 임명하는 제도이다. 단 이들은 헌법개정, 예산입법과 정부불신임 투표권은 없다. 1988년부터 종족 간 비례적 균형에 입각한 다종족정치가 표방되면서 말레이계와 인도계 등 소수종족의 의회 진출을 보장하는 집단대표선거구제 (GRC: Group Representation Constituency, 또는 Team MPs)가 도 입되었고, 이후 점차 소선거구가 줄고 집단대표선거구가 확장되고 있는 추세이다. 집단대표선거구로 지정되면 개별 후보자 대신 각각 3명으로 구성된 후보자단체에게 투표하게 된다. 3명의 후보 중 적어도 한 명은 소수종족대표를 선정해야 하며, 전체투표에서 다수표를 얻은 팀이 함께 당선된다. 이러한 제도는 소선거구제에 대한 일종의 수정제도인데 GRC 에 의한 선출의원은 전체 의원수의 반을 넘지 못하도록 규정하고 있다.

이밖에도 싱가포르는 1988년부터 1당독재라는 국내외적 비난을 불식 시키려고 야당에게 의회 의석을 할애하기 위한 비선거구의원제(NCMPs: Non-Constituency Members of Parliament)를 도입하였으며, 1991 년 선거부터 국회특별선출위원회의 제청에 따라 문화, 과학, 산업, 노 동, 공공서비스 등 사회 각 분야에서 국가발전에 기여한 사람을 최내 9 명까지 국회의원으로 선임할 수 있는 지명의원제(NMPs: Nominated Members of Parliament)가 추가되어 복합적인 국회의원 선출방식을 사용하고 있다. 사법부는 영국식 보통법 전통에 의한 3심 법원체계를 갖고, 최고재판소가 사법권을 관할한다 (전제국, 2002).

싱가포르의 정당정치 경쟁성은 헌법과 선거법, 정당법 등 관련 법규 이 외의 다른 법·제도적 규정들에 의해서도 많은 제약을 받고 있다. 예를 들 어, 현행의 국내보안법(ISA: Internal Security Act)과 사회법(Societies Act), 신문·출판법(NPPA: Newspaper and Printing Presses Act), 대중공연법(PEA: Public Entertainment Act) 등은 선거경쟁을 제약 하는 주요한 요인들로 지적된다. 영국의 식민지배 시기부터 시행된 국 내보안법은 1965년 독립 이후에도 지속적으로 존속하면서 인민행동당 의 무제한적인 권력이 유지되는 데 커다란 도움을 주고 있다. 이 법은 리콴유가 집권한 1959년 이후 보다 강화되어 사회 안정과 질서를 위협할 소지가 있는 자는 법원의 영장 없이 즉각적으로 체포·구금할 수 있는 권한이 부여됨으로써 인민행동당 정부가 야당을 지원하거나 지지하는 개인과 단체들을 반(反)사회세력으로 몰아 처벌할 수 있는 효과적인 정치기제로 활용되어 왔다. 1967년 제정된 사회법은 일반 개인이 정치활동을 하기 위해서는 정당에 가입해야 하며, 모든 정당 및 정치단체, 정치집회는 국가에 등록하고 허가를 받아야 한다고 규정함으로써 이외의 어떤 개인이나 단체도 정치활동의 참여를 통제하고 있다. 사회법 제4조와 제24조는 "정당은 해외단체의 가입 및 그들과의 연계활동을 금지하며, 정당의 활동은 국가이익에 반할 수 없다"고 규정함으로써 정부와 여당인 인민행동당에 대한 정치적 비판을 제한하는 효과적인 수단으로 활용되고 있다. 1988년에는 이 법의 개정을 통하여 정치적 비판을 표명하는 사회단체는 등록을 취소하는 조항과 집회·결사의 자유를 제한하는 규정들이 보다 강화되기도 하였다. 집회와 공연, 시위를 포함하여 공공장소에서 정치집회나 대중연설을 하는 행위도 대중공연법에 의하여 정부의 허가를 받도록 규정되어 있다. 이 법률은 야당의 집회나 대중연설, 선거운동 등을 통제하는 효과적인 수단으로 활용되고 있다.

인민행동당 정부는 정부를 비방하거나 야당을 비호하는 비판적 언론을 통제할 목적으로 신문·출판법을 제정하고 모든 방송·영화·출판물들을 사전 검열하고 있다. 싱가포르는 정부 소유의 싱가포르방송공사(SBC: Singapore Broadcasting Corporation)가 모든 라디오방송국과 텔레비전 채널을 독점하고 있으며, 신문사들도 편집과 운영권이 정부에 의하여 통제되어 실질적으로 언론 통제가 이루어지고 있다. 인민행동당 정부는 정부·정책을 비판하는 외국 언론을 통제할 목적으로 신문·출판법을 개정하여 국내정치에 간섭하거나 비판적인 외국 언론들의 국내 배포를 금지할 수 있는 권한을 강화하기도 하였다. 실제로 비판적인 해외언론사의 배포물이 대폭 삭감당한 사례들도 많이 있다. 신문, 라디오, TV 등 언론은 다양한 정부 규제를 받으며 정치사회화 교육의 중요한 도구로 사용되고 있다. 2014년 '국경 없는 기자회'가 평가한 세계 언론자유지수에서 싱가포르는 175개국 중 150위를 기록했다. 싱가포르의 이익집단은 정부와 밀접한 관계를 갖고 있으며 정부의 강력한 통제를 받는 국가조합주의적 특징을 갖고 있다. 20만 명 이상의 조합원으로 싱가포르 최대 규모의 이익집단인 전국노동조합연맹(NTUC), 국회의원 선거구별 500가구를 기초단위로 10~30명의 대표로 구성되는 주민위원회, 각 선거구당 20~25명의 지역지도자들로 구성되는 시민자문위원회 등도 정부의 영향력과 통제하에 활동한다.

싱가포르정치의 특징은 한마디로 '생존의 정치(Politics of Survival)'이다. 생존의 정치를 주도한 핵심은 리콴유이며 리콴유의 개싱과 생각이 반영되어 건설된 나라가 싱가포르이다. 무수한 안보위협요인들로 둘러싸인 취약한 섬나라인 싱가포르는 식수와 식량을 100% 해외에 의존해야 하는 나라였다. 이를 극복하기 위해 기울인 노력으로 경제적 번영을 가져왔지만 싱가포르의 지정학적 위치는 언제든 국제분쟁의 씨앗이 될 수 있다. 말레이시아연방에서 축출되듯 밀려난 것은 싱가포르의 뿌리 깊은 안보위협의식의 바탕이 되었다. 싱가포르는 18세부터 40세까지 징병제와 병역의무제를 실시하고 있다. 국민 1인당 국방비 지출은 동남아 국가들 중 단연 최고이며 우수한 공군력을 확보하고 있다. 1991년 11월 고척동에게 총리직을 물려주고 선임장관이 된 리콴유는 "우리가 떨어진다면 그것은 푹신한 논바닥이 아니라 딱딱한 콘크리트 바닥이다. 떨어지면 뼈가 부러져 우리는 끝장이다"라는 비장한 연설을 했다. 안보위협의식에서 나온 불안감이 싱가포르의 발전의 동인이었고 이를 위해 리콴유는 권위주의적 통치를 정당화했다.

리콴유가 기획하고 추진했던 싱가포르정치의 특징은 능력주의(Merit-ocracy), 부패없는 정치, 신유교주의, 완전개방형 전략으로 요약된다. 능력주의는 엘리트 충원의 기준이 되며 전문성과 업적에 의한 발탁과 승진, 능률과 효율성을 척도로 한 실용주의의 극대화를 말한다. 부패없는 깨끗한 정치는 공무원의 능력에 상응한 대우와 더불어 끊임없는 부패감시와 엄격한 처벌을 특징으로 한다. 신유교주의(Neo-Confucianism)는 소규모국가의 사회분열의 치명성을 인식하고 엄격한 규율과 질서가 필요하다는 데서 출발했다. 신유교적 질서는 대가족제도적인 국가주도의 경제사회정책을 실시하여 교육, 의료, 주택, 노후문제를 국가가 책임진다는 것이다. 이러한 정책의 결과로 싱가포르는 '호의적인 독재국가'로 불리게 되었다. 완전개방형 전략은 싱가포르의 지정학적 위치를 최대한 활용하고 자원의 부재를 해외자본 유치와 고급 노동력 확보로 극복하겠다는 국가경쟁력 제고전략이었다. 싱가포르는 완전개방향 시장경제를 지향하며 고부가가치 첨단산업에 투자를 집중하여 국제 무역 및 금융과 교통의 허브, 정보통신 인프라의 첨단화, 전 국토와 전 국민의 정보화를 실현하고자 하였다.

싱가포르는 1965년 독립 이후 현재까지 집권 여당인 인민행동당에 의해 정치권력이 독점되는 지배정당체제를 갖고있다. 싱가포르는 외형상 법·제도적으로 일반 국민들의 정치참여나 정당의 설립과 정치활동 등을 허용하면서도 제도의 실질적인 운용에 있어서는 정치참여와 선거 경쟁을 제한함으로써 권위주의적 정치체제를 형성하여 왔다. 정규적으로 실시되는 선거 속에서 인민행동당 정부는 다양한 억압적 기제와 방법들을 동원하여 야당의 선거참여와 경쟁을 제한하였으며, 이를 통하여 인민행동당의 권력 독점을 지속적으로 유지할 수 있었다. 그러나 1980

년대 이후 싱가포르의 정당정치는 인민행동당이 전체 의석을 독점하던 완전지배체제로부터 조금이나마 야당세력이 의회에 진출하는 점진적인 변화가 나타나기 시작하였다. 이에 따라 인민행동당 정부도 야당을 탄압하던 억압적 통제방법을 자제하고 다원주의적 요소들이 가미된 세련된 정치제도들을 도입하여 대내외적 비판을 피해가며 정치권력을 유연하게 유지하려 하고 있다. 2015년 3월 리콴유 전 총리의 서거 이후 9월 치러진 총선에서 인민행동당은 득표율 70%를 얻어 임기 5년의 전체 의석 89석 중 83석을 가져가는 승리를 거두었고, 제1야당인 노동자당은 6석을 차지했다.

싱가포르 대통령은 국가원수로 국고 사용 동의권, 주요 공직자 임명 동의권을 행사할 수 있고, 제한된 범위 내에서 내각 견제권을 행사하는 국가통합 추진을 위한 상징석인 자리인데, 국민투표를 통해 선출되고 임기는 6년이고 1회 중임이 가능하다. 2016년 11월 지난 5대에 걸친 대통령 임기 중 선출되지 않은 소수민족 그룹에 후보 자격을 부여하기로 결정한 개헌으로 소수민족 출신 대통령이 선출될 수 있게 되었다. 2017년 9월 싱가포르 최초의 여성 대통령이자 말레이계인 할리마 야콥(Halimah Yacob) 전 국회의장이 대통령으로 당선되었다.

2018년 싱가포르는 차기 총리의 윤곽을 결정했다. 싱가포르정치의 특성상 패권정당인 인민행동당의 지도부 구성은 총리 교체를 알리는 신호이다. 인민행동당은 2018년 11월 23일 전당대회를 열어 행스위킷(Heng Swee Keat) 재무부 장관을 제1사무총장보로 선출하여 차기 총리를 사실상 확정 지었다. 싱가포르의 권력 승계는 리콴유 총리 이래 인민행동당 내의 치밀한 계획에 따라 이루어져 온 전통이 있고, 고척동(Goh Chok Tong)과 리셴룽(李顯龍) 총리에 이은 4세대 지도부를 결정하는 작업을 완료하였다. 행스위킷 재무부장관과 끝까지 경합을 벌였던 찬충싱(Chan

Chung Sing) 통상산업부장관은 제2사무총장보로 지명되어 차기 부총리직을 맡게 될 것으로 보인다. 헹스위킷 재무부장관은 부총리직에 오른 후 4세대 지도부 수장으로 차기 총선을 이끌고 리셴룽의 은퇴를 이어 4세대 총리직을 맡을 것으로 보인다.

정당정치의 경쟁성을 제한하는 정치체제를 가지게 된 싱가포르가 인민행동당 중심의 지배정당체제를 갖게 된 원인으로 싱가포르의 역사적 기원과 도시국가로서의 '생존의 위기감'이라는 환경이 작용했다고 볼 수 있다. 인민행동당 정부의 정치적 성격에 대한 대내외의 비판을 없애기 위해서는 유무형의 야당의 선거경쟁 제한과 사회의 정치참여 규제를 철폐하고 진정한 경쟁성이 정치에 실현되는 변화를 모색해야 할 필요가 있다고 생각한다.

브루나이

브루나이의 국명은 브루나이술탄왕국(Islamic Sultanate of Brunei)이다. 이슬람의 군주인 술탄이 지배하는 평화의 집(Negara Brunei Darussalam)을 의미한다. 말레이이슬람왕조(Malay Islam Berjaya)가 국가이념으로 작용한다. 인구 40만 명 대부분이 말레이어를 사용하는 무슬림들이고 4만 명 정도의 화인들이 있다. 브루나이왕국은 1405년 무함마드 국왕이 세운 오래된 나라이다. 동남아에서 가장 오랜 역사를 갖는 정통 이슬람왕국으로 16세기 사라왁, 사바, 필리핀 남부를 포함하는 최대로 확장된 이슬람왕국을 건설하였다. 1511년 말라카왕국이 포르투갈에 멸망하자 많은 말라카상인들과 일부 지배계층이 브루나이로 건너와 자리를 잡았다. 이들의 상업 전수로 경제가 번성하고 이슬람교가 지배적인 종교가 되었다. 포르투갈은 브루나이왕국을 친구로 간주하였다. 포르투갈은 브루나이를 말라카와 중국 남부의 마카오를 오가는 중간기착지로 여겼고, 향신료군도인 말루꾸군도를 오가는 기착지로 활용했다. 16세기가 지나면서 브루나이왕국의 내부 분열로 변방영토가 떨어져 나가고 스페인은 남부 필리핀과 술루군도에 대한 권리를 주장하였다. 스페인은 1588년과 1645년 두 번에 걸쳐 브루나이왕국을 공격하기도 했다.

18세기부터 식민세력의 침입으로 브루나이의 국력은 쇠퇴하기 시작했다. 브루나이는 네덜란드에게 동부보르네오와 말루꾸군도에 대한 종주권을 빼앗겼다. 향신료군도에서의 교역이 네덜란드에 의해 완전히 봉쇄되고, 스페인에게는 남부필리핀지역에서의 교역권을 차단당했다. 브루나이왕국의 통제가 위축되면서 해적행위가 늘어나게 되었다. 싱가포르와 말라카해협에서의 해적행위는 영국에게 심각한 위협이 되었고 1841년 싱가포르 상인의 요청으로 영국은 동인도회사의 제임스 브룩(James Brook)을 시켜 사라왁 지역의 해적을 소탕하도록 했다. 1846년 해적을 소탕한 브룩은 사라왁에 대한 지배권을 브루나이로부터 넘겨받았다. 브룩은 1863년 조카인 찰스 브룩(Charles Brooke)에게 사라왁의 지배권을 넘겨주고 영국으로 은퇴했다. 브룩가문이 백인 술탄이 되었던 것이다. 이런 상황에서 브루나이왕국은 미국의 브루나이영사였던 모험가 출신 모제스(Charles Lee Moses)의 술수로 북브루나이였던 사바를 양도해주었다. 매년 사바 양도에 대한 대가로 9,500달러를 지불한다는 조건이었지만 한 푼도 내지 않고 자신의 지위를 덴트브라더스(Dent Brothers)사에게 팔아넘겼다. 이 회사는 매년 1만 달러를 지불한다는 조건으로 브루나이 왕으로부터 사바에 대한 완전한 지배권을 얻어냈다. 1881년 덴트브라더스사는 사바지역 관리를 위해 영국북보르네오회사로 재편되었다. 이 후 영국은 이 지역에 대한 종주권을 확정하였다. 1885년 스페인과의 조약으로 사바지역에 대한 영국의 권리를 스페인으로부터 인정받는 대신 술루군도에 대한 스페인의 권리를 인정하였다. 1888년 영국은 사바, 사라왁과 브루나이왕국을 보호령으로 선언하였다. 1891년에는 영국과 네덜란드령 보르네오 간의 경계선이 합의되었다. 이와 같은 과정으로 보르네오섬이 인도네시아의 칼리만탄과 말레이시아의 사라왁과 사바, 그리고 브루나이로 분리되었던 것이다.

1906년 영국은 브루나이왕궁에 상주주재관을 임명하였다. 상주관제도는 영국이 말레이반도에서 사용하는 비연방 말레이 술탄국들과의 관계와 같았다. 상주관은 말라야 행정처로부터 지명되었고 많은 영국관리들이 브루나이로 들어오게 되었다. 1920년대 세리아(Seria)지역에서 해저 유전이 발견되고 1929년부터 원유가 생산되기 시작하면서 브루나이는 큰 변화를 맞게 되었다. 영국회사인 브루나이쉘(Brunei Shell)석유회사가 설립되고 유전을 개발하면서 영국 경제에 매우 중요한 지역이 되었다. 태평양전쟁이 발발하자 일본은 1941년 12월 세리아 유전지역을 공격하여 점령하였다. 1945년 6월 연합군이 브루나이를 재탈환하였지만 전쟁의 피해는 막대했다. 다시 영국의 지배를 받게 된 세 개의 보르네오 국가 중 사라왁과 사바는 재정적으로 회복하기 어려운 피해를 입었지만 브루나이는 원유 수입으로 회복을 기대할 수 있었다. 1957년 영국은 말레이반도의 술탄들과의 협상을 통해 말레이반도에 한정된 말라야연방을 독립시켰다.

브루나이는 1959년 자치정부 설립을 위한 헌법을 공표했고, 국방·외교를 제외한 자치권을 획득하였다. 말레이반도 술탄들과 가까운 관계를 유지하던 당시 브루나이 국왕 알리 사이푸딘(Sultan Ali Saifuddin)은 사라왁과 사바와 함께 말라야연방에 참여하는 것을 고려하고 있었다. 그러나 1962년 실시된 브루나이입법위원회 선거에서 압도적으로 당선된 아자하리(Azahari)가 브루나이의 독립과 나아가 사라왁과 사바의 재탈환을 요구하면서 급기야 반란을 일으키는 사태가 발생했다. 브루나이 국왕은 영국의 개입을 요구하고 반란은 곧 진압되었다. 그러나 내부 반란의 충격을 겪고 나서 브루나이 국왕은 확대되는 말레이시아연방 참여를 거절하는 결정을 했다. 연방에 참여할 경우 과도한 석유수입세를 연방정부에 내야한다는 부담과 말레이반도 술탄과의 서열문제 등이 알리 사이푸딘 국왕이 연방 참여 대신 영국 보호령으로 남는 길을 택했던 것으로 보인다. 1971년 브루나이는 영국과 브루나이 국내문제에 대한 완전독립을 인정하는 합의서에 서명하였다. 그러나 1984년 독립이 실현될 때까지 브루나이는 영국인 관리들의 행정지도에 의존했다. 1984년 1월 1일 마침내 브루나이는 영국으로부터 독립하였고, 동시에 아세안에 가입하고 같은 해 9월 유엔 회원국이 되었다.

현재 브루나이의 정치체제는 명목상 입헌군주국이지만 모든 권력은 술탄이 독점하고 있는 신정체제(Theocracy)에 가깝다. 국왕을 칭하는 술탄(Sultan)은 이슬람에서 신을 대신하는 지상의 대리자이자 종교지도자를 뜻하며 술탄에 대한 충성은 곧 국민들의 신에 대한 믿음과 동일시된다. 1968년 8월 즉위한 29대 국왕 하싸날 볼키아(Sultan Hassanal Bolkiah) 국왕은 독립 이후 기존에 운영되던 각료회의와 추밀원을 폐지하고 자신과 가족에 의해 움직이는 내각을 세웠다. 브루나이왕국 행정부는 총리실과 12개 부로 구성되어 있는데, 볼키아 국왕 자신은 총리이자 외교장관, 국방장관, 재무장관을 겸임하고, 국왕이 임명한 각 부 장관들이

사진 6.12 하싸날 볼키아 국왕

국왕과의 면담을 통해 국정을 논의하며 정책은 사실상 국왕이 최종 결정하고 있다. 알 무타디 빌라(Al-Muhtadee Billah) 왕세자는 총리실의 선임장관(Senior Minister)을 겸임하고 있다. 국가의 모든 수입과 외환보유고는 술탄의 개인재산에 해당한다. 국가예산과 지출도 술탄이 계획하고 집행하는 방식으로 전제군주체제와 같다.

정교일치와 이슬람 율법에 따르는 국가이념에 따라 경제개발정책에 매우 신중하며 국가경영을 매우 보수적으로 운영한다. 2005년 9월 입법위원회(Legislative Council)로 재차 개원한 브루나이의 입법부는 매년 3월 정부 예산 승인을 위해 연 1회 회합을 갖는 데 위원은 임명권자인 국왕을 포함한 총 33명으로, 국왕, 선임장관(왕세자), 각 부 장관, 브루나이 4개 행정구역 대표자로 구성되어있다. 사법부도 국왕에 절대 종속된 상태이다. 대법원, 중급법원, 하급법원, 이슬람 법원으로 구성되며 법원장은 국왕이 임명한다. 지방행정은 Brunei/Muara(지방청소재: Bandar Seri Begawan), Tutong(Tutong), Belait(Kuala Belait), Temburong Bangar) 등 4개 행정지역으로 나누어진다. 지방청의 산하에는 Mukim 및 Kampong이 설치되어있다.

형식상 정당 활동은 보장되지만 모든 정치활동은 엄격히 규제되고 있어 정당 존재는 유명무실하다. 국가발전당과 브루나이국민연합당이 있으나 활동은 미미하다. 브루나이 국왕은 공무원, 군인과 경찰 등 5만 명의 친위세력을 파격적인 대우를 하며 확고하게 장악하고 있다. 3개 대대의 브루나이왕국군(RBAF)와 1개 대대의 구르카(GURKA)군으로 조직된 5,000명의 병력을 보유하고 있다. 구르카대대는 1962년 이후 1,000명의 네팔인 용병으로 구성되어 세리아 유전지대와 왕궁 및 수도권 주요국가 시설에 주둔하고 있다. 영국군 장교가 지휘하며 주둔 비용은 브루나이정부가 부담하고 있다.

브루나이경제에서 석유가 차지하는 비중은 절대적이다. 수출의 97%
는 석유산업이 차지하고 있다. 브루나이정부와 더치쉘(Dutch Shell)이
각각 51%, 49% 합작한 브루나이쉘석유회사와 연간 550만 톤의 천연가
스 전량을 일본에 수출하는 브루나이 LNG 회사가 주축이다. 막대한 석
유와 천연가스 수입으로 전 국민이 혜택을 받고 있다. 그래서 브루나이
를 쉘페어국가(Shellfare State)라고도 부른다. 브루나이에서 세금은 없
으며 무상 교육, 의료 보장 및 연금제도, 주택 제공, 각종 보조금 지급
등 전 국민에 대해 평생사회복지제도를 실시하며 절대왕정체제에 대한
국민의 잠재적 불만을 해소하려 하고 있다. 그렇지만 브루나이경제는
단순한 석유산업구조와 석유에 대한 과도한 재정의존, 좁은 국내시장,
전문노동인력의 부족 등의 구조적 문제를 안고 있다. 브루나이는 싱가
포르와 밀집한 관계를 유지하고 있다. 브루나이화폐인 브루나이달러는
싱가포르달러와 동일 가치로 여결되어 있으며 브루니이중앙은행은 싱
가포르와 브루나이왕족이 공동소유하고 있다. 브루나이금융의 창구역
할을 싱가포르가 하고 있는 것이다. 또한 싱가포르의 군사훈련을 브루
나이에서 실시하고 있다. 브루나이는 정글전 훈련과 비행 훈련 등 다양
한 군사훈련장을 싱가포르에 제공하고 있다. 브루나이왕국은 군주주의
에 대한 내외부의 비판이 제기되는 것을 가장 견제하며 보수적인 왕국의
현 상태를 유지하는 데 초점을 맞추고 있다.

필리핀

필리핀의 국명은 필리핀공화국(Republic of the Philippines)이다. 필
리핀이라는 국명은 식민종주국이던 스페인이 16세기 스페인과 네덜란

드의 국왕이었던 필립2세(the Philip II)의 이름에서 유래한다. 식민시대의 명칭을 독립 이후에도 그대로 사용한다는 점에서 특이하다고 하겠다. 필리핀의 국토는 30만㎢이고 총 7,000여 개의 섬으로 이루어진 인도네시아와 더불어 세계적인 도서국가이다. 필리핀은 수도 마닐라가 있는 북부의 루손(Luzon)섬, 세부(Cebu)섬을 중심으로 한 중부의 비사야(Visayas)군도, 남부의 민다나오(Mindanao)섬 등 크게 세 지역으로 구분된다. 필리핀의 인구는 1억 명이 넘는데 따갈로그족 등 말레이계가 주축을 이루며 다양한 혼혈종족으로 구성되어 있다. 전체인구의 93%가 가톨릭교도, 3%는 개신교도이며 나머지 4%가 민다나오지역의 무슬림들이다. 따갈로그(Tagalog)어가 국어이나 영어가 상용어로 통용된다.

필리핀은 스페인이 들어오기 이전 바랑가이(Barangay)라는 대가족 집단형태의 촌락 생활을 유지하고 있었다. 바랑가이에서는 토지를 공동으로 소유하고 안전우선과 같은 공동체원칙에 따라 촌장을 중심으로 마을을 운영하였다. 바랑가이 간에는 상대적으로 자율적이며 독립적인 관계를 유지했다. 필리핀은 식민시대 이전 전국적으로 통일된 정치조직이나 특정 왕국을 건설한 경험이 없었다. 수마트라의 스리비자야왕국과 자바의 마자빠힛왕국, 브루나이왕국의 간접적인 지배하에 있었다. 필리핀 섬들에서는 매우 느슨한 관계의 바랑가이들이 흩어져 있었기 때문에 16세기 마젤란 도착 이후 스페인 사람들은 큰 저항 없이 빠르게 필리핀 전 지역을 식민화할 수 있었다.

1521년 마젤란은 스페인의 배 3척을 끌고 남미 대륙 끝의 거친 해협(후에 마젤란해협)을 지나 드넓은 태평양을 건너 중부 세부섬 근처 막탄섬에 도착했다. 현지인들과 접촉하는 과정에 갈등이 생겼고 라푸라푸추장이 지휘하는 현지인들과의 전투로 인해 마젤란은 사망하였다. 부하들은 그를 장사지내고 남은 배를 가지고 항해를 계속해 인도양과 대서양을 거쳐 1522년 마침내 스페인으로 돌아왔다. 이것이 마젤란의 최초 세계일주 항해인 것이다. 마젤란은 필리핀에서 죽었지만 스페인은 필리핀으로 가는 항로를 개척했고, 16세기 후반 루손섬의 마닐라에 스페인의 요새가 만들어지면서 총독이 부임하고 필리핀은 빠르게 스페인의 식민지로 변했다. 스페인은 필리핀을 남미에서와 마찬가지로 부를 추출하고 가톨릭을 전파시켰다. 필리핀 전통마을인 바랑가이 위에 식민지 행정관과 가톨릭 주교가 관할하는 행정종교조직으로서의 푸에블로(Pueblo)가 건설되었다. 지방에는 스페인식 대규모농장인 하시엔다(Hacienda)가 만들어졌고, 남미의 전통적인 군인통치자인 카우디요(Caudillo)방식의 대지주 가문이 지배하기 시작했다. 하시엔다에는 사탕수수, 코코아, 담배, 커피 등 환금작물이 재배되었다. 작물 생산을 위해 바랑가이의 원주민들이 동원되었고 지주와 소작인 간 종속관계가 형성되었다. 토지를 기반으로 한 차취적 지배관게는 후원수혜주의적인 봉긴적 지배구조로 세습되었다. 이러한 지방적 특징은 그 후 필리핀의 중앙정치에도 그대로 투영되는 특징이 되었다.

400년간 계속된 스페인의 필리핀에 대한 지배는 19세기 말 호세 리잘(Jose Rizal), 안드레 보니파시오(Andres Bonifacio), 아퀴날도(Emilio Aguinaldo) 등에 의한 민족주의 독립운동으로 발화되었다. 1898년 6월 12일 미서전쟁의 결과 스페인에서 미국으로 식민종주국이 변경되었고 20세기 들어 미국이 지배하게 되었다. 1941년 12월 일본군의 필리핀 점령으로 물러났던 미군은 맥아더장군의 지휘로 1945년 필리핀을 재탈환하였다. 1946년 7월 4일 필리핀은 미국으로부터 공식 독립하였고, 로하스(Manuel Roxas)가 초대 대통령이 되었다. 1946년 독립 이후 1972년까지 필리핀은 미국식 대통령제를 바탕으로 국민당(Nacionalista Party) 대 자유당(Liberal Party) 간의 양당체제가 유지되었다. 자유선거에 의한 평화적인 대통령 선출 전통이 정착되었다. 1953~1957년의 막사이사이(Ramon Magsaysay) 대통령, 1957~1961년의 가르시아(Carlos Garcia) 대통령, 1961~1965년의 마카파갈(Diosdado Macapagal) 대통령, 1965~1969년의 마르코스(Ferdinand Marcos) 대통령으로 이어졌다. 이 당시 필리핀은 아시아의 가장 모범적인 민주국가로 평가받았다.

그러나 유일하게 1969년 재선에 성공한 마르코스 대통령은 헌법상 3선이 불가능하자 1972년 9월 계엄령을 선포하며 정권연장의 욕심을 드러냈다. 마르코스는 당시 확대되던 베트남전쟁의 영향으로 필리핀내 공산주의 운동이 준동하고 이로 인한 사회불안이 커지고 있다는 것을 빌미로 계엄령을 선포했다. 실제로 1969년 필리핀공산당(CPP)의 군사조직인 신인민군(NPA)이 대정부 무장투쟁을 개시했고 1971년 민다나오에서는 모로민족해방전선(MLNF)이 형성되면서 저항이 거세졌다. 1972년 계엄령은 1986년 마르코스가 민중의 저항으로 물러날 때까지 15년간 지속되었고, 이 동안 필리핀의 정치경제는 회복되기 어려운 타격을 받았다. 마르코스는 신사회운동(New Society Movement)을 명분으로 내걸고 필리핀을 강권통치하며 신사회운동당에 의한 비경쟁적인 정당체제를 만들어 1인독재를 강화하면서 정치뿐 아니라 결국 필리핀경제도 붕괴시키고 말았다.

1983년 8월 21일 마르코스에 반대하여 망명 중이던 베니그뇨 아키노(Benigno Aquino) 상원의원이 신분안전을 보장받고 미국하원의원과 함께 귀국하던 마닐라공항에서 전 세계에 생중계되고 있는 가운데 암살되는 엄청난 사건이 터졌다. 마르코스 대통령은 아키노 암살사건은 자신과 무관하다고 주장했지만 이 사건으로 마르코스체제는 균열이 가속화되기 시작했다. 1984년 5월 총선에서 야당 후보들이 하원 183석 중 60석을 차지했다. 1986년 신사회운동당(KBL) 마르코스 대 아키노 상원의원

의 아내인 PDP-Laban의 코라손 아키노
(Corazon Aquino)의 대선이 있었다. 대
선은 마르코스정권의 대대적인 부정선거
로 얼룩졌고 결국 1986년 2월 민중의 힘
혁명(People's Power Revolution)이 일
어나고 국민의 지지를 받은 라모스(Fidel
Ramos) 군참모총장이 주도한 쿠데타
가 일어나 마르코스는 마침내 실각했다.
미국의 주선으로 하와이로 망명한 마르
코스는 1989년 9월 그곳에서 사망했다.

사진 6.13 마르코스

15년 동안 지속되었던 마르코스 독재가 민중의 힘에 의해 붕괴되면서 필
리핀뿐 아니라 아시아 여러 나라에 민주화의 바람을 불어넣었다. 한국에
도 들어온 필리핀의 민주화 바람은 1987년 6월항쟁으로 이어졌다.

1986년 3월 대통령에 취임한 코라손 아키노 대통령은 6년 단임제 신
헌법에 따라 1992년까지 대통령직을 수행했다. 민주화의 물결을 일으
키고 집권한 아키노정부는 그러나 내부적으로 불안한 상황을 보내야 했
다. 집권한 엘리트들 간에 권력을 둘러싼 내분이 발생했고 지분을 요
구하는 군부에 의한 7차례의 쿠데타 시도도 있었다. 라모스 국방장관
이 방어했지만 필리핀의 정치적 불안정은 지속되었다. 국민들의 전폭적
인 지지를 받으며 출범한 아키노정부는 정당정치와 지방자치 등 절차적
민주화 조치를 통해 민주주의의 회복을 위해 노력했다. 그러나 농지개
혁 실패와 함께 국민 절대 다수의 빈곤문제, 정치부패와 정경유착 문제
를 해소하지 못하면서 민주화의 씨앗은 뿌려졌지만 민주주의의 성장은
멈춰버린 답답한 상태가 되어 버렸다. 결국 필리핀의 민주화는 스페인
시대부터 뿌리 내린 정치가문들이 정치진출을 되풀이 하는 '엘리트 민

주주의'로 회귀하였고, '잃어버린 혁명'이라는 비판에 직면하게 되었다. 1992년에는 수빅만과 클라크공군기지에서 미군이 완전히 철수하였다. 피나투보화산 폭발로 인한 피해로 기지를 더 이상 사용하기 어렵게 된 이유도 있었지만 기지 사용 연장에 대한 국내의 민족주의적 반대는 미군의 완전철수로 결정이 났다. 아키노정부의 토지개혁은 엄청난 저항에 부딪쳤다. 엘리트민주주의가 복원된 상태에서 자신의 발등을 스스로 찍으려는 기득권세력은 없었다. 결국 필리핀 정치개혁의 출발점이 되어야 했던 토지개혁은 실패로 끝났다. 그러나 아키노정권의 민주화와 인권개선에 대한 공헌은 평가할 만했다 (정영국, 2003).

1992년 5월 라모스가 대통령에 당선되었다. 23.5%라는 역사상 최저 득표율이었다. 아키노 대통령은 여당후보인 미트라(Ramon Mitra) 대신 자신을 지켜주었던 군사령관 출신 라모스를 지지하였다. 아키노의 뒤를 이은 역시 명문 가문 출신의 라모스는 낮은 지지율에도 불구하고 경제성장을 기치로 내걸었다. 1960년대 말부터 끊이지 않았던 민다나오 무슬림과의 분쟁을 해결하기 위해 모로민족해방전선과 평화협정을 체결했다. 그러나 1998년 5월 대선에서는 야당연합의 영화배우 출신 에스트라다(Joseph Estrada) 후보가 압도적인 표차로 승리하였다. 야당연합(LAMMP)의 에스트라다는 39.9%를 득표했고, 여당(Lakas-NUCD)후보 데베네치아(De Venecia)는 15.9%를 득표해 650만 표 차이로 에스트라다가 승리하면서 필리핀정치의 대변화를 예고했다. 엘리트 중심의 사회에서 가난한 배우 출신의 에스트라다는 영화에서 나오는 의적처럼 가난한 사람들의 정서를 잘 이해했을 뿐 아니라 국민들 사이에서 언젠가 나타날 구원의 메시아 같은 이미지를 갖고 있었다. 대중 대 엘리트 간 대결로 부각된 대선은 필리핀의 엄청난 빈부격차와 실업과 빈곤문제에 대한 국민의 분노가 폭발한 사건이었다.

에스트라다의 당선은 새로운 정치를 바라는 대중들의 희망을 반영한 것이었다. 그렇지만 에스트라다의 등장은 오래가지 못했다. 그의 당선은 제도와 정치문화의 변화가 수반되지 않고 인물중심 정치의 연장선상에 있었던 것이 사실이다. 서민의 대통령이라는 이미지로 대통령에 당선되었음에도 불구하고 에스트라다는 필리핀 정치문화의 고질적 특성인 부패와 측근주의(cronyism)를 그대로 드러냈다. 결국 2001년 1월 '제2의 민중의 힘 혁명(EDSA II)'에 의해 탄핵을 받고 불명예스럽게 권좌에서 물러났다. 에스트라다의 부족한 행정경험과 방만한 국정운영은 결국 대중의 희망을 꺾어버리고 말았다.

2001년 에스트라다가 퇴출된 뒤 부통령으로 대통령직을 승계한 마카파갈 대통령의 딸 아로요(Gloria Macapagal Arroyo)는 낙후된 경제를 회복시킨다는 명분 아래 미국의 힘을 빌리게 되었다. 1991년에 철수한 미군이 10여 년 만에 무슬림 과격단체인 아부 샤아프(Abu Sayyaf)에 대한 테러와의 전쟁을 명분으로 다시 필리핀에 들어왔다. 아로요는 2004년 대선을 통해 재집권했다. 그러나 선거 개표부정이 드러나면서 임기 내내 탄핵 요구를 받으며 흔들렸다. 겨우 임기를 마친 아로요에 이어 2010년 코라손 아키노 대통령과 베니그뇨 아키노 상원의원의 아들 베니그뇨 아키노 3세가 대통령에 당선되었다. 연이어 정치가문출신이 대통령이 된 것이다. 아키노 3세 대통령은 중국과의 남중국해문제와 악화되는 국내치안문제로 골치를 앓았다. 2016년 대선에서는 여당의 로하스 후보가 당선되리라는 예상을 벗어나 야당의 두테르테(Rodrigo Duterte) 후보가 급부상하며 대통령에 당선되었다. 22년간 민다나오 다바오 시장을 지내며 범죄와의 전쟁으로 수많은 범죄자를 처벌한 독특한 경력이 치안 부재의 필리핀에 적합한 인물이었다는 평가다. 두테르테 역시 세부지역 시장을 지낸 친척들이 많은 정치가문출신이다. 법대를 졸업하고 다바오시의 특별검사로 10년간 재직하고, 1988년 처음 시장에 당선되었고 1998년에는 하원의원에 당선되었으며 그 후 다시 시장으로 돌아와 봉직했다. 두테르테가 다바오시를 필리핀에서 가장 범죄율이 낮은 도시로 변화시킨 경력은 라모스정부와 아로요정부로부터 네 차례의 내무장관직 제의를 받았던 것과도 관련이 높다. 범죄자들에 대한 무관용과 거친 막말들이 범죄로 지친 필리핀 사람들의 마음을 움직인 것이다. 두테르테 대통령이 필리핀의 가장 큰 골칫거리인 범죄와의 전쟁과 경찰과 공무원 유착 등 치안부재의 구조적 문제를 다루어나가는 과정을 지켜봐야겠다.

2019년 5월 13일 필리핀 중간선거가 치러졌다. 대통령(임기 6년) 선거를 기준으로 6년마다 대선이 치러지고, 집권 중반부인 3년차에 중간선거가 있다. 2016년 선거에서 당선된 두테르테 대통령의 3년차인 2019년 중간선거는 두테르테정부에 대한 중간평가의 의미를 가진다. 상원 총 24석 중 12석, 297석의 하원의원 전원, 전국의 주, 시, 군의 수장과 지방의회 의원에 이르기까지 총 18,000명을 넘는 전국선거가 중간선거이다. 중간선거는 두테르테 대통령의 딸이자 다바오 시장인 사라 두테르테(Sara Duterte)가 선거를 앞두고 새롭게 구성한 정치동맹 HNP(Hugpong ng Pagbabago, Alliance of Change, 참여정당 PDP-Laban, PMP, PRP 등) 대 2016년 대선에서 두테르테 후보의 라이벌이었던 마뉴엘 로하스 2세와 대통령을 두명이나 배출했던 아키노 집안의 막내 밤 아키노(Bam Aquino)가 이끄는 Otso Diretso(Straight eight, 참여정당 Liberal Party, Akbayan 등)의 대결 구도로 치러졌다.

가장 중요한 상원선거에서 여당 측 정치동맹인 HNP가 12석 중 9석을 차지하는 압승을 거뒀다. 특히 두테르테 대통령의 권력을 견제하는 마지막 보루로 여겨졌던 상원의원 선거에서 당선인 12명 가운데 9명이 두테르테 대통령 측 인사로 채워졌고 야당 후보는 전멸했다. 나머지 당선인 3명은 무소속이었다. 이에 따라 전체 상원의원 24명 가운데 야당 소속은 4명으로 축소되었고, 하원은 297석 중 245석을 여당이 차지했다. 상원의원으로 당선된 두테르테 대통령 측 인사 중에는 고(Christopher Go) 전 특별보좌관과 마약과의 유혈전쟁을 진두지휘한 델라로사(Ronald dela Rosa) 전 경찰청장, 독재자 페르디난드 마르코스 전 대통령의 딸인 이미 마르코스(Imee Marcos) 등이 포함되었다. 두테르테 대통령의 맏딸인 사라가 시장 연임에 성공한 다바오시에서는 장남인 파올로(Paolo Duterte)가 하원의원에 당선됐고, 차남인 세바스찬(Sebastian Duterte)은 부시장이 되어 150여개의 필리핀 족벌 정치가문 중 하나가 되었다.

개표의 결과를 두고 불법선거와 개표 부정 등 문제가 제기되었으나 선거결과는 마약과의 전쟁, 사형제 부활, 세제개혁, 연방제 개헌 등 두테르테의 선기 공약의 입법화에 더욱 힘이 실릴 가능성이 높아졌다. 필리핀 안에서 각종 범죄와 납치살인, 마약 사건이 끊임없이 발생하는 것에 국민들의 우려가 팽배해 있고, 필리핀의 국가 이미지로 심각하게 추락한 상태였기 때문에 취임 후 수개월 안에 10만 명의 범죄자를 즉결 처형하겠다는 두테르테의 과격한 언사와 더 나아가 인권과 절차적 민주주의에 대한 위협에도 불구하고 사회적 병폐의 해결을 원하는 국민들의 마음을 사는 데 적중했던 것이다. 두테르테 정책의 우선순위는 불법 약물과 범죄에 대한 강력한 대응, 신속한 인프라 개발, 경제 성장세 유지, 민다나오에서의 포괄적인 평화와 발전, 필리핀 대외관계의 재조정 등이다. 상원의 두테르테 지지 세력도 18명으로 늘어 헌법 개정과 같은 주요 법안의 통과 기준인 의석수 4분의 3을 확실히 차지하게 되었다.

필리핀정치의 특징으로 정치가 권력자의 사적업무로 취급되고 정치권력을 사유재산으로 간주하는 베버(Max Weber)가 말했던 가산제주의

(Patrimonialism)로 평가하는 경우가 많다. 가산제주의는 '지대추구의 향연'으로 나타난다. 지대추구(rent-seeking)은 할당량, 관세, 용량평가 배려, 저리융자, 외국의 배상금, 차관, 보조금, 무상원조를 얻는 경쟁으로부터의 보호를 의미한다. 지대는 부가가치와 상치되는 개념이다. 지대는 이권과 유사한 것으로 사회 전체로 보면 유용한 부가가치는 못 만들어 내면서 지대를 다루는 거래에 참여할 수 있는 사람들만 이익을 나눠 갖게 되는 것이다. 지대를 추구하는 사회에서는 국가가 경제적 이익의 배정과 지속적인 향유를 결정하는 역할을 한다. 결국 가산제적 국가는 권력자의 재량이 미치는 모든 영역을 부의 축적을 위한 사냥터로서 제공한다. 지배자의 총애와 냉대, 하사와 몰수에 따라 끊임없이 새로운 이익이 창출되고 파괴된다. 이것이 그들만의 지대추구 향연인 것이다. 과두제적 엘리트(Oligarchic Elite)는 무소불위의 독점적 권력을 이용해 지대추구의 향연을 벌이는 집단이 된다. 측근(Crony)들은 출신에 상관없이 정권의 각별한 총애를 받는 지위에 있는 자들인데 측근자본주의의 수혜자가 되기 위해 지대추구의 향연을 벌인다. 이런 집단들은 후원수혜주의적 사회관계 아래 필리핀 말로 서로 'utang na loob(은혜의 빚)'을 지며 특혜를 누리기 위한 은밀한 그들 간의 거래를 지속한다. 이러한 지대추구 행위와 후원수혜주의적 관계가 지속되기 때문에 1986년 민주화 혁명 이후에도 필리핀정치를 엘리트 민주주의(Elite Democracy)의 복원이라고 부르는 것이다.

필리핀의 '엘리트 민주주의'는 문화적 요소(가문정치와 후견-수혜관계), 종교적 운명관, 식민지 유산(미국의 승인하에 대토지 소유자들이 정치지도자로 변신), 사회경제적 조건(빈곤과 불평등의 지속), 제도적 요소(승자독식의 대통령체제) 등이 영향을 미쳤다고 본다. 엘리트 민주주의는 선거, 제도, 정책, 규제기관, 사법 결정에 미치는 영향이 막강하고, 정치적 자원의 분배를 가문의 이해관계와 연동시키는 전략도 뛰어나다. 정치세력들은 각자의 이해관계와 정치적 득실에 따라 분열과 연대를 반복하며, 선거 이후 정치세력들의 이합집산도 발생시킨다. 유권자의 선택은 의미가 없어지고 여야 혹은 정파 간 구별이 무색해지면서 정당 중심이 아닌 인물 중심의 선거가 반복되게 한다. 반면에 필리핀정치에서 정치가문과 과두제의 토착화된 권력을 줄이기 위한 노력도 거의 보이지 않고 있다. 오히려 두테르테 자신의 가계를 전통적인 정치가문 동맹의 반열에 올리는 데 관심이 많아 보인다.

특정가문과 인물 중심의 정치가 지속되기 때문에 정기적인 선거와 정당경쟁에도 불구하고 필리핀정치를 거물민주주의(Cacique Democracy) 또는 정치가문 민주주의(Big Political Dynasty Democracy)라고 표현한다. 루손 탈락지역의 아키노(Aquino), 세부(Cebu)의 오스메냐(Osmena), 일로코스 수르의 싱손(Singson), 리잘 지역의 스물롱(Sumulong)과 살롱가(Salonga), 바탕가스의 라우렐(Laurel)과 코후앙코(Cojuangco)가문은 지금도 필리핀정치를 움직이는 대표적인 정치가문들이다. 이러한 이유로 필리핀 정당조직은 정치적 영향력을 갖는 인물들의 개인적 조직체의 연합체에 불과하다는 평가를 받는다. 정당 간에 이념과 정치신념에 따른 차이는 별로 없다. 여야 간 선거이슈는 인물중심의 논쟁과 여당 부패에 대한 야당의 비난 정도이다. 가톨릭 신앙과 토지분배, 사회정의와 친미적 민족주의 등 모든 정당이 유사한 정책을 말하고 있어 차이를 발견하기 어렵다. 투표행태도 가족관계와 이해관계에 의해 결정되기 때문에 후원추종과 동원정치가 일상적이다.

필리핀에서 심각한 엘리트 관료들의 고질적인 부패문제는 농지개혁의 실패로 기존의 지주가문의 정경유착의 세습이 고질화된 데서 원인을 찾고 있다. 토지개혁의 실패는 정치와 경제개혁으로 이어지지 못하는 역부족 상황을 지속시킨다. 빈곤과 불평등 문제를 극복하기 위해 개혁을 수행할 수 있는 집단이 정치적으로 성장해야 하지만 필리핀의 정당구조와 선거법은 돈이 없으면 선거에 출마조차 어렵게 하고 있다. 상원과 하원의 양원체제를 갖고 있는 필리핀에서 모든 중요한 정치적 의사결정권은 상원에 집중되어 있다. 상원의원이 되기 위해서는 전국에서 다수표를 얻어야 가능하다. 대다수 유권자가 거주하고 있는 1,000여 개섬에서 표를 얻기 위해서는 평소에 인기 있는 배우 또는 명문 가문 출신이어야 지명도를 높일 수 있다. 따라서 얼굴을 알리기 위해서라도 대통령 후보부터 지방의회 의원 후보들까지 정책에 상관없는 합종연횡을 하는 일이 선거 때마다 생긴다. 반면 유권자는 지방의회 의원부터 자치단체장, 하원의원 그리고 상원의원을 뽑기 위해서 투표용지에 30~40명의 이름을 써내야 한다. 이름이 잘 알려져 있지 않은 군소정당이나 신진후보들은 유권자에게 이름을 알리기도 어렵다. 하원의석의 80%는 소선거구 단순다수대표제로 뽑기 때문에 지방의 정치가문들 간의 경쟁이 주를 이루고 정치적 기득권층을 위한 선거가 되기 쉽다. 필리핀은 1998년부터 정치적 소외계층을 위한 정당명부식 비례대표제를 도입하여 시행하고 있다. 소수의 진보세력을 의회로 진출시키는 제도이기는 하지만 20%의 하원의석을 놓고 경쟁하도록 하면서 일개 정당이 얻을 수 있는 하원의석은 2석을 넘을 수 없도록 되어 있다. 이러다 보니 몇몇 진보그룹에서는 선거 때마다 여러 개의 급조정당을 만드는 웃기 힘든 현상이 나타나기도 한다.

필리핀에서는 정치행위자들이 자신의 정치적 이해관계를 제도화된 정당에 의존하기보다는 유력 정치인이나 가문 혹은 정치적 파벌에 의존하는 경향이 강하다. 이는 곧 대통령과 의회의 관계가 정당정치에 근거하여 상호 견제와 균형이 이루어지기보다는 대통령과 의원들 간의 개별적 관계로 귀결되는 경향으로 나타난다. 이처럼 정당정치가 취약한 상황에서 의회는 대통령에 대해 강력한 견제의 역할을 수행하기 쉽지 않다. 대통령이 가지고 있는 예산집행권은 의원들을 길들이는 중요한 당근과 채찍이 되고 있다.

대통령제하에서 대통령과 의회 간에 이루어지는 상호관계는 권력공유의 중요한 부분이다. 강한 대통령을 지향하고 있는 필리핀 헌정체제는 대통령의 권한을 의회의 권한보다 상위에 두고 있다. 의회의 입법권에 영향을 미칠 수 있는 필리핀 대통령의 대표적 권한은 거부권이다. 대통령은 의회를 통과한 법안에 대해 법안의 전부 혹은 일부 조항에 대해 거부권을 행사할 수 있다. 비록 의회가 상원과 하원 재적의원 3분의 2 이상의 동의를 얻어 번복할 수 있지만 이는 현실적으로 쉽지 않다. 특히 부분 거부권은 의회의 의견을 분리하여 대응할 수 있다는 측면에서 의회에 대한 대통령의 절대적 우위를 보장한다. 대통령은 정부 관료의 임명에 있어서 의회의 동의가 필요치 않으며 대통령이 임명한 관료에 대해 의회는 견책이나 해임의 권한이 없다. 이처럼 강력한 대통령의 권력이 독재의 탄생으로 이어지지 않게 하기 위해 필리핀 헌법은 일정한 제한을 두고는 있다. 대통령은 국가의 안위를 위해 비상사태나 계엄령을 선포할 수 있으나 60일을 초과할 수 없고 48시간 이내에 의회에 보고해야 한다. 의회는 상하 양원 공동회의를 통해 재적인원 과반수이상의 동의로 이를 중지시키거나 혹은 연장할 수 있다.

또한 필리핀 헌법은 고위공직자에 대한 탄핵제도를 두고 있다. 탄핵의 대상은 대통령과 부통령, 대법관, 옴부즈맨, 헌법위원들(공직자위원회 위원, 선거관리위원회 위원, 감사원 위원)이다. 탄핵을 발의할 수 있는 기관은 하원이며 의원총회에서 재적의원 3분의 1 이상의 동의로 탄핵이 가결된다. 하원에서 탄핵이 결정되면 상원으로 옮겨져 24명의 상원의원을 재판관으로 하는 탄핵재판이 이루어진다. 재판 결과 3분의 2 이상이 유죄판결을 내리면 탄핵이 확정되어 해당 공직자는 직위를 상실하게 된다. 필리핀 헌법은 탄핵 사유를 헌법위반, 반역, 뇌물, 부정부패, 강력범죄, 그리고 국민의 신임에 대한 배신 등 매우 포괄적으로 규정하고 있다. 그러나 하원 재적의원 3분의 1이상의 동의로 탄핵이 가결되는 수월함 때문에 정치적으로 남용될 여지가 있다.

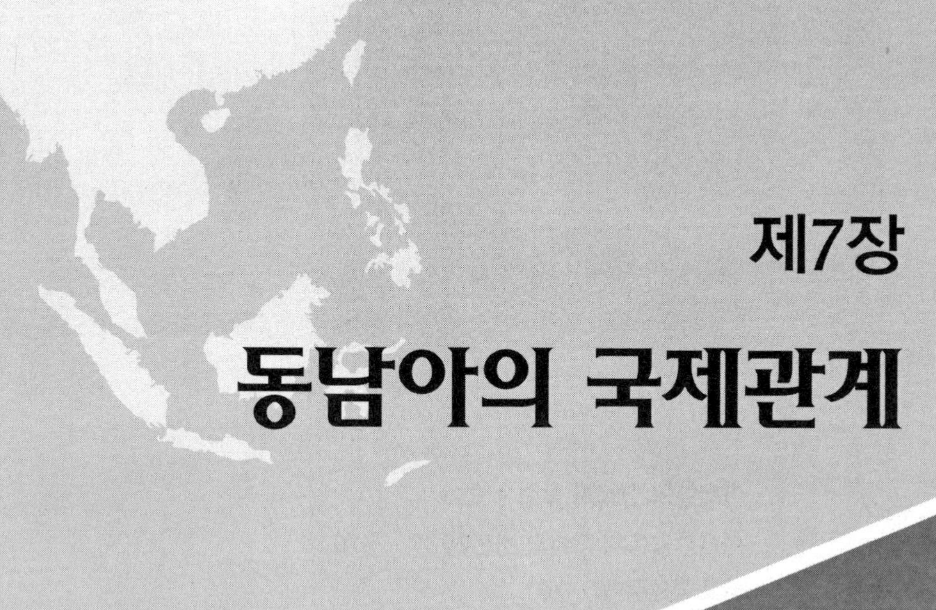

동남아의 국제관계

아세안의 형성과 발전

동남아시아국가연합(ASEAN: Association of Southeast Asian Nations)은 아시아의 성공적인 지역협력과 통합의 사례로 국제사회의 인정을 받고 있다. 1967년 8월 8일 방콕선언에 의해 창설된 아세안(ASEAN)은 인도네시아, 태국, 필리핀, 말레이시아, 싱가포르 등 동남아 5개국에 의해 지역안보와 경제협력을 통한 공동발전이란 목표 아래 성장했고, 1984년 신생독립국인 브루나이를 추가로 가입시키고 1990년대 세계적인 탈냉전시대의 도래와 더불어 1995년 베트남, 1997년 미얀마와 라오스, 1999년 캄보디아를 차례로 가입시킴으로써, 동남아시아 10개국으로 구성된 명실상부한 아세안이 완성되었다. 세계화와 블록화의 추세 속에 아세안은 창설 48주년이 되는 2015년 말 아세안공동체(ASEAN Community)를 출범시키며 변화에 대응하고 새로운 발전을 모색하는 다양한 노력을 경주하고 있다. 방콕선언에서 천명했듯이 아세안의 결속은 회원국의 정치경제 발전이 수반되어야만 유지될 수 있고, 이것은 아세안 각국 지도자들의 변함없는 신념이다.

1975년 4월 베트남과 캄보디아, 라오스 등 인도차이나지역의 공산화는 반공산주의 지역 동맹체로서의 성격을 갖고 있던 아세안에게는 엄청난 도전을 제기한 사건이었다. 아세안 지도자들은 이 사태가 그들의 국익에 결코 바람직하지 않고, 통일된 베트남이 동남아 전역에 미칠 정치군사적 영향에 대해 염려했을 뿐 아니라 베트남의 지원에 의해 각국 공산주의 세력들의 국가전복활동이 더욱 증가하리라고 예상했다. 그렇지만 인도차이나의 공산화는 초기의 미미했던 아세안의 내부 결속을 급속하게 강화하고, 혁명세력의 확산을 막는 길은 경제발전에 의해 국민들의 생활수준을 향상시키는 것이 최선의 대응임을 자각하게 되는 긍정적인 효과도 가져왔다. 1976년 2월 아세안 각국 정상들의 최초 모임이 인도네시아의 발리에서 성사되었고, 이 자리에서 경제안정과 발전 없이는 국가안보가 지켜질 수 없다는 점을 확인했다. 발리정상회의에서는 인도차이나 공산화에 따른 각국의 공동대처방안으로 아세안을 통한 구체적인 지역협력을 발전시켜야 한다는 요지의 아세안친선협약선언(Bali Concord I: Declaration of ASEAN Concord)과 동남아우호협력조약(TAC: Treaty of Amity and Cooperation)을 채택했다. 아세안친선협약선언은 1967년 방콕선언에 비해 훨씬 정치적인 색채를 드러내면서 모든 회원국들이 각국의 탄력성을 강화하여 회원국의 안정에 위협을 주는 전복 음모를 과감히 제거해 나갈 것을 천명하였다. 또한 평화, 자유 및 중립지대(ZOPFAN)의 조속한 실현을 위해 각국이 공동보조를 맞추기로 합의하고, 안보문제에서는 필요한 이해에 따라 쌍무적인 협력관계를 발전시켜 나가는 것이 바람직하다는 데 합의했다 (변창구, 1999).

아세안은 1990년대에 들어 세계적 탈냉전의 안보환경 변화와 세계화의 도전에 직면하게 되었다. 역내외 환경 변화에 대응하여 1992년 1월 싱가포르에서 개최된 제4차 아세안정상회의에서는 '싱가포르선언(Singapore Declaration)'으로 명명된 합의문이 발표되었다. 이 선언은 역내 평화와 번영을 위해 회원국들의 정치·경제적 협력을 강화하되, 선진국들의 경제블록에 대응하여 개방적 경제체제의 촉진과 지역경제의 발전을 통한 아세안의 이익 제고를 위해 노력하고, 안전보장을 위한 새로운 협력관계를 모색하며, 상호우호협력을 바탕으로 인도차이나 국가들과도 긴밀한 협조관계를 구축할 것을 선언하였다. 이와 더불어 아세안은 경제협력을 실질적으로 확대시킬 수 있는 제도적 장치로서 아세안 자유무역지대(AFTA: ASEAN Free Trade Area)의 결성에 합의했다.

탈냉전 이후 정치·안보적 협력 분야에 있어서 아세안의 괄목할 만한 성과는 1994년 아세안지역포럼(ARF: ASEAN Regional Forum)을 통한 지역안보협의체제의 수립과 베트남의 1995년 아세안 가입이었다. 아세안지역포럼의 배경과 의의는 1995년 12월 태국 방콕에서 개최된 아세안정상회의에서 캄보디아, 라오스, 미얀마 등이 옵서버 자격으로 참석한 가운데 '동남아비핵지대(South-east Asia Nuclear Weapon Free Zone)' 협약이 채택됨으로써 가시화되었다. '동남아비핵지대'의 선언은 핵 확산 방지라는 세계적 추세에 힘입은 바 크지만 아세안이 1971년 '동남아 자유·평화·중립지대(ZOPFAN)'를 선언한 이래 추진하여 온 동남아 평화전략의 연장선상에서 탈냉전 이후 국제환경의 변화에 보다 능동적으로 대처하고자 하는 강력한 의지를 표명한 것이라는 의미가 있있다. 아세안은 1992년부터 역내 아세안자유무역지대를 추진하며 역외적으로는 동아시아경제협력(EAEC)구상을 제기하였다. 1989년부터 시작된 아시아·태평양경제협력회의(APEC)에도 적극적으로 나서는 한편 1994년 아세안지역포럼을 창설하여 지역안보대화의 중심역할을 맡았다. 1996년에는 아시아·유럽경제회의(ASEM: Asia-Europe Economic Meeting)를 창설하였다.

1990년대 후반 아세안은 동남아 10개국의 회원국화를 완성하는 한편 동남아에 불어 닥친 외환위기로 인한 경제위기의 충격이라는 심각한 도전에 직면했다. 1995년 베트남이 아세안에 가입하고 1997년 라오스와 미얀마, 그리고 1999년 캄보디아가 가입함으로써 명실상부한 '아세안 10'이 완성되었다. 이와 더불어 아세안은 1997년 동남아와 동북아를 포괄하는 동아시아공동체를 구성하기 위한 선도 조치로 중국, 일본,

한국을 포함하는 '아세안+3(APT: ASEAN Plus Three)'를 형성할 것을 선언하였다. 한편 1997년 동아시아 경제위기는 아세안 역사에도 매우 심각한 위기를 촉발시켰던 사건이었다. 캄보디아의 가입이 확정되기 직전 캄보디아 총리인 훈 센의 쿠데타로 가입이 무기한 연기되고, 인도네시아의 연무문제에 아무런 대책을 내놓지 못한 아세안에게 1997년 7월 태국으로부터 발생한 외환위기는 역내 국가들로 파급되었고, 급기야 10월에는 인도네시아까지 국제통화기금(IMF)의 구제금융을 받아야 하는 상황으로 악화되었다. 1998년 5월 인도네시아의 수하르토 대통령의 하야는 최장수 아세안 지도자의 몰락으로 아세안 내 리더십의 위기까지 초래했다. 창설 이래 아세안은 지역통합보다는 국가 간 협력을 지향하고, 내정 불간섭원칙 아래 초국가적 조직이라기보다 주권국가들로 구성된 지역그룹으로 유지되고 있었다.

이러한 충격 속에서 아세안은 새로운 활로를 적극적으로 모색하였다. 1997년 경제위기 이후 아세안은 아세안+3 체제를 중심으로 하는 외연의 확대와 아세안공동체 건설을 중심으로 하는 내연의 심화라는 두개의 축을 세우기 위해 노력을 집중했다. 아세안은 2003년 10월 제9차 발리 정상회의에서 채택한 '아세안 화합선언II(Bali Concord II)'를 통해 2020년까지 아세안을 유럽연합(EU)에 버금가는 하나의 지역공동체로 완성해 나가고, 이를 위해 정치, 경제, 사회문화 등 3개 분야에서 강한 유대를 구축해 나가 새로운 '아세안공동체(ASEAN Community)'를 만든다는 목표를 제시했다. 이 선언에는 '아세안안보공동체(ASC: ASEAN Security Community)'를 구축해 나가기 위해 기존의 '동남아우호협력조약(TAC)'이 공동체 내의 평화적 관계를 구축해 나가기 위한 주요 원칙으로 활용될 것이라는 점과 나아가 아세안안보공동체는 지역 안보를 보장하기 위한 방법으로 방위조약과 군사동맹 또는 정치, 경제, 사회분야에서의 강력한 유대를 통해 안보협력을 추구한다는 내용을 담고 있다. 또한 아세안은 경제협력분야에서 '아세안경제공동체(AEC: ASEAN Economic Community)'를 형성하는 것을 목표로 상품 및 서비스, 자본의 이동이 자유로운 단일시장 창설을 지향하고, 인적 자원의 개발과 교육 협력 강화와 금융정책 협력 확대를 제시하였다 (권율 외, 2003). 한편 '아세안사회문화공동체(ASCC: ASEAN Socio-Cultural Community)'는 인구, 교육, 실업, 질병, 환경 등의 분야에서 공동협력을 강화한다는 목표를 제시하였다.

아세안은 2003년 발리선언을 통해 아세안을 하나의 공동체로 만들어가기 위한 청사진을 제시했고 이는 아세안 발전에 획기적인 전기를 마련한 것으로 평가된다. 아세안은 2003년 제9차 발리 정상회의에서 '아세안 화합선언II(Bali Concord II)'를 채택해 2020년까지 아세안을 유럽연합에 버금가는 하나의 지역공동체로 완성해 나가겠다는 구상을 공식화했다. 정치안보, 경제, 사회문화 등 3개 분야의 '아세안공동체(ASEAN Community)'를 만든다는 목표와 로드맵도 발표했다. 이 선언에는 '아세안정치안보공동체(APSC: ASEAN Political-Security Community)'를 건설하기 위해 1976년 발리 정상회의에서 체결된 '동남아우호협력조약(TAC)'이 공동체 내의 평화적 관계를 구축하기 위한 주요 원칙으로 활용될 것이라고 언급했다. 아세안이 발전시켜온 주요 원칙들 즉, 내정 불간섭, 주권 존중, 협의와 합의에 의한 결정, 국가와 지역의 자주권, 갈등의 평화적 해결 등이 역내 안정과 평화를 위한 규범으로 강조되었다. 발리 정상회의에서는 새로운 규범의 형성, 해양안보 유지, 대량살상무기금지, 테러와 초국가적 범죄 대응, 방위협력 강화 등 다섯 가지 주요 안보협력 분야가 제시되었다. 아세안은 발리선언을 통해 아세안을 하나의 공동체로 만들어가기 위한 청사진을 제시했고 이는 아세안 발전에 획기적인 전기를 마련한 것이다 (배긍찬, 2007).

2003년 발리 정상회의 합의 이후 아세안공동체로의 전환 과정은 '지역의 세계(world of regions)'의 시대에 중요한 의미를 갖는 획기적인 발전으로 평가된다. 2004년 아세안안보공동체 행동계획(ASEAN Security Community Plan of Action)에서 아세안은 포괄적 안보 원칙에 따라 정치안보협력을 추진한다고 밝혔다. 아세안은 공동의 적을 가정한 집단방위 또는 군사동맹을 목표로 하지 않는다는 점을 분명히 했다. 2007년 13차 아세안정상회의에서 채택되고 2008년 공식 발효된 아세안헌장(ASEAN Charter)을 통해 아세안은 공동체 건설을 향한 확고한 방향을 잡았다. 아세안헌장은 역내 평화와 안보 강화를 아세안의 첫 번째 목표로 명시하고, 초국가적 문제를 포함한 모든 형태의 위협에 대해 포괄적 안보에 기반을 두고 대응할 것임을 선포했다. 아울러 기본 원칙으로 민주주의, 법치주의, 굿 거버넌스(good governance), 인권과 기본권의 증진과 보호를 제시했다. 아세안이 헌장을 발효시키고 공동체 건설을 앞당겨 구축하려는 것은 한국, 일본, 중국 등 동북아 국가들의 영향력에 맞서 아세안이 중심이 된 공동체를 구축하는 것이 전략적으로 중요하다는 판단도 깔려 있었다.

아세안헌장의 발효와 함께 아세안은 공동체를 만들어 가기 위한 구체적인 로드맵을 가동시켰다. 아세안이 추구하는 공동체는 유럽연합과 같은 '초국가적 단위'가 아닌 '정부 간 단위'를 전제로 국가 간 협력을 강화하는 것이다. 각 회원국의 독립성과 주권을 전제로 지역적 차원에서의 협력과 통합을 지향하는 것이다. 아세안공동체의 목표는 아세안정치안보공동체, 아세안경제공동체, 아세안사회문화공동체 등 세 분야 공동체의 구성과 완성에 있다.

아세안통합의 본격적인 움직임은 아세안에 법인격을 부여하는 아세

안헌장을 채택하는 문제와 함께 2007년에 중요한 전기를 맞았다. 2005
년 아세안헌장 제정을 위한 아세안 현인그룹(EPG: Eminent Persons
Group)이 소집되었고 이 현인그룹은 다양한 의견을 수렴하여 2006년
말 아세안정상회의에 보고서를 제출했다. 이 보고서를 토대로 아세안
각국에서 모인 고위급 실무반이 헌장의 초안을 완성했으며, 2007년 11
월 싱가포르에서의 제13차 아세안정상회의는 아세안헌장을 채택하고
국가별로 헌장을 승인하는 절차를 거쳐 2008년 1월 싱가포르를 선두로
같은 해 11월 태국까지 모두 국내적인 승인을 마치고, 2008년 12월 아
세안헌장은 법적인 효력이 발생하게 되었다.

아세안헌장은 서문과 55개 조항으로 이루어져 있다. "우리 국민은"으
로 시작되는 서문은 하나의 비전, 하나의 정체성, 서로 보살피고 나누는
하나의 공동체를 지향한다고 선언하고 있다. 헌장 1조에서 아세안의 목
적은 역내 평화와 안보, 안정을 유지하고 강화하고 평화 지향적 가치를
강화할 것을 명시했다. 민주주의의 강화, 거버넌스와 법치 강화, 인권과
기본적 자유의 촉진과 보호를 언급하여 향후 관련 주제에 대한 논의를
심화, 확대할 수 있는 근거를 마련했다. 아세안헌장의 기본골격은 조직
적 차원에서 기존의 아세안정상회의를 아세안협의회(ASEAN Council)
로 개칭하고 매년 2차례의 정상회의를 가지며 아세안의 안보, 경제, 사
회문화공동체 형성과 관리, 감독을 수행할 3개의 장관급 공동체협의회
(Community Council)를 신설하고, 회원국들 간 협력문제를 감시하고
강제할 수 있는 분쟁해결기구(DSM: Dispute Settlement Mechanism)
를 설립하도록 했다. 한편 기존의 2명의 아세안 사무차장을 4명(정치안
보, 경제, 사회문화, 대외업무 및 행정예산 담당)으로 늘리고, 각 회원
국은 아세안 사무국에 정식대표를 두고 아세안 대화상대국들은 아세안
대표부 대사를 파견할 수 있도록 했다. 아세안 사무국도 변화에 맞춰 부

서 조정과 인력 보강 등 구조개편을 했고, 자카르타에 각국 대사급 외교관으로 구성되는 상주대표부 위원회(CPR: Committee of Permanent Representatives to ASEAN)를 신설하여 아세안과 회원국의 연결 창구 역할을 하도록 했다 (Weatherbee, 2009).

정치안보, 경제, 사회문화를 축으로 하는 아세안공동체의 건설은 아세안뿐 아니라 동아시아의 지역협력 가능성을 진단하는 중요한 계기가 될 것이다. 아세안공동체 건설은 아세안 발전에 있어 다음과 같은 중요한 의미를 가진다. 첫째, 아세안공동체의 건설은 기존의 '지역협력'과 '지역주의'에서 규칙에 기반한 '공동체'로의 전환에 따른 높은 수준의 통합으로의 전환을 의미한다. 둘째, 아세안공동체는 기존의 협정과 결과들을 포괄적이고 건설적으로 수용하는 과정으로 아세안의 주요원칙과 이른바 '아세안 방식'의 기존 원칙과 운영기제의 연속성과 변화라는 이중적 과제를 수행한다. 셋째, 정치안보, 경제, 사회문화 제분야에 걸친 실질적인 협력프로그램의 확대를 통해 아세안의 영향력과 일반의 인식이 크게 증가할 것으로 기대된다. 마지막으로 민중 중심적인 아세안의 지향에 따라 정부, 기업, 시민단체 등 다양한 행위자의 참여를 확대시킬 것으로 기대한다.

반면에 아세안공동체 앞날에 대해 다양한 회의적 시각이 제기되는 것도 사실이다. 회원국 간 정치경제적 격차, 아세안 단결력의 저하, 정치적 의지의 부족, 이행계획과 이행평가 과정의 구체성 결여 등을 이유로 들고 있다. 아세안공동체에 대한 회의적 전망은 기존 아세안 방식에 대한 비판적 시각을 바탕으로 아세안공동체의 실체가 부재하다고 주장한다. 그러나 아세안공동체가 제시하는 비전과 아이디어는 향후 실행을 근거로 평가받아야 할 것이다. 아세안공동체의 건설은 아세안 사무국 차원의 제도적 변화가 아니라 보다 본질적인 시대적 요청이 반영된

도표 7.1 아세안(ASEAN) 조직

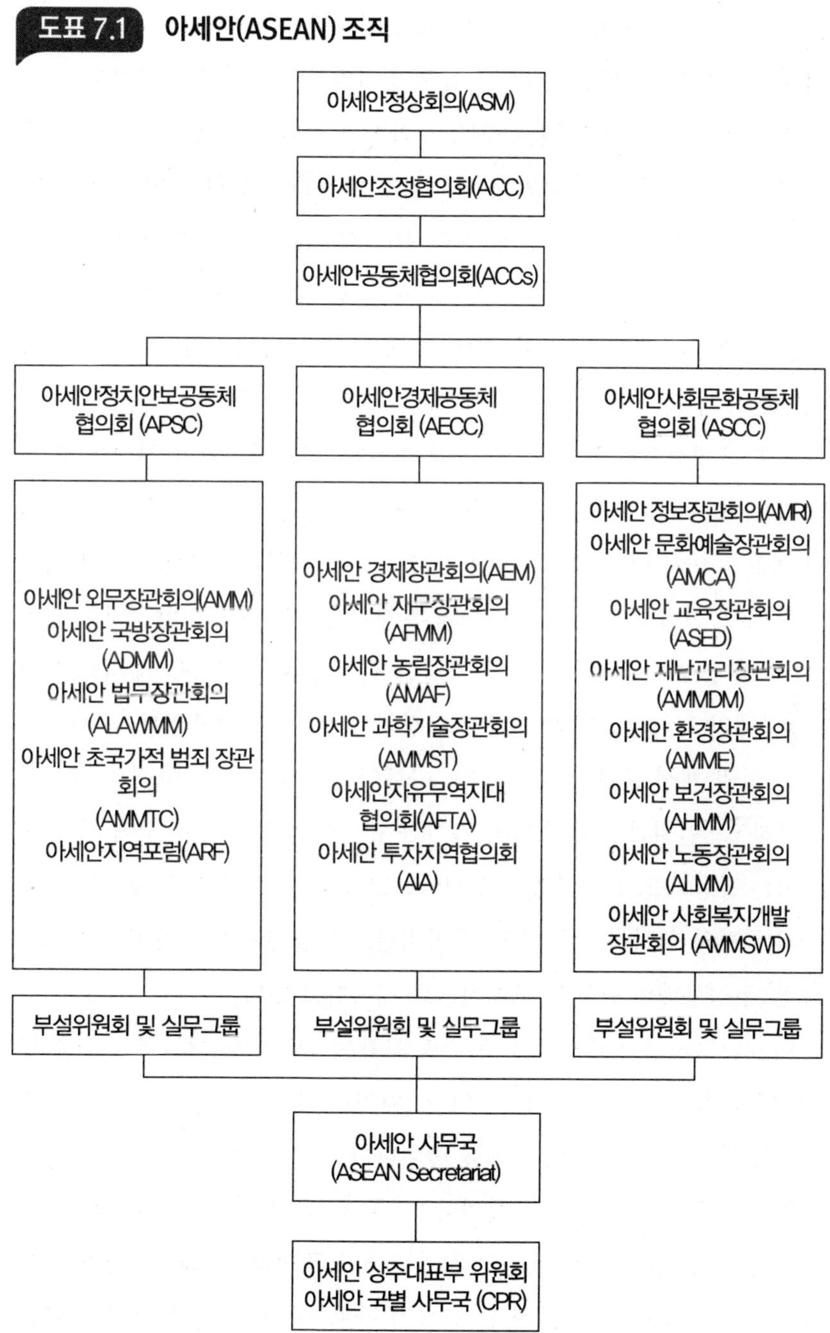

것이다. 따라서 정치, 경제, 사회문화공동체를 '구성'해 가는 '과정'으로 이해하고 각각의 구체적 성과를 통해 평가받아야 한다고 생각한다.

아세안정치안보공동체(APSC)는 화합과 평화의 안정적인 지역 그리고 역동적인 대외 지향적인 지역으로의 발전을 지향하고 있다. 아세안은 2008년 아세안경제공동체 청사진(AEC Blueprint)에 이어 2009년 정치안보공동체 청사진(APSC Blueprint)을 발표하여 구체적인 실천의지를 표명했다. 아세안정치안보공동체 청사진(APSC Blueprint)은 아세안헌장에 제시된 주요 원칙을 계승하고, APSC가 지향하는 세 가지 목표를 구체적으로 밝히고 있다. 아세안정치안보공동체가 첫 번째로 제시한 목표는 "가치와 규범 공유 및 규칙 기반 공동체 건설"이다. 이러한 목표는 아세안헌장에 표현된 가치와 규범을 공유하면서 아세안 회원국의 국내 정치구조 및 거버넌스와 관계된 정치발전을 지향한다는 것이다. 규범 공유는 아세안헌장에 명시된 원칙의 공동 이행을 제시하고 있다. 아세안 각국의 정치발전문제는 정치적으로는 민주주의를, 사회적으로는 인권 개선 문제로 귀결된다. 아세안은 각국의 정치발전의 차이를 극복하고, 인권과 민주주의의 가치와 규범을 공유하며 규칙에 의해 움직이는 공동체를 건설하겠다고 선언하고 있다. 정치발전 문제로는 회원국의 문화와 역사를 존중하되 굿 거버넌스의 실현과 인권과 민주주의의 촉진, 부정부패의 근절을 구체적으로 제시하고 있다.

아세안정치안보공동체의 두 번째 목표는 "포괄적 안보 책임 공유 및 안정되고 평화로운 지역 건설"이다. 이러한 목표는 회원국들의 단결과 노력을 통해 아세안 역내 문제를 풀어나가면서 아세안을 통일되고 자주적인 지역으로 만들겠다는 것이다. 이를 위해 신뢰구축과 분쟁의 평화적 해결과 같은 전통 안보문제뿐 아니라 초국가적 범죄와 초국경적 이슈와 같은 비전통 안보문제 등 포괄적 안보 차원에서 공동으로 노력한다는 선언을 하고 있다. 아세안정치안보공동체의 세 번째 목표는 "상호의존 세계에서 능동적이고 개방적인 지역 건설"이다. 아세안은 역외 문제에 대해 보다 적극적으로 행동해 나갈 것이라고 선언하고 있다. 아세안친선우호조약, 동남아비핵지대화조약, 남중국해 행동강령선언 등 기존 제도를 정착시키고, 아세안중심성을 강화시킨다는 목표를 갖고 있다. 동남아를 둘러싼 역외 국가들과의 협력을 강화하고 다자간 국제이슈에 대해 적극적으로 나설 것을 제시하고 있다. 요약하면 아세안정치안보공동체의 성공적인 건설을 위해 회원국의 국내정치 발전, 공통 규범의 형성과 공유, 분쟁의 사전 방지, 분쟁의 적극적 해결, 분쟁 후 평화 구축과 실행 기제 등이 유기적으로 연결되어 작동되어야 할 것이다(한·아세안센터, 2016).

아세안은 "가치와 규범공유 및 규칙 기반 공동체 건설"이라는 APSC 제1목표를 달성하기 위해 다양한 국가적 과제를 제시하고 있는데, 이

도표 7.2 **아세안정치안보공동체 구상**

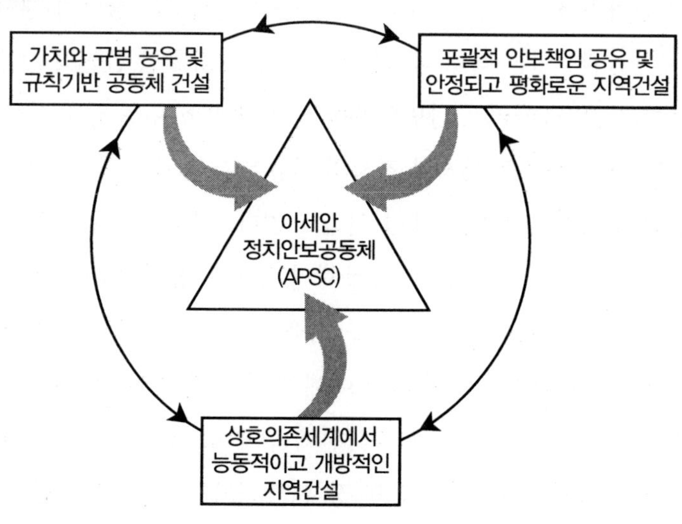

를 정리하면 아세안 회원국 국내정치에 인권과 민주주의를 확립하는 문제로 요약된다. 아세안은 2012년 아세안인권선언을 채택했다. 아세안 차원의 인권 논의는 장기간 형성되어왔다. 1988년 여성인권선언 이후 1993년 비엔나국제인권회의를 계기로 역내 인권기구의 창설 필요성에 인식을 함께 했다. 아세안인권기구의 창설에 본격적인 계기를 마련한 것은 2007년 아세안헌장이다. 헌장에는 인권관련 주요 원칙뿐만 아니라 아세안 역내 인권기구의 창설을 명시했다. 이를 바탕으로 2009년 아세안정부간인권위원회(AICHR)가 설립되었다. 아세안인권선언은 국제인권선언의 원칙을 수용하고, 아세안헌장에서 언급되었던 기본 원칙 중 국내문제 불간섭 원칙을 제외시켰다. 이는 불간섭원칙이 아세안 회원국 내 인권 유린에 대해 침묵하는 근거로 사용되었다는 비판적 시각을 반영한 것이다.

그러나 아세안인권선언은 아세안 회원국이 갖고 있는 제약을 제대로 극복하지 못하면서 개념 사용과 제정 절차에서 많은 문제점을 표출한 것도 사실이다. 인권선언 작성 과정은 정부의 입장을 대변하는 구조였고, 인권관련 국제기구나 비정부기구 등 시민사회의 참여가 제한되었다. 아세안인권선언은 역내 국가들의 특수성을 감안한 인권의 상대주의를 반영하고 있다. 따라서 난민의 권리는 국내법 허용을 전제로 하고 있고, 집회의 자유를 보장하지만 결사의 자유는 누락되어 있다. 종교의 자유와 관련해 개종의 자유에 대한 언급도 없다. 이러한 인권선언의 한계에도 불구하고 아세안정치안보공동체의 출범은 장기적 관점에서 인권에 관해 긍정적인 기여를 할 것으로 기대한다. 아세안인권선언이 원칙적으로 국제인권선언을 수용하며 아세안 자신에 의해 만들어졌고, 그 내용이 아세안정치안보공동체 청사진에 구체적으로 명시되어 있다. 따라서 앞으로 인권문제는 아세안의 정치안보공동체의 질적 수준을 평가하는 중요한 잣대로 사용될 것이다.

포괄적 안보책임 및 안정된 지역 건설이라는 APSC 두 번째 목표를 달성하는 데 중요한 관찰 대상으로 등장하는 것 중의 하나가 아세안지역포럼 문제이다. 아세안지역포럼(ASEAN Regional Forum)은 1992년 싱가포르 정상회의에서 합의되어 1994년 7월 방콕에서 제1차 각료회의가 열리면서 시작되었다. ARF는 아세안확대외교장관회의의 틀을 활용하여 매년 개최되고 있는데, 지역 강대국 간 관계, 비확산문제, 대테러 문제, 초국가적 범죄와 남중국해와 한반도 문제 등을 주요 의제로 다루고 있다. 현재 ARF은 아세안 10개국과 아세안+3(한국, 중국, 일본), 동아시아정상회의(EAS) 참가국(미국, 러시아, 인도, 호주, 뉴질랜드), 북한, 캐나다, EU, 동티모르, 몽골, 방글라데시, 스리랑카, 파키스턴, 파푸아뉴기니 등 총27개국이 참가하고 있다. ARF는 아세안이 중심이 되어 동아시아와 남아시아를 포함한 아시아 유일이자 최대의 다사산 정치안보협의체로 자리 잡았다.

아세안지역포럼이 초기 신뢰구축단계에서 예방외교단계로 이행이 지연되고 있다는 비판은 ARF를 평가하는 기준이 되고 있다. ARF가 2001년 예방외교 개념을 채택했지만 예방외교를 수행하는 단계로 발전하지 못하고 있는 것은 27개국에 달하는 회원국의 규모와 회원국들의 정치안보상황이 매우 상이한 아시아적 환경에서 비롯된다. ARF의 낮은 제도화 수준과 전원합의원칙 같은 아세안 방식의 규범도 다양한 역내 안보문제에 대한 대응성과 효과성을 낮추는 요인으로 지적된다. 또한 자연재해 조사, 탐색 및 구조, 테러방지, 안전한 해상 무역로 확보, 전염병 확산 방지 등에 있어서도 ARF의 활동은 제한적이라는 평가를 받고 있다. 이러한 사안에 대한 실질적 협력을 위해 상호신뢰는 무엇보다 중요하다. 그렇지만 다양한 이해관계를 갖는 ARF 참가국, 특히 강대국의 이해관계와 전략으로 인해 상호불신은 쉽게 극복되기 어렵다. 그러나 이러한 문제는 국제정치의 구조적인 문제이지 아세안 자체의 문제가 아니기 때문에 오히려 아세안이 새로운 접근방식을 개발해 주도권을 갖도록 노력해야 할 필요가 있는 이유이기도 하다.

아세안지역포럼에 대한 비판적 시각에도 불구하고 ARF가 단순한 대화체에서 시작하여 점차 실질적인 안보협력체제로 발전한 측면도 간과할 수 없다. ARF가 역내에서 유일하게 회원국 간 신뢰구축과 안보대화 채널로 기능함으로써 비록 제한적이지만 일부 분야, 특히 재난대응과 구조분야에서 기능적 협력을 이끌었다. 재난구조분야의 논의가 진전된 것은 2004년 인도양 주변국을 강타한 쓰나미 발생과 이후 화산, 지진, 태풍 등의 자연재해 발생 시 대응의 결과이다. 아직도 효과적인 집단 대응에는 이르지 못하고 있지만 사태에 대한 인식 공유와 상당한 수준의 협력 경험은 축적되었다. 개별 국가들의 대응 미숙과 입장 차이, 일부 회원국의 소극적 자세 등 상존하는 문제점은 여전하다. 그렇지만 AFR가 지금까지의 대화수준을 넘어 실질적인 예방외교, 나아가 안보갈등문제의 관리와 처리까지 발전시킬 수 있는지는 아세안정치안보공동체의 출범과 함께 가장 주목되는 부분이다.

ARF에 추진력을 제공하는 중심역할을 아세안이 해야 한다는 아세안 중심성(ASEAN Centrality)개념은 아세안의 상대적 약세로 인해 논란을 일으키기도 한다. 그러나 아세안의 공동의 리더십이 미국, 중국, 일본, 인도, 러시아 등 일국의 절대적 영향력 행사를 막고 모두가 참여하도록 하는 역할을 했음은 의문의 여지가 없다. 포괄적 안보문제를 다루기 위한 포괄적 역할을 수행할 수 있는 힘은 여전히 아세안으로부터 나올 수밖에 없다는 점을 인정해야 한다. 아세안의 비강제성을 특징으로 하는 리더십은 힘에 의한 지배가 아닌 동등한 행위자들의 협업을 통한 문제해결을 가능하게 하는 원동력이다. 아세안정치안보공동체가 출범하면 이러한 아세안의 집단리더십이 효과적으로 발휘될 수 있는 기회가 더욱 확대될 것이다. 아세안 리더십이 지속되기 위해 아세안 회원국 간 단결은 무엇보다 중요하다. 강대국과 함께 하는 ARF는 단결된 아세안의 리더십을 확인하는 무대가 될 것이다.

2019년 8월 2일 제26차 ARF가 태국 방콕에서 열렸다. 2019년 아세안 의장국인 태국 외교장관 돈 쁘라뭇위낫이 주재한 회의는 제52차 아세안 외교장관회의(AMM)와 확대외교장관회의(PMCs)와 함께 진행되었다. 1994년 제1차 회의가 열린 이래 AFR가 갖는 지역 안보문제에 대한 효율적인 논의의 장으로서의 의미를 되새겼다. 아세안은 회의에 앞서 지속가능성을 향한 협력에 관한 아세안 정상의 비전(ASEAN's Leaders' Vision Statement on Partnership for Sustainability)과 인도-태평양에 관한 아세안의 전망(ASEAN Outlook on the Indo-Pacific)을 발표하였는데, 이를 바탕으로 지속가능한 안보, 인간안보, 해양안보 등 세 가지 주제를 중심으로 논의했다.

회의에서는 구체적으로 미얀마 여캉잉주 사태, 남중국해문제와 한반도 문제를 집중적으로 다뤘다. 또한 대테러문제, 폭력적 극단주의와 초국가적 범죄, 사이버안보문제 등을 논의했다. 이런 논의 이후 AFR항공협력성명(ARF Statement on Aviation Partnership: Soaring ahead Together), 테러와 폭력적 극단주의 방지 및 대처에 관한 성명(ARF Statement on Preventig and Countering Terrorism and Violent Extremism and Condusive to Terrorism), 대테러리즘과 초국가적 범죄에 대한 ARF 행동계획(ARF Work Plan for Counter Terrorism and Transnational Crime 2019-2021)을 채택했다.

능동적이고 개방적인 지역 건설이라는 APSC의 제3의 목표 중에서

도표 7.3 아세안과 관련 회의체 구성

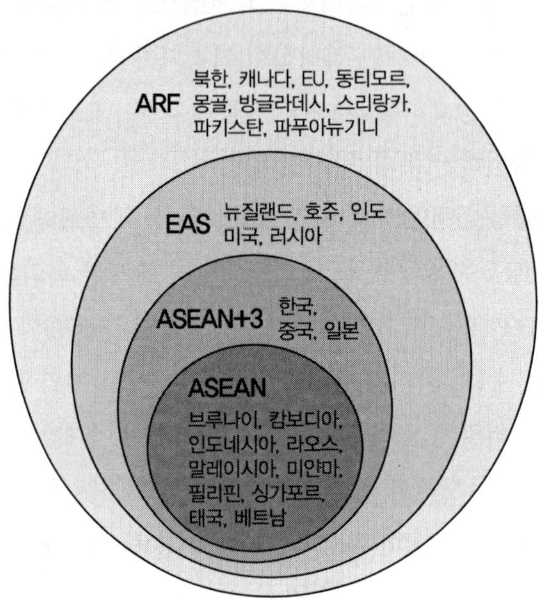

가장 시급하게 주목해야 할 국제적인 현안은 남중국해문제이다. 남중국해는 말라카해협을 거쳐 서태평양지역으로 향하는 세계에서 가장 복잡한 국제 해상로이다. 수에즈운하의 3배, 파나마운하의 2배에 달하는 물동량이 움직이고 있다. 남중국해의 해저에는 막대한 원유와 천연가스가 묻혀있다. 남중국해에는 베트남과 중국이 영유권을 주장하는 서사군도(Paracel Islands)와 베트남, 중국, 말레이시아, 필리핀, 브루나이, 대만이 영유권을 주장하는 남사군도(Spratly Islands)가 흩어져 있다. 이러한 배경으로 인해 남중국해는 오래전부터 관련국 간 갈등과 충돌의 씨앗이 되었다. 2002년 중국과 동남아 국가 간에 '남중국해에서 당사국 행동에 관한 선언'으로 일단 소강상태에 들어갔으나 2009년 이후 중국의 무력시위 등 군사행동이 증가하면서 다시 남중국해문제가 동남아 안보문제의 핵으로 부상되고 있다.

남중국해문제는 당사국 간 양자주의 채널과 더불어 아세안 관련 회의에서 중요한 의제였다. 아세안은 1992년 남중국해에 대한 갈등적인 영토권 주장이 지역의 안정을 위협할 것을 우려해 남중국해선언(Declaration on South China Sea)을 발표했다. 여기에서는 관련국들이 남중국해 분쟁의 평화적 해결을 모색하고 무력의 사용을 자제할 것을 요구했다.

남중국해문제는 아세안이 정치안보공동체를 성공시켜나가는 데 직접적인 도전이자 최대의 과제이기도 하다. 아세안 회원국 간 남중국해문제를 둘러싼 이해충돌은 공동체 건설에 부정적인 영향을 미칠 수 있다. 2012년 캄보디아가 아세안 의장국을 수행할 때 남중국해문제에 대해 아세안 분쟁당사국보다 중국을 배려했다는 비난을 받으면서 아세안 회의 최초로 의장성명서가 도출되지 못하는 결과를 낳기도 했다. 그렇지만 이러한 복잡하게 얽혀있는 상황에도 불구하고 아세안정치안보공동체는 피할 수 없는 당면 최우선 과제로 남중국해문제를 설정하고, 관련 역내외 국가들과 협력하여 평화적인 해법을 찾아내야 할 것이다.

2015년 아세안공동체가 출범하면서 아세안은 현재까지의 느슨한 형태의 협력체에서 함께 결정하고 행동하는 공동체로 전환하게 되었다. 아세안공동체의 성공은 4C로 표현되는 목표의 실현과 궤를 같이 하게 될 것이다. 4개의 C로 시작되는 아세안공동체(ASEAN Community), 아세안헌장(ASEAN Charter), 아세안중심성(ASEAN Centrality), 아세안연계성(ASEAN Connectivity)이 그것이다. 첫 번째, 아세안공동체는 정치안보, 경제, 사회문화 등 세 개의 축으로 구성된 아세안공동체의 건설을 목표로 한다. 두 번째, 2008년 발효된 아세안헌장은 아세안이 향후 분야별 협력과 통합의 공동체 건설을 도모할 수 있도록 한 제도적

기반인 동시에 구체적인 목표를 설정해 주고 있다. 세 번째, 아세안중심성은 아세안이 추구하는 역내 공동체 비전을 통해 국제사회, 특히 동아시아지역에서의 적극적인 중심적 역할을 강조하는 목표이다. 아세안중심성의 강조와 연계성의 강화가 아세안공동체의 미래와 직결되어 있다는 인식 때문이다. 아세안중심성은 지리적으로 동아시아지역의 중심에 아세안이 있음을 의미하는 동시에 중심적인 역할과 추동력을 갖는 아세안의 위상을 강조한다. 아세안중심성은 향후 지역협력체나 지역협력의 과정에서 아세안이 핵심에 있어야 한다는 아세안의 의지를 표현하는 것이다. 네 번째, 아세안연계성은 물리적, 제도적, 인적 연계성을 추구하여 지역 정체성을 확보하고 발전시키겠다는 목표이다. 아세안연계성 개념은 아세안 역내에서 사람, 상품, 서비스, 자본 등이 국경을 넘어 자유롭게 이동할 수 있도록 교통, 통신 네트워크, 수단, 자원 등을 창출하고, 법적, 제도적 장애물을 제거하여 국민들 간의 접촉을 장려한다는 것이다. 연계성은 교통, 정보통신기술, 에너지 등의 물적 연계성, 무역과 투자 및 서비스의 자유화와 간소화, 상호인정제도, 역내교통협약, 월경절차, 역량증대프로그램 등의 제도적 연계성과 교육과 문화, 관광 등의 국민 대 국민 연계성으로 구성된다. 이처럼 4C는 공동체 출범과 함께 아세안의 비전을 이행하기 위한 핵심 축이기 때문에 4C의 개념을 바탕으로 아세안공동체의 진행을 살펴보면 정확한 관찰을 할 수 있을 것이다 (한·아세안센터, 2014).

아세안공동체 출범과 비전2025

2015년 말 아세안공동체 출범을 앞두고 2015년 11월 제27차 아세안정상회의가 말레이시아에서 열렸다. 여기에서 'ASEAN 2025 쿠알라룸푸르선언'이 채택되었다. "함께 앞으로 나아가자: Forging Ahead Together"라는 부제가 붙은 선언문은 아세안공동체의 10년 후 미래인 2025년을 내다보며 아세안공동체가 나아가야 할 방향을 상세히 정리하고 있다. 선언은 먼저 'ASEAN Declaration' (방콕, 1967), 'Zone of Peace, Freedom and Neutrality Declaration' (쿠알라룸푸르, 1971), 'Treaty of Amity and Cooperation in Southeast Asia' (발리, 1976), 'Declaration of ASEAN Concord' (발리, 1976), 'Treaty on the Southeast Asia Nuclear Weapon-Free Zone' (방콕, 1995), 'ASEAN Vision 2020' (쿠알라룸푸르, 1997), 'Declaration of ASEAN Concord II' (발리, 2003), 'Bali Declaration on ASEAN Community in a Global Community of Nations' (발리, 2011) 등 아세안이 지금까지 발표했던 주요 선언을 재확인하고 있다. "One Vision, One Identity, One Community"의 이세안헌장 기본원칙을 제시하며, "정치적으로 결합되고, 경제적으로 통합되고, 사회적으로 책임 있는, 규칙 기반, 사람 지향, 사람 중심의 아세안"을 만들어 갈 것임을 결의하고 있다. 쿠알라룸푸르선언은 'ASEAN Community Vision 2025', 'ASEAN Political-Security Community Blueprint 2025', 'ASEAN Economic Community Blueprint 2025', 'ASEAN Socio-Cultural Community Blueprint 2025'를 채택했다.

'아세안공동체 비전 2025'에는 아세안공동체의 2015년 공식 출범과 아세안공동체 2025 설정을 축하하며 평화적이고 안정적이며 유연한 공동체를 건설해 나가는 데 대한 기대를 표명하였다. 향후 비전으로 아세안은 첫째, 다양한 역내외 도전에 효과적으로 대응하는 지구촌의 미래지향적 지역으로서 아세안중심성을 지켜나가는 아세안공동체의 건설, 둘째, 생기 있고 지속가능하고 고도로 통합된 경제로서 아세안연계성을 강화하고 개발격차 해소를 위해 강력히 노력하는 아세안공동체의 건설, 셋째, 유엔 2030 지속가능한 개발 의제와 아세안공동체 건설 노력의 병행을 제시하였다. 이상의 아세안공동체 실현을 위해 아세안사무국을 포함한 아세안 관련 기구와 조직의 제도적 능력을 강화하고 효율성을 증진하기 위한 협력을 증대시켜 나갈 것을 강조했다.

'아세안공동체 비전 2025'에서 아세안정치안보공동체는 2025년까지 통일되고, 포용적이며 유연한 공동체가 될 것을 목표로, 역내 평화와 안보에 대한 도전 앞에 일관되게 대응하며 적실성 있게 행동해 나갈 것과 세계 평화, 안보와 안정을 위해 역외 상대들과 협력을 강화하고, 공동으로 기여할 것임을 천명하였다. '아세안비전 2025'는 아세안정치안보공동체의 9가지 미래 모습을 제시하고 있다. 9개 공동체는 ① 규칙에 기반을 둔 공동체, ② 포용적이고 대응하는 공동체, ③ 관용과 중용을 아우르는 공동체, ④ 포괄적 안보를 지향하는 공동체, ⑤ 평화적 수단으로 분쟁 해결하는 공동체, ⑥ 비핵지대화 공동체, ⑦ 해양안보와 협력을 증진하는 공동체, ⑧ 아세안중심성 위에 단결을 강화하는 공동체, ⑨ 대화상대국과의 협력을 강화하고 상생하는 공동체 등이다.

규칙에 기반한 공동체는 아세안의 기본원칙 및 가치와 규범을 공유하고 국제법 원칙을 준수하는 공동체이다. 포용적이고 대응하는 공동체는 인권과 기본권을 자유롭게 향유하며 민주주의 원칙과 굿 거버넌스, 법치주의가 지배하는 정의로운 환경을 이루는 공동체를 말한다. 관용과 중용을 아우르는 공동체는 타종교와 타문화에 대한 존중과 '다양성 속의 통일' 정신이 확산되고 폭력적인 극단주의를 배격하는 공동체를 의미한다. 포괄적 안보를 지향하는 공동체는 초국가적 범죄 같은 비전통 안보문제에 대해 효과적으로 대응하고 관련된 능력을 향상시키는 공동체이다. 평화적 수단으로 분쟁을 해결하는 공동체는 폭력적인 위협과 사용을 금지하고, 평화적으로 분쟁을 해결하며 다양한 신뢰구축조치를 강화하면서 예방외교를 증진시키는 것이다. 비핵지대화 공동체는 핵무기와 대량살상무기의 생산과 보유 및 확산을 금지하고, 군비 감축과 핵에너지의 평화적 사용을 지향한다. 해양안보와 협력을 증진하는 공동체는 아세안이 주도하여 국제 해양법 원칙을 준수하고 해양문제를 평화적으로 해결하고 개발 협력하는 것을 뜻한다. 아세안중심성 아래 단결을 강화하는 공동체는 아세안이 지역 안보를 주도하는 중심역할을 수행하는 기구가 되어야 한다는 것이다. 마지막으로, 대화상대국과의 협력을 강화하고 상생하는 공동체는 동남아 역외세력과의 협력을 강화하면서 공동관심사를 집단적으로 건설적으로 해결해 나가는 공동체를 말한다.

'아세안공동체 비전 2025'에서 제시된 아홉 가지 아세안정치안보공동체의 구상을 '아세안정치안보공동체 청사진 2025'는 규칙기반 사람지향 및 사람 중심의 공동체, 평화와 안정이 탄력적인 공동체, 역외와 협력하는 미래지향의 공동체, 조직과 제도적 능력을 갖춘 공동체 등 네 범주로 정리하고 있다. 규칙기반의 사람지향 및 사람중심의 공동체는 아세안의 기본원칙과 국제법을 준수하고 가치와 규범을 공유할 것과 민주주의, 굿 거버넌스, 법치주의를 지향하고 인권과 기본권을 보호하고 반부패 활동을 강화할 것, 화합과 안정의 힘으로서 관용과 중용의 가치에 기반한 평화의 문화를 정착시킬 것을 말하고 있다. 이러한 공동체는 '아세안공동체 비전 2025'에서 말한 ①, ②, ③공동체를 포함한다.

평화와 안정의 탄력적인 공동체는 대내외적 도전을 다룰 아세안의 능력과 관련 조직을 강화할 것, 위기와 비상상황에 대비한 대응 능력을 강화할 것, 초국가적 범죄와 자연재해 등 비전통 안보이슈의 효과적인 관리를 위한 능력을 증강시킬 것, 분쟁의 평화적 해결과 평화유지 활동 및 예방외교 활동을 증대시킬 것, 비핵지대화와 대량살상무기금지 및 군

비축소와 비확산, 남중국해문제 등 역외 세력들과 해양안보 및 해양협력을 확대할 것을 규정하고 있다. 이러한 공동체는 '아세안공동체 비전 2025'에서의 ④, ⑤, ⑥, ⑦공동체를 의미한다.

역외와 협력하는 동태적인 미래지향적 공동체는 아세안중심성에 의한 지역 건설과 아세안의 통합을 강화할 것과 발전을 위한 대화상대국들과의 건설적 협력을 심화시킬 것을 규정하고 있다. 이러한 공동체는 '아세안공동체 비전 2025'에서의 ⑧, ⑨공동체를 말한다. 아세안정치안보공동체 청사진에서는 추가로 아세안의 제도적 능력을 강화해 나갈 것을 특별히 주문하고 있다. 아세안정상회의, 부문별 공동체협의회, 관련 장관급 회의 및 ARF, EAS, ASEAN+3 등 회의체의 능력을 키우고, 아세안 관련 산하기구와 아세안 사무국 등 아세안의 행정기구의 효율성을 높여 아세안의 존재감을 한층 강화시키자고 결의하고 있다.

2015년 말 아세안정치안보공동체는 2025년까지 아홉 가지 공동체 달성을 목표로 출범했다. 경제공동체와 사회문화공동체와 유기적인 연

도표 7.4 **2025년 아세안정치안보공동체 구상**

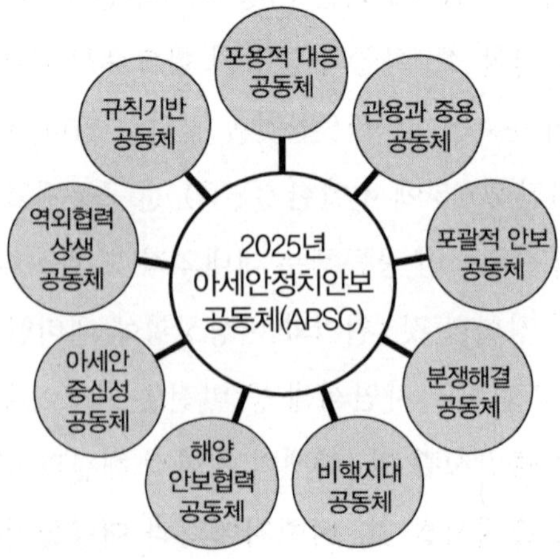

관성을 갖고 추진되어야 하는 정치안보공동체의 앞날에는 많은 과제가 쌓여 있다. 그렇지만 1967년 아세안 출범 이후 지금까지 '다양성 속의 통일'이라는 독특한 정체성을 발전시키며 난관을 극복했듯이 아세안만이 보여줄 수 있는 새로운 지역협력모델을 완성해 나가리라고 기대한다.

남중국해문제

국경선과 영토문제는 동남아 국가들 대부분이 현상을 그대로 수용하고 있지만 일부지역에서 내연하는 문제들은 동남아 전체의 안보환경을 불안정하게 만들 수 있다. 그 중에서도 남중국해의 스프래틀리군도(Spratley Islands, 남사군도) 영유권을 둘러싼 중국, 베트남, 대만, 말레이시아, 브루나이, 필리핀 간의 팽팽한 긴장관계는 가장 신각한 지역 안보문제라고 할 수 있다. 중국과 대만까지 가세한 남중국해문제는 막대한 해저유전과 부존 가스로 인해 경제적 이해가 첨예하게 대립되고 있으며, 남중국해를 통과하는 해상교통로는 한국과 일본, 미국의 국익과도 직결되어 있다. 또한 말레이시아, 인도네시아, 필리핀, 베트남 간 해상경계선 문제와 일부 섬들의 영유권 문제는 중국의 적극적인 개입으로 혼란한 상황이다.

남중국해는 말라카해협을 거쳐 서태평양지역으로 향하는 세계에서 가장 복잡한 국제 해상로이다. 수에즈운하의 3배, 파나마운하의 2배에 달하는 물동량이 움직이고 있다. 남중국해의 해저에는 막대한 원유와 천연가스가 묻혀있다. 남중국해에는 베트남과 중국이 영유권을 주장하는 서사군도(Paracel Islands)와 베트남, 중국, 말레이시아, 필리핀, 브루나이, 대만이 영유권을 주장하는 남사군도(Spratley Islands)가 흩어져 있다. 이러한 배경으로 인해 남중국해는 오래전부터 관련국 간 갈등과 충돌의 씨앗이 되었다. 2002년 중국과 동남아 국가 간에 '남중국해에서 당사국 행동에 관한 선언'으로 일단 소강상태에 들어갔으나 2009년 이후 중국의 무력시위 등 군사행동이 증가하면서 다시 주목받고 있다.

중국은 1990년대 이후 내륙의 국경분쟁과 비교해 해양 영유권분쟁에서 상대적으로 강경한 입장을 취하고 있다. 그럼에도 불구하고 2009년 이후 보여준 중국의 강경한 태도는 상당히 이례적이다. 2010년 원자바오(溫家寶) 중국 총리는 유엔연설에서 "주권과 국가통합 및 영토문제에 관한 한 중국은 어떤 양보와 협상도 하지 않을 것이다"면서 지역의 상호의존성보다 중국의 핵심국익을 철저히 지키겠다고 선언했다. 중국의 강경입장의 배경으로 영토주권에 대한 집착, 중화민족주의의 고취, 동아시아에서의 중국 부상의 선행적인 실행 의지, 미국의 대중 포위에 대한 전략적 대응이라는 다양한 분석이 있다.

중국은 오바마정부가 들어선 이래 미국이 서태평양지역에 대한 불개입에서 적극개입 전략으로 전환한 것으로 판단하고 남중국해문제에 관여하지 말 것을 경고하고 있다. 2011년 발리 ARF회의에서는 당사국 간 대화를 통한 해결과 미국의 불개입을 요구하는 외교를 전개했다. 그렇지만 중국이 미국의 개입에 민감하게 반응할수록 상대 국가들인 일본, 베트남, 필리핀이 더욱 미국과 밀착하려 한다는 점이 중국이 안고 있는 딜레마이다. 따라서 중국은 관련국들의 중국에 대한 불신, 미국의 동남아지역 영향력 확대, 남중국해문제의 국제화 등 중국에 부정적인 상황이 확대되고 있다고 판단한 듯하다. 중국은 국력이 커질수록 국제사회의 견제도 커짐을 인지하고, 시간은 중국편이라는 판단 아래 신중하고 조심스런 외교를 전개하고 있다. 중국은 아세안과 2011년 '남중국해 당사국 간 행동원칙 실행을 위한 가이드라인'에 합의하여 남중국해문제의 평화적 해결을 위한 제도 마련에 한 발 다가가는 자세를 보이고 있다. 한편 미국은 남중국해의 항해 자유를 지속적으로 강조하면서 2010년 ARF회의에서는 남중국해 영토분쟁에 개입할 것을 선언했다. 미국과 상호방위조약을 체결하고 있는 필리핀이 중국과 직접 충돌할 경우 중국과 미국의 대결로 악화될 가능성은 커지고 있다.

동남아 국가들은 냉전기 중국에 대한 위협인식이 매우 컸던 경험이 있다. 중국은 동남아지역의 친공산계 반군 활동을 지원하고 베트남전에 깊게 개입하여 인도차이나 공산화에 큰 역할을 했다. 이러한 중국의 전략은 1967년 ASEAN을 결성하게 되는 원인을 제공하였고, 1980년대까지 반공주의는 아세안의 공통이념으로 자리 잡았다. 그러나 동남아 국가들의 중국에 대한 인식은 1997년 동아시아 경제위기로 비롯된 중국외 대동남아 외교공세도 점차 부정적 차원에서 긍정적으로 전환되기 시작했고, 21세기 협력시대의 동반자관계로 인식이 전환되기에 이르렀다. 중국은 동남아 경제성장의 견인차이고 중국의 진출은 더 이상 위협이 아닌 기회로 간주되었다.

그렇지만 위협인식이 근본적으로 해소된 것은 아니다. 중국에 대한 전략적 견제는 지속되어야 한다는 것이 아세안의 판단이다. 1995년 베트남, 1997년 라오스, 1997년 미얀마, 1999년 캄보디아가 ASEAN에 가입함으로써 'ASEAN 10'을 완성한 것은 중국에 대한 공통의 위협인식이 한 원인이었다. 중국의 미얀마, 캄보디아, 라오스에 대한 접근과 과도한 영향력 행사로 인해 이들 국가가 중국의 위성국으로 전락하는 것을 방지하려는 아세안의 노력도 계속되고 있다. 그러나 중국에 대한 동남아의 위협인식도는 역사적, 지리적, 경제적, 문화적 요인 등으로 인해 국가마다 차이가 있는 것이 사실이다.

남중국해문제는 당사국 간 양자주의 채널과 더불어 아세안 관련 회의에서 중요한 의제였다. 아세안은 1992년 남중국해에 대한 갈등적인 영토권 주장이 지역의 안정을 위협할 것을 우려해 남중국해선언(Declaration on South China Sea)을 발표했다. 이는 관련국들이 남중국해 분쟁의 평화적 해결을 모색하고 무력의 사용을 자제할 것을 요구했다. 이후 계속된 갈등의 발생을 막지는 못했으나 2002년 아세안과 중국 간에 '남중국해 당사국 간 행동규칙에 관한 선언'을 도출했다. 이는 남중국해 문제를 중국과의 아세안 개별 회원국 간 양자 간 문제에서 지역차원의 문제로 인식하게 하여 다자간 접근의 가능성을 제공하였다는 데 의의가 있었다. 아세안은 미국 등 역외 국가를 포함하는 ARF에서 남중국해문제를 논의하고자 시도했지만 중국의 반대에 부딪쳤다. 남중국해문제는 아세안이 정치안보공동체를 건설하는 데 직접적인 도전으로 부상하고 있다. 아세안 회원국 간 남중국해문제를 둘러싼 이해충돌은 공동체 건설에 부정적인 영향을 미치고 있다. 일례로 1999년 베트남과 필리핀 군대 간에 총격이 발생했고, 이는 1992년 남중국해선언과 1995년 베트남과 필리핀 간 행동규칙을 위반하는 충돌이었다. 이러한 복잡한 상황으로 인해 아세안이 당면한 최우선 과제이자 처리해야 할 첫 번째 숙제가 남중국해문제의 해법이다.

2018년 제33차 아세안정상회담에서 아세안 의장국인 싱가포르 리셴룽(李顯龍) 총리는 중국과 미국 관계가 안정화되기를 바란다는 희망을 표시했다. 아세안은 두 강대국 간 선택을 강요받는 상황을 바라지 않는다는 것이다. 중국과 미국은 아세안의 가장 중요한 상대국이지만 미국과 중국이 충돌하게 되면 부정적인 후폭풍을 피해갈 수 없다. 2018년 11월 파푸아뉴기니에서 열린 아시아·태평양경제협력회의(APEC)에서 무역과 안보에 관한 미국과 중국의 차이는 노골적으로 드러났고, 결국 공식성명서 채택 없이 끝나고 말았다.

출처: 한-아세안센터, 『아시아의 꿈, 아세안공동체를 말하다』(2016년 2월)에서 재인용.

2018년 남중국해에서의 긴장은 조금 줄어드는 분위기였지만 내재된 문제는 여전히 지속되었다. 미국과 중국 간 무력 경쟁의 현장인 남중국해에서의 군사적 긴장은 현재 진행형이다. 중국은 남중국해에 대해 거칠면서도 실용적인 접근을 하고 있다. 2016년 7월 국제상설중재재판소(PCA: Permanent Court of Arbitration)는 남중국해 영유권에 관한 중국의 9단선 주장이 법적 근거가 없다고 판결했지만 중국은 이를 무시한 채 일방적인 영유권 주장을 계속하고 있다. 중국은 남중국해에서의 관할권 확보가 자국의 핵심이익이라고 천명한 바 있지만 궁극적 목표는 남중국해의 지배권을 확보하는 것이다. 지배권 확보는 석유, 가스 및 수자원에 대한 통제권을 얻는 것이고, 남중국해에서 해양 경쟁국의 접근을 제한하는 것이다. 2005년 이래 중국은 남중국해의 섬들에 항공기와 미사일을 배치하는 군사화 조치를 지속적으로 추진하였다. 시진핑(習近平) 국가주석은 남중국해를 대만, 신장과 티베트처럼 중국의 핵심국익이 걸린 지역으로 표현한다. 2018년 6월 시진핑은 중국을 방문한 미국 매티스(James Mattis) 국방장관에게 중국은 조금도 물러나지 않을 것이라고 말했다. 실제로 남중국해에 대한 중국식 몬로독트린을 선언한 것과 같다. 시진핑은 미국을 중국의 부상을 막는 세력으로 보고 있다. 미국은 일본, 한국, 필리핀과 함께 동아시아에서 중국을 둘러싸고 있다. 중국은 2017년 10월 제19차 당대회를 계기로 '신시대 중국 특색 사회주의 사상'의 핵심 대외전략으로 격상된 '일대일로(一帶一路)' 구상을 본격화하면서 남중국해와 인도양에 대한 경제적, 전략적 진출을 확대하고 있다.

2018년 3월 5일 미국의 칼 빈슨 항공모함(USS Carl Vinson)이 베트남 다낭(Da Nang)에 입항했다. 1975년 베트남전쟁 종료 후 43년 만의 입항이었다. 2018년 4월 24일 괌(Guam)에서 이륙한 미 공군의 B-52 전략폭격기 2대가 남중국해를 비행했다. 대만과 필리핀 사이 해협을 거쳐 남중국해 북부까지 접근한 후 회항했다. 2018년 5월 27일 미국 로널드 레이건 항공모함(USS Ronald Reagan)전단이 남중국해를 항해했다. 항모 전단의 이지스 순양함 앤티텀(Antietam)과 이지스 구축함 히긴스(Higgins)는 남중국해 파라셀군도 12해리 안에서 '항행의 자유 작전(FONOP: Freedom of Navigation Operation)'을 펼쳤다. 중국은 파라셀군도에서 군사시설 건설을 위해 만든 인공섬으로부터 12해리를 영해라고 주장하고 있지만 미국은 이를 인정하지 않고 있다. 미국은 연안국의 과도한 해양관할권 주장 시 군함으로 실력행사를 하는 항행의 자유작전을 실시하고 있다.

2018년 9월말 미 구축함 디케이터(Decatur)와 중국 군함 뤼양(Lyuyang) 간에 40m 거리 충돌직전까지 가는 상황이 발생했다. 디케이터함은 국제해상로에서의 자유로운 항행권을 주장하였고, 뤼양함은 남중국해에 대한 중국의 주권을 주장했다. 이 사고는 남중국해에서 미국과 중국 간 2018년 후반부터 본격화된 무역전쟁과는 전혀 양상이 다른 실제적인 군사적 충돌이 언제든 발생할 수 있음을 보여주었다. 9월말 일어났던 양국 군함 간의 초근접 조우사건은 두 나라 간 정책충돌의 한 사례일 뿐이다. 9월 사고와 같은 안전하지 못하고 비상식적인 조우는 2016년 이래 18차례나 있었으며 언제든 재발생의 위험을 안고 있다. 더욱이 중국은 남중국해에 대한 관할권 강화의 일환으로 조만간 이 지역 상공에 대한 방공식별구역(ADIZ)선포를 고려하고 있고 미국은 이를 인정하지 않을 것으로 보인다. 2018년 10월 4일 미국 펜스(Mike Pence) 부통령은 중국의 외교정책을 권위주의적 팽창과 위협이라며 비난했다. 미국은 2010년 ARF회의에서 남중국해 영토분쟁에 개입할 것을 선언했고, 2017년 취임한 트럼프(Donald Trump) 대통령은 중국을 전략적 경쟁자로 표현하며 중국의 패권 부상을 인정하지 않고 있다. 2018년 6월 싱가포르에서 열린 샹그릴라대화(Shangrila Dialogue)에서 매티스 국방장관은 남중국해에서 전례 없는 심각한 결과가 초래될 수 있음을 경고하며 남중국해에서 중국의 군사기지화를 중단할 것을 요구했다. 미국은 남중국해에 대한 중국의 관할권을 인정하지 않을 뿐 아니라 단호히 반대하고 있다.

미국 트럼프 대통령은 새로운 아시아 정책의 일환으로 2017년 11월 '인도·태평양 전략'의 추진을 선언하고, 미국·일본·인도·호주 4개국 안보협의체(QUAD)를 출범시키는 등 중국을 견제하는 안보협력을 강화하고 있다. 트럼프 대통령이 제기한 인도·태평양 전략 구상은 자유주의적 규범과 항행의 자유 등 규칙적 가치와 해상안보, 해양협력 및 해상수송로 등의 중요성을 강조하는 해양중심의 지역 전략의 성격이 강하다. 미국은 '2018 국가안보전략(National Security Strategy)' 및 '2018 국가방위전략(National Defense Strategy)'에서 중국을 남중국해와 인도양에서 기존의 규칙적 가치를 무시하거나 회피하려는 수정주의 세력으로 규정하고, 중국과의 장기 전략 경쟁을 최대의 안보 도전으로 간주하고 있다. 최근 태평양사령부의 이름을 인도·태평양 사령부로 변경하는 등 중국과의 경쟁을 염두에 둔 전략 개념으로 구체화하고 있다. 인도·태평양 전략 구상의 발표와 함께 2017년 11월 필리핀 마닐라에서 출범한 미국, 일본, 인도, 호주 4개국 안보협의체는 당장 높은 수준의 대중국 안보동맹으로 발전할 가능성은 적지만 중국에 대한 견제라는 안보 목적을 공유하고 있는 미국과 일본의 제안에 인도와 호주가 동의한 것이다.

일본은 석유와 가스 등 거의 모든 에너지 자원을 남중국해와 동중국해를 통해 수입하고 있는데, 이러한 경제생명선과 같은 해역에서 중요한 행위자로 부상하고 있다. 2014년 11월 중국이 일방적으로 동중국해를 방공식별구역으로 선포하자 일본은 깊은 우려를 표명했다. 2018년 9월 일본 해상자위대의 헬기 항모인 카가(加賀)가 이지스 호위함과 함께 남중국해에 파병됐고, 사상 최초의 대 잠수함 훈련을 실시했다. 남중국해에서 중국에 대한 일본의 전략적 존재감을 과시하려는 무력시위였다. 일본은 남중국해의 자유항해 의지를 중국에게 보여주고자 했다. 일본은 베트남과 필리핀에 해양경찰용 순시선을 판매했다. 한편 일본 아베(安倍晋三) 수상은 2018년 10월 중국을 방문해 7년 만의 최고위급 회담을 하고 중국과의 양자 유대관계를 확인하는 회담을 했다.

2007년부터 인도·태평양 전략 구상을 주창해 온 일본은 최근 인도와의 전략적 협력을 강화하고 있다. 일본의 인도·태평양 전략 구상은 인도·태평양 지역에서 항행의 자유 및 규칙기반 질서 유지의 중요성, 아시아와 아프리카를 연계하는 인프라 개발 등 역내 연계성 강화, 아세안 및 인도양 지역 국가들의 해상안보·개발협력 분야에서의 능력배양 지원 강화 등이다. 일본은 인도·태평양 지역에서 중국의 세력 확장을 견제하고 미국, 인도, 호주와의 협력을 강화하면서 적극적인 역할을 하겠다는 전략을 확실하게 추진하고 있다.

2018년 12월 말 남중국해에서 중국과 영유권 문제로 첨예하게 대립해온 베트남이 중국의 남중국해 인공섬 군사기지 폐쇄와 미사일 등 전략무기 배치 철회를 주장하는 것으로 알려졌다. 베트남은 남중국해 인공섬 건설, 해상 봉쇄, 미사일 발사대 등 공격형 무기 배치 등 중국이 취한 조처를 불법으로 간주하는 남중국해 당사국 간 행동준칙(COC: Code of Conduct)을 원한다고 알려졌다. 베트남은 중국이 지난 10여 년간 해온 남중국해에서의 활동을 금지하는 내용을 초안에 담으려 하고 있다. 이러한 주장으로 2019년 타결을 목표로 물 밑에서 추진 중인 아세안과 중국 간 남중국해 당사국 간 행동준칙 협상에 난항이 예상된다. COC는 중국과 아세안이 2002년 채택한 남중국해 당사국 간 행동선언(DOC)의 후속 조치로 당사국 간 우발적 충돌을 방지하기 위한 구체적 지침을 담게 된다. 중국과 아세안은 2017년 8월 외교장관회의에서 COC 초안 채택에 합의하고 2018년 3월부터 협상에 착수했다. 2019년 아세안 의장국인 태국은 COC 타결을 주요 목표로 제시하였다.

미국과 중국의 경쟁: 인도·태평양전략과 일대일로

미국과 중국은 동아시아 역내에서 지역개념을 두고 대립하여 왔다. 중국은 미국이 배제되는 '폐쇄적인 동아시아 지역주의'를 주창하여 왔고, 이에 반해 미국은 자국과 호주, 뉴질랜드, 인도 등이 포함되는 '포괄적인 아시아·태평양 지역주의'를 발전시켜왔다. 그런데 중국이 일대일로 정책을 펼쳐나가면서 동아시아 지역개념을 중앙아시아와 서남아시아지역으로 확대하고, '범아시아(pan-Asia)' 개념으로 역외국가인 미국을 압박하고 있다. 이에 미국은 일본과 함께 '인도-태평양(Indo-Pacific)' 공간개념으로 중국에 맞대응하고 있다. 이러한 공간개념에 대한 외교정책적 표현은 중국의 '일대일로구상(Belt and Road Initiative)'과 미국의 '인도·태평양전략'으로 가시화되어 나타나고 있다.

중국의 일대일로구상은 2013년 9월 일대(一帶) 개념을 시작으로 10월 일로(一路)개념이 추가되고, 2015년 3월에 최종적으로 구상이 완료되어 2018년 12월 시진핑 주석의 개혁개방 40주년 기념연설에서 일대일로의 중요성이 강조되었고, 2019년 신년사에서 재강조 되었다. 일대일로구상은 전 세계 국내총생산(GDP) 규모의 30%, 세계인구의 63%에 해당하는 80여개 국가들의 철도, 도로, 항만, 발전소 등 사회기반시설의 건설, 무역·통상의 증진과 에너지자원망의 구축을 목표로 하는 중국의 거대한 경제개발프로젝트이다. 그러나 이를 단순히 경제협력만으로 보기는 어렵다. 일대일로의 대외적 측면을 보았을 때, 일대일로는 중국중심의 신경제질서 구축전략이고, 신형 국제관계 수립전략이다. 다시 말해 중국중심의 신경제 및 신국제질서를 창출하고자 하는 전략인 것이다.

미국 트럼프정부의 외교전략은 이전 오바마정부의 외교전략과 큰 틀에서 확연히 다르다. 오바마정부 때 '아시아로의 전환'을 추구했지만 중국과의 불편한 관계를 전면적으로 드러내지는 않고 오히려 세계적 차원에서 두 국가의 협력을 강조하는 입장이었다고 한다면, 트럼프정부는 완전히 차이가 난다. 트럼프정부의 외교전략은 '미국 우선주의

(American First)'로서 기존 미국의 동맹국뿐만 아니라 비동맹국가들과 경제적 이해관계를 중심으로 압박과 협상을 통해 미국의 경제이익을 우선시하는 외교를 수행하고 있으며, 특히 오바마 행정부가 취했던 외교전략과는 다른 방향으로 전개되고 있는 것이다. 예를 들면, 이란과의 핵협상 백지화, 북한과의 핵협상 진행 등이다. 특히 미국은 중국의 해양에 대한 영토적 지배 움직임에 대해서 해양의 자유와 미국의 패권유지를 위해서 기존의 '아시아·태평양 전략'을 '인도-태평양 전략(Indo-Pacific Strategy)'으로 대응하고 있다. 이것은 2017년 APEC에서 트럼프가 제시하였다. 또한 미국은 일본, 인도, 호주와 '4자 전략적 협력(Quad)'을 중심으로 아세안 국가들과의 외교 및 군사협력을 강화하고자 한다. 이를 통해 기존 일본-아세안, 인도-아세안, 호주-아세안관계에서 미국적 기치를 추구하고자 하는 것이다.

인도·태평양전략은 미국의 전략이면서두 중국의 부상을 걱정하는 일본과 인도의 이해가 반영되는 것이기도 하다. 일본은 중국의 부상이 본격화되기 시작한 1990년대부터 중국을 본격적인 위협의 대상으로 인식하였다. 1995년 중국의 핵실험과 대만에 대한 미사일 위협공격, 역사문제의 본격적인 정치쟁점화, 동중국해 영토분쟁의 점화 그리고 일본에 대한 공식·비공식 경제제재를 경험하면서 일본은 '중국위협론'을 확산하였다. 이런 대응과정에서 일본은 인도와 호주를 주목했고 동아시아정상회의(EAS) 건설과정에서 일본의 의도대로 인도, 호주, 뉴질랜드를 포함시켰다. 인도 또한 중국을 위협으로 인식하고 있다. 인도와 중국은 1962년 전쟁을 치른 바 있으며 서로 간에 지속적인 의구심을 갖고 있다. 그래서 인도는 안보적 차원에서 일본과의 협력이 필요하다고 판단하고 있고 일본의 기술이 인도시장에 큰 영향을 미치기를 원하고 있다.

미국과 중국의 군사적 갈등은 남중국해문제로 더욱 예민해지고 있기 때문에 아세안에게 있어 미중 경쟁의 격화는 역외 안보환경에서 가장 예민한 부분이다. 또한 2018년 하반기부터 불붙기 시작한 미국과 중국의 무역분쟁은 아세안 경제에도 영향을 미치면서 가장 불안한 요인으로 대두되고 있다.

미국과 동남아관계

미국의 대동남아관계는 1940년대 이래 다섯 시기로 전개되었다. ① 1940년대 일본과의 태평양전쟁, ② 1950~1960년대 베트남전쟁을 정점으로 한 반공산주의 운동, ③ 1970년대 초 닉슨독트린과 1970년대 중반 이후 소련의 캄란만 주둔을 견제하기 위한 제7함대 전력 증강, ④ 1980년대 베트남의 캄보디아 점령에 대한 아세안과의 공동압력 행사, ⑤ 1990년대 탈냉전 이후 지역 내 양자 및 다자간 협력체제 강화. 1980년대까지 미국의 대동남아정책은 소련 봉쇄를 위한 군사안보전략에 초점이 맞춰져 있었다. 공산세력 확장 저지와 소련의 군사개입을 억제하는 데 주력했고, 이를 위해 태국과 필리핀과의 군사동맹과 아세안과의 공동협력을 도모하는 한편 미군의 동남아 군사기지를 유지하고 태평양사령부의 기능을 확대하였다.

1990년대 초 미국은 동남아에서 세 가지 극적인 사건에 직면하였다. 소련의 붕괴와 이로 인한 동남아로부터의 소련 군사력의 후퇴, 필리핀 피나투보화산 폭발과 클라크 공군기지의 사용불능, 필리핀 수빅 해군기지의 연장사용에 관한 미국과 필리핀 간 협상 실패로 인한 미국 군사력의 완전철수 등이다. 1990년대 탈냉전기 미국은 동남아지역의 정치군사적 환경 변화를 수용하고, 과거 군사적 관계에서 경제적 이해관계로 전환하기 시작했다. 1993년 7월 7일 클린턴 대통령의 와세다대학교 연설에서 경제적 성장, 정치적 민주주의와 군사적 안보 등 세 가지 축에 기초한 태평양공동체 비전을 제시했다. 개방적인 아시아·태평양 지역주의와 양자 자유무역협정을 지향하면서 동남아에 대한 경제적 이해에 주목하는 것은 동남아의 시장잠재력을 고려한 당연한 선택이었다. 6억 명에 달하는 인구와 세계에서 가장 빠른 경제성장을 기록한 동남아의 상품과 투자시장으로서의 매력은 미국으로서 결코 무시할 수 없는 것이었다. 1997년 동남아 경제위기로 인한 구조조정 기간을 보내고, 2008년 글로벌 경제위기에도 불구하고는 동남아의 경제적 역동성과 시장잠재력은 오히려 새롭게 부상하고 있다. 동남아는 여전히 미국 해외원조의 주요지역이고, 미국은 동남아의 최대 수출국이다. 미국은 일본과 더불어 동남아의 최대 수입국이사 해외직접투자국이다. 미국의 대동남아 수출은 라틴아메리카와 중동보다 많고, 미국의 싱가포르에 대한 수출은 이탈리아보다 많으며, 말레이시아에 대한 수출은 러시아보다 많고, 태국에 대한 수출은 인도보다 많다.

동남아에서 미국의 군사력과 세력균형자로서의 역할은 지속되었다. 그러나 2001년 이후 테러와의 전쟁으로 미국은 동남아에서 상대적으로 후퇴하고 그 자리에 중국이 급속히 부상하게 되었다. 2001년 9/11 사태 이후 테러와의 전쟁 수행 명목으로 아프가니스탄과 이라크를 침공한 미국의 중동전쟁 수행으로 10년간 동남아에 대한 상대적 관심이 저하하게 되었다. 현재 동남아는 중국과 미국 등 두 거인의 각축장으로 재부상하였다. 아세안+1, 아세안+3(한국, 중국, 일본)에서 2005년 이후 아세안+6(호주, 뉴질랜드, 인도 추가), 아세안+8(2011년 미국, 러시아 추가)으로 동아시아정상회의(EAS)가 발전되었다. 2010년 7월 힐러리 클린턴 미 국무장관은 방콕 ARF 연설에서 "우리가 돌아왔다"고 선언하고, 10월에는 아시아·태평양지역에서 미국의 리더십 강화를 위해 적극적 행동으로 나가겠다는 전진배치외교를 강조했다.

동남아 국가들은 미국의 존재를 잠재적 외부 위협요인과 내부적인 갈등요인의 충돌을 억제해 주는 우호적인 경찰의 역할로 보고 있다. 동남아지역의 안보를 외곽에서 보장해 주는 장치로서의 미국의 군사적 지위를 인정하고 있다. 예를 들어, 미일안보조약이 유지되고 미국의 태평양함대가 동남아 해상로의 안전을 지켜주는 한 일본이 군사적으로 팽창할 이유가 없고, 이로 인해 중국도 군사력을 증강할 명분이 없게 된다는 판단이다. 동남아 국가들간의 분쟁 가능성은 미국이 중립적인 조정자 역할을 해 주는 한 무력충돌로 확대될 여지가 줄어들게 될 것이라고 판단하고 있다. 지역 내 다자간 안보협력체제의 부상이 당분간 어려운 이상 미국의 안보균형자로서의 역할은 동남아 국가들 대부분이 묵시적으로 동의하고 있다. 동남아 국가들의 무기체계와 훈련 및 정보교환에 미국이 상당한 영향력을 행사하고 있고, 동남아 국가의 군부 인사들이 미국식 군사교리에 익숙해 있는 등 미국과 동남아 국가들과의 군사적 친밀도는 상당히 높은 상황이다.

반면 동남아 국가들의 오랜 식민경험과 민족주의 성향은 지역 내 미국 군사력의 최소화 주장으로 나타나고 있다. 동남아 어느 나라도 필리핀의 예전 미군기지와 같은 영구 주둔시설이 들어오는 것에는 반대하고 있다. 동남아 국가들은 미국과의 무역마찰과 인권문제처럼 거듭되는 불협화음이 많이 있다. 대부분의 동남아 국가들은 인권과 민주주의를 내걸고 압력을 가하는 미국에 대해 불쾌한 심정을 갖고 있는 것이 사실이다. 따라서 향후 핵심문제는 동남아 국가들이 동남아지역에 영향력을 키운 중국과의 마찰을 예상하면서 미국의 안보역할을 어느 수준까지 수용하겠는가 하는 것이라고 생각한다.

미국의 일관된 대동남아 정책목표는 지역패권국가의 등장 저지, 해상 및 공중 수송로의 자유통행 확보, 동남아 시장의 접근 보장 등 세 가지로 요약된다. 미국은 복잡해진 동남아지역 환경에 따라 정치, 경제 및 군사적 고려사항들을 통합하여 세련된 전략방안을 개발해야 할 필요가 있다. 단기목표보다는 중장기적 목표를 설정하되 예방과 억제, 기대와 신뢰를 상호간에 넓혀나가는 데 초점을 맞추어 나갈 것으로 보인다. 미국의 입장에서 효율적이면서 경제적으로 합당한 군사정책이 상대적으로 동남아 국가들에게도 수용 가능한 정책이 되어야 하기 때문이다.

1990년 '아시아·태평양지역 전략체계(Strategic Framework for the Asian Pacific Rim)', 1992년 '동아시아 전략계획(EASI: East Asian Strategic Initiative)', 1994년 '개입과 확대의 국가안보전략(A National Security Strategy of Engagement and Enlargement)'에 나타난 미국의 대동남아 외교안보 전략을 살펴보면, '기지기 없는 유연한 배치'와 '협력적 개입' 등 새로운 구호를 제시하고 있다. "동남아에서 미국의 군사력은 필리핀기지처럼 고정된 대규모 군사력을 유지했던 과거에서 벗어나 보다 넓게 배치되면서도 더욱 유연하게 재편"되어야 한다고 강조한다. 구체적인 방안은 지역적 접근, 상호교육훈련, 정기적 함정방문, 정보교환, 협상을 통한 협력체계 개발 등을 제시하고 있다. 이에 대해 싱가포르는 미군이 필요로 하는 자국의 군사시설을 사용하는 데 적극적으로 나섰고, 태국과 필리핀과의 기존 상호방위조약과 더불어 말레이시아와 인도네시아와도 군사시설 사용에 관한 합의에 도달했다. 협력적 개입 개념에 따라 미군 태평양사령부(CINCPAC)는 동남아 국가들의 자연재해에 미군의 장비와 병력을 적극 지원하여 상당한 외교적 성과를 거뒀다. 앞으로도 상호훈련과 방문 확대로 전진배치전력의 효율성을 제고하고자 할 것이다.

1995년 클린턴 대통령은 '동아시아·태평양지역 미국 안보전략(U.S. Security Strategy for the East Asia-Pacific Region)' 보고서를 발표하였다. 여기서 미국은 EASI와 일관성을 유지하면서 동시에 아시아지역의 군사력 유지의 필요성을 강조했다. "만약 아시아에서 군사력의 공백이 나타나면 아시아 안보는 위험에 처할 것이고 이는 아시아와 미국 모두에게 피해를 줄 것이다. 아시아·태평양지역의 성장과 번영을 위해, 그리고 미국의 시장과 이익을 보호하기 위해 미국은 경제, 외교, 군사적으로 완벽하게 개입할 수 있도록 대비하여야 한다"고 밝히고 있다. "냉전종식으로 초래된 군사력 감축은 완료되었고, 더 이상의 전쟁수행능력 감축조치는 없을 것이다. 미국은 아시아지역에 약 10만 명의 병력수준을 유지하며, 21세기에도 미국은 여전히 태평양 세력으로 남을 것"이라고 주장하고 있다.

2009년 7월 15일 힐러리 클린턴 미국 국무장관은 외교협의회(CFR) 연설에서 동반자 세력과의 협력강화를 주장하면서, 동반자 세력을 기존 동맹국(유럽동맹 EU/NATO, 아시아동맹 한국, 일본, 호주, 태국, 필리핀), 주요 대국(중국, 인도, 러시아, 브라질), 신흥대국(터키, 인도네시아, 남아공), 다자기구(UN, World Bank, IMF, G20, OAS, ASEAN, APEC)와 세계시민사회로 규정했다. 비동반자 국가들과는 원칙이 있는 동참, 미국의 기둥으로서 세계경제발전 중시, 분쟁지역에서의 민간과 군사활동 통합, 미국 국력의 핵심자원으로서의 경제력뿐만 아니라 비핵화, 기후변화대처, 인간존엄성 중시를 강조했다. 2009년 11월 14일 오바마 대통령은 일본 도쿄 산토리홀 연설에서 기존 동아시아 동맹국과의 유대강화, 중국의 부상은 아시아의 자산으로서 새로운 동반자관계 구축, 동아시아 다자기구 적극 참여, 경제회복의 강화와 균형 있는 지속가능한 성장 추진, 기후변화대처 노력, 핵무기 제거 노력, 21세기 초국가적 위협 대처, 인간의 기본 권리와 존엄성 존중을 언급했다.

미국은 동남아에 대해 지속적인 개입 확대를 표명하며 '미국의 아시아로의 귀환'을 공식화했다. 2005년 '미국-아세안 간 확대된 파트너십' 선언, 2010년 미국의 '동남아우호협력조약(TAC)' 서명, 2010년 힐러리 클린턴 국무장관의 5차 하노이 EAS 참석 및 2011년 오바마 대통령 6차 발리 EAS 공식 참석을 통해 이러한 방향전환을 확실하게 보여주었다. 동아시아지역에서 미국외교의 중심축은 여전히 일본이지만 중국이 최대 독립변수로 등장한 것은 분명하다. 미일안보조약을 비롯한 미국의 동아시아정책은 일본과의 협력구도에 바탕을 두고 있다. 중국변수는 미국의 최대 고려사항이 되었다. 탈냉전 이후 러시아의 공백이 중국의 영향력 확대로 이어졌다고 판단한 미국은 중국에 대해 협력과 견제의 두 가지 전략을 활용하고 있다. 미묘한 안보환경변화로 인해 미국은 동남아지역에 대해 유연하면서도 효율적인 확대와 참여정책을 지향하고 있다.

태국은 필리핀과 함께 동남아에서 미국과 상호방위조약을 체결하고 있는 나라이다. 동남아 국가 중 미국과 170여 년의 가장 오래된 외교관계를 맺고 있는 태국은 한국전쟁과 베트남전쟁에 참전하여 미국 정책을 밀접하게 지원하였다. 미국은 태국과의 군사협력 관계를 바탕으로 태국 내 공군기지를 사용하는 데 합의했다. 1991년 걸프전 당시 미 공군기들이 우타파오기지를 통해 중동으로 이동하였으며 P-3 등 해상초계기들이 정기적으로 태국기지에 기착하고 있다. 미국과 태국은 매년 코브라골드훈련을 실시하고 있으며 한국과의 팀스피리트훈련에 이어 아시아에서 가장 규모가 큰 연합훈련이다.

싱가포르는 미군이 필리핀에서 철수한 후 동남아의 미군진출의 교두보역할을 하고 있다. 1990년 리콴유 총리가 워싱턴을 방문해 미 공군과 해군이 싱가포르의 시설을 사용하기 위한 협상을 시작하자고 제안했다.

리콴유 총리의 일차 목적은 미국과 필리핀이 기지협상을 하도록 하는 압력용이었지만 결국 미군은 필리핀에서 완전 철수하고 싱가포르와의 협상은 급진전되어 싱가포르 공군과 해군 수리시설을 미군이 이용하는 데 합의했다. 이에 따라 미국의 서태평양군수사령부와 제7함대소속 행정인력이 싱가포르로 이동하였고 F-15, F-16기들이 교대로 싱가포르의 프야라바 공군기지를 이용하여 남중국해와 인도양 사이를 이동하고 있다. 싱가포르는 미국의 아시아·태평양지역 재균형 정책의 핵심 지원국이다. 2015년 싱가포르는 미국과 확대국방협력합의문에 서명했는데, 이는 양국이 1990년과 2005년에 체결한 국방관련 합의문에 기초하고 있다. 합의문에 따르면 싱가포르는 미국과 군사적, 전략적, 기술적 분야에서 협력하고, 해적과 테러리즘 등 비전통 안보위협에 공동대응하고, 재난구조 및 사이버안보, 생태안보 분야에서 협력을 강화하기로 했다. 합의문 체결에서 싱가포르는 미군의 존재가 아시아·태평양지역의 안보와 평화 유지를 위해 핵심적으로 중요하다는 점을 공식적으로 천명했다.

말레이시아는 미국과 오래전부터 군사협력을 계속해 왔지만 1990년까지 대외적으로 이 사실을 공식화하지는 않았다. 육·해·공군 연합훈련형태로 지속된 양국 간 군사훈련 중에는 미군 특수부대에게 밀림전훈련시설을 제공해 준 것도 포함된다. 말레이시아는 미 공군기들이 자국 영공을 통과하여 인도양의 디에고 가르시아기지로 이동하는 것과 동말레이시아와 말레이반도 사이에서 P-3기가 초계훈련을 실시하는 것을 용인하고 있다. 1992년에는 미 해군함정이 뻬낭 남쪽 루뭇의 말레이시아 해군수리시설을 이용하는 데 합의하였다. 말레이시아는 전력 현대화계획을 위해 최신형 전투기 도입을 추진하면서 미국의 F/A-18과 러시아의 MIG-29를 혼합 구입하기도 했다.

인도네시아와 미국의 안보협력은 인도네시아의 비동맹 종주국으로서의 외교위상 때문에 외부적으로 드러나지 않도록 조심스럽게 진행되고 있다. 실제적으로 인도네시아는 미국의 군사력이 자국 안보와 밀접한 관계가 있다는 점을 인정하고 있다. 인도네시아는 미국으로부터 군사원조와 F-16기 도입, 동남아에서 가장 규모가 큰 국제군사교류훈련 프로그램 수혜, 소규모 공중 및 해상 군사훈련 실시 등으로 미국과 군사협력관계를 맺고 있다.

필리핀은 미국과의 상호방위조약에 의한 군사동맹국이다. 1990년대 초 클라크와 수빅기지에서 미군이 완전철수한 이후 양국 간 군사관계가 급속히 위축되기는 했지만 필리핀은 아직도 미국의 해외군사판매 대금을 받고 있는 유일한 동남아 국가이다. 미군 철수 당시 필리핀의 코라손 아키노 대통령은 미군주둔을 완전히 끝내려고 한 것은 아니었지만 국내 정치세력간의 마찰로 미군 철수를 받아들일 수밖에 없었다. 2000년 이후 민다나오의 무슬림 무장단체 진압과 미군의 적극적인 대테러 조치가 연계되면서 필리핀과의 군사협력이 본격적으로 재개되었다. 최근에는 남중국해에서 중국과 대립하는 필리핀의 요청에 의해 미군이 공식적으로 필리핀에 재주둔하는 변화를 보이고 있다.

중국과 동남아관계

중국의 대동남아관계는 역사적으로 다섯 시기로 전개되었다. ① 중국과 동남아의 지정학적 관계에 기반한 전통적인 지역 패권세력, ② 19세기 중반 이후 20세기 중반까지 서구세력에 의한 굴욕과 침체의 시기, ③ 1949년 중화인민공화국 수립 이후 냉전기까지 동남아에 대한 이념적, 군사적 개입시기: 1960년대 인도네시아와 필리핀 공산당 지원, 1970

년대 베트남전 북베트남 지원, 1980년대 캄보디아사태 개입, ④ 1990년대 냉전종식 이후, 특히 1997년 동아시아 경제위기를 전환점으로 동남아에 대한 경제적 개입시기: 개혁개방 이후 급성장한 경제력을 바탕으로 영향력 확대, ⑤ 2008년 글로벌 경제위기 이후 G2의 위상을 갖춘 중국의 대동남아 적극 공세외교시기이다.

1997년 이후 중국의 동남아 전략은 큰 변화를 보여주었다. 1997년 태국발 외환위기 발생시 중국은 태국, 인도네시아에 45억 달러를 직접 지원하는 한편 캄보디아, 라오스, 미얀마에 대한 대규모 부채를 탕감하고, 중국의 위안화 평가절하를 자제함으로써 동남아 국가들의 경제적 타격을 최소화하려는 고도의 정치적 배려를 과시했다. 이는 미국, EU의 소극적이고 무관심한 반응과 일본의 경제위기극복 리더십의 부족과는 상당히 대조되는 것이었다. 2000년 아세안에 자유무역협정(FTA)을 제안하고, 2002년 중국과 아세안 간 FTA 기본협정을 체결하였다. 아세안에 유리한 조건의 FTA를 체결함으로써 중국은 동남아 국가에 대해 확실한 인센티브를 제공하고 정치적으로 아세안을 친중국화하는 전략적 의도를 구체화시켰다 (Storey, 2011).

중국과 동남아 간 무역은 1996년 150억 달러에서 2006년 1600억 달러로 급증했고, 중국의 대동남아 투자도 꾸준히 증가하였다. 중국은 급증한 경제력과 동남아와의 자유무역협정 체결 등으로 동남아 시장에 핵심세력으로 자리매김했다. 특히 대륙부 동남아 국가들에 대한 중국의 대규모 원조와 투자는 중국 남부지역과의 연계가 목적으로, 메콩강유역 개발사업 참여와 운남과 인도차이나지역 도로 및 철도망 연결 사업이 대표적이다. 1997년 중국과 아세안 간 동반자관계 수립에 합의하고, 2003년 중국과 아세안 간 전략적 동반자관계로 발전시켰다. 중국은 태국, 베트남, 말레이시아, 브루나이와는 21세기 전면적 협력관계를 수립했다. 2002년 남중국해 영유권 분쟁해결을 위한 '남중국해 행동지침 선언'을 채택하고, 2003년 중국은 역외국가 최초로 동남아우호협력조약(TAC)에 가입하였다. 중국은 1997년 아세안 주도로 출범한 ASEAN+3 체제를 중국의 영향력을 극대화할 수 있는 이상적인 지역협력구도로 간주하고 집중적으로 참여하였다. 2004년 일본이 앞장 선 동아시아정상회의(EAS)에 대해서는 상대적으로 낮은 관심을 보였다.

중국의 해양영유권문제에 대한 전략은 내륙 국경문제와 비교하여 상대적으로 강경한 입장을 취하고 있다. 그렇지만 2010년 천안함 피격사건에 이은 서해 미군 항모진입을 둘러싼 미중 간 갈등, 조어도(댜오위다오[釣魚島]/일본명 센카쿠[尖閣]열도), 필리핀과 베트남과의 남중국해 분쟁 등 2010년 이후 보여준 중국의 강경한 태도는 상당히 이례적이었다. 중국이 강경한 입상을 보이는 배경에는 영토주권에 대한 집착, 중화민족주의 고취, 동아시아에서의 중국부상의 선행저인 실행 의지, 미국의 대중 포위에 대한 전략적 대응이라는 여러 해석이 있다. 중국은 남중국해문제에도 오바마정부가 들어선 이래 미국이 불개입에서 적극개입 전략으로 전환한 것으로 판단하고 남중국해문제에 관여하지 말 것을 경고하였다. 2011년 7월 23일 발리에서 열린 ARF회의에서 당사국 간 대화를 통한 해결과 미국의 불개입을 적극 요구하는 외교를 전개했다. 중국은 미국의 개입에 민감하게 반응 할수록 상대 국가들인 일본, 베트남, 필리핀이 더욱 미국과 밀착하려 한다는 점에서 딜레마를 안고 있다. 중국은 주변 국가들의 불안과 불신, 남중국해문제의 국제화, 미국의 동남아지역 영향력 확대 등 부정적 상황이 확대되고 있다고 판단하고 있는 것 같다. 중국의 국력이 커질수록 국제사회의 견제와 비판도 비례하여 커짐을 인지하고 덩샤오핑(鄧小平)의 분쟁유보전략을 바탕으로 시간은 중국편이라는 판단 아래 신중하고 조심스런 외교를 전개하고 있다.

동남아의 중국에 대한 인식을 살펴보면, 역사적으로 중국은 동남아 지역 국가들에 대해 조공 및 책봉체제를 유지했었다. 그러나 조공무역은 일방적인 불평등 관계는 아니었고 책봉체제도 다분히 상징적 수준에 머물렀다. 그렇지만 원나라의 베트남, 미얀마, 자바 침공과 명나라의 베트남 지배와 같은 중국의 동남아에 대한 군사침략과 동남아 왕국의 멸망은 동남아 국가들에게 깊게 각인되어 있다. 태평양전쟁 이후 냉전기 동안 동남아가 중국에 대해 가지고 있던 위협인식은 더욱 커졌다. 중국은 당시 동남아지역의 친공산계 반군운동을 지원했고, 베트남전에 관여하며 인도차이나의 공산화 전략에 직접 개입했었다. 중국의 일련의 개입은 1967년 아세안 결성의 직접적인 원인을 제공하였고, 1980년대까지 반공주의는 아세안의 공통이념이 되었다. 동남아 역내 화인문제도 중요했다. 19세기말이후 급증한 중국인의 대규모 동남아 이주와 이후 동남아 경제에 미친 화인의 영향력은 동남아 국가에 직접적인 불화의 원인으로 작용하였다. 화인들이 토착민에 대한 경제적 착취세력으로 인식되어 반화인 종족폭동의 불씨가 상존하였다.

동남아 국가들이 중국에 대해 갖는 인식은 1997년을 전후하여 크게 변모하였다. 1997년 동아시아 외환위기 이후 중국의 대규모 외교공세로 부정적이었던 인식에서 긍정적으로 전환되기 시작했다. 중국은 동남아에게 21세기 협력시대의 동반자관계로 인식되기 시작했다. 중국은 동남아 경제성장의 견인차가 될 수 있고 중국의 동남아 진출을 위협이 아닌 기회로 간주했다. 중국이 아세안 CLMV 국가인 캄보디아, 라오스, 미얀마에 대해 과도하게 접근하고 영향력을 행사하는 것에 대해서 아세안 차원의 견제 노력을 하는 것은 주목해서 볼 필요가 있다. 그러나 동남아 국가마다 중국 위협의 인식도는 역사적, 지리적, 경제적, 문화적 요인 등으로 인해 상당한 차이가 있는 것이 사실이다.

동남아 국가의 외교·국방정책

태국

태국 외교정책의 기본방향은 유엔과 아세안 같은 다양한 국제무대에서 개발도상국간 협력 강화에 적극적인 역할 확대를 하고 국제·지역 분쟁에서 역할을 증대하며 남·남 협력 증진에 노력하는 것으로 맞춰져 있다. 아세안 역내 협력체제 강화와 동남아 평화, 자유, 중립지대화 실현 등 아세안에서 주도적인 위치를 견지하고, 아세안공동체 출범에 따라 역내 문제해결에 있어서 아세안중심성을 적극 추진한다는 목표를 갖고 있다. 이를 위해 아세안 회원국 및 역외 대화상대국과 정치·안보대화에 주도적인 역할을 맡고, 태국경제의 경쟁력 제고와 국가이미지를 고양하기 위한 노력도 중요한 외교목표이다.

태국 외교정책 시책을 보면, 이슬람 국가 및 이슬람 기구와의 우호협력 증진, 태국 남부지역 이슬람교도 소요사태 해결을 위한 상호이해 증진, 글로벌 이슈 관련 국제사회와의 공조 강화, 평화·안보 유지 및 민주주의·인권·인도주의 증진, 환경 보호 및 지속가능한 성장 지향, 인간안보에 영향을 미치는 범세계적 이슈에서 유엔 및 지역기구와 협력 강화, 태국정치·경제에 대한 국제사회의 이해 제고 및 인적 교류 활성화, 태국 재외국민의 권익보호 및 타이 커뮤니티 강화, 국경분쟁에 대한 외교정책 수립 및 국민의 공감대 형성 노력을 제시하고 있다.

태국은 미국과 중국 등 주변국들과 매우 유연한 실용외교를 하고 있는 것으로 평가된다. 1975년 인도차이나 공산화까지 태국은 동남아에서 미국의 반공 군사체제의 중심 역할을 수행했고, 1976년 미군이 완전히 철수한 이후에도 양국의 안보협력 관계는 계속 강화되어 매년 합동

군사훈련에 참가하고, 태국-미국 전략대화도 개최하는 등 전통적인 협력 관계를 유지하고 있다. 2014년 5월 태국의 쿠데타 이후 미국은 군사원조와 군사훈련을 축소하는 등 양국 관계가 경색되었지만 2017년 1월 트럼프 행정부 출범 이후 양국 정상 간 상호방문 초청이 이루어지는 등 회복기미를 보이고 있다.

일본과의 관계는 전통적으로 왕실 간 교류를 중심으로 우호관계를 유지하고 있고, 일본은 교역·투자·경제원조 등 경제관계 전반에 걸쳐 태국의 가장 중요한 상대국이다. 2014년 군부쿠데타 이후 일본은 일부 서방국가와 달리 별다른 제재조치를 취하지 않았고 5차례의 양국 간 정상외교와 고위급 외교를 통해 양국 간 전통적인 경제통상 협력관계는 잘 유지되고 있다.

태국은 1975년 4월 인도차이나 공산화 이후 7월 중국과 외교관계를 수립하는 등 발 빠른 외교를 보였다. 이후 중국과 대베트남 및 캄보디아 정책에서 공동보조를 유지하고, 군사 부문에서 1986년 이후 태국의 군 장비 현대화 계획과 관련해 중국이 T-69 전차·장갑차·야포·군함을 저가에 제공하면서 중국은 태국의 최대 무기 공급국으로 부상했다. 1991년 2월 태국 군부쿠데타 발발 시 중국은 태국 군부에 대한 지지의사를 표명함으로써 태국 군부와 돈독한 유대관계를 형성하게 되었다. 태국은 중국에 대하여 대만과는 경제·통상·문화 관계만을 유지하고 있음을 강조하고 1개 중국 원칙을 견지함으로써 중국과의 유대관계를 강화하였다. 2006년 9월 쿠데타와 2014년 5월 쿠데타와 관련하여 중국은 내정 불간섭 원칙에 따라 태국과의 우호 협력 관계에 변화가 없음을 강조하며 연이은 양국 고위급 회동을 통해 양국관계는 기존의 경제 및 투자 중심의 관계에서 정치·군사 협력으로 확대되는 추세에 있다.

태국의 군통수권은 국왕이 행사하며 군 조직은 국방부 예하 최고사령부 아래 육·해·공 3군으로 편성되어 있다. 국왕은 상징적 군통수권자이며 실질적으로는 총리, 국방부장관, 최고사령관 및 각 군 사령관이 군사력을 장악하고 있다. 형식적인 3군 통합군 체제에서 국방부, 최고사령부, 육·해·공 각군이 국방예산과 대외활동에 독립적인 권한을 행사한다. 내무부 산하에 국경 경비를 위한 경찰을 보유하고 있다. 병역제는 추첨방식의 2년간 의무복무제를 시행하고 있으며, 예비사관학교(2년) 졸업 후 육·해·공·경찰사관학교(5년)를 거치는 7년의 장교양성과정을 가지고 있다. 태국군은 201개의 중앙 및 지방 라디오 방송사를 운영하며 군 정책 홍보를 하고 있고, 특히 육군은 5대 주요 TV 공중파 채널 중 2개를 소유하고 1개는 직접 운영한다.

태국군은 지역사회 지원 활동을 위해 태국 전역에 4개 개발사단(공병)을 창실하여 농촌지역의 도로건설과 대민 지원서비스를 전개하고 있으며, 개발의용대, 마을단위 자위대 등을 전국저으로 조직하여 치안을 유지하며 보건, 농사, 교육 등 주민 관리와 봉사활동을 수행하고 있다. 특히 이슬람 분리주의 테러활동이 활발한 남부지역에 대한 치안 활동을 강화하고 있다.

태국은 아세안 회원국 간 안보협력을 위해 아세안지역포럼(ARF), 아세안확대국방장관회의(ADMM+) 등 협의체를 운용하면서, 말레이시아와의 연합훈련, 인도네시아와의 해·공군 연합훈련, 싱가포르와의 해·공군 훈련 등 아세안 회원국 상호간 쌍무적 군사협력을 지속적으로 시행하고 있다. 태국은 한국전 참전 이후 한국과의 우호협력관계를 강화하고 방위협력 사업을 포함한 상호 군사교류를 활발히 진행하고 있다. 2012년 한-태국 국방협력 양해각서가 체결되고 군 고위급 주요인사와 국방대학원생·육·해·공군 참모대생 간 상호방문이 계속되고 있다. 한국과 태국 해군 순항훈련단과 공사생도의 항법훈련단도 격년제로 상호

방문하고 있다. 태국 육사, 공사, 해사, 간호사관생도가 한국의 육사, 공사, 해사, 간호사관에 입교하여 수탁교육을 받는 등 태국과 한국은 활발한 군사교류를 진행하고 있다.

미얀마

미얀마 외교정책 기조는 중립노선과 자주외교노선이다. 그러나 과거 군부지배 시절에는 전통적으로 중국과 인도 관계를 중시해왔고, 2011년 민선정부 이후에는 서방국가와의 외교도 중시하는 행보를 보이고 있다. 2012년 11월 미국 오바마 대통령은 현직 미국 대통령으로는 처음으로 미얀마를 방문하였다. 그해 7월에는 힐러리 클린턴 국무장관이 방문하여 금융서비스 수출 및 신규투자 금지 해제, 대통령 등 고위인사 여행제재 해제, 신임대사 신임장 제정, 미국 기업인 대규모 대표단 방문 등 미얀마 관여 정책을 활성화하였다. 그러나 2016년 아웅산 수찌가 이끄는 민주민족동맹(NLD)정부도 과거 군부권위주의처럼 종족문제를 평화적으로 해결하지 못하는 로힝자 종족문제가 발생하자 현 정부의 한계를 지적하는 국제적 여론이 조성되었다. 미국도 미얀마정부의 로힝자 종족에 대한 비인권적 태도와 처우에 대해 강한 비판의 입장을 표명하였다.

이와는 달리 중국은 국제무대에서 미얀마의 방파제 역할을 하면서 아웅산 쑤찌가 친중국 노선을 걷게 하는 데 기여하였다. 미얀마는 1987년 UN으로부터 최대빈곤국가로 분류된 이래 현재까지 이 범주를 벗어나지 못하고 있다. 따라서 최대 원조 및 투자를 진행하는 중국은 미얀마에게 중요한 이웃국가이다. 아웅산 수찌는 미얀마 내 중국 사업에 대한 인허가에 큰 관심을 보이고 있다. 2018년 11월 미얀마정부는 아웅산 수찌를 위원장으로 하는 중국의 일대일로 사업을 추진하기 위한 운영위원

회를 만들었다. NLD가 위원회를 만든 이후 중국은 카친주에서 6,000
메가와트급 밋송 수력 발전소 프로젝트를 건설하기 위한 시도를 재개했
고, 미얀마정부 관계자들은 7년 전 국민의 반대를 의식해 사업을 중단
했음에도 불구하고 이 사업의 재개를 위한 협상을 시작했다. 미얀마정
부는 다양한 소수종족과의 국내문제를 해결하지 않고 중국의 일대일로
정책에 기초하여 소수종족에게 억압적인 개발정책을 강요하고 있다. 미
얀마정부는 친중국적인 노선을 가려하고 하지만 미얀마 소수종족은 반
중국적인 의사를 표하고 있다. 결국 미얀마의 경제적 후진성 문제를 극
복하기 위한 딜레마를 어떻게 극복하느냐가 관건이다. 중국의 투자가
효과적이기 위해서는 독립 이후 미얀마 내부의 가장 큰 문제인 소수종
족 사이의 갈등을 해결해야 한다.

라오스

라오스는 중국, 베트남, 미얀마, 태국, 캄보디아 5개 국가와 국경을 접
하고 있는 내륙국가이다. 라오스의 외교원칙은 평화·자주·우호·협력
관계 유지와 내정 불간섭이다. 라오스는 1975년 베트남의 전폭적인 지
원하에 공산화에 성공한 이후 사회주의국가들과 긴밀한 관계를 유지해
왔으며, 구소련 붕괴 이후에는 자국의 경제발전과 국가안보를 위해 주
변국과 균형적인 우호관계를 유지하고 있다. 라오스는 1997년 아세안
가입한 이후 메콩국가의 하나로서 메콩관련 하위지역협력체의 일원으
로 활동하고 있으며, 2004년에 이어 2016년 아세안 의장국을 맡으면서
국제무대에서의 활동을 확대했다.

　라오스에게 있어 가장 높은 수준의 긴밀한 외교관계를 맺고 있는 나
라는 베트남이고, 그 다음이 중국이다. 라오스와 베트남은 '특수 동반자

관계'이고, 라오스와 중국은 '포괄적 전략적 동반자관계'이다. 1979년 중국과 베트남 분쟁 시 라오스는 베트남을 지지했지만 분쟁 종료 후 전면적인 협력관계로 변화하였다. 중국은 대라오스 투자를 급격히 증대하고 있어 라오스에게 제1위의 외국인직접투자 국가가 되었다. 전통적으로 중국과 라오스 정치지도층의 인맥도 상당히 두텁다. 이에 비해 라오스와 미국과의 관계는 최근에서야 고위급 외교가 시작되었다. 2012년 7월 힐러리 클린턴 국무장관이 57년 만에 라오스에 방문하면서 역사적인 해로 기록되었다. 2016년 아세안 의장국을 역임하게 되면서 오바마 대통령도 비엔티엔을 방문했다.

캄보디아

캄보디아는 잦은 외침과 내란으로 헌법에는 영구중립·비동맹정책과 세계 모든 국가와의 평화공존을 대외정책 기조로 갖고 있다. 1994년 유엔의 도움으로 정치가 안정화되고 1999년 아세안에 가입하면서 본격적으로 외교무대에 등장했다. 2002년 아세안 의장국, 2010년 ACMECS (Ayeyawady-Chao Phraya-Mekong Economic Strategy, 에야와디-차오프라야-메콩 경제협력 전략) 정상회의 개최, 2012년 아세안 의장국을 수임하면서 아세안 내 캄보디아의 위상이 제고되었다. 캄보디아의 전통적인 우방국인 중국과는 실질적인 경제협력을 추진하고 있으며, 인접국가인 태국·베트남·라오스 등은 국경문제해결을 통해 지역안정 달성에 주력하고 있다. 경제개발에 필요한 재원확보를 위해 주요 원조공여국(한국·미국·일본·유럽·호주)과의 관계도 강화하고 있다.

　캄보디아가 친중국적인 성향을 갖게 된 역사적 배경은 베트남이 캄보디아를 침공한 1979년 제3차 인도차이나전쟁에서 중국이 베트남에 반대하며 캄보디아를 지원했기 때문이다. 그리고 캄보디아가 1999년 아세안에 가입하고 회원국 중에서 친중국 성향의 국가로 두드러지게 된 것은 남중국해문제 때문이다. 2012년 캄보디아가 의장국을 수임할 당시, 남중국해 관련 조항을 삽입하고 관련 국가 간 합의를 도출하지 못함으로써 아세안 설립 후 최초로 외교장관회의와 정상회의에서 공동성명을 발표하지 못했고, 2016년 중국-필리핀 간 국제상설중재재판소(PCA) 재판결과에 대한 아세안 차원의 성명발표에도 적극적으로 반대했기 때문이다.

미국과 중국 사이에서 캄보디아는 확실히 친중국 노선을 분명히 하고 있다. 훈 센 총리의 장기집권은 일당에 의한 독재인데, 관련 사건이 2017년 말 야당인 캄보디아구국당의 해산이었다. 이에 미국은 제재조치를 취해 론 놀정권 당시 캄보디아에 제공한 채무 5억 달러 탕감 논의를 중단한다고 선언했다. 이는 채무상한을 요구하겠다는 의사를 표현한 것으로, 캄보디아정부는 채무자체를 부정하는 방식으로 대응했다. 이어서 미국이 캄보디아에 대한 원조삭감을 발표하자 캄보디아정부도 맞대응하며 매우 경색된 관계가 되었다. 이에 반해 중국은 캄보디아의 최대 무상지원국이다. 2016년 시진핑 주석의 캄보디아 방문 시 2억 3,700만 달러 원조를 약속한 바 있으며, 중국은 캄보디아가 받는 전체 원조의 30%를 차지하고 있다. 2018년 초 메콩-란창 협력 정상회의 참석차 캄보디아를 방문한 중국의 리커창(李克强) 총리는 19개 개발협력 방안에 서명했다. 개발원조, 국경무역 및 투자 등으로 중국과 캄보디아 관계는 긴밀하며 현 훈 센정부는 강력한 친중국 외교를 추진하고 있다.

베트남

베트남은 실리외교의 모델국가라고 볼 수 있다. 베트남 외교정책의 기본 기조는 크게 4가지이다. 첫째, 개방적 외교정책이다. 실리적이고 능동적인 경제외교를 통해 세계경제로의 통합과 개방·개혁 정책을 적극 지원하는 외교기조이다. 교역확대, 외국인투자유치를 위한 실용적 경제외교추구이다. 둘째, 모든 국가와의 선린우호관계유지이다. '독립, 자존, 평화, 협력, 발전'과 '개방, 다양화, 다변화'라는 기본원칙 하에 모든 국가와 협력을 강화한다는 방침이다. 셋째, 국제문제에 대한 국제사회의 원칙 존중이다. 넷째, 적극적 다자외교 전개이다. 베트남은 1995년 아세안에 가입한 이후, 아셈(ASEM), 불어권 정상회담, APEC, UN 안보리 비상임이사국 진출 등 활발한 외교활동을 펼치고 있다. 2010년에 이어 2020년 아세안 의장국을 맡고있다. 이러한 원칙에 기초하여 베트남은 한국은 물론 미국, 중국, 일본과도 실리외교를 적극적으로 추구하고 있다. 베트남과 중국은 베트남사회주의공화국이 수립되는 과정에서 중국은 가장 적극적인 지지자였지만, 1978년 베트남이 캄보디아를 침공하자 중국은 캄보디아 편에서 베트남과 전쟁을 수행했다. 이에 양국관계는 단절되었다가 베트남이 1986년 개혁개방정책 전환하고 1989년 캄보디아로부터 철수한 이후 1991년 중국과의 외교관계가 정상화되었다. 베트남과 중국은 1999년 '전면적협력 동반자관계'를 맺었고, 2010년에는 베중수교 60주년 기념행사도 가졌다. 물론 2014년과 2015년 남중국해 이슈로 베트남과 중국은 군사적 긴장관계가 고조되었지만, 2016년 4월에 출범한 신지도부는 친중국 노선을 견지하면서 중국을 국경을 맞대고 있는 최대교역국이자 최대 원자재·부품공급국으로서 경제적 관계를 심화하고 있다. 미국과의 관계도 마찬가지이다. 10년의 베트남전을 뒤

로하고 1995년 7월 베트남과 미국은 국교정상화를 발표했고, 2000년 7월 베트남-미국 무역협정을 체결하고 2000년 클린턴 대통령은 베트남을 방문했다. 베트남전 이후 정상급 지도자로서는 첫 베트남 방문이었다. 2013년 베트남과 미국은 '포괄적 동반자관계'가 되었다. 2015년 베미수교 20주년을 맞아 당 서기장으로서 사상 최초로 응웬푸쫑(Nguyen Phu Trong)이 방미하여 양국관계는 더욱 변화하였다. 트럼프 대통령 취임이후 2017년 5월 베트남 총리가 미국을 방문하였고 2017년 11월 APEC에서 두 나라 정상은 회담을 가졌다.

베트남은 자신들의 국방백서에서 국방정책을 평화·독립·발전을 보장하기 위한 사회주의 베트남 수호, 강력한 전 인민적 국가방위체제 구축, 강력한 인민군대 육성으로 규정하고 있다. 베트남은 현대전과 미래전에 대비한 군사력 건설과 함께 테러, 마약, 밀수 등 비전통 안보위협에 적극 대처하는 것을 목표로 삼고 있다. 공산당 일당체제인 베트남은 당 중앙군사위원회가 국방정책 입안, 예산, 훈련, 인사, 정치교육, 군사작전권 통제 등 모든 군사업무를 관장한다. 중앙군사위원회는 임기5년의 위원들로 구성되며 위원장은 당 서기장이 맡는다. 중앙군사위원회의 허락 없이는 군사령관이 임의로 군작전권을 행사할 수 없도록 군부에 대한 절대적 통제권을 가지고 있다.

병역제는 18세부터 27세 사이에 2년간 복무하는 의무병제도이다. 통합군체제를 유지하고 있는 베트남군은 1944년 독립운동 지도자 보 응웬 지압(Vo Nguyen Giap)장군의 지휘하에 창설된 베트남해방군에서 유래하며 1975년 통일 이후에는 각종 군사조직을 흡수하여 베트남인민군(Vietnam People's Army)로 통합되었다. 베트남군은 국방부장관 예하 5명의 차관이 있으며 이들 중 총참모장이 국방부 수석차관을 겸직한다. 사회주의국가의 특성상 베트남 국방부는 정부조직이 아닌 당 조직으로 당에서 직접 통제하며, 국방부 총정치국장은 국방부장관 다음의 서열을 가진다.

베트남은 미국과 베트남전쟁의 적이었지만 이제는 상당한 수준의 국방협력 상대로 부상했다. 2016년 5월 오바마 대통령이 하노이를 방문하고 베트남에 대한 주요 무기 수출 금지를 해제한다는 발표를 하였다. 이미 베트남과 미국은 2010년 국방정책대화를 시작하며 정례화했고, 2011년 국방협력양해각서 체결, 2013년 포괄적 대화상대 체결에 국방 분야 포함, 2014년 무기수출 금지 일부 해제, 2015년 국방교역 관련 산업의 상호협력을 체결했다. 반면 남중국해문제로 중국과 대립하고 있는 베트남은 미국이 전략적 의미가 큰 베트남 중부 캄람만에 미군함의 입항을 요구하고 있지만 베트남은 신중한 태도를 보이고 있다. 남중국해에서의 해군력 증강을 위해 베트남은 2009년 러시아제 잠수함 6척을 구매하기로 결정했고, 2015년에 4척을 인수하였다. 크루즈 미사일을 탑재한 베트남의 잠수함은 유사한 무기를 장착한 2척의 경비함 진수와 함께 베트남이 지향하는 국방정책의 방향을 가늠해 볼 수 있다.

인도네시아

인도네시아는 제3세계 비동맹 노선을 창시한 국가 중의 하나이다. 1945년 독립 선언 직후 선출된 초대 부통령인 하타(Mohamma Hatta)는 인도네시아 외교 기본노선으로 '자주적이고 능동적인 외교'를 천명하였고, 1955년 반둥회의 개최를 통해 비동맹·중립 진영의 결속을 주도했다. 이러한 정신은 아세안을 창설하는 데 영향을 미쳤고, 역내 평화와 독자적인 지역질서체제를 확보하는 것을 중요시 여기게 된 배경이다. 최근 미중 경쟁의 심화 속에서도 '아세안중심성'을 유지하고 강화하는 것이 중요하다는 것과도 맥락을 함께한다. 인도네시아는 세계에서 가장 많은 무슬림이 있는 국가로서 무슬림 세계 안에서 주요한 외교적 위치를 차지하고 있다. 조코위정부는 2019년 10월부터 5년간 2기 정부를 시작했는데, 특별히 2기 정부기간 무슬림 세계 안에서 중재자 역할을 적극적으로 하겠다고 표명하였다.

인도네시아는 지정학적으로 인도-태평양지역의 중심적 위치를 차지하고 있고, 정부는 인도네시아를 중심으로 한 남남협력을 더욱 강화한다는 측면에서 '환인도양연대(Indian Ocean Rim Association)'라는 지역협력체를 강화할 것을 피력하였다. 인도네시아는 중견국 외교를 중시하는 MIKTA(Mexico, Indonesia, South Korea, Turkey and Australia) 회원국이기도 하다. 자유롭고 개방된, 그리고 포용적이면서 포괄적인 인도·태평양 협력을 지지한다는 입장을 표명하면서 미중 경쟁에서 특정 국가와 편중된 관계를 유지히기보다는 '외교가 국민의 이해에 기초'해 있다는 정신에 맞게 적극적인 균형외교를 추진하고 있다.

인도네시아군은 통합군 체제와 모병제를 가지고 있다. 인도네시아 대통령은 통합군사령관을 통해 군통수권을 행사하며, 통합군사령관은 정부각료급의 지위를 인정받으며, 국방부장관은 군사력 건설 등 군정기능만 수행한다. 1998년까지 수하르토 대통령하에서 인도네시아군은 이중기능(Dwi Fungsi)을 수행하며 국방과 치안 기능뿐 아니라 국가 발전과 사회 안정을 수행하는 핵심기구였다. 당시는 육·해·공·경찰의 4군 체제로 국내정치뿐 아니라 경제, 사회 등 제반 분야에서 군이 선도적 역할을 수행했었다.

그러나 1998년 5월 수하르토 대통령의 하야 후 국내정치에서 군부가 점차 배제되고, 장관도 민간 정치인으로 교체되는 민주화를 경험하고 있다. 1999년 4월 통합군에서 경찰이 분리되고 대통령 직속의 경찰청이 신설되었고, 2004년 군의 경제활동 및 개인 부업 금지법도 제정되었다. 군사장비 도입 결정 등 국방장관의 권한이 강화되는 등 문민통치가 추진되며 인도네시아군은 외부 위협에 대응하는 현대적 개념의 군으로 발전을 추구하고 있다. 현재 인도네사아 국방정책은 국가통합을 저해하는 내부 위협에 대처하기에 낙후된 군무기 체계를 현대화된 전력으로 전환하는 데 초점이 맞춰져 있다. 호주, 말레이시아, 싱가포르와의 잠재적 긴장관계 속에 국경선을 접한 말레이시아가 보유한 무기체계가 인도네시아군의 무기체계 구입에 영향을 미치고 있다. 2014년 출범한 조코위정부는 해양강국의 비전을 지원하기 위한 군사력 건설에 집중하고 있다. 폰티아낙, 타라칸, 소롱 등 지역방어사령부 3개를 창설하고, 12억 달러의 잠수함 3대 추가 도입, 7억 8,000만 달러 프리깃함 추가 도입을 진행하였다. 인도네시아는 매년 5% 이상의 경제성장으로 국방예산을 안정적으로 확보하기 위해 노력하고 있다.

인도네시아와 미국의 안보협력은 인도네시아의 비동맹 종주국으로서의 외교위상 때문에 외부적으로 드러나지 않도록 조심스럽게 진행되고 있다. 실제적으로 인도네시아는 미국의 군사력이 자국 안보와 밀접한 관계가 있다는 점을 인정하고 있다. 인도네시아는 미국으로부터 군사원조와 F-16기 도입, 동남아에서 가장 규모가 큰 국제군사교류훈련 프로그램 수혜, 소규모 공중 및 해상 군사훈련 실시 등 미국과 군사협력을 하고 있다. 인도네시아 해군의 최대관심은 잠수함 전력의 확대이다. 한국이 만든 장보고급 잠수함 3척이 2017년까지 인도네시아에 인도되었다. 동시에 인도네시아 공군은 미국이 지원하는 프로그램으로 F-16C/D 기종의 보강을 추진하면서, 노후한 미국제 F-5E를 대체할 기종으로 러시아제 수호이 Su-35를 채택하였다.

말레이시아

2018년 5월에 출범한 말레이시아 신정부는 과거 마하티르(Mahathir Mohamad) 총리 집권기에 진행했던 동방정책(Look East Policy)의 재활성화와 말레이시아의 기본 외교노선인 비동맹 외교정책을 강화할 것을 재천명하였다. 아세안을 출범시킨 말레시아는 전통적으로 아세안중심성을 강조하였고, 특히 1997년 IMF 외환위기 당시 마하티르는 ASEAN+3 협력체제로 위기를 극복하는 과정에서 '동아시아공동체' 형성에 적극적인 역할을 수행해 왔다. 말레이시아는 국교가 이슬람이기 때문에 이슬람세계에서 중요한 행위자이고, 이슬람회의기구(OIC: Organization of the Islamic Conference)가 중요한 외교무대이다. 2019년 말레이시아정부는 '보다 평화롭고 공정하며 발전하는 세게를 향하여'를 발표하고, 강대국들의 경쟁이 강화되는 것을 염려하며 이러한 경쟁 격화가 역내 불안정에 작용하는 것을 우려하고 있다. 마하티르정부는 중국과의 관계 개선에 나서고 있다. 이전 나집(Najib Razak)정부 시절에 중국이 주요 교역 파트너 및 투자처로 급부상함으로써 중국에 대한 경제의존도가 높아진 데 대한 우려가 증가하였다. 마하티르는 중국 기업의 인색한 기술이전문제를 제기하거나 남중국해문제와 관련해 강경 발언을 하면서 중국과의 관계 재정립을 시도하고 있다. 마하티르의 언급은 반중적 정서를 강화하려는 의도는 아니고 동아시아적 차원에서 의미를 부여하는 것으로 보인다.

말레이시아의 국방정책은 국가의 전략적 이익 보호, 국내외 안보위협에 대처하기 위한 자체 방어력 강화, 영연방 5개국(영국, 호주, 뉴질랜드, 싱가포르, 말레이시아) 방위협정(FPDA: Five Power Defence Arrangement, 1971.4) 및 인접국 간 지역안보 협조체제 구축을 목표로 한다. 이를 위한 군사전략으로 말레이시아는 미국·일본·중국·러시아와 균형된 군사적 협력관계 유지, 인도차이나 지역에서의 군사적 중추 역할 견지, 무력분쟁의 사전 예방 및 영해 분쟁에 대비한 강력한 해군력 건설을 추진하고 있다.

말레이시아의 군통수권은 명목상 국왕이 갖고 있지만 의회제하의 연방정부 총리가 수행하고 있다. 병역제도는 지원제로 입대시 10년은 정규군, 2년은 예비군으로 의무복무하도록 되어있다. 말레이시아는 동남아 국가 중 싱가포르와 함께 가장 활발하게 군사력 현대화 계획을 추진하는 나라인데, 특히 해·공군력 증강을 통한 대응능력 제고, 병영시설의 현대화, 교육과 훈련 직무 만족도 제고를 위해 노력하고 있다. 중점 추진과제로 육군은 단위 부대의 소형화 및 효율성 제고, 화력, 기동성, 정보, 군수지원 능력 보강을 통한 거부력 제고를, 해군은 대잠전 및 화력 강화, 대함 미사일 전력확충, 해군 항공단 창설을, 공군은 방공 능력 향상 및 작전반경 확대, 노후 헬기 교체를 추진하고 있다.

말레이시아는 미국과 오래전부터 군사협력을 계속해 왔지만 1990년까지 대외적으로 이 사실을 공식화하지는 않았다. 육·해·공군 연합훈련형태로 지속된 양국 간 군사훈련 중에는 미군 특수부대에게 밀림전 훈련시설을 제공해 주기도 했다. 말레이시아는 미 공군기들이 자국 영공을 통과하여 인도양의 디에고 가르시아기지로 이동하는 것과 동말레이시아와 말레이반도 사이에서 P-3기가 초계훈련을 실시하는 것을 용인하고 있다. 1992년에는 미 해군함정이 삐낭 남쪽 루뭇의 말레이시아 해군수리시설을 이용하는 데 합의했고, 전력 현대화 계획을 위해 최신형 전투기 도입을 추진하면서 미국의 F/A-18과 러시아의 MIG-29를 혼합 구입하기도 했다.

싱가포르

싱가포르의 외교원칙은 아세안 국가와의 선린 우호관계 유지를 골자로 중립과 균형의 현실주의 외교를 추구하는 것이다. 외교정책을 뒷받침할 수 있는 신뢰성 있고 억지력을 갖춘 국방체제를 유지하려고 한다. 동남아 및 아시아·태평양지역에 안보 및 평화로운 환경을 조성하고, 자유롭게 개방적인 국제 무역체제 구축을 통해 싱가포르의 경제발전과 지속적인 번영을 확보하는 것이 싱가포르의 외교정책의 핵심이다. 싱가포르 총리인 리셴룽이 2018년 아세안 의장국을 수임할 때 이러한 정신은 아세안을 통해서도 역내외로 잘 표현되었다. 그러나 미국과 중국과의 관계에서 싱가포르는 역내 힘의 균형을 위해서 미국과의 관계를 더 중시여기고 있다. 미군의 아시아·태평양 지역 지속 주둔을 적극 지시하면서, 일본, 중국 간 세력균형을 추구하고 있다. 예를 들면, 미국의 필리핀 철수 이후 싱가포르는 미 제7함내를 포함한 미 해·공군의 인도양 지원을 위한 중간 기착지 역할을 했고, 이라크전과 아프가니스탄전에서 동남아 국가 중 가장 적극적으로 미국의 입장을 지지했다.

2018년 아세안 의장국으로서 싱가포르는 남중국해 행동규범(COC) 초안 문안의 합의를 이끄는 데 노력했고, 중국과 합의로 중-아세안 합동군사훈련을 처음 실시하였다. 중-아세안 합동군사훈련은 중국이 상호신뢰구축 조치의 일환으로 2015년 중-아세안 국방장관 비공식 회의에서 제안한 아이디어가 처음 실현된 것이다. 중-아세안 합동군사훈련은 중-필리핀 관계 개선에 따른 남중국해 긴장 완화 분위기와 함께 의장국 임기 내에 첫 합동훈련을 실시하겠다는 싱가포르의 강력한 의지였다고 볼 수 있다. 결국 싱가포르는 역내 힘의 균형을 맞춰 안보 불안정성을 극복하고, 경제발전을 가속화할 수 있는 평화롭고 안정적인 지역체제를 만들고자 하는 것이 목적이다.

싱가포르의 국방목표는 싱가포르의 주권과 영토를 보호하고 역내 평화와 안보에 기여하며, 방위력과 억제력을 확고히 견지하는 것으로 설정되어 있다. 이를 위해 싱가포르는 자국 방위산업을 육성하고, 서방의 최신 무기체계를 도입하여 자주 국방을 추진하는 것과 외교로 안보를 담보하기 위해 ASEAN, ARF 등 다자안보체제 내의 지역안보 협의를 적극 주도하고 있다.

싱가포르 국방위원회는 1998년 이후 국방, 안보문제에 관한 최고 의사결정기관으로 총리를 위원장으로 분기별로 회의를 개최하고 있다. 군사위원회는 군 최고 정책기구로, 국방장관, 국방총장, 국방 차관, 3군 총장, 대통령이 지명하는 4인 이상의 위원으로 구성된다. 국방부 조직은 국방장관 아래 정무차관, 국방차관, 국방개발차관이 있다. 싱가포르군은 국방총장(중장급) 예하에 각 군 총장을 두고 있는 합동군제를 적용하고 있으며, 병역제도는 징병제로, 18세 이상 남자를 징집(여성은 지원제)하고, 정년은 장교 50세, 부사관 55세, 기술군은 60세이다. 장교는 50세, 사병은 40세까지 매년 40일간 예비군 동원훈련에 소집되는데, 훈련 기간에도 회사에서 임금을 지급하게 되어있다.

싱가포르의 무기 조달체계는 2013년 국방개발차관 예하에 미래체계기술국(FSTD: Future Systems & Technology Directorate)이 창설되어 장기 획득계획 업무를 수행하며, 2000년에 창설된 국방과기국(DSTA: Defence Science & Technology Agency)은 준정부조직으로서 국방개발차관에 대해 책임을 지고 단기 획득계획 및 조달업무를 수행하고 있다. 국제협력은 기술차관보 예하 국방기술협력실에서 주관한다. 국방부나 각 군의 독단적 결정을 막기 위해 주요 무기체계와 장비는 입찰방식을 도입하여 엄격한 점검체계 및 견제와 균형을 통해 합리적으로 의사 결정을 함으로써 위험을 최소화하고 있다. 국방연구 조직은 민간조직인 국방과학기술연구원(DSO: Defence Science Organization)에서 기초 연구개발을 담당하며, 약 1,000여 명의 기술자 및 과학자로 구성되어있다. 국방개발차관을 위원장으로 하는 회의체를 의사결정기구로 두고 있으며, 예하에 체계부, 기술부, 데이터부가 조직되어 분야별 연구개발 임무를 수행한다. 해외 국방기술협력은 냉전 이후 미국과의 협력에 주력하면서, 미국과 영국의 JSF계획 참여, 스웨덴과 해군/화학전 협력, 기타 호주, 프랑스, 독일, 인도, 이탈리아, 한국과 협력활동을 진행하고 있다.

싱가포르는 동남아 국가 중 군사협력에 가장 적극적인 국가로, 군사력 증강을 통해 협력을 강화하고 훈련을 통해 간접 실전 경험을 축적하며 유엔 감시단, 인도적 지원 및 재난 구호, PKO 등에도 적극 참여하고 있다. 또한 아시아 국가로는 유일하게 대IS연합작전에 군사장비와 인력(비전투원)을 지원하였다. 2014년 싱가포르 국방부는 역내 발생되는 재난 감시 및 국가/민·군간 재난구조 협조체계 구축을 위해 '인도적지원/재난구조협조센터(RHCC: Regional Humanitarian Assistance and Disaster Relief Coordination Centre)를 창설하였으며 재난구조 작전의 신속성과 효율성을 증대시키고 역내 국가 간 상호 협력체계를 구축하기 위해 노력하고 있다.

브루나이

브루나이는 오랜 영국의 식민지를 경험하였기에 친서방 정책 추구가 기본이지만, 브루나이 외교의 기조는 균형외교 노선을 취한다고 볼 수 있다. 브루나이는 이슬람 절대왕정을 취하고 있기 때문에 이러한 독특한 정치체제를 유지하는 것이 외교의 가장 중요한 목표라서 독립을 보장하고 경제적 안정을 지속하는 것을 중요하게 여긴다. 이를 위해 아세안과의 결속을 강화하고 이슬람 국가 및 자유진영 국가와 유대 강화정책을 추진하고 있다. 이슬람적 특징을 갖고 있는 사회로서 자유진영과의 강한 연대관계를 구축한다는 것은 무슬림 사회에 기초한 아세안 국가들이 세계에서 중요한 외교역할을 할 수 있는 부분이기도 하다. 브루나이는 아세안은 물론 UN, ASEM, OIC 등에서 다양한 외교활동을 펼치고 있다.

필리핀

필리핀은 역사적으로 미국과 특수한 관계를 맺어왔으며 독립 이후 거의 전 시기에 걸쳐 대미관계 중심의 외교정책을 유지했다고 볼 수 있다. 미국과의 동맹은 필리핀 안보의 기본축이며, 필리핀은 역내 미국의 존재가 지역안보에 긴요하다고 인식했다. 그러나 1986년 마르코스정권 붕괴로 이어진 민주화가 진행되면서 반미주의가 급부상하고 미군의 필리핀 주둔 반대운동도 확대되었다. 이로 인해 1992년 11월 미군이 철수하였지만 필리핀정부는 미국과의 안보협력관계는 유지하고 있다. 1999년 필리핀·미국 방문군지위협정(Visiting Forces Agreement)체결로 미국의 원격 안보지원 및 양국 간 연합훈련의 법적 기반을 마련했고, 2002년 11월 필리핀·미국 상호군수지원협정이 체결되었다. 아로요정부는 대미관계와 더불어 대중관계를 중시하려했지만 2011년 이후 중국과의 남중국해 분쟁으로 대미관계 강화를 통한 중국견제 노선을 취했다.

　기존 친미 외교노선과 다른 노선을 보이는 것이 2016년 출범한 두테르테정부의 외교노선이다. 두테르테정부는 자주외교와 실리외교를 표방하는 가운데 중국 및 러시아와의 관계를 강화하는 한편, 전통적 동맹인 미국과의 관계를 관리해 가고 있다. 사실 이러한 현상도 캄보디아, 미얀마, 라오스정부가 친중국적인 경향을 나타내는 배경과 일맥상통한다. 두테르테정부의 비인권적 또는 비민주적 통치행위는 미국정부의 비판적 논거가 되기 쉽지만, 중국은 이러한 정치적 이슈에 대해서는 상대적으로 무비판적이고 경제관계에만 집중하고 있기 때문이다. 두테르테정부가 취하는 마약범에 대한 초법적 처형에 대해 오바마정부는 부정적 의견을 피력했다. 트럼프 대통령은 취임 이후 유화적인 태도를 보이면서 필미관계를 관리하고 있다. 2017년 필미 합동군사훈련은 2016년에 비해 축소되었다가, 2018년에는 두테르테 대통령 취임 이래 최대 규모로 증가했다. 필리핀과 중국과의 관계는 어느 때보다 친밀한 관계를 보이고 있다. 두테르테 대통령은 취임 이래 매년 중국을 방문하여 정상회담을 가졌다. 필리핀의 최대 우방인 미국을 아직까지 방문하지 않은 것과는 극명한 대조를 보인다. 2018년 11월 시진핑 주석도 마닐리를 방문하였다. 양국 정상은 상호협력을 강조하면서 발표한 성명서에는 "남중국해에서 영유권 문제에 대해 무력을 행사하지 않고 평화적인 대화로 해결하자"고 선언했다. 시진핑 주석의 필리핀 방문을 계기로 양국은 그동안 해양 영토 주권을 두고 갈등을 빚어왔던 필리핀 서해에 대한 원유 및 천연가스 공동개발에 관한 합의문도 도출했다.

동남아 국가의 군구조와 군사력

동남아 국가들의 군사력에 관해 알아보자. 동남아시아 국가들의 군사비 지출을 병력과 대비하여 살펴보면, 가장 많은 상비 병력을 가지고 있는 나라는 48만 2,000명의 베트남으로 군사비는 2018년 48억 달러를 지출했다. 두 번째로 40만 6,000명의 병력을 가진 미얀마는 2018년 19.5억 달러를 지출하였다. 그 다음 39만 6,000명의 병력을 가진 인도네시아는 2018년 73억 달러의 군사비를 사용했고, 36만 명의 군사력을 가진 태국은 65억 달러를 군사비로 지출했다. 7만 3,000명의 병력을 가진 싱가포르는 2015년 96억 달러, 2018년 110억 달러로 군사비 총액이 동남아에서 가장 크다. 국민 1인당 군사비 지출도 1,800달러 수준으로 다른 동남아 국가들을 압도한다. 작은 도시국가이면서 동남아에서 가장 부유한 싱가포르가 주변으로부터 느끼는 안보불안을 잘 보여주는 수치라고 생각한다. 브루나이왕국도 7,000명의 군사력을 가지고 있어 동남아에서 가장 작은 병력이지만 국민 1인당 군사비 지출은 800달러수준으로 싱가포르에 이어 두 번째로 많다. 싱가포르와 브루나이 모두 군사비가 국내총생산에서 차지하는 비중이 각각 3.2%, 2.5%로 동남아 국가 중에서 가장 높은 수준이다.

동남아 10개국 간 상비 병력의 규모는 상당한 차이를 보이고, 군사비 지출 규모도 많이 차이가 난다. 상비 병력의 규모와 군사비 지출 사이에 특별한 상관성이 보이지는 않는데, 예를 들어, 비슷한 병력 규모의 태국과 인도네시아, 그리고 말레이시아와 필리핀을 비교하면 군사비 지출규모가 병력 규모와는 거의 상관없이 많은 차이를 보인다. 2010년부터 2018년까지 매년 평균 96억 달러에 달하는 군사비를 지출하고 있는 싱가포르는 병력에 비해 무기체계의 개선과 증강을 위해 상당한 투자를 하고 있음을 알 수 있다. 인도네시아는 2010년 46억 달러에서 2018년 73억 달러를 사용해 군사비 증가율이 가장 높은 동남아 국가이다. 동남아에서 가장 많은 상비군을 가진 베트남은 베트남전쟁과 통일과정에서 한때 100만 명이 넘는 과도한 병력을 안고 있다가 현재는 상당히 감축시키기는 했지만 사회주의체제의 특성상 아직도 48만 명이 넘는 많은

표 7.1 동남아 각국의 군사비 지출과 병력 규모

| 국가 | 군사비 지출 규모 | | | | | | | | | 병력 |
| | 억 US$(경상가격) | | | 1인당 US$ | | | % / 국내총생산(GDP) | | | 만 명 |
	2010	2015	2018	2010	2015	2018	2010	2015	2018	2018
태국	48.07	53.74	65.08	72	79	95	2.0	1.4	1.3	36.1
미얀마	17.62	22.45	19.51	33	40	35	4.9	3.4	2.7	40.6
라오스	0.16	–	–	3	–	–	0.3	–	–	2.9
캄보디아	2.87	4.46	9.51	20	29	58	2.6	2.7	3.9	12.4
베트남	26.00	40.33	48.29	29	45	50	1.2	2.7	2.0	48.2
인도네시아	46.47	85.87	73.18	19	30	28	0.7	0.9	0.7	39.6
말레이시아	36.51	47.38	38.69	129	155	122	1.5	1.5	1.1	11.3
싱가포르	81.11	96.76	110	1,578	1,705	1,835	3.6	3.3	3.2	7.3
브루나이	3.51	3.96	3.67	889	922	815	2.9	2.4	2.5	0.7
필리핀	24.31	22.23	27.92	24	22	26	1.2	0.7	0.8	14.2

출처: The IISS, *The Military Balance 2013, 2016, 2019*.

병력을 유지하고 있는 것으로 보인다. 상대적으로 베트남과 비슷한 군사비를 지출하고 있는 말레이시아를 보면, 병력은 11만 명 수준을 유지하면서 신규 장비의 도입과 무기체계 개선을 위해 상당한 노력을 하고 있는 것으로 보인다.

미얀마는 동남아에서 병력 규모로 2위이면서 군사비는 평균 20억 달러를 지출하고 있다. 미얀마의 오랜 군사정권의 성격으로 인해 상당한 병력을 유지하며 경제력에 비해 상당한 군사비를 지출하는 것으로 보인다. 라오스는 1인당 군사비 지출이 평균 3달러로 동남아에서 가장 낮은 수준이다. 라오스는 경제사회개발을 위한 투자비용도 외국의 원조에 크게 의존하고 있기 때문에 군사비로 지출할 수 있는 재원을 조달하는 것 자체가 한계가 있다. 캄보디아의 사정도 비슷하지만 라오스에 비해서 상당히 많은 군사비를 지출하고 있다. 필리핀은 2010년 이후 매년 평균 25억 달러를 군사비로 쓰고 있는데 최근 중국과의 남중국해문제에 대처하기 위한 군사력 증강에 많이 사용한 것으로 보인다.

동남아 국가들의 총인구 대비 병력 비율은 필리핀의 0.13%에서 브루나이의 1.55%까지 분포되어 있다. 세계의 사례를 보면 특별한 안보상황에 처한 나라가 아니라면 일반적으로 인구대비 병력 비율은 0.5% 수준을 기준으로 각국의 사정에 따라 위와 아래로 분포하는 모습을 보인다. 동남아시아 국가들도 이런 면에서 세계의 평균에 대부분 들어가 있다. 인구대국인 인도네시아가 0.15%이고, 말레이시아와 라오스가 0.4%수준, 태국과 베트남이 0.5%수준을 유지한다. 반면 미얀마는 0.73%, 캄보디아는 0.75%로 상대적으로 높은 비율을 갖고 있다. 그런데 인구 대비 병력 비율이 1%를 넘으면 현시적인 안보위협상황이 없는 한 과도한 병력을 가지고 있는 것으로 평가된다. 이런 점에서 볼 때 브루나이의 병력은 7,000명에 불과하지만 인구대비 비율이 1.5%를 넘는 것은 인구크기가 45만 명에 불과하기 때문이지 특별한 군사정책상의 이유가 있는 것 같지는 않다. 반면에 싱가포르가 1.2%를 보이는 것은 분명히 타국에 비해 국가안보에 상당한 중점을 두고 있음을 나타내는 것이다. 싱가포르는 성인남성에 대해 2년간 징병제를 실시하고 있다. 이러한 상비 병력 제도와 함께 병사는 40세까지, 장교는 50세까지 연례 군사훈련을 받는 예비군제도를 시행하고 있다. 싱가포르의 예비군 병력은 31만 2,500명으로, 육군 30만 명, 해군 5,000명, 공군 7,500명이 있다.

무기체계를 감안하지 않고 병력비율만 비교하는 것이 단순하기는 하지만, 동남아 국가들의 육·해·공군 병력구조를 보면 흥미로운 사실을 발견하게 된다. 우선 육군의 비율이 해군과 공군에 비해 높은 것은 자연스러운 현상이지만 정도의 차이를 보면 각국의 군구조의 특징이 드러난다. 육군의 비율이 90%가 넘는 것은 극단적인 지상군 위주의 병력편성을 보여주는 것인데, 여기에 해당하는 나라가 미얀마와 캄보디아이다. 미얀마는 해군과 공군 비율이 각각 4%, 4%이고, 캄보디아는 2%와 1%에 불과하다. 베트남도 48만 명 병력의 85%가 육군이고 해군과 공군 비율은 8%와 7%로 극히 낮다. 현대전의 핵심인 해군과 공군에 대한 투자 없이 전통적인 육군 위주로 군사력을 유지한다는 것은 군사력 현대화에 대한 의지가 부족하거나 현상유지적인 군사정책을 지속하고 있는 것이다. 라오스가 해군이 없는 것은 내륙 국가이기 때문에 이해되지만 이 나라도 육군의 비율이 88%에 달한다.

이들 나라들과 달리 태국, 인도네시아, 말레이시아, 싱가포르, 브루나이와 필리핀은 군구조면에서 어느 정도 적정한 비율을 유지하고 있다고 평가된다. 일반적으로 현대적인 병력구조는 70:15:15에서 60:20:20 비율정도를 지향한다. 지상군보다 해군과 공군의 비중을 늘리면서 관련 장비의 도입을 늘려 기술집약적 군대를 갖는 것이 현대 군

표 7.2 동남아 국가의 병력과 군구조 (2018년)

국가	인구(만 명)	병력(만 명)	병력/인구(%)	육:해:공군 비율
태국	6,862	36.1	0.53	68:19:13
미얀마	5,562	40.6	0.73	92:04:04
라오스	723	2.9	0.40	88:00:12
캄보디아	1,645	12.4	0.75	97:02:01
베트남	9,704	48.2	0.50	85:08:07
인도네시아	26,279	39.6	0.15	76:16:08
말레이시아	3,180	11.3	0.36	71:16:13
싱가포르	599	7.3	1.21	69:12:19
브루나이	45	0.7	1.55	68:17:15
필리핀	10,589	14.2	0.13	71:17:12

출처: The IISS, *Military Balance 2019*.

사력 건설의 추세이다. 이런 면에서 인도네시아는 도서국가의 특성상 해군 못지않게 공군의 역할이 중요한데, 이런 이유에서 공군의 비중이 더 높아져야 하는 과제를 안고 있다. 말레이시아와 브루나이는 해군과 공군이 거의 같은 비율로 구성되어, 70:15:15의 비율을 보여주고 있다. 싱가포르도 육군의 비중이 70% 정도이지만 다른 나라들과 달리 공군의 비율이 해군보다 더 높게 나타나는데, 이는 공군의 중요성에 싱가포르의 군사전략적 초점이 맞추어져 있기 때문으로 보인다. 마지막으로 태국은 68:19:13, 필리핀은 71:17:12로 유사한 비율을 보여주고 있는데, 두 나라 모두 병력 구조면에서는 동남아에서 균형적인 비율을 갖추고 있다고 할 수 있다.

동남아 국가가 보유한 대표적인 무기와 생산국을 예시하면, 전차는 M48/M60 중전차(미국), 69식 중전차(중국), FV101 Scorpion 경전차(영국), M41 경전차(미국), Stingray 경전차(미국), 장갑차는 Condor 장갑차(독일), 85식 AFV 장갑차(중국), M113 장갑차(미국), M901 장갑차(미국), V-100/150 Commando 장갑차(미국), BTR-3 장갑차(우크라이나), 야포는 L119 105mm(영국), M101/102 618A2 105mm(미국), 59식 130mm(중국), 82식 130mm 다연장포(중국), GHN-45 155mm(캐나다), M-71 Soltam 155mm(이스라엘), M198/144 155mm(미국), CAESAR 155mm 자주포(프랑스), M109A5 155mm 자주포(미국), 방공포는 M163 VADS(미국), 74식(중국), Bofors L60/70(스웨덴), 59식(중국), 전투기는 F-15 Srike Eagle(미국), F-16 Fighting Falcon(미국), F-4 Phantom(미국), F-5E(미국). MiG-21/23/29(소련/러시아), Sukhoi Su-22/25/27/30(소련/러시아), A-4 Skyhawk(미국), OV-10 Bronco(미국), BAe Hawk 209(영국), 수송기는 Boeing 737(미국), CN-235(스페인/인도네시아), C-130 Hercules(미국), 헬기는 Bell UH-1(미국), Boeing CH-47 Chinook(미국), Sikorsky UH-60 Blackhawk(미국), Bell AH-1 Huey Cobra(미국), Mil MI-14/24/26(소련/러시아), EC 120 Colibri(프랑스), AS 330 +Puma(프랑스)가 있다.

동남아 각국은 자국의 전략적 환경과 대내외적 위협인식에 따라 군구조와 무기체계를 발전시켜왔다. 각국의 경제적 여건은 군구조를 개선하거나 무기를 개발하고 도입하는 과정에 영향을 미친다. 동남아 각국의 육, 해, 공군의 병력 구성과 지휘체계, 부대 구성과 구조적인 특징을 살펴보고, 각국이 갖추고 있는 무기체계를 육, 해, 공군별로 알아본다. 군 구조와 장비에 관한 모든 통계는 2018년을 기준으로 삼았다.

태국

태국의 총병력은 36만 명이고, 군 최고사령부 산하에 육군이 24만 5,000
명, 해군이 7만 명, 공군이 4만 5,000명으로 구성되어 있다. 육군은 1군
(방콕과 중부), 2군(북동부), 3군(북부), 4군(남부) 등 4개 지역사령부와
3개 군단사령부 및 1개 특수전사령부로 편성되어 있다. 육군 병력은 4
개 기계화사단과 8개 보병사단, 1개 포병사단이 중심이며, 특별히 각 지
역사령부마다 경제사회 개발을 담당하는 지역개발사단(development
division)을 1개씩 가지고 있다.

육군 장비로는 미국제 M-48, M-60 및 중국제 69식 전차 등이 360대,
M-41, 영국제 Scorpion, 미국제 Stingray 경전차 등이 194대, M-113과
중국제 85식, LAV-150 Commando 등 장갑차 1,140대, 포병은 105mm
340문 및 155mm 277문 등 견인포 617문, 다연장로켓포 78문, M109A5
자주포 20문을 보유하고 있다. 육군은 7대의 AH-1F 코브라 공격용헬
기, 5대의 CH-47 대형 치누크 헬기와 AB-212 Bell과 UH-1 및 60으로
이뤄진 다목적 헬기 216대를 가지고 있다.

태국 해군은 1개 해군사령부와 1개 해군항공사령부 휘하에 9대의 AV-
8A 수직이착륙 Harrier 및 6대의 S-70 Seahawk 헬기 탑재와 함대공
미사일발사능력을 갖춘 1척의 짜크리 나루벳 항공모함, 2척의 나레수
언급을 포함한 89척의 초계함, 2척의 라타나코신급 포함한 7척의 경비
함, 77대의 해안경비정, 17척의 소해정, 1척의 수륙 양용함, 2척의 상
륙함, 14척의 상륙정 및 13척의 지원함을 보유하고 있다.

해군항공은 9대의 Sentry O-2 감시기 및 2대의 P-3A Orion 등 11
대의 해상초계기, 6대의 Seahawk 및 2대의 Lynx 등 8대의 해상 공격
헬기를 갖고 있다. 태국 해군은 해병대사령부 산하에 2개 보병 연대와 1

개 포병 연대, 1개 강습상륙대대를 주축으로 한 2만 3,000명으로 구성된 해병대를 보유하고 있으며, 24대의 LAV-150 Commando 장갑차와 33대의 LVTP-7 상륙용 장갑차를 가지고 있다.

공군은 4개 전투비행단 산하에 22개 편대가 구성되어 있으며, 전투기는 모두 150대를 보유하고 있는데 25대의 F-5와 53대의 F-16이 주축이다. 수송기는 B-737과 C-130 Hercules 등 42대가 있고, 헬기는 11대의 Bell 412급을 중심으로 총 31대를 보유하고 있다.

미얀마

미얀마의 총병력은 40만 6,000명으로 육군 37만 5,000명, 해군 1만 6,000명, 공군 1만 5,000명으로 구성되어있다. 육군은 20개 사단과 10개 경보병사단 및 34개 보병대대를 중심으로 편성되어 있다. 육군의 주요장비는 구 소련제 T-50 10대, T-72 50대와 중국제 Type-69 100대 등 185대의 전차와 Type-63 경전차 105대, 중국제 Type-85 및 95 중심의 장갑차 430대, 155mm 자주포 42문, 105~155mm 견인포 264문, 107~240mm 다연장포 36문을 보유하고 있다.

해군은 5척의 초계함과 3척의 경비함과 74척의 해상경비정, 15척의 수륙양용함정 및 13척의 지원함을 보유하고 있다. 미얀마 해군은 800명의 1개 해병대대를 가지고 있다. 공군은 총153대의 항공기를 보유하고 있으며, 구 소련제 MiG-29 29대, F-7 49대, 지상공격용 A-5M 22대의 전투기와 An-12, Cessna 등 수송기 22대 및 훈련기 67대로 구성되어있다. 헬기는 공격용 Mi-35 10대와 Mi-17을 비롯한 다목적 수송용 68대를 가지고 있다.

라오스

라오스 병력은 총 2만 9,100명이고, 이 중 육군이 2만 5,600명, 공군이 3,500명이다. 내륙국가인 라오스는 육군과 공군만으로 구성되어 있다. 육군은 전국을 4개 지역으로 나눠 관할하고 있으며, 5개 경보병사단, 7개 독립연대, 1개 기계화대대, 5개 포병대대, 9개 방공포대대로 편재되어 있다.

육군 장비는 구 소련제 전차인 T-54, T-55 및 T-34 등 25대와 소련제 PT-76 경전차 10대, 소련제 BTR-60 장갑차 50대와 105~155mm 62문의 견인포를 갖고 있다. 공군은 An-74, MA60 등 5대의 수송기와 Mi-17 등 19대의 헬기를 가지고 있다. 라오스 경찰은 국방부에 소속되어 있다.

캄보디아

캄보디아의 총병력은 12만 4,000명이고, 육군이 12만 명, 해군이 2,800명, 공군이 1,500명으로 구성되어 있다. 캄보디아 육군은 수도인 프놈펜 특별지역을 포함한 6개 군사지역을 관할하고 있는데 1개 군사지역은 소장을 사령관으로 하며 보통 3~4개의 행정지역을 포함하고 있다. 캄보디아 육군은 2개 경보병사단, 1개 공수특전연대, 5개 독립보병대대, 2개 포병대대, 1개 공병연대를 주축으로 구성되어 있다. 육군 장비는 구 소련제 T-54, T-55 및 T-54의 변형인 중국제 Type-62 전차와 소련제 PT-76, 중국제 62식, 63식 경전차 등 220여대의 전차와 구 소련제 장갑차 BTR-60, BTR-152 등 230여대의 장갑차, 76~155mm 견인포 400여문과 30여문의 다연장포를 가지고 있다.

캄보디아 해군은 100톤 미만의 메콩강과 해안 초계용 경비정 14척을 갖고, 프놈펜과 콤퐁솜(강)과 리암(바다)에 기지를 두고 있다. 해군은 1개 대대와 1개 포병대대로 구성된 1,500명의 해병여단을 갖고 있다. 공군은 구 소련제 AN-24와 프랑스제 AS 350 등 수송기 12대, 체코제 L-39 훈련기 5대 및 소련제 Mi-8과 Mi-17 등 수송용 헬기 22대를 가지고 있다. 정규육군에는 지역별 1개 연대 또는 대대로 편성된 4만 5,000명 정도의 지방병력이 포함된다.

베트남

1975년 남북베트남 통일 이후 과도한 병력을 감축하는 과정을 거친 베트남군은 베드남공산낭의 중앙군사위원회의 통제 아래 국방부장관이 군사령관을 겸직하고 있다. 총병력은 48만 2,000명으로, 이 중 육군이 41만 2,000명, 해군이 4만 명, 공군이 3만 명을 차지하고 있다. 육군은 수도 하노이를 포함한 8개 지역으로 나뉘어 4개 군단사령부가 통제하고 있으며, 23개 보병사단, 2개 기계화보병사단, 1개 특전여단, 6개 기계화여단, 13개 포병여단, 11개 방공포여단 등으로 구성되어있다. 특별히 9개의 경제건설사단이 활동하고 있다.

육군의 무기는 소련제 T-62 70대, 중국제 59식 350대, 소련제 T-54/55 850대 등 1,270대의 전차와 소련제 PT-76 300대와 중국제 62식 및 63식 320대 등 620대의 경전차, 미국제 M-113 200대와 소련제 BTR 1,100대를 주축으로 한 1,380대의 장갑차, 주로 소련제 76~155mm 견인포 2300문과 152mm 및 170mm 자주포 30문, 107mm, 122mm, 140mm 다연장포 710문 등 3,040여문의 각종 야전포를 갖추고 있다.

베트남 해군은 하이퐁에 작전사령부를 두고, 러시아제 하노이급 잠수함 6척, 북한제 유고급 2척을 보유하고, 러시아제 초계함 4척 및 경비함 6척, 해안경비정 12척, 소해함 13척, 상륙함 7척, 상륙정 12척, 수송함 27척을 보유하고 있다. 해군 소속의 2만7,000명 해병은 Type-63 경전차 76대와 장갑차로 무장하고 있으며, 1개 해군항공연대는 DHC-6 항공기 6대와 Helix급 헬기 14대로 운용되고 있다.

베트남 공군은 3개 비행사단과 1개 수송여단 예하에 7개 전투비행연대, 2개 수송비행연대, 2개 공격헬기연대와 6개 방공사단으로 구성되어 있다. 공군은 73기의 전투기 중 수호이(SU)-22 27대 및 SU-30 35대가 주축이다. 헬기는 다목적 Mi-17 6기, 수송용 Mi-8과 Bell 등 28기를 보유하고 있다. 베트남은 도시지역의 인민방위군과 농촌의 인민병사 등 약 500만 명에 달하는 잘 조직된 예비병력을 갖고 있다.

인도네시아

인도네시아는 통합군사령관 산하 39만 6,000명의 총병력 중 육군이 30만 명, 해군이 6만5,000명, 공군이 3만 명으로 편성되어 있다. 인도네시아 육군은 인도네시아 전역을 14개 지역사령부(KODAM)로 나눠 관리하고 있는데, 각 지역사령부는 2개 보병여단, 10개 포병대대, 8개 경보병대대와 1개 헬기대대 및 7개 방공포대대를 기본으로 구성되어 있다. 인도네시아 육군은 3개 특수전부대로 구성된 특전사령부(KOPASSUS) 및 3개 보병사단, 2개 공수여단, 2개 포병연대로 편재된 전략예비사령부(KOSTRAD)가 있다. KOSTRAD는 군단급 규모로 통합군사령관 지휘아래 인도네시아 전역에서 발생한 사태에 투입될 수 있는 전투력과 작전능력을 보유하고 있다.

인도네시아 육군은 79대의 독일제 Leopard 전차, 275대의 프랑스제

AMX-13 전차, 60대의 영국제 Scorpion 전차 및 프랑스제 AMX-VCI와 러시아제 BTR-402 등으로 구성된 장갑차 634대 및 74문의 105mm/155mm 자주포, 133여문의 105~155mm 견인포, 36문의 다연장포를 보유하고 있다. 육군은 러시아제 Mi-35 공격용 헬기 6대와 미국제 AH-64 아파치공격용 헬기 8대 및 미국제 Bell 412 등 다목적 헬기 40대를 가지고 있다.

인도네시아 해군은 소롱(동부), 수라바야(중부), 자카르타(서부) 등 세 지역에 함대사령부가 있으며, 쿠팡(서티모르)과 타후나(북술라웨시)에 전진기지를 두고 있다. 해군은 한국에서 도입한 4척의 Type-209 잠수함, 13척의 초계함, 20척의 경비함과 96척의 경비정을 보유하고 있다. 또한 8척의 소해함, LPD급 5척과 LST급 19척의 상륙함과 55척의 상륙정, 26척의 수송지원함을 가지고 있다. 해군에 소속된 2만 명의 해병대는 수라바야, 자카르타, 수마트라에 각각 3개 대대씩 배치되어 있으며 PT-76 등 경전차 65대와 장갑차 250여대를 갖고 있다. 인도네시아 해군항공은 약 1,000명으로 구성되어 있고, 4대의 인도네시아산 CN 235 등 27대의 초계기와 33대의 경수송기 및 8대의 헬기를 보유하고 있다.

인도네시아 공군도 동부, 중부, 서부 등 세 지역사령부로 편성되어 있으며 8개의 전투비행편대를 갖고 있다. 전투기는 러시아제 Su-27 5대, Su-30 11대, 미국제 F-5 12대, F-16 33대 및 수송기는 C-130, B-737, 스페인제 NC-212, 인도네시아제 CN-235 등 56대를 갖고 있으며, 헬기는 프랑스제 NAS-332와 330 등 36대를 운용하고 있다.

말레이시아

말레이시아 군은 병력 11만 3,000명으로 육군 8만 명, 해군 1만 8,000

명, 공군 1만 5,000명으로 구성되어 있다. 말레이시아 육군은 말레이반도와 사라왁과 사바 등 동부말레이시아 등 2개 군사지역으로 나눠 4개 지역사령부를 두고 있으며 1개 특수전여단과 1개 공수여단을 가지고 있다. 육군은 16개 보병여단과 11개 포병연대, 3개 방공포연대를 중심으로 편성되어있다. 장비로는 48대의 폴란드제 PT-91M 전차, 21대의 Scorpion 경전차와 터키제 Adnan, 독일제 Condor, 벨기에제 Sibmas, 한국제 K-200 등 장갑차 830여대, 105~155mm 견인포 134문과 127mm ASTROS II 다연장로켓포 36문을 보유하고 있다. 12기의 수송헬기와 165대의 수륙양용차량도 가지고 있다.

말레이시아 해군은 쿠안탄(말레이반도 동부해안), 랑카위(말레이반도 서부해안)와 코타키나발루(동부말레이시아) 등 세 지역사령부를 두고 있다. 해군은 프랑스에서 도입한 2척의 스콜피온급 잠수함, 10척의 초계함, 4척의 경비함, 33척의 경비정, 4척의 소해함, 13척의 수송지원함을 보유하고 있다. 사바에 2006년 완공된 신항(Teluk Sepanggar)이 프랑스에서 도입한 잠수함 기지로 사용되고 있다. 말레이시아는 독일이 설계한 배수량 1,650톤, 최대속도 22노트를 갖는 메코급 초계함을 도입했는데 함대함 미사일과 대공미사일을 장착하고 76㎜와 30㎜ 함포와 3차원 레이더를 갖추고 대잠 헬기1대를 탑재하고 있다. 해군은 프랑스제 AS 555와 이탈리아제 Lynx 등 12대의 초계용 헬기를 운용하고 있다.

말레이시아 공군도 말레이반도와 동말레이시아에 2개 지역사령부를 두고, 7개 전투비행편대를 운용하고 있으며, 전투기는 F/A-18 8기, Su-30 18기, F-5 11기, MiG-29 10기 및 C-130, CN-235 등 수송기 33기를 보유하고 있다. 헬기는 SA316 Alouette, H225 Super Cougar, S-61 Nuri, S-70 Black Hawk 등 59대를 갖고 있다.

싱가포르

7만 3,000명의 병력을 가지고 있는 싱가포르는 통합군사령관 휘하에 육군은 5만 명, 해군은 9,000명, 공군은 1만 3,500명으로 구성되어 있다. 싱가포르 육군은 3개 사단과 1개 신속기동사단을 주축으로 하고 있다. 각 사단은 2개 보병연대, 1개 기계화연대, 1개 정찰대대, 1개 방공포대대, 1개 공병대대 및 2개 포병대대로 편성되어 있다. 신속기동사단은 1개 상륙여단과 1개 공수여단, 1개 보병여단으로 구성되어 있다. 싱가포르 육군은 80대의 영국제 Centurion 전차와 96대의 독일제 Leopard 전차, 350대의 AMX-10 경전차, ATTC Bronco, IFV-40/50, LAV-150 Commando 등으로 구성된 장갑차 1,400여대와 54문의 155mm Primus 사주포, 88문의 105~155mm 견인포, 18문의 227mm 나언장포를 보유하고 있다.

싱가포르 해군은 2개의 기지에 8개 전단으로 편재되어 있고, 스웨덴제 Challenger급 2척과 Archer급 2척 등 4척의 잠수함, 하푼 미사일을 장착한 6척의 초계함과 11척의 경비함, 15척의 경비정을 보유하고 있다. 또한 4척의 소해함과 상륙용 LST 4척과 상륙정 23척, 보급수송함 2척을 가지고 있다.

싱가포르 공군은 F-15와 F-16을 주축으로 하는 5개의 전투비행대대와 F-50으로 편성된 1개 항공경비대대, G-550의 1개 조기경보정찰대대, C-130의 1개 수송대대, 아파치헬기로 무장한 1개 헬기대대, 치누크헬기의 1개 수송헬기대대, 3개 방공포대대로 구성되어 있다. 싱가포르 공군은 40기의 F-15, 60기의 F-16, 5기의 F-50과 29기의 F-55 정찰기, 4기의 G550 조기경보기, 9기의 C-130 수송기를 보유하고 있다. AH-64 Apache 공격용헬기 19기, AS-332 Puma와 Ch-47 Chinook

등 다양한 수송헬기 51기도 가지고 있다. 특히 싱가포르 공군은 MK II 와 Chukar III 등 17기 이상의 무인비행기를 운용하고 있다. 싱가포르 는 호주, 브루나이, 프랑스에서 공군 훈련을, 태국과 브루나이에서 육군 훈련을 실시하고 있다.

싱가포르는 상당한 수준의 자체 무기개발체계를 갖추고 있다. 싱가 포르가 자체 개발한 페가수스급 155mm 자주포는 성공적인 실험을 마 치고 대대단위로 편성되어 배치되었다. 싱가포르의 자주포는 155mm 곡사포를 탑재한 전궤도 차체의 자주포로 싱가포르 군과 Defence Science & Technology Agency(DSTA), Singapore Technologies Kinetics(ST Kinetics)에 의해 공동 개발되었다. 싱가포르항공기술사 는 경량급 헬리콥터를 개발하여 싱가포르 공군에 인도하였고, 2000년 이래 한척을 제외한 5척의 초계함은 싱가포르가 자체 건조하였다. 이 함정은 스텔스 성능을 보유하고 배수량 3,200톤, 최대속도 27노트로 대공 작전뿐 아니라 함재 헬기를 이용한 대함 및 대잠 작전능력을 갖추 고 있다.

브루나이

브루나이 병력은 총 7,200명으로, 육군이 4,900명, 해군 1,200명, 공 군 1,100명으로 구성되어 있다. 육군은 3개 대대와 1개 지원대대로 이 루어져 있다. 무기로는 20대의 영국제 Scorpion 경전차와 45대의 프랑 스제 장갑차, 24문의 81mm 박격포를 가지고 있다. 브루나이 해군은 4 척의 경비함과 4척의 해안경비정, 4척의 상륙정을 가진 1개 특전대대로 이루어져 있다. 공군은 5개 항공편대와 2개 방공편대로 구성되어 있고, 1대의 인도네시아제 CN-235 수송기와 4대의 스위스제 PC-7과 12대의 미국제 블랙호크 수송헬기 및 Bell 다목적 헬기 등 8대의 경헬리콥터를 보유하고 있다.

특별히 브루나이는 영국과의 협정으로 2개 대대 500명 정도의 구르카(Gurkha)부대를 배치하고 있다. 구르카부대는 영국군 장교가 지휘하고 네팔인 병사로 구성된 전통있는 부대로서 브루나이의 식민시대부터 세리아 유전지대를 방어할 목적으로 영국에 의해 브루나이에 배치되었다. 브루나이에는 싱가포르 공군과 보병 병력 500명 정도가 주둔하면서 훈련학교를 운영하고 있는 등 싱가포르와 군사적으로 밀접한 관계를 가지고 있다. 또한 말레이시아, 영국, 호주, 뉴질랜드, 미국과도 정기적인 군사훈련 프로그램을 운영하고 있다.

필리핀

육, 해, 공군 통합군 체제를 가지고 있는 필리핀은 전국을 루손 북부지역, 루손 남부지역, 수도권 지역, 중부 지역, 서부 지역, 민다나오 동부지역과 민다나오 서부지역 등 7개 군사지역으로 분리하고 있다. 필리핀의 총병력은 14만 2,000명으로 육군 10만 1,000명, 해군 2만 4,000명, 공군 1만 7,000명으로 구성되어 있다. 필리핀 육군은 5개 지역사령부와 1개 수도사령부 및 1개 특수전사령부로 편재되어 있으며, 1개 기계화사단과 10개 경보병사단, 1개 포병연대로 구성되어 있다. 필리핀 육군은 7대의 영국제 Scorpion 경전차, YPR-765와 M113 등 440여대의 장갑차, M101과 M114 등 260여문의 견인포를 보유하고 있다.

해군은 미국으로부터 양도받은 초계함 1척과 해안초계정 68척, 상륙용 LST 6척과 수륙 양륙정 11척, 수송지원함 6척을 가지고 있다. 해군항공은 4기의 영국제 BN-2A와 2기의 미국제 Cessna 177 및 Mi-17과 독일제 BO-105 등 13기의 헬기를 가지고 있다. 필리핀은 42대의 장갑차와 59대의 LVTP 상륙공격용 장갑차, 37여문의 105mm 포로 무장한 8,300명 4개 여단규모의 해병대가 있다.

공군은 한국이 수출한 12기의 FA-50 전투기, 10기의 지상공격용 미국제 OV-10 Bronco, C-130 Hercules 등 15기의 수송기, MD-520, S-70 Blackhawk, UH-1H 등 32기의 헬기를 보유하고 있다.

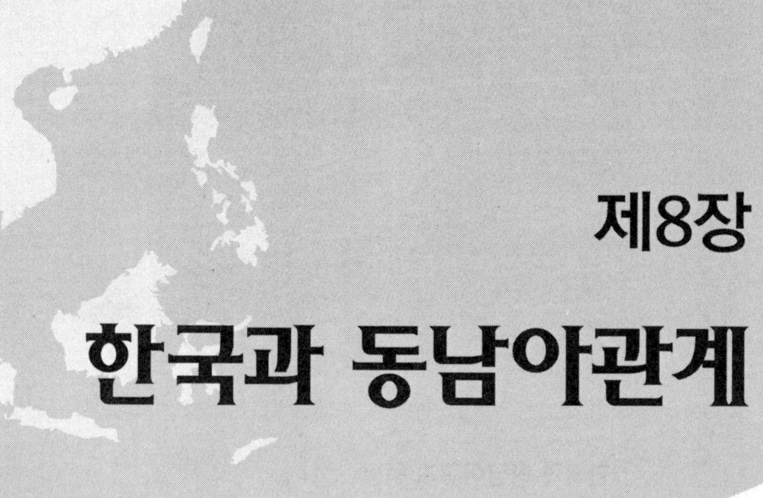

제8장

한국과 동남아관계

한국과 동남아관계 동향

국가 간 관계는 다양한 교류의 확대를 통해 발전한다. 정치적 관계는 교역과 사회문화의 접촉에 영향을 많이 받는다. 역사는 상호의존성이 늘어나면서 쌍방의 이익으로 발전하고 기능적으로 긍정적인 결과를 낳는다는 사실을 가르쳐 준다. 이런 관점에서 한국과 동남아 국가들이 강대국 중심의 국제관계에서 상호이익을 추구하는 협력관계를 착실히 발전시켜 온 것은 바람직한 현상이다. 한국과 동남아 간에는 오랜 친선의 외교관계뿐 아니라 다양한 민간분야 교류에서도 성공적인 경험을 공유하고 있다. 한국은 동남아 10개국을 회원국으로 조직된 동남아국가연합(ASEAN)과도 다층적인 관계를 형성하고 있다.

한국은 1990년대 탈냉전과 함께 동남아지역으로의 시장 진출과 함께 생산기지로서의 직접투자도 꾸준히 확대하여 1997년 경제위기 이후에는 한국의 경제구조와 아세안의 경제구조 간 긴밀한 협력유형이 만들어 졌다. 기술과 자본을 가진 한국과 자원과 인력을 가진 아세안이 경제적으로 협력 가능한 분야를 발전시켜나가는 것은 모두에게 이익이 되는 바이지만 특히 한국이 다양한 방안을 주도적으로 제시할 필요가 있다는 것도 알게 되었다. 한국은 아세안과 2004년 '포괄적 협력동반자관계 공동성명', 2005년 '한-아세안 행동계획'을 통해 IT인프라건설, 인적자원개발, 환경, 에너지, 전염병 퇴치 및 문화교류 등에 합의했다. 2007년에 아세안과 상품 및 서비스분야 자유무역협정(FTA)을 체결하여 발효시켰고, 2009년에는 투자협정을 체결하였다. 2009년 한-아세안특별정상회의에서 한국은 '따뜻한 이웃, 나눔과 협력의 리더십'을 보여주는 대아세안외교의 행동계획으로 개발협력, 저탄소 녹색성장, 문화·인적교류 등 3대 중점분야에 대한 구체적인 이행과제를 제시했다.

한국은 1989년 아세안과 대화상대국 관계를 맺은 이래 한-아세안정상회의 및 아세안 확대외교장관회의(ASEAN-PMC)를 비롯한 여러 공식회담 경로를 갖고 있고, 2009년에 한국과 아세안의 협력관계를 심화시키는 최초의 국제기구인 한-아세안센터를 서울에 설립하였다. 2009년 6월 한-아세안특별정상회의는 한국과 아세안 간에 정치안보협력, 특히 비전통 안보분야 그리고 다자안보협의체와 관련된 협력을 강화하는 전기가 되었다 (이재현, 2009).

이후 한국은 2012년 주아세안 대표부를 인도네시아 자카르타에 설립하며 아세안상주대표부위원회(CPR)의 공식 일원으로 활동하기 시작했다. 2014년 12월 대화관계 수립 25주년 한-아세안특별정상회의가 부산에서 개최되었다. 2009년 1차 회의에 이어 5년 만에 동남아 10개국 정상과 아세안사무총장을 초청한 2차 특별정상회의에서 한국은 아세안공동체 출범에 대한 지지를 표명하는 한편 한국과 아세안의 우호관계의 확대와 동아시아 지역협력을 위한 다양한 합의를 이루었다. 두 차례의 특별정상회의를 통해 한국과 아세안은 정치안보분야 합의사항으로 한-아세안 안보대화체제 설립, 다자안보채널을 통한 협력 강화, 한반도 평화 달성을 위한 협력과 아세안의 중심성 지지, 한국의 동남아비핵지대화조약 지지 및 아세안통합이니셔티브에 대한 지원, 인권 및 대테러 등 비전통 안보분야에서의 협력 강화 등을 약속했다. 2019년 11월 25일부터 26일까지 한국은 부산에서 '평화를 향한 동행, 모두를 위한 번영'이라는 주제로 제3차 한-아세안특별정상회의를 열었다. 이어서 한국은 11월 27일 베트남, 라오스, 캄보디아, 미얀마, 태국과 제1차 한·메콩

표 8.1 **2009년 제1차 한·아세안특별정상회의 관련 한국과 아세안의 협력사업**

분야		주요 협력 사안 및 제안
정치안보		• 한반도 문제에 대한 아세안, 아세안지역포럼의 지지 확보 • 아세안통합이니셔티브에 대한 한국의 지원 • 비전통적 안보분야에서의 긴밀한 협력
경제분야	무역, 투자	• 한-아세안 FTA를 통한 한-아세안 간 무역 확대, 한-아세안 항공협정 추진 • 동아시아 자유무역지대 형성과 아시아채권시장(ABM) 활성화를 위한 신용보증투자기구(CGIM) 협력
	개발 협력	• 2015년까지 공적개발원조(ODA) 2배 이상 확대 • IT와 과학기술분야 개발 경험 공유
	녹색 성장	• 물관리, 저탄소 도시, 신재생에너지, 산림, 바이오매스, 폐기물 처리 등 5개 중점협력분야에 1억 달러 지원 • 인도네시아, 라오스, 미얀마, 베트남, 캄보디아, 필리핀 등 6개국 우선 녹색성장 관련 지원 수요조사 • 한-아세안 그린 리더 및 전문가 역량 강화 지원 • 녹색성상 컨퍼런스 개최 • 아시아산림협력기구(AFOCO) 설립 지속 추진
문화 인적 교류		• 한-아세안특별협력기금의 지속운영 및 인적교류를 위한 재원으로 매년 200만 달러 추가 지원 • 월드 프렌즈 코리아(World Friends Korea)를 통한 1만 명 규모의 IT 지원 인력 파견 • 동남아 출신 학생들에 대한 장학금 증액 • 베트남에 이어 싱가포르, 필리핀, 인도네시아에 한국문화원 추가 설치 • 한-아세안 청년봉사단원 규모를 2013년까지 두 배로 확대

정상회의도 개최했다. 한국과 아세안이 대화 관계를 맺은 지 30주년을 기념한 2019년의 한-아세안특별정상회의는 문재인정부의 신남방정책과 함께 한국과 동남아관계의 현 주소를 보여주는 상징적인 성과를 낳았다고 평가한다.

사진 8.1   제3차 한-아세안특별정상회의

동남아와 한국은 현재 정치경제, 사회문화 모든 분야에서 세계 어느 지역보다 우호적인 관계를 구축하고 있다. 무역에서 동남아는 중국에 이어 한국의 제2의 교역대상지역으로 2018년 기준 1,597억 달러의 교역액을 기록하였고, 2020년까지 2,000억 달러를 목표로 하고 있다. 동남아 국가별로는 베트남이 682억 달러로 1위를 기록하고, 이어 인도네시아, 싱가포르, 말레이시아, 필리핀, 태국 순으로 교역이 이루어지고 있다. 동남아에 대한 직접투자는 2007년 32억 달러에서 2018년 61억 달러로 증가하여 미국에 이어 한국의 2위 해외투자지역이다. 동남아는 한국에게 중동 다음의 두 번째 건설시장으로 2018년 119억 달러의 건설수주를 기록하였다. 또한 동남아는 한국과 인적교류가 가장 활발한 지역 중 하나로, 2018년 한국인 방문이 898만 명, 동남아인 방문이 246만 명으로 한국과 아세안의 상호방문객은 1,144만 명을 달성해 세계 교류의 26%를 차지하고 있으며, 2020년까지 상호방문 1,500만 명을 예상하고 있다. 한국인은 베트남과 인도네시아에서 최대 외국인거류 사회를 구성하고 있고, 필리핀, 태국, 싱가포르에서는 2위 규모를 이루고

표 8.2	한국의 대아세안 교역 현황						(단위: 억 달러)
	2000	2010	2013	2014	2015	2016	2017	2018
---	---	---	---	---	---	---	---	---
총 교역	383	973	1,353	1,380	1,199	1,193	1,469	1,605
수출	201	532	820	846	748	752	939	996
수입	182	441	533	534	450	441	530	609
무역수지	19	91	287	312	298	311	409	387
비중 (%)	11.5	10.9	12.6	12.6	12.4	13.2	14.2	14.0

* 비중: 한국의 대외 총교역 대비 아세안의 비중.

있다. 동남아 10개국 모두 남북한 동시 수교국으로 외교적으로도 중요한 지역이다. 한국과 동남아는 사업과 교류를 통해 강한 유대감을 형성해 왔다. 남남협력(South-South Cooperation)의 성공사례로서 한국의 개발경험과 산업화 선략이 동남아에 전수되고, 동남아의 풍부한 자원이 한국의 경제발전의 밑거름이 되고, 동남아의 인적자원 개발에 한국의 지원이 큰 도움을 주는 선순환 관계가 형성되었다. 이러한 밀접한 관계로 인해 모두에게 진정한 전략적 동반자관계가 형성되었다는 확신을 갖기에 충분하다는 평가를 받는다.

한국정부의 동남아정책

김대중정부(1998~2002년)의 동남아 전략은 동아시아 지역협력, 특히 아세안+3의 시작이라는 맥락에서 파악된다. 이전 정부에 비해 동남아와의 거리가 가까워 진 것은 아세안+3의 시작과 한국의 적극적인 역할

확대에 따른 것이었다. 또한 이 시기는 동남아에 한류가 본격적으로 시작된 때이자 한국에 동남아 출신 이주 노동자와 이주 결혼 신부가 늘어나기 시작했던 시점으로 사회문화적으로 동남아와의 거리가 매우 가까워졌다. 1997년 경제위기로 새로운 기회를 찾기 위한 한국인들의 동남아 이주와 기업 진출도 크게 늘었다. 동남아와 특별히 긴밀해지기 시작한 계기는 김대중 대통령의 개인적인 관심과 리더십의 특징이 영향을 미쳤다고 생각한다. 1998년 하노이 아세안+3 정상회의에서 김대중 대통령은 동아시아비전그룹(EAVG)구성을 제의했고 2000년 싱가포르 정상회의에서는 동아시아연구그룹(EASG)설립을 제의하여 동아시아 국가 간 협력에 대해 주도적인 역할을 했다.

노무현정부(2003~2007년)의 대동남아 전략은 '동북아 중심국가' 등 동북아에 비중을 두는 경향으로 인해 다소 주춤하는 면이 있었지만 아세안+3 등 지역협력에 지속적으로 참여하고, 2004년에는 한국과 아세안이 포괄적 동반자관계로 발전하는 진전을 보였다. 2009년 최종 결실을 본 한-아세안 FTA도 노무현정부에서 시작되었다. 그러나 김대중 대통령에 비해 노무현 대통령은 동남아 외교에 그다지 특별한 관심을 보인 것 같지는 않다.

이명박정부(2008~2012년)의 대동남아 전략은 '신아시아외교'라는 맥락에서 이해되어야 하는데, 이의 중심에 동남아가 있는 것은 분명했고, 남아시아, 오세아니아, 중앙아시아까지 포함하여 아시아 국가와의 양자 및 다자관계를 전방위적으로 강화한다는 전략이었다. 이명박 대통령은 동남아 건설시장과의 오랜 인연과 개인적인 친분을 가진 동남아 인사들이 많았던 관계로 동남아에 대해 가장 많은 관심을 보였던 것으로 평가한다.

2009년 3월 호주, 뉴질랜드와 인도네시아를 순방한 이명박 대통령은

'신아시아외교(New Asia Initiative)' 구상을 발표했다. 한반도를 중심으로 미국, 일본, 중국과 러시아 등 4강 외교에 전통적으로 무게 중심을 두던 한국외교의 외연을 동남아시아, 남아시아, 중앙아시아와 남태평양 등 아시아로 확대하고, 이 지역 국가들과 새로운 차원의 협력을 강화하겠다는 선언이었다. 이명박정부의 외교비전인 Global Korea를 지향하기 위해 무엇보다 먼저 아시아와 함께 하겠다는 방향 제시는 시의적절한 것이었다. 글로벌 이슈의 해결을 위해 이웃인 아시아와의 협력외교를 통해 공동이익을 찾아 실천하고, 재난대처와 빈곤해소 등 역내 문제를 해결하기 위해 적극적으로 노력하겠다는 것이 신아시아외교의 목적이었다. 신아시아외교의 동남아 전략은 경제 및 개발협력, 녹색성장 및 기후변화협력, 사회문화 및 인적교류협력 등 세 가지 분야로 구성되어 있다. 2009년 부산에서 제1차 한-아세안특별정상회의를 개최하여 한국의 아세안에 대한 관심을 적극적으로 표명하였다.

박근혜정부(2013~2017년)는 2013년 6월과 10월 아세안+3 정상회의와 한-아세안정상회의를 통해 '신뢰와 행복의 동반자관계'를 주창했고 2014년 12월에는 2차 한-아세안특별정상회의를 부산에서 개최했다. 박 대통령은 취임 이후 미국, 중국, 동남아, 유럽, 중앙아시아 순으로 '세일즈 외교'를 벌였다. '한·아세안 안보대화' 신설과 한·아세안 FTA 확대, 한·인도네시아 포괄적경제동반자협정(CEPA) 체결 합의 등은 동남아 외교의 성과로 평가된다. '한·아세안 안보대화'를 신설하기로 한 것은 경제와 문화협력 위주였던 한국과 동남아관계를 정치안보분야로 확대했다는 점에서 의미가 크다.

그러나 박근혜정부는 북한과 4강 외교에 치중하여 동남아 외교가 전에 비해 상대적으로 위축된 감이 있었다. 동남아 외교의 실종은 에너지와 자원외교 활동이 축소된 것과도 관계가 있다. 다소 추상적인 '창조경제외교'와 '행복외교'라는 개념과 교역에 집착하는 듯한 '세일즈 외교'가 자리를 차지하면서 동남아와 아세안외교의 방향성이 흐려졌다는 생각이 든다. 동남아가 한국경제의 지속성장에 핵심 동력원이라고만 할 뿐 한국과 동남아가 상생발전할 수 있는 특별한 외교전략이 제시되지 않았다. 미국과 일본의 동남아에 대한 적극적인 재공략과 중국의 동남아에 대한 무차별적인 대규모 원조 외교에 비해 박근혜정부의 대동남아 정책방안은 구체적이지 않았다. 시장의 교역투자와 시민사회의 개발협력이 폭넓게 확대되어 가는 추세에서 국가가 담당할 정치안보분야에서 한국의 독자적인 위상 확보와 적극적인 역할이 분명하게 구축되어야 할 필요가 있었다.

2017년 출범한 문재인정부는 아세안에 대해 신남방정책(New Southern Policy)으로 불리는 적극적인 외교정책을 시행하고 있다. 동북아 중심의 사고에서 벗어나 새로운 안보환경으로 외연을 확대해야 한다는 신남방정책은 아세안의 적극적인 지지를 얻고 있다. 왜냐하면 아세안은 미국과 중국 슈퍼파워 국가 사이에서 오는 많은 갈등을 해결하기를 기대하고 있고, 한국과 같은 중견국가가 아세안과 보조를 맞춰 경제 및 사회문화적 협력은 물론 외교적 협력을 추구할 수 있다면 아세안에게도 매우 중요하다고 보기 때문이다.

한국의 신남방정책은 아세안과 인도의 관계를 획기적으로 증진시켜 나가겠다는 기조하에 3P전략, 사람(People), 상생번영(Prosperity), 평화(Peace)을 제시하였고, 사람공동체, 번영공동체, 평화공동체로 그 개념을 확대할 수 있다. 즉, 신남방정책 3대 목표는 3P에 기초하여 첫째, 교류증대를 통한 상호이해 증진, 둘째, 호혜적이고 미래지향적이 상생의 경제협력 기반 구축, 셋째, 평화롭고 안전한 역내 안보환경 구축이다. 이러한 3대 목표가 갖는 의미는 기존 한-아세안관계가 '무역 및 통상'에 초점이 맞춰져 있었던 중상주의적 관계를 극복하고자 하는 것이며, 공동의 번영을 함께 추구하는 경제협력과 '사람'과 '지속가능한 안보와 평화'를 추구하여 한국과 아세안이 미래적 공동체 관계를 지향한다는 측면에서 신남방정책은 대아세안외교의 포괄적 외교전략이라고 볼 수 있다. 신남방정책을 추진하고자 발족한 신남방정책특별위원회는 2018년 8월에 출범하여 제1차와 제2차 전체회의를 통하여 아젠다를 구체화하였다. 아세안정치안보공동체(APSC)의 측면에서 신남방정책 3P 내 '평화' 아젠다는 아세안이 발족했던 1967년 방콕선언의 핵심적 가치 3P(평화 Peace, 번영 Prosperity, 진보 Progress)로서 '평화'는 아세안 역내 안보질서를 구축하는 기준이 되는 핵심적 가치이다. 1960년대부터 아세안은 '평화 없는 번영'은 무용하다고 인식하고 '평화가 전제된 번영'을 추구하고 있다. 이에 신남방정책의 '평화'는 아세안 안보가치와 크게 조응하는 분야이다.

표 8.3에서 언급된 평화공동체안 5개 과제들은 인적교류, 한반도평화프로세스 지원네트워크, 전통 및 비전통적 안보협력 등 세 영역과 유기적으로 결합되어 있다. 첫째, 정치안보 관련 인적교류사업 영역으로서 정상 및 고위급 교류활성화이다. 2019년 11월 부산에서 개최된 '제3차 한-아세안관계 30주년 특별 정상회의'와 '제1차 한-메콩 정상회의'가 개최되었다. 또한 2012년부터 국방차관급 및 민관안보전문가가 참여하는 '서울안보대화(SDD: Seoul Defense Dialogue)'가 시작되었고, 2014년부터 SDD계기로 연례화된 '한-아세안 국방부 차관회의'는 한국과 아세안 사이의 안보협력 범위 폭을 강화해 나가고 있다. SDD는 국가 간 신뢰증진 및 한반도 긴장완화를 위한 정책 대안 모색이 가능한 '실질적인 안보토론의 장'으로 진행되고 있다. 2018년 9월 12~14일 진행된 SDD는 판문점선언과 제1차 싱가포르 북미정상회담 이후 개최

표 8.3	신남방정책 추진전략	
구분	목표(성과지표)	추진 과제
People 사람 공동체	교류 증대를 통한 상호 이해 증진 (2020년까지 상호방문객 연간 1,500만 명 달성)	① 상호 방문객 확대
		② 쌍방향 문화교류 확대
		③ 인적 자원 역량 강화 지원
		④ 공공행정 역량강화 등 거버넌스 증진 기여
		⑤ 상호 체류 국민의 권익 보호·증진
		⑥ 삶의 질 개선 지원
Prosperity 상생번영 공동체	호혜적이고 미래지향적인 상생의 경제협력 기반 구축 (아세안: 2020년 교역 2,000억불) (인도: 2020년 교역 500억불)	⑦ 무역·투자 증진을 위한 제도적 기반 강화
		⑧ 연계성 증진을 위한 인프라 개발 참여
		⑨ 중소기업 등 시장진출 지원
		⑩ 신산업 및 스마트 협력을 통한 혁신 성장 역량 제고
		⑪ 국가별 맞춤형 협력모델 개발
Peace 평화 공동체	평화롭고 안전한 역내 안보환경 구축 (2019년까지 아세안 10개국 순방 및 정상 방한 등 전략적 협력)	⑫ 정상 및 고위급 교류 활성화
		⑬ 한반도 평화 번영을 위한 협력 강화
		⑭ 국방·방산 협력 확대
		⑮ 역내 테러·사이버·해양안보 공동대응
		⑯ 역내 긴급사태 대응역량 강화

된 것으로, 한반도 평화프로세스에 대한 심도 깊은 논의를 진행한 회의였고, 2018년 9월 12일에는 한-아세안 국방부차관회의(ASEAN-ROK Defence Vice Ministerial Talks)가 진행되었고 아세안 회원국 10개국 국방부 차관이 모두 참가하였다.

둘째, 한반도 평화·번영을 위한 협력강화영역이다. 아세안은 2018년에 전개된 남북관계 및 북미관계 변화에 대한 적극적인 지지를 표방했고, 2019년 7월 아세안외교장관회의 성명서에서도 한반도 평화프로세스에 대한 적극적인 지지를 표명하였다. 성명서에는 6월 30일 판문점에서 있었던 남·북·미 정상만남에 대한 환영의 뜻을 밝히고, 본 만남이 한반도의 지속가능한 문제해결로 이어지기를 기대하며 이러한 과정에서 아세안도 건설적인 역할을 할 수 있기를 기대한다는 뜻을 밝혔다. 이렇듯 아세안은 동아시아에서 한반도 평화프로세스 과정에 대해 가장 적극적인 지지자이다. 한반도 정책에 대한 신남방국가들의 이해제고와 지속적인 지지를 획득해 낼 뿐만 아니라 한-아세안관계를 통해 동아시아 평화체제를 구축할 수 있는 안을 마련해야 할 것이다. 사실 후자와 관련해서 신남방정책 평화아젠다는 아직 방향성과 범위를 잡지 못하고 있다. 2019년 이후 전개된 한반도를 둘러싼 중국, 미국, 일본, 러시아 관계를 보았을 때 한-아세안관계는 '동아시아 평화체제 구축' 과정에서 특별한 파트너십을 가져야 한다고 생각한다.

셋째, 전통 및 비전통 안보이슈의 협력강화이다. 한-인도네시아 방산협력, 한-필리핀 안보협력 등 국가별 맞춤형 방산협력이 진행되고 있다. 한편 테러·사이버·해양안보·재난 및 긴급사태에 대한 한-아세안 공동대응을 위해 한-아세안 국제범죄 수사역량강화센터 설립, 해양쓰레기 공동조사 및 수거사업, 한-메콩 생물다양성센터 구축, 산불재난관리센터 시범사업, 훼손된 습지 복원 및 보전 등 인간안보를 위한 공동대응 노력이 진행되고 있다.

아세안에게 있어 한국은 경제적으로 사회문화적으로 중요한 파트너로 인지될 뿐만 아니라 동아시아 역내 평화와 안보의 파트너로서도 중요하게 생각하고 있었다. 그러나 신남방정책 발표 이전까지 한국에게 있어 아세안은 제2의 투자지역, 제2의 무역상대국 등 경제적 관계에만 국한되어 왔다는 느낌이 강하다. 신남방정책은 한국의 대아세안 중시 외교정책으로서 정치안보 및 사회문화 이슈를 모두 포함하는 '포괄적인 동반자관계'이자, 2017년 10월 발표된 '한-아세안 미래공동체' 구상처럼 '공동체적 운명' 관계이다. 아세안은 한국과 긴밀한 협력을 통하여 미중 슈퍼 파워 국가들 사이에서 중견국 외교라인을 함께 구축할 수 있는 외교파트너로 인지하고 있었기 때문에 한국의 신남방정책을 통해 이러한 외교관계가 현실화될 수 있다고 본다.

신남방정책의 '사람중심, 평화 및 공동번영 미래공동체 선언'의 핵심은 사람으로 보아야 한다. 인적 자본은 모든 아세안 국가들이 가장 원하는 자원이다. 한국에 대한 부러움은 한국의 인적 자본의 규모와 수준이다. 특히 한류 인기로 인한 동남아청년들의 한국에 대한 관심이 커지고 있으며 한국 청년들의 동남아에 대한 호감도 증가하고 있다. 한국과 아세안은 상호간 상당한 인센티브가 있다는 사실이 확인되었다. 문재인 정부가 아세안의 이런 긍정적 흐름에 주목하고 관계강화 방향을 설정한 것은 높이 평가한다. 한국이 아세안의 인적 자본 구축의 마중물 역할을 하겠다는 공표를 한 것이다.

한국에게 동남아(아세안)의 존재

한국에게 동남아(아세안)는 어떤 존재인가? 한국외교에 동남아는 어디에 위치하고 있는가? 많은 질문을 던지고 고민해 봐야 한다. 이런 질문에 대해 네 가지 대답으로 정리해 본다. 첫째, 동남아(아세안)는 한국의 전략적 블루오션이라는 사실에 주목하고 외교력을 집중해야 한다. 우리는 지금까지 '한반도와 주변4강'이라는 프레임을 스스로 채우고 여기에 익숙해져 버렸다. 이는 우리 외교의 지평을 넓힐 수 없는 우리 스스로 채운 족쇄에 불과하다. 미·일·중·러를 4대 강대국으로 규정하고 접근하는 이상 한반도를 둘러싼 한국외교는 한계를 가질 수밖에 없다. 우리가 주변 4강을 어쩔 수 없다는 식으로 그대로 인정하고 사는 이상 한국외교의 외연의 확대와 질적인 성장은 결코 기대하기 어렵다. 이를 극복할 수 있는 현실적인 방안으로 동남아(아세안)를 전략적 상대로 끌어들임으로서 한국외교의 새로운 레버리지를 확보하자는 것이다.

동남아 10개국은 모두 한국과 우호적이며 좋은 이미지를 갖고 있다. 북한과도 모두 외교관계를 맺고 있어 한국의 대북 관계에 협력하고, 북한문제 해결의 지렛대 역할을 할 수 있는 좋은 외교자원이다. 동남아 국가들이 한국에 대해 갖고 있는 이미지는 중국과 일본에 대한 이미지와는 다르다. 한국은 자기들과 같이 식민경험을 갖고 있고 전쟁과 분단의 폐허 속에서 눈부신 경제성장을 이룩하고, 정치적으로 민주화를 이룩한 놀라운 나라로 인식하고 있다. 자신들의 장래를 논의하고 공감할 수 있는 나라로 보고 있다. 한국이 보여주는 한류는 동남아 사람들이 가장 친숙하게 느끼는 문화적 역동성이다. 이러한 동남아와의 호감과 근접성을 한국이 모른척한다면 우리의 너무나도 큰 손실일 수밖에 없다. 한국외교 전략의 지평을 동남아(아세안)로 적극 확대하고 한반도와 주변4강이란 구태의연한 동북아 중심의 사고틀에서 벗어남으로써 동남아와 파트너십으로 대응하는 새로운 외교의 외연을 확장하는 전략적 사고의 전환이 절실하다.

2011년 저자가 책임자로서 한국동남아연구소가 처음 실시했던 동남아 사람들의 한국에 대한 인식 조사를 요약하면, 동남아 10개국 모두 한국, 한국인, 한국제품, 한국문화에 대해 전반적으로 상당히 긍정적인 인식을 가지고 있다는 것이다. 한국에 대한 긍정적 인식 수준을 물어보는 세부 항목마다 보통 수준(3점)을 웃도는 평가를 받았다. 10개국 중에서 한국에 관한 인식이 가장 좋은 국가는 라오스와 캄보디아, 미얀마 등으로 나타났다. 특히 라오스와 캄보디아는 한국 전반 및 경제, 문화, 한국과의 관계평가, 한국인 등 거의 모든 분야에서 가장 우호적인 반응을 보였다. 한국의 경제·민주화·현대화 등의 분야에서는 라오스, 캄보디아, 미얀마, 싱가포르 등이 다른 국가에 비해 상대적으로 높게 평가하였다. 한국인의 예절과 정직성 등에 대한 평가에서는 라오스, 캄보디아, 미얀마, 말레이시아, 브루나이 등이 상대적으로 높게 평가하였다. 한국인에 대한 호감도는 캄보디아, 라오스, 싱가포르 등이 상대적으로 높았다. 한국 제품에 대해서는 라오스, 캄보디아, 미얀마, 싱가포르 등이 상대적으로 호의적으로 평가했다. 한국과의 관계에 대한 인식은 라오스와 캄보디아가 눈에 띄게 긍정적인 평가를 내리고 있었다. 한국의 대중문화에 대한 평가는 캄보디아, 라오스, 미얀마, 필리핀, 태국, 싱가포르 등이 다른 나라에 비해 호의적이었다. 이와 같이 동남아 사람들 모두 한국 정치, 경제, 문화, 한국인 등에 대해 긍정적인 인식을 가지고 있다는 것을 확인할 수 있었다. 이러한 동남아의 한국과 한국인에 대한 긍정적인 이미지는 한국 이 자신감을 갖고 더욱 적극적으로 동남아를 상대해도 좋다는 충분한 증거를 제공해 주고 있다고 생각한다.

둘째, 동남아는 한국경제의 사활적 이익이 걸려있기 때문이다. 동남아는 한국의 수출입무역, 해외직접투자, 해외건설시장에서 모두 2위의 자리를 차지하고 있는 한국 경제에 아주 중요한 지역이다. 아시아개발은행(ADB)는 동남아의 인프라 수요가 2030년까지 2조 7,000억~3조 1,000억 달러에 달하고, 매년 1,800~2,100억 달러의 인프라 투자가 필요하다고 추정한다. 한국인들이 매년 600만 명 이상, 동남아인들이

100만 명 이상 상호 방문하는 최대 방문지역이며, 가장 활발한 시민사회의 교류지역이기도 하다. 한국인은 인도네시아와 베트남에서는 1위, 필리핀. 태국, 싱가포르에서는 2위 등 현지에서 최대 외국인사회를 구축하고 있다. 한류 영향으로 한국에 대한 이미지가 매우 좋으며, 한국과의 관계와 교류협력 가능성에 대해 현지 엘리트와 대중 모두 높은 관심을 갖고 있다.

바다를 통해 지리적, 역사적으로 긴밀한 관계를 가졌던 동남아지역은 현대 한국과 더욱 발전된 관계로 나아가야 하는 필연적인 공동의 운명을 가지고 있다. 한국과 동남아지역은 서로를 좋아하고 가깝게 느끼는 이웃을 이미 형성하고 있다. 다양한 한류 현상을 통해 동남아 사람들은 한국인과 한국문화를 어느 때보다 친근하게 느끼고 있고 더욱 알고 싶어 한다. 또한 국제결혼과 이주노동으로 수많은 동남아 사람들이 한국에 들어와 살면서 '한국 속 동남이현상'을 민들어 가고 있다. 판팡, 음식, 유학 그리고 은퇴이민 등을 통해서도 한국과 동남아는 다양한 관계를 맺고 있다. 한국사회를 다문화적 다양성에 적응시키는 훈련은 동남아를 통해 이루어지고 있는 것이다. 이럴 때일수록 한국은 낡은 편견을 벗고 동남아를 신뢰와 행복의 동반자로서 눈높이에서 관찰하고 서로 도움이 되는 길을 찾으려는 성숙한 자세를 가져야 할 것이다.

셋째, 동남아는 시장으로서의 중요성과 아세안공동체 출범의 효과가 기대되기 때문이다. 동남아시아 전체 면적은 세계에서 2.9%를 차지한다. 인구는 6억 5,000만 명이 살고 있어 세계인구 71억 명 중 9%를 차지해 세계 3위이며, 면적에 비해 상대적으로 인구가 많은 편이다. 아세안 경제는 2018년 GDP기준 2조 9,000억 달러로, 세계경제에서 3.4%의 비중을 차지하고 있다. 아세안의 연평균 GDP성장률은 5%(2015~2018년)를 기록하였고, 세계4위의 수출지역으로 세계경제성장의 엔진 역할을 하고 있다.

아세안은 '포스트 차이나' 즉 중국을 대체할 새로운 성장지역으로 예상하고 있다. 딜로이트 보고서는 향후 5년 안에 말레이시아, 인도, 태국, 인도네시아, 베트남 등 소위 'MITI V(마이티 5)'가 중국에 이어 '세계의 공장'이 될 것으로 전망하고 있다. 동남아 10개국은 2015년 아세안공동체(ASEAN Community)를 공식 출범시켰고, 2025년까지 정치안보, 경제 및 사회문화공동체를 완성한다는 목표를 갖고 노력하고 있다. IMF는 2022년 아세안의 GDP가 현재보다 30%이상 확대된 4조 달러를 기록하여 미국, EU, 중국, 일본에 이어 세계 5위 경제권으로 부상할 것으로 전망하였다.

넷째, 동남아는 중국과 일본 모두에게 핵심 국익지역(vital national interest)으로 간주되기 때문이다. 한국이 한반도 중심의 동북아적 사고를 벗어나지 못하고 있는 반면 중국과 일본은 동아시아차원, 즉 동남아를 핵심이익 지역으로 간주하고 접근하고 있다. 중국은 지리적으로 대륙남부와 연결되어 있고, 역사 문화적으로 밀접한 관계를 맺었고, 현재 3,000만 명이상의 화인이 살고 있는 등 동남아를 동아시아외교의 확고한 축으로 삼고 있다. 일본은 명치유신 이래 동남아를 '대동아공영권'의 핵심지역으로 설정하고, 태평양전쟁과 현재까지 동남아를 바다를 통한 앞마당으로 삼고 지속적으로 관리하고 있다.

한국의 대동남아 외교의 전략적 사고는 항상 상대가 있는 게임을 하고 있다는 것을 잊어서는 안 된다. 특히 중국과 일본을 상대로 놓고 전략을 구상해야 한다. 중국과 일본은 아시아를 상대로 엄청난 지원과 물량 공세를 펼치며 치열한 각축전을 벌이고 있다. 우선 중국과 일본을 상대하는 데 돈으로는 안 된다는 사실을 알아야 한다. 중국과 일본이 놓치고 있는 한국만의 아시아외교의 블루오션을 찾아내야한다. 최근에는 동아시아공동체 설립문제와 관련하여 아세안+3 중심의 기존 구도를 고수하려는 중국의 전략과 동아시아정상회의(EAS) 중심의 새로운 구도를 만들어 내려는 일본의 전략이 첨예하게 부딪치고 있다.

아세안에 대한 영향력을 확대하려는 중국과 일본의 경쟁 사이에서 한국의 전략은 보다 세련되어야 한다. 아세안이 일방적으로 원하는 동아시아공동체 구상에 동의해 준다거나 중국이나 일본이 원하는 구도에 편승하는 것은 어느 것도 한국의 국익에 맞지 않는다. 중국과 일본 사이에서 교량 역할을 하면서 동남아가 상대적으로 소외되지 않는 동아시아공동체를 지향해 가는 것이 한국의 전략적 선택이라고 보며 이를 위해 한국의 외교역량이 집중되어야 한다. 한국이 동남아를 제외하고 동북아 중심의 동아시아를 계속 말한다면 중국과 일본의 인식과는 동떨어진 '남의 다리 긁는 소리'를 하는 것과 마찬가지이다. 한국도 동남아를 확실히 포함시키는 동아시아지역 개념으로 접근할 때, 비로소 중국과 일본 등 경쟁국과 외교적 차원을 맞추고 전략적으로 대응하는 것이 된다.

한국과 아세안의 상호인식

2017년 저자는 한-아세안센터의 지원으로 한국과 아세안 청년들이 상대를 어떻게 보고 있는가 하는 상호인식을 다양한 측면에서 조사하였다. 한국과 아세안이 여러 분야에서 우호 협력관계를 발전시켜 왔지만 진정하고 지속가능한 동반자관계를 확립하기 위해 양 국민 간 인식수준의 현황을 정확히 파악하여 그에 맞는 해법과 미래 방향을 설정해야 하는 일은 매우 중요하다. 한국과 아세안 청년의 상호인식 조사는 경험과 이미지, 관계 현황, 미래에 대한 전망 등 3가지 범주의 질문을 중심으로 진행했다. 조사는 미래를 책임질 청년층에 초점을 맞추고 설문조사와 면접조사 등 두 가지 방법을 사용했다. 조사결과를 요약해 본다.

한국 청년들은 아세안을 '방문한 경험이 있다'와 '방문한 적이 없다'가 7:3의 비율을 보여 아세안 방문이 활발히 이루어지고 있음을 알 수 있었다. 필리핀, 싱가포르, 베트남을 주 목적지로 한 관광과 여행이 주축을 이루고 있고, 캄보디아, 베트남, 필리핀 등의 자원봉사와 교회활동, 필리핀과 말레이시아에서의 영어 어학연수도 활발한 편이다.

한국에 유학 온 아세안 청년들이 유학을 결심하게 된 배경은 한류의 영향으로 한국에 관한 개인적인 호기심과 장학금 등 경제적 혜택이 중요한 이유로 작용하고 있었다. 아세안 학생들은 한국정부와 대학의 장학금 확대를 가장 많이 요구하고 있다. 아세안 남학생들은 경제적 이유를 첫째로 꼽았지만 여학생들은 경제적 이유와 유사한 비율로 한국에 대한 호기심과 친숙함을 선택했다.

한국 청년들과 아세안 청년들 모두 정보를 얻고 인식이 형성되는 데 영향을 받은 매체로 스마트폰을 통한 SNS 등 소셜미디어를 첫째로 꼽아 청년층에 소셜미디어의 영향력이 매우 높다는 사실을 확인했다. 블로그와 페이스북 등 청년들이 일상적으로 접하는 소셜미디어의 영향력을 생각해 정확한 정보 전달과 이에 대한 노력이 필요하다. 한국 청년은 연예인이 출연한 아세안 방문 TV프로그램이, 아세안 청년은 k-팝과 k-드라마 등 한류스타들이 출연하는 TV프로그램이 상대에 대한 인상을 결정하는 데 중요한 작용을 하고 있다. 연예인과 이들이 출연하는 TV의 영향력을 고려하여 알찬 내용이 전달되고 서로에 대해 진지하게 생각해 보는 프로그램이 개발되도록 노력해야 한다.

한국 청년들은 아세안에 대해 휴양지와 더운 날씨, 아세안 사람들의 피부와 여유로움 같은 객관적 사실과 빈곤과 개발도상국이라는 현상을 연관 지어 판단하고 있다. 국제결혼 이주여성과 이주노동자를 아세안에 대한 인상으로 많이 가지고 있으면서 이주여성과 노동자 문제의 긍정적인 면과 부정적인 면 모두를 인지하고 있다.

아세안 청년들의 한국에 대해 갖는 발전, 선진이라는 경제적 이미지와 안전, 청결이라는 사회적 이미지는 기술과 문화강국이라는 인상과 겹쳐진다. 자신의 출신국가와 비교했을 때의 상대적인 장점이 한국에 대한 인상으로 이어지고 있다. 한국인에 대한 이미지는 우호적이고 친절하다고 하는 긍정적 측면과 열심히 일하지만 급하게 서두른다는 부정적 이미지를 지적하고 있다. 대체로 아세안 학생들은 역동적이고 도전적인 한국인을 교육의 결과로 보고 배우고 싶어 하고 있다. 한국에 들어오기 전과 비교해 한국에 대한 이미지가 더 좋아졌다고 절반 가까운 학생들이 답한 사실은 고무적이다.

문제로 지적힐 깃은 아세안 학생들이 공통으로 갖고 있는 어러 상황에서 경험하는 직간접적인 차별문제이다. 아세안 남학생들을 이주노동자의 연장선에서 보고, 여학생들을 국제결혼 이주여성의 연장선에서 보

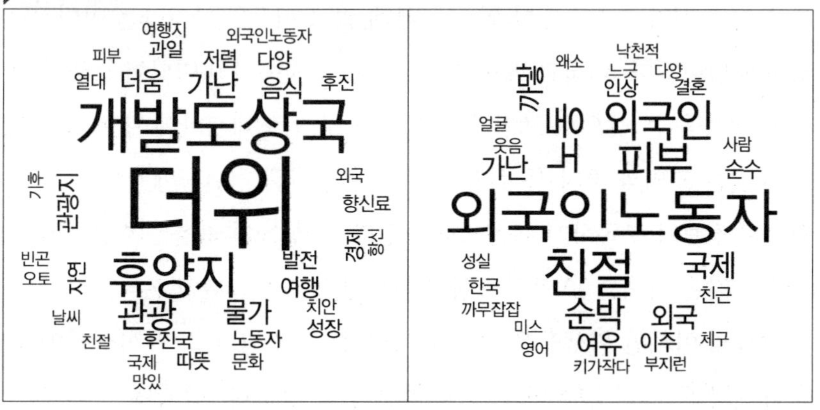

도표 8.1 **한국 청년의 아세안과 아세안 사람에 대한 이미지**

도표 8.2   아세안 청년의 한국과 한국인에 대한 이미지

는 일부 한국인의 편견은 무슬림을 테러집단으로 보는 편견과 더불어 아세안 출신 학생들을 많이 불편하게 하고 있다. 대학교의 영어 강좌 부족과 장학금 지원 중단, 기숙사와 식당에서의 부당한 대우 등을 무시당한다는 느낌으로 갖고 있다. 한국인의 정을 고맙게 보지만 한국 미디어에 종종 나타나는 동남아에 대한 편견이 현실에서 차별적 시각으로 나타난다고 지적한다.

한국 학생들이 가장 호감을 갖는 아세안 국가는 남녀 모두 싱가포르가 1위, 태국과 베트남이 2, 3위이다. 한국 국민소득의 두 배 가까운 소득을 가진 싱가포르에 대한 인상은 부패 없고 깨끗한 나라라는 이미지로 강하게 남아있다. 태국과 베트남은 관광지와 지속적인 미디어 노출이 호감에 영향을 준 것으로 보인다. 상대적으로 인도네시아에 대한 호감이 낮은 것은 교역과 투자 등 실제적 중요성에 비해 청년들에게는 아직 실감하는 정보가 부족하기 때문으로 보인다. 여성들에게 높은 호감을 받은 라오스 같은 사례는 TV 프로그램이 일으킨 영향이 크다고 본다.

70%의 아세안 학생들은 한국을 '신뢰한다'고 답하고, 유학생활에 만족하는 정도도 비슷한 비율로 '만족한다'고 답했다. 한국에 대해 갖는

전반적인 인상과 유학 생활의 만족도가 밀접한 상관관계가 있음을 알 수 있다. 아세안 학생들은 유학생활에 대해 대체로 만족하면서도 어려운 점으로는 학업 진행과 적응문제, 경제문제 등을 꼽는다. 유학 이후 한국 체류와 귀국 여부는 직장과 월급 등 취업 관련 요소가 가장 중요한 고려 사항이라고 답했다.

한국 청년의 한국과 아세안관계에 대한 인식은 절반이상이 '보통'으로 답해 긍정적으로 해석할 수 있는데, 이는 긍정적 평가가 부정적 평가보다 5배 이상 나온 것에서 확인된다. 한국 남성 청년들보다 여성이 더 긍정적으로 생각하고 있다. 아세안이 한국의 발전에 도움이 되는 지역인가에 대한 답변도 남녀 학생들 모두 긍정적인 답변이 부정적 답변보다 크게 높았다. 아세안 학생들은 한국과 아세안관계에 대해 한국 학생들에 비해 두 배 이상 긍정적으로 인식하고 있다. 말레이시아, 베트남, 브루나이, 캄보디아, 태국 유학생 중 부정적으로 답변한 사람은 한 명노 없었고 긍정적 답변 비율이 압도적으로 높다. 라오스와 싱가포르는 부정적 답변이 다른 국가들보다는 높게 나왔는데, 국적에 따른 응답의 차이는 통계적으로 유의미했다.

한국이 출신국가의 발전에 도움을 주는 나라인가에 대해서도 긍정적 의견이 부정적 의견보다 압도적으로 높게 나왔다. 캄보디아 학생들은 부정적으로 답변한 사람이 한 명도 없었고 긍정적 답변이 94%에 달했다. 라오스, 말레이시아, 베트남, 인도네시아, 필리핀도 긍정적인 답변이 높게 나왔다. 반면 태국은 긍정과 부정의 답변이 동일했고, 싱가포르와 브루나이는 긍정의 비율이 절반에도 미치지 못했다. 싱가포르와 브루나이 학생들은 자신의 국가발전에 한국이 현실적으로는 한계가 있다고 판단한 듯하다. 조사 결과는 2010년『동남아의 한국에 대한 인식』조사와 상당히 유사하게 보인다. 자신의 국가 발전에 한국이 도움이 된

도표 8.3 한국은 본인 출신국가의 발전에 도움이 되는 나라라고 생각하는가?

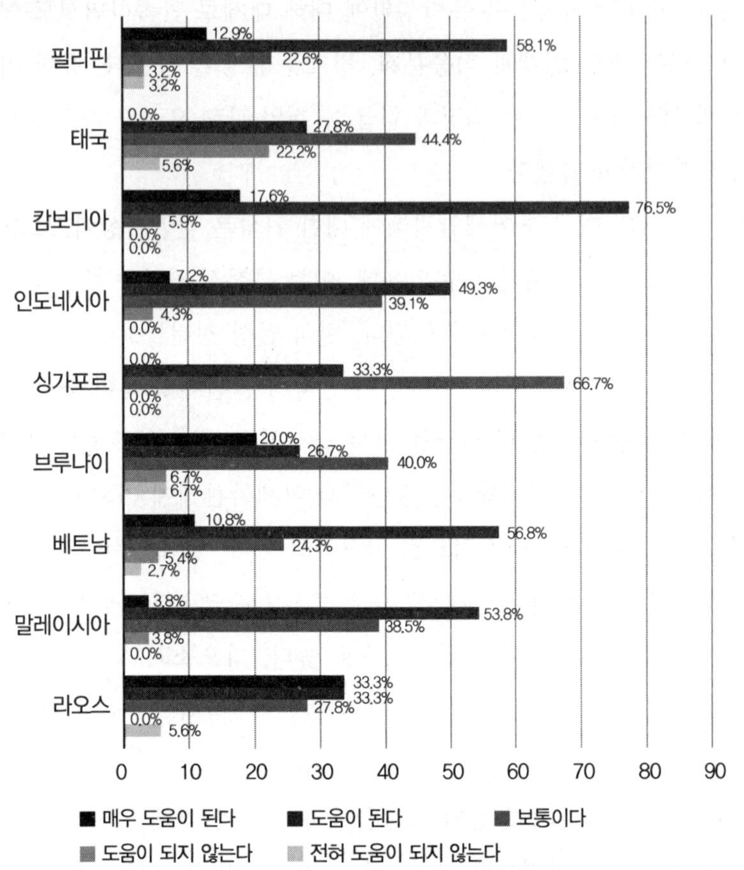

다고 높은 긍정률을 보인 나라들이 이번 조사에서도 높은 긍정률을 보이고 있다. 특히 라오스, 캄보디아가 눈에 띄게 높은 긍정률을 보여주었고, 인도네시아도 평균이상의 긍정률을 보여주었다. 이전 조사와 유사한 결과가 나온 것은 해당 국가의 인식이 아세안 유학생의 인식과 상당히 일치하고 있는 것으로 해석된다.

한국 학생들은 한국이 도움을 줄 나라로는 베트남, 캄보디아, 미얀마, 필리핀의 순서로 답하고, 한국에게 가장 많은 도움을 줄 수 있는 나라 1위는 싱가포르이고, 베트남과 필리핀, 인도네시아가 뒤를 이었다. 아세안의 CLMV를 지목한 것은 경제지원 등 한국이 가장 많은 도움을 주어야 할 나라를 학생들이 정확히 인식하고 있다고 본다. 도움을 줄 수 있는 나라에 싱가포르와 인도네시아가 들어간 것은 교역과 투자 등 경제 협력의 중요성을 학생들도 인식하고 있다고 본다. 베트남은 한국이 가장 많이 도와주어야 할 나라이자 한국에게 도움을 줄 수 있는 나라로 인식하고 있는데, 이는 베트남에 대한 양면적 인식이 있는 것으로 보인다. 한국에 체류하는 베트남 이주노동자와 국제결혼 이주여성을 보면서 베트남을 '가난한 나라'로 생각하는 반면 한국 기업의 베트남 진출로 시장으로서의 베트남과의 경제협력이 중요하다는 인식이 공존한다.

도표 8.4 한국이 가장 많은 도움을 주어야 할 아세안 국가는 이디라고 생각하는가?

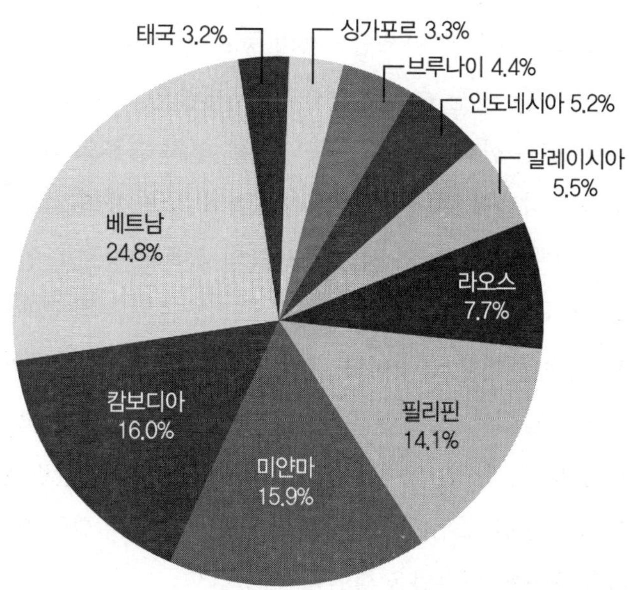

 한국에 가장 많은 도움을 줄 수 있는 아세안 국가는 어디라고 생각하는가?

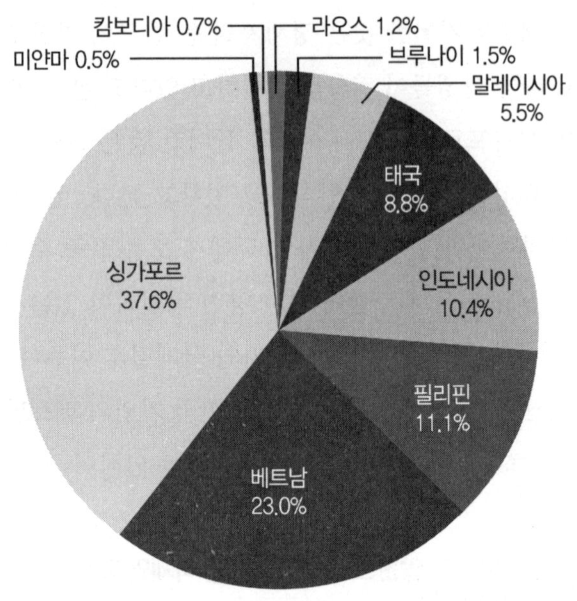

한국 청년들은 한국과 아세안관계의 중요 이슈에 대해 국제결혼, 경제협력, 이주노동, 관광 순으로 답했다. 국제결혼, 이주노동 등을 중요 이슈로 답한 것은 한국 청년들이 동남아를 인적 교류의 대상지역으로 보고 있음을 나타낸다. 이런 결과는 경제협력 같은 물적 교류 못지않게 한국 청년들에게는 동남아가 사람과 사람의 접촉의 장으로 인식되고 있다는 중요한 사실을 보여주고 있다. 아세안 청년들은 한국과 아세안관계의 중요 이슈에 대해 경제협력, 관광, 이주노동, 유학, 해외투자, 대중문화 순으로 답했다. 경제협력, 이주노동, 해외투자 등은 모두 경제문제와 관련이 있고, 관광, 이주노동, 유학은 인적교류와 관련된다. 한국 청년과 아세안 청년 모두에게 경제협력과 인적교류는 한국과 아세안관계에서 가장 중요한 이슈임을 확인할 수 있다.

한국 학생들은 남북한 관계개선을 위한 아세안의 영향력에 대해 회의적이라는 시각이 더 많았다. 아세안이 동아시아 외교에서 차지하는 경험과 역량에 대해 아직 한국인들이 제대로 인식하지 못하고 있기 때문으로 보인다. 아세안 학생들은 남북한관계가 본인의 출신 국가에 미치는 영향을 '보통' 정도로 무관하다는 응답이 절반 이상이었다. 국가별로 응답의 차이가 있는데, 싱가포르, 말레이시아, 캄보디아, 필리핀, 태국은 40~50%가 관계가 있다고 답해 상대적으로 남북한관계에 대한 관심이 높다는 사실을 알 수 있다.

한국 청년들은 한국과 아세안관계의 미래에 대해 절반 이상이 긍정적으로 답했고, 부정적인 답은 극소수에 불과했다. 이는 현재의 한국과 아세안관계 답변보다 2배 이상 높아 한국과 아세안의 미래를 매우 발전적으로 전망하고 있다. 아세안 청년들은 한·아세안관계의 미래를 더욱 긍정적으로 전망하고 있다. 출신 국가별 약간의 차이가 있지만 모든 동남아 유학생들은 한국과 아세안관계가 발전할 것임을 낙관하고 있다. 이런 청년들의 인식은 한국과 아세안 모두에게 매우 희망적인 신호이다.

긍정적 인식은 동아시아 국가들(한국/중국/일본/아세안)의 지역공동체 형성가능성에 대한 질문에도 그대로 나타난다. 한국 청년들은 긍정적 답변이 부정적 답변보다 높게 나왔으며, 아세안 청년들은 긍정적 답변이 부정적 답변보다 3배 이상 높았다. 흥미로운 것은 한국은 남성보다 여성이 동아시아공동체 구성에 더 긍정적인 인식을 갖고 있는 반면 아세안 청년들은 여성보다 남성이 더 긍정적으로 인식하고 있다. 아세안 국가별로는 동아시아공동체 형성에 대해 라오스, 베트남, 캄보디아, 말레이시아, 브루나이 학생들이 매우 높은 긍정적 인식을 하고 있는 반면 싱가포르, 태국, 인도네시아 출신 학생들은 상대적으로 부정적 인식이 높았다. 긍정적으로 답한 학생들은 지리적 근접성과 경제적 상호 연관성을 공동체 건설의 촉진요인으로 지적했고, 부정적으로 답한 학생들은 역사적 영토 분쟁과 경제발전 수준의 차이를 제약요인으로 답했다.

한국 청년들은 향후 한국과 아세안이 가장 노력해야 할 분야로 무역과 투자 등 경제협력을 꼽았고, 정부 차원의 소통과 신뢰 증진, 민간 차원의 문화 및 관광분야 협력, 교육과 보건분야 협력 순으로 답했다. 아세안 청년들 역시 경제협력 강화를 첫째로 선택하면서 거의 동일한 순서로 답했다. 이러한 결과는 한국과 아세안의 관계 발전을 위해 정부가 경제협력 강화 및 교육과 문화분야 교류 확대를 위해 특별히 노력해야 함을 의미한다. 한국 청년들이 인적 교류에 대한 한국정부의 노력을 요구한 것은 청년들의 아세안 진출 희망과 직결되어 있다. 따라서 인적교류 관련 제도적 기반과 지원 창구 확대가 필요하다. 아세안 학생들은 자신들의 여건상 한국정부에 비자문제의 해결과 정부 장학금과 교육 기회 확대를 많이 요구하고 있다.

한국 속 동남아현상

한국 사람들이 투자나 무역, 관광, 유학, 이민 등의 목적으로 아세안을 방문하거나 이주하는 경향이 크게 증가하고 있다. 한류(韓流)로 표현되는 아세안을 휩쓸고 있는 한국 대중문화의 영향력으로 한국을 알고자 하는 아세안 사람들의 관심 역시 크게 높아지고 있다. 휴대폰과 가전제품, 화장품 등 한국 상품은 아세안 각국에서 광범위한 인기를 얻고 있다. 한국인의 인식 속에 아세안은 비교적 저렴한 비용으로 쉽게 접근할 수 있는 관광지이자 투자나 교역을 통해 부를 축적할 수 있는 훌륭한 시장이고, 안락한 노후를 보내거나 새로운 삶을 개척하기 위한 기회의 땅으로 여겨지고 있다.

이에 상응하여 한국 사회 안에서도 아세안 사람들과의 상당한 수준의 접촉과 교류가 일어나고 있다. 음식과 예술이 소개되면서 아세안문화에 대한 한국 사회의 관심이 커지고, 아세안에 대한 다양한 담론과 이미지도 형성되고 있다. 미국, 일본, 중국 등 한국을 둘러싼 이웃 나라에 한정되던 한국인의 눈높이가 경제성장과 세대교체 등 다양한 요인으로 인해 시각의 외연이 넓어지고 세계의 다양성을 인정하기 시작했다. 더불어 한국의 단일민족 신화도 서서히 설득력을 잃어가고 있다. 오늘날 한국에는 많은 외국인과 외국문화가 자연스럽게 공존하고 있고, 다문화를 수용하려는 한국인의 정서도 훨씬 세련되어가고 있다. 2016년 기준 한국에 등록된 체류 외국인은 116만 명이고, 이 중 아세안 10개국 출신이 32만 명으로 28%를 차지하고 있다. 2000년 5만 명, 2010년 20만 명의 아세안 사람들이 있었던 것과 비교하면 놀랄만한 증가이다. 아세인 사람들은 한국 사회에 깊이 들어와 다문화적 생활 가치를 만들어 가는 중요한 역할을 하고 있다.

아세안에서의 한류와 병행하여 한국에서 관찰되는 다양한 수준의 인적 교류와 문화 전이를 한국 속 아세안 현상(ASEAN Phenomenon in Korea) 또는 한국 속 아세안류(ASEAN Wave in Korea)라고 부를 수 있다. 한국 속 아세안류는 인간의 이동과 이와 함께 전파되는 문화적 파급의 관점에서 살펴볼 수 있다. 인간 이동의 측면에서 아세안류는 아세안 사람들의 노동과 결혼 같은 이주 형태와 관광과 유학 같은 단기적 목적의 방문 형태를 통해 관찰된다. 이와 함께 한국에서 경험할 수 있는 아세안류는 베트남, 태국, 인도네시아 음식 같은 맛의 경험을 통해 확산되고 있다. 한국 속 아세안류는 간단히 말해 현재 한국에서 경험되고 인식되는 아세안과 관련된 일체의 현상들을 포괄하는 개념으로 보면 좋겠다. 한국 속 아세안류는 노동과 결혼, 관광과 유학 및 음식 등 한국 사회에서 아세안화되었다고 느끼게 되는 한국과 아세안 간 소통 현상이라고 하겠다. 한국 속 아세안류는 아세안 속 한류와의 긴밀한 연관성 아래 상생하는 발전과정을 겪을 것으로 예상한다.

2016년 기준 한국에 체류하는 아세안 사람들은 32만 명으로 20만 명의 중국인을 훨씬 넘어서고 있다. 2010년도에 중국인이 50만 명, 아세안 사람이 20만 명이었던 것과 비교하면 지난 몇 년간 변화의 정도를 가늠할 수 있다. 32만 명 중 베트남인이 14만 명으로 가장 많고 필리핀 4만 6,000명, 캄보디아 4만 4,000명, 인도네시아 3만 9,000명, 태국 2만 9,000명 순이다. 미국과 일본인들이 각각 2만 3,000명인 것을 보면 아세안 사람들이 한국에 얼마나 많이 살고 있는지 비교된다.

한국에서 일하는 이주노동자들은 산업연수생과 고용허가제를 통해 공식 입국하고 있다. 2004년부터 2013년까지 누계로 59만 명의 외국인 노동자들이 한국에 들어왔으며, 2014년부터 2016년까지 매년 5만 2,000명 수준의 노동자들이 입국하고 있다. 아세안은 캄보디아, 인도네시아, 태국, 필리핀, 미얀마, 베트남 노동자들이 주를 이루고 있다. 2016년 말 기준 26만 명의 외국인 노동자들이 한국에 체류하고 있는데 이 중 아세안 출신 노동자들이 70% 가까이 차지한다. 이들은 고령화와 노동기피현상이 커진 한국 사회에서 필요로 하는 각종 분야에서 일하고 있다. 비전문취업비자(E-9)와 선원취업비자(E-10)로 들어온 아세안 노동자들은 건설, 제조업, 농촌 그리고 어업분야에 취업하고 있다. 코리안 드림을 꿈꾸며 열심히 일하는 아세안 출신 노동자들을 한국 사회는 여러 시각으로 바라보고 있다. 그렇지만 한국 사회의 지속가능성을 위해 이들이 꼭 필요한 인력이라는 점은 한국인들에게 확실히 인식되어 가고 있다.

국제결혼으로 한국에 온 외국 여성은 2010년 2만 6,000명, 2013년 1만 8,000명, 2016년 1만 5,000명인데 이 중 2016년 기준 베트남 여성이 5,400명으로 26%를 차지하고 있으며, 필리핀 여성이 900명, 태국 여성이 700명, 캄보디아 여성이 500명으로 뒤를 잇고 있다. 중국 출신 여성이 4,200명으로 20%를 차지하지만 아세안 출신 결혼이주 여성의 비율은 전체 국제결혼의 50%를 넘어서고 있다. 20여 년 전부터 국제결혼이 증가하는 추세에 들어선 한국에서 다문화 가정은 이제 일상적인 사례로 정착하고 있다. 다문화 가정 출신 남성들이 이미 한국 군대에 입대하고 있으며, 한국 초등학생 100명 중 3명이 다문화 가정 출신으로 채워지고 있다. 아세안 출신 다문화 가정은 노쇠한 한국 농촌 사회를 일으켜 세우는 기둥의 역할을 하고 있다.

2016년 한국 대학교에서 공부하는 아세안 유학생은 9,000명으로 중국 학생 4만 6,000명에 비해 적지만 전체 유학생의 12%를 차지하고 있으며 2010년에 비해 두 배의 증가를 보이고 있다. 아세안 유학생 9,000명 중 절반이 베트남 출신이라는 사실은 최근 한국과 베트남의 급속한 관계 발전을 보여주는 자료이다. 유학생 범위를 초, 중등 과정과 어학연수까지 확대하면 11만 5,000명의 외국 유학생이 한국에서 공부하고 있는데, 이 중 아세안 학생이 2만 명이고, 그 중 베트남이 1만 5,000명으로 3분의 2를 차지하고 인도네시아와 말레이시아가 1,000명 수준을 기록하고 있다. 이 통계 역시 2010년과 비교하면 거의 4배 증가한 것으로 한류의 영향으로 아세안 청년을 중심으로 한국에 대한 관심이 커진 영향을 그대로 보여주고 있다.

한국인이 가장 많이 찾는 관광지는 2012년 이후 아세안이 1위를 차지하고 있다. 한국인에게 관광과 휴식의 이미지가 강한 아세안은 2014년 500만 명을 넘어 2016년 585만 명의 한국인이 찾았다. 이 중 태국,

필리핀, 베트남이 각각 150만 명 수준을 기록하고 있다. 이웃 중국과 일본이 각각 400만 명 수준인 것과 비교해도 아세안이 한국인이 가장 좋아하는 관광지임에 틀림없다. 상대적으로 한국을 방문한 아세안 관광객은 2010년 100만 명을 넘어 2016년 220만 명을 기록하며 두 배가 넘는 증가를 기록했다. 이는 일본인 한국 관광객의 규모와 거의 비슷한 수준이다. 아세안 한국 관광객은 필리핀이 55만 명, 태국이 47만 명, 말레이시아 30만 명, 베트남 25만 명을 차지하고 있다. 이들의 관광목적은 주로 한류 연예인과 인연이 있는 장소와 상품을 찾는 것으로 보인다. 또한 눈과 얼음이 있는 한국의 겨울을 즐기며 휴식하기 위한 목적의 관광도 크게 증가하고 있다.

한국 속 아세안류의 현상으로 아세안 음식 기호의 확대를 들 수 있다. 가장 접하기 쉬운 아세안 음식으로 베트남 음식이 꼽힌다. 쌀국수와 월남쌈으로 많이 알려진 베트남 음식은 한국인들의 입맛에 맞는 친숙한 식품이 되어 대중적인 외식으로 자리 잡았다. 나시 고렝과 런당으로 대표되는 인도네시아 음식은 최근 한국인들이 현지 관광을 통해 접하면서 향신료 맛을 즐기는 사람들이 늘어나고 있다. 맵고, 짜고, 시고, 단 네 가지 맛을 동시에 가지고 있고, 세계 4대 음식에 들어가는 태국 음식도 한국인의 입맛을 사로잡고 있다. 태국 관광으로 알게 된 톰얌꿍, 팟타이, 카오팟, 뿌팟퐁커리 등 태국 고유의 맛이 진한 음식들이 한국의 여러 식당에서 제공되고 있다. 베트남 식당에 비해 아직 숫자는 적지만 아세안의 맛과 향을 대표하는 태국 음식은 앞으로 많은 한국인의 관심을 끌 것으로 보인다. 한국 속 아세안류는 대체로 경제적 요인과 상호 필요에 의해 한국에 들어온 노동과 결혼 이주자들을 통해 형성되었고, 여기에 관광과 유학 같은 현재와 미래지향적 교류가 확대되면서 분명한 정체성을 갖는 흐름을 이어갈 것으로 전망된다.

한국의 대동남아(아세안) 외교전략

격동하는 동아시아 국제정치상황에서 한국의 외교전략은 어떻게 구축되어야 할까? 우선 한국의 변화된 위상에 대한 인식부터 달라져야 한다고 생각한다. 한국의 위상은 냉전과 탈냉전의 모습을 공유하고 있다. 분단구조로 인한 남북한 대결과 한반도를 둘러싼 미·중·일·러의 대립은 변함없는 냉전적 위상을 한국에 요구하고 있다. 한편 민주화, 산업화, 정보화를 이룩한 한국의 급속한 국제위상 확대는 한국이 생각하는 것보다 세계로부터 더 많은 인정을 받고 있다. 세계는 한국이 국가와 시장, 시민사회 등 세 영역에서 추동력을 발전시켜 나가고 있다는 점을 부러워한다. 60년 전 전쟁의 폐히 속에서 국민소득 100달러도 안되던 가장 가난했던 나라에서 민주화와 경제발전을 동시에 이룬 세계 10위 무역을 다루는 경제대국이자 인구 5,000만 명 이상의 나라로 3만 달러 이상의 국민소득을 이룩한 유일한 나라가 되었다. 이러한 탈냉전 이후의 한국의 위상은 우리의 인식의 변화를 요구하며 정부의 외교전략의 변화도 요구하고 있다.

한국은 이제 세계로부터 중견국(middle power)으로 인정받고 있다. 그런데 중견국에 맞는 적절한 모습이 필요한데, 이는 '신뢰하고 책임 있는 중견국(reliable and responsible middle power)' 위상으로 설정되어야 한다고 생각한다. 인간안보문제가 부상하면서 국제사회는 강대국이 아닌 중견국들이 주목을 받고 있다. 1990년대 초반부터 캐나다, 노르웨이, 호주 등 소위 중견국으로 불리는 국가들은 인간안보분야에 있어 자신들만의 전문성으로 국제사회에 실질적 도움을 주며 개성 있는 리더십을 확보했다. 인간안보분야의 중견국 리더십은 군사력 같은 경성권력 측면이 아니라 공공외교를 통해 만들어진다. 이들 국가와 비교하여 G-20 정상회의를 유치한 한국외교의 국제적 위상이나, 세계 10위를 넘나드는 경제와 무역 규모 등 경제적 능력, 그리고 세계적인 과학기술 수준 등은 기존 중견국가와 견주어 손색이 없다. 국제사회의 신뢰할 만한 중견국으로서 한국의 기초체력은 충분하다고 본다. 이러한 중견국 위상아래 한국의 대외 국가전략은 '균형통합 외교전략(balanced and integrated diplomatic strategy)'이 되어야 한다고 생각한다. '신뢰하고 책임 있는 중견국'은 협력관계를 활용하여 강대국의 일방적 행동을 제어할 수 있는 견제자(veto power), 양자 사이의 충돌을 중간에서 중재할 수 있는 조정자(coordinator) 및 지역협력을 주도할 수 있는 주도자(leader)의 역할을 수행할 수 있어야 한다.

이러한 맥락에서 한국의 중견국 위상은 동아시아 지역문제를 위해 동남아 국가들을 필히 공고한 협력 상대로 만들어야 될 필요가 있다. 동남아는 여러 측면에서 한국과 동반 협력이 가능하고, 한국을 보는 시각도 상당히 우호적이기 때문에 동남아를 품고 함께 나가는 것은 선택이 아닌 필수이다. 그렇게 하기 위해 한국은 신뢰하고 책임 있는 상대라는 인식을 동남아에 각인시켜야 한다. 신뢰하고 책임 있는 상대가 되기 위한 다양한 방안이 구상되고 시행되어야 하는 이유가 여기에 있다.

'신뢰하고 책임 있는 중견국'의 '균형통합 외교전략'은 수평적인 균형과 수직적인 통합을 동시에 추진해야 한다는 것을 의미한다. 수평적 균형이란 위기관리외교와 신뢰구축외교가 균형을 이루어야 한다는 점과 현실주의적인 국익실현 외교와 다층적 네트워크 거버넌스 구축 외교가 균형을 이루어야 한다는 점을 말한다. 외교는 위기에 대한 다각적인 대비와 대처 능력을 갖추는 것과 더불어 우리에게 우호적인 상대를 만들기 위해 신뢰를 구축해 가는 노력을 함께 해야 한다. 또한 국가이익을 지킨다는 변할 수 없는 현실주의 외교의 목표 달성과 더불어 탈근대적

외교행태로서 다층적이고 복합적인 네트워크를 종횡으로 구축하여 다양한 거버넌스를 전개할 수 있는 외교를 지향해야 한다. 수직적 통합이란 외교행위자로서 국가, 시장, 시민사회의 통합을 지향해야 한다는 점과 한국과 외교대상국을 동반 협력하는 관계로 통합시켜 접근해야 한다는 점을 의미한다. 현대 외교는 국가만의 외교가 아닌 시장과 시민사회 행위자의 다양성을 최대한 활용하는 전략을 사용해야만 국력을 극대화시킬 수 있다. 기업으로 대표되는 시장과 NGO로 대표되는 시민사회가 갖고 있는 특징을 최대한 결합시키는 통합적인 전략을 개발해야 한다.

이상의 외교전략을 수행하기 위해서는 전략적 사고(strategic thinking)를 하는 것이 특히 중요하다. 전략적 사고란 세 가지 차원의 의미가 있다. 첫째로 전략적 사고는 중장기, 즉 미래를 내다본다는 것을 의미한다. 시간직으로 단기가 아닌 중장기적인 지점을 지향하는 것이다. 둘째로 전략적 사고는 중간수준의 위험을 감수하면서 높은 이익을 얻으려는 것을 목표로 한다. 셋째로 전략적 사고는 상대가 있는 게임을 한다는 전제 아래 상대의 행동을 항상 감안하는 사고를 하는 것을 의미한다. 이러한 전략적 사고의 세 가지 차원을 동남아지역에 대입해보면, 동남아시아에 대한 전략적 사고의 첫 번째 차원으로 중장기적 관점에서 바라보아야 한다는 점에서 한국은 물적인 것보다 사람에 투자한다는 시각을 가져야 할 것이다. 물적인 토대를 만들어내는 기반은 결국 사람이고, 사람을 키우는 것과 인간관계의 형성은 비록 많은 시간이 들지만 가장 확실한 투자이기 때문이다. 아시아 사람들의 마음을 얻는 것에 우리 외교의 전략적 목표가 설정되어야 한다.

전략적 사고의 두 번째 차원인 중간수준의 위험감수와 높은 이익을 얻는 방법은 동남아 국가들과 함께 간다는 생각을 하면 가능하다. 우리만을 생각하는 것이 아닌 동남아 국가들과 같이 누릴 수 있는 이익이 있다는 비전을 제시하고, 공동의 이익을 공평하게 나눈다는 것을 분명하게 보여 주어야 한다. 전략적 사고의 세 번째 차원인 상대가 있는 게임이라는 것은 동남아에서 특히 중국과 일본을 언제나 상대로 놓고 고민해야 한다는 점이다. 중국은 역사적으로 동남아지역과 조공관계에 의한 자국 중심의 국제질서를 유지하려고 했었다. 지금은 동남아에 있는 3,000만 명이 넘는 화인들이 중국외교의 든든한 배경이 되고 있다. 일본은 명치유신 이래 '대동아공영권'을 실현하고자 태평양전쟁까지 일으켰다. 일본은 지금의 동남아를 경제적 앞마당으로 삼고 지속적인 공을 들이고 있다. 중국과 일본은 동남아를 상대로 엄청난 지원과 물량 공세를 펼치며 치열하게 각축전을 벌이고 있다. 이들 사이에서 한국은 보다 치밀한 외교를 펼쳐야 한다. 우선 중국과 일본을 상대하는 데 돈으로는 안 된다는 점을 알아야 한다. 중국과 일본이 놓치고 있는 한국만의 동남아외교의 블루오션을 찾아내야한다. 아세안에 대한 영향력을 확대하려는 중국과 일본의 사이에서 동아시아공동체를 향한 한국의 전략은 세련된 것이어야 한다. 아세안이 일방적으로 원하는 동아시아공동체 구상에 동의해 준다거나 중국이나 일본이 원하는 구도에 편승하는 것은 어느 것도 한국의 국익에 맞지 않는다. 중국과 일본 사이에서 교량 역할을 하면서 동남아가 상대적으로 소외되지 않는 동아시아공동체를 만들어 가는 것이 한국의 전략적 선택이어야 한다.

지금까지의 논의를 바탕으로 동남아 외교의 성공적 수행을 위해 네 가지 사항을 언급하고 싶다. 첫째, 한국은 동남아시아가 안고 있는 역내 문제를 함께 해결하는 데 보다 적극적으로 참여하여야 한다. 동남아시아의 역내 문제들, 특히 환경, 이주노동, 전염병같이 지역 거버넌스가 필요한 분야에 한국의 경험과 지식은 많은 도움이 될 것이다. 또한 빈곤 문제 해소와 주요 강 유역 개발 등에 한국은 구체적인 계획을 갖고 접근해야 한다. 이를 위해 선택적 집중의 원칙아래 개발과 원조 그리고 투자 측면을 함께 고려한 새로운 개발원조이니셔티브를 구축하여 제시할 필요가 있다. 동남아의 인간안보에 대한 위협은 1997년 경제위기 이후 증가하고 있다. 동남아지역을 휩쓴 연무는 인도네시아 수마트라와 칼리만탄에서 발생하는 엄청난 연기로, 매년 계절풍에 실려 인도네시아는 물론 말레이시아, 싱가포르, 브루나이, 태국까지 심각한 피해를 주고 있으며 동남아의 초국가적 환경이슈로 대두하였다. 지진, 해일 등 자연재해, SARS와 조류인플루엔자 등 광역전염병, 인신매매와 마약밀매 같은 초국가적 범죄 등 인간안보에 관한 문제도 증가하였다. 그렇지만 현실적으로 동남아 국가들의 인간안보관련 협력은 그리 원활하지 못하다. 따라서 한국은 동남아 국가들의 입장을 조정하어 대화의 장을 만들고 실질적인 문제해결을 위한 대응책을 제시하는 역할을 할 수 있다. 동남아에 지리적으로 근접해 있고, 개도국 입장을 잘 이해하는 한국은 동남아 국가들의 충돌하는 국가이익을 중립적으로 조정할 수 있는 입장에 있다. 인간안보 문제해결을 위한 기술, 특히 환경문제, 자연재해, 광역전염병 문제에 있어서 기술적 대응책을 지원하는 방안이 도움이 될 것이다. 물적 지원과 함께 한국 전문가들이 현지에 들어가서 의료, 기술지원, 교육분야에서 직접 지역 주민과 접촉하고 함께 해결하는 기회를 많이 만들어 가야 한다.

둘째, 한국은 동남아 각국이 안고 있는 문제를 해결하는 데 적극적으로 나서야 한다. 동남아 국가들은 경제사회적 수준에 차이가 크고, 각국의 정책도 상이한 경우가 대부분이다. 한국의 개발 경험과 정책 사례를 각국에 맞춤식으로 개발하여 적용할 필요가 있다. 이를 위해 한국은 각국의 실정에 맞는 물적, 인적 자원 개발 방안을 지원하는 체제를 갖추어야 한다. 그런데 한국의 해외 지원과 교류 업무는 부처별로 지나치게 흩어져 있다. 전시적인 일회성 행사를 없애고, 효율적인 운영을 위해 과감히 정리해서 효과적인 지원이 이루어지도록 해야 한다.

셋째, 한국은 동남아시아 국가들과 미래를 위한 교육에 적극 나서겠다는 약속을 보여주어야 한다. 교육은 가장 솔직한 시장이자 가장 보람 있는 투자이다. 우리가 갖고 있는 교육 인적자원을 동남아 국가들과 나누고 협력하는 데 집중해야 한다. 미래를 이끌어 나갈 청소년과 학생들을 위한 교육과 대규모 교류 사업, IT 기술을 바탕으로 하는 도서관 지원과 과학기술 협력 사업 등에 주목해야 한다. 동남아 각국은 한국의 인적 자원에 큰 관심을 가지고 있다. 동남아시아에 부는 한류의 배경은 한국의 풍부하고 다양한 인적 자원에 대한 부러움이다. 우리는 여기에 초점을 맞춰야 한다. 한국의 교육투자경험과 풍부한 인적자원을 이 지역 국가들의 사정에 맞춰 활용해야 한다.

넷째, 이러한 모든 과정에는 진정성이 기본이 되어야 한다. 지독한 가난 및 피원조국과 개발도상국의 경험을 모두 갖고 있는 한국이 동남아시아지역에 다가가는 길은 우리가 체득한 진솔한 경험을 함께 전해주려는 진정성이 있어야 성공할 수 있다. 외교는 곧 관계이고, 물적, 인적 관계를 풍부하게 하는 것이 성공적인 외교이다. 우리의 비교우위에 따른 차별화된 외교, 우리의 자원을 최대한 활용한 선택과 집중의 외교가 필요하다.

한국의 대동남아 정치·군사·경제·사회분야 방안

한국은 동남아와 대화상대가 된 20주년 기념으로 2009년 한-아세안특별정상회의를 제주에서 개최하며 새로운 한-아세안관계의 전기를 마련했다. 한국과 아세안은 이런 성과를 바탕으로 양자관계를 '전략적 동반자관계'로 발전시키고, '평화와 번영을 위한 한-아세안 전략적 동반자관계 공동선언'과 이를 실행에 옮기기 위한 행동계획을 발표했다. 전략적 동반자관계 선언에서 주목할 부분은 정치안보분야에서의 협력강화가 명확하게 제시되었다는 점이다. 한국은 아세안지역포럼(ARF), 아세안확대국방장관회의(ADMM-Plus) 등 다자안보채널을 통해 협력을 강화하고 동시에 우리에게 중요한 한반도평화·안정 달성을 위해 협력을 요청하는 한편 아세안중심성을 지지하면서 동남아와의 정치적 협력을 강화하였다. 한국은 구체적인 행동계획으로 한-아세안 안보대화 설립을 제시하여 시작하였고, ARF 비전 선언과 동남아비핵지대화조약(SEANWFZ) 이행을 지지했다. 초국가적 범죄 고위급회의를 통해 대테러 활동 협력을 강화하였고, 아세안정부 긴 인권위원회(AICHR) 및 여성아동 보호증진위원회(ACWC)활동을 지지하며 발리민주주의포럼에 참석하였다.

일반적으로 한국과 동남아관계에서 정치안보문제에 관한 협력은 필요성과 당위성에도 불구하고 경제와 사회문화부문에 비해 발전하지 못한 측면이 있고, 이런 원인은 동남아 국가들이 주권문제에 매우 예민하고 정치안보문제는 주권문제와 밀접한 연관이 있기 때문에 한국은 이 분야 협력에 조심스러울 수밖에 없었다. 공동선언과 행동계획에 의해 정치안보분야협력이 주요 협력주제로 공식화되는 성과를 거두어 한국과 동남아 사이에 정치안보협력, 특히 비전통 안보분야 그리고 다자안보협의체 관련 협력이 보다 강화될 수 있는 전기가 마련되었다고 본다.

동남아 외교와 연계하여 북한 문제를 살펴보면, 한국이 동남아에 대한 지원과 협력을 통해 동남아 역내 상황의 안정에 기여하고 나아가 동아시아 평화구조를 만들어 나간다면 이로부터 얻는 성과가 그대로 한국의 입장 강화와 한반도 평화구조의 정착 그리고 북한에 대한 변화 촉구로 이어지는 바람직한 결과가 나타날 것으로 기대한다. 한국이 동남아를 통해 전통안보와 인간안보 협력을 확대하여 지역 내 불안요소를 통제하고 지역 거버넌스를 제도화한다면 이러한 모범적인 교훈이 계기가 되어 한반도 평화구조를 정착하고 통일로 나가는 훌륭한 모델이 될 것이다.

동남아 국가 중에서 가장 규모가 큰 인도네시아를 보면, 지역차원에서 인도네시아의 외교능력에 주목하여 한국은 인도네시아와의 외교연대를 더욱 강화할 필요가 있다. 한반도 평화문제를 포함한 정치안보이슈 및 인간안보이슈 등에서 인도네시아의 역할은 중요하다. 한편 인도네시아의 민주주의 심화를 위한 한국의 지원 노력이 있어야 한다. 이와 관련해 인도네시아의 거버넌스 기능을 강화하기 위한 한국과의 실질적인 협조체제의 구축이 필요하다. 외교·경제 장관급 회의를 넘어 교육, 인권, 부패, 여성, 환경, 이주노동 등 다양한 이슈에 대한 협조체제를 구축하여 성공적인 정책 확산을 하고 시민단체의 감시기능을 연계하는 등 이슈별 거버넌스 기능을 강화해 나가는 것이 좋겠다.

필리핀의 경우 한국은 그동안 공식적인 외교채널을 통한 관계를 중시해 왔는데 이는 주로 필리핀의 엘리트 그룹과의 관계이고 일견 효율적으로 보일 수 있지만, 필리핀과 지속 가능한 관계를 맺어가기 위해서는 필리핀 국민의 마음을 사는 보다 조직적인 외교활동이 전개되어야 한다. 빈곤층의 열악한 삶에 관심을 표명하고 이에 대한 개선정책에 적극적으로 관여하는 자세를 보여 줄 필요가 있다.

2011년 이후 정치개혁에 속도를 내고 있는 미얀마는 한국의 국익에도 관련성이 높아지고 있다. 한국의 민주화와 경제성장 경험이 미얀마의 정치적 자유화와 경제발전을 위해 도움이 되는 부분이 많기 때문에 한국의 적극적인 역할이 요구된다. 이를 위해 우선 한국과 미얀마의 다양한 차원의 고위급인사 방문의 정례화와 미얀마 인사의 초청을 확대하는 등 상호이해와 우호적인 이미지를 형성하는 작업이 필요하다. 한국의 미얀마 지원은 경험의 공유와 역량 강화 등 소프트웨어적 측면의 지원이 중요하다고 본다.

한국과 아세안의 군사협력은 양자와 다자간 협력이 있는데, 군사외교와 방산교역 등 두 분야로 나누어 살펴볼 수 있다. 아세안과의 군사외교는 아세안 등 다자적 차원에서는 포괄적이고 원론적인 범위 내에서 협력을 진행하고, 국가별로는 필요한 수준에서 개별적으로 다른 군사외교를 추진하는 것이 바람직하다. 태국, 인도네시아, 말레이시아, 싱가포르, 브루나이, 필리핀 등 아세안 선발 6개국과 베트남 그리고 라오스, 미얀마, 캄보디아 등 후발 3개국의 군사외교는 상이하게 나타난다. 후발 3개국은 중국으로부터 경제적, 군사적 원조를 많이 받고 있어 한국과의 군사협력이 어려운 측면이 있다. 그러나 최근 미얀마의 경우 탈중국 움직임을 보이고 있고 한국의 새마을운동을 벤치마킹하려는 의도를 보이는 등 군사협력의 여지가 생기고 있다. 또한 베트남과 필리핀은 중국과의 남중국해 분쟁에 대비하기 위해 전력증강을 위해 한국과의 협력을 요구하고 있어 향후 군사협력 확대가 기대되는 국가이다.

한국과 동남아 국가와의 양자 군사외교는 주재국 대사관의 외교관, 특히 무관을 중심으로 한 인적 네트워크 구축에 초점을 맞춰야 한다. 현재 한국은 동남아 7개국(태국, 필리핀, 싱가포르, 베트남, 말레이시아, 인도네시아, 미얀마)에 국방무관을 파견하고 있고 캄보디아는 베트남 무관이 겸임지정을, 라오스와 브루나이에는 무관을 파견하지 않고 있다. 동남아는 한국에 6개국(태국, 필리핀, 베트남, 말레이시아, 인도네시아, 미얀마)에서 국방무관이 파견되어 있고, 4개국(라오스, 브루나이, 싱가포르, 캄보디아)에서는 파견하고 있지 않다. 다자외교도 결국 양자외교의 성과가 뒷받침되어야 효과를 낼 수 있는 만큼 주재국 무관의 양성을 위해 장기적인 투자를 해야 한다. 주재국 무관은 현지 국가의 군사현황과 필요를 적시에, 정확하게 파악하고 조치하는 데 최대한 노력해야 한다.

한국과 동남아간 다자군사외교의 장은 현재 아세안지역포럼(ARF)과 아세안확대국방장관회의(ADMM+)를 통해 이루어지고 있다. ARF는 동아시아안보문제를 다루는 초보적인 협의체 수준을 벗어나지 못하고 있지만 복잡하게 얽혀 있는 동아시아현실에서 유일하게 군사문제가 논의될 수 있는 장소이다. 북한도 참가하고 있고 북한 핵문제를 비롯한 다양한 군사적 이슈를 다룰 수 있기 때문에 동남아 국가들의 동의와 한국의 외교안보의 외연을 넓히기 위해 주도적으로 활용하도록 해야 한다.

남중국해문제와 관련하여 한국은 규칙에 기반한 해양 질서와 비군사화 공약의 중요성을 역설하고 해당 수역의 평화와 안전 및 관련 분쟁의 평화적 해결이 보장되기를 기대하는 한편, 중국과 아세안간 협의중인 남중국해 행동규칙(Code of Conduct)이 국제법에 합치하고 모든 국가들의 권익을 존중하는 방향으로 체결되기를 바란다고 강조했다.

아세안확대국방장관회의는 아세안국방장관회의에서 2010년부터 아시아·태평양지역 18개국 국방장관협의체로 확대되었는데, 여기에는 아세안 10개국과 함께 한국, 미국, 일본, 중국, 러시아, 인도, 호주, 뉴질랜드 등 8개국이 참여하고 있다. 2018년 10월 20일 아세안 의장국인 싱가포르에서 제5차 아세안확대국방장관회의가 열렸다. 이에 앞서 2018년 4월 29일부터 5월 13일까지 아세안확대국방장관회의 해양안보분과 회원국이 부산과 싱가포르 근해에서 연합해상훈련을 실시했다. 아세안확대국방장관회의 해양안보분과는 2014년부터 다자간 해양안보협력의 일환으로 연합해상훈련을 3년주기로 실시하고 있다. 한국은 2016년 회의에서 공동의장국으로 선정되어 2017년부터 2020년까지 임무를 수행하고 있다. 2018년 연합해상훈련의 목적은 민간선박 피랍 등에 관한 공동대응, 해양 주요시설 보호 및 구조, 금수품 적재 의심선박 검색 등이었다. 연합해상훈련은 1부 훈련이 4월 29일부터 5월 2일까지 해군작전사령부와 부산근해에서, 2부 훈련이 5월 9일부터 13일까지 싱가포르 창이항과 싱가포르근해에서 진행되었다. 연합해상훈련에는 한국, 싱가포르, 호주, 브루나이, 중국, 인도, 일본, 말레이시아, 필리핀, 태국. 미국, 베트남 등 총12개국 함정 16척과 항공기 6대가 참가했고, 캄보디아, 인도네시아, 라오스, 미얀마, 뉴질랜드, 러시아 등 6개국는 참관했다. 한국 해군은 왕건함(DDH-II, 4,400톤)과 전북함(FFG, 2,500톤), 천자봉함(LST-II, 4,900톤), 항공기 3대(UH-60 2대, Lynx 1대)가 참가했다.

군사협력은 상호신뢰가 바탕이 되어야 하는데, 상호신뢰를 구축하는 가장 기초적인 방법은 인사교류일 것이다. 인사교류는 고위급 인사의 상호방문과 군교육기관의 위·수탁 교육의 확대가 방안이다. 고위급인사교류로 국방장관, 합참의장, 각국 참모총장과 정보본부장의 다자회의 및 양자회담 참석 등이 있다. 장교의 위·수탁교육은 주로 한국이 위탁교육을 수용하고 있는 형태가 대부분이지만 무관파견국을 중심으로 국방대, 지휘참모대, 병과학교, 각 군 대학 등을 통해 규모와 범위를 더욱 확대시켜야 한다.

군 고위급 인사교류 활성화는 2012년부터 시작된 국방차관급 및 민관 안보전문가가 참여하는 '서울안보대화(SDD: Seoul Defense Dialogue)'와 2014년부터 SDD계기로 연례화된 '한-아세안 국방부 차관회의'가 열리고 있는데 한국과 아세안 사이의 안보협력 범위와 폭을 강화하는 데 크게 기여하고 있다고 평가한다.

태국과 말레이시아는 한국이 방산수출을 위해 많은 노력을 하는 국가이나 때로 방산을 빌미로 한 과도한 요구를 하는 경우가 있음을 참고해야 한다. 아세안 최고의 방위산업 기술력과 자본력을 갖고 있는 싱가포르는 국방연구소를 보유하여 운용무기체계의 40%이상을 자체 생산하고, 세계3대 항공기 창정비 전문기업을 보유하고 있다. 세계 무기수입국 5위인 싱가포르와는 한국과의 무기체계 공동개발과 공동마케팅을 통해 제3국 수출을 추진해 볼 필요가 있다.

아세안과의 방산교역은 당장 크게 늘어날 상황은 아니다. 그렇지만 아세안 국가들이 꾸준히 군사력을 개선해 나가는 추세를 볼 때 각 나라의 사정에 따라 국가별로 방산교역을 차별화하는 high-low mix 방식을 추진하는 것이 바람직하다. 한국군이 폐기해야 하는 도태장비, 특히 소총과 탄약, 장갑차 같은 병력수송용 차량과 해안경비정 등은 동남아 개도국에 무상양도해 주는 방식으로 방산교역을 활용하도록 한다. 이미 필리핀에 한국이 쓰던 경비정을 보낸 경험이 있는데, 한국군에 더 이상 필요하지 않은 무기지만 아세안 국가들에는 활용도가 높은 무기를 적극적으로 양도해 주는 것은 신무기 수출 못지않은 효과가 있다. 한국이 개발한 신형무기들을 중심으로 하는 방산수출은 말레이시아, 태국, 싱가포르, 인도네시아에 집중해야 할 것이다. 이들은 무기 현대화에 상당한 관심을 가지고 있으므로 한국의 무기 가격과 성능에 대해 확신을 갖도록 체계적으로 접근해야 한다. 필요할 경우 다각적인 자금조달과 쌍방교역 등 다양한 방식을 동원하여 방산수출을 확대해야 할 것임. 현지 공장을 설립하여 제3국 수출을 위한 기지로 활용하는 방안도 고려할 수 있다.

인도네시아는 최근 한국과 가장 많은 방산협력을 하고 있는 아세안 국가이다. 인도네시아와는 2011년 T-50 16대와 잠수함 3척 등 총16억 달러의 수주를 기록했다. 인도네시아는 2007년부터 도입한 마카사르급 상륙함(8,400톤) 4척 중 2척을 한국 대우조선에서 건조했다. 인도네시아는 2011년 장보고급을 개량한 1,400톤급 잠수함 3척을 도입한 데 이어 2019년 4월 3척을 추가로 발주했다. 2012년 전략산업법을 통과시킨 인도네시아는 한국과 방산 역량 강화를 위한 기술이전과 현지생산을 제안하여 상호 호혜적인 협력관계를 구축하고 있다. 한국은 인도네시아와 함정과 항공기 사업에 이어 지상 무기체계분야로 협력범위를 확대하여 기술이전과 현지생산으로 전략적인 방산협력 관계를 확고히 해야 할 것이다.

태국은 2018년 대구급 기반의 호위함 푸미폰 아둔야뎃(3,650톤)을 5,200억 원에 도입했다. 방산 계약으로는 태국 역사상 최대규모이다. 전 국왕인 라마 9세의 이름을 딴 이 함정은 태국 해군의 기함 역할을 할 예정이며 2019년까지 한 척을 추가로 건조한다. 필리핀은 인천급 기반의 호위함 2척(2,870톤)을 3,700억 원에 노입하기로 계약해 2019년 5월 호세 리잘함이 인도되었고, 2020년 다른 한 척이 인도될 예정이다. 필리핀은 베트남과 함께 한국 해군에서 퇴역한 포항급을 공여받아 운용하고 있다. 필리핀은 2013년 한국의 FA-50 경전투기를 도입한다고 발표했고 현재 남부 민다나오섬 반군지역 작전에서 큰 활약을 하고 있다. 향후 베트남과 말레이시아의 도입 가능성도 높게 보고 있다.

베트남은 중국과의 남중국해 갈등문제로 전력증강을 꾀하면서 한국의 해양감시체계 도입을 비롯한 방산협력에 적극적인 자세로 나오고 있다. 최근 빠른 정치적 변화를 하고 있는 미얀마는 오랜 군정의 영향으로 군부의 영향력이 큰 나라인데, 한국이 선제적으로 군사협력외교를 통해 정보 및 방위산업 등 전략적 가치가 높은 부문에 중점을 두고 노력할 필요가 있다.

아세안은 정보통신 기술증진과 협력, 국경 내 안보, 법제화 이슈를 포함하여 사이버안보를 중요하게 다루고 있다. 2018년 9월에 싱가포르에서 '사이버안보에 관한 아세안장관 회의(AMCC: ASEAN Ministerial

Conference on Cyber Security)'를 개최했다. 2019년에 싱가포르에 '사이버안보센터(Singapore-ASEAN Cyber Security Centre of Excellence)'가 개소되고, 방콕에는 2018년 '아세안-일본 사이버안보 역량강화 센터(ASEAN-Japan Cyber Security Capacity Building Centre)'가 발족되었다.

한국과 아세안의 사이버안보협력도 목표를 분명히 하는 전략이 필요하다. 현재 아세안 내 사이버 이슈를 다룰 역량 있는 국가가 많지 않기 때문에 싱가포르는 사이버안보협력을 함께 할 좋은 협력대상국이다. 그 외에 말레이시아, 인도네시아가 있다. 다자적 차원에서 한-아세안 사이버안보협력을 도모할 수 있는 플랫폼으로는 AMCC를 고려하면 된다. 그러나 AMCC 안에서도 사이버안보를 역량 있게 다룰 만한 국가도 싱가포르이기 때문에 '한-싱가포르 사이버안보'는 다층적인 의미가 있다고 본다. 또한 싱가포르는 '아세안 스마트시티 네트워크(ASCN)'를 주도하고 있는 국가이기 때문에 사이버 관련한 우선 협력 타겟 국가로서 싱가포르를 적극 고려해야 한다.

사이버안보에 관한 구체적인 이슈는 사이버 공격, 가짜뉴스, 무차별적인 정보공격 혹은 반국가적인 정보 확산, 정보보호 및 관리 등이다. 물론 어떤 정보들이 특정 국가의 정치체제를 위협하는 것인지 아닌지를 다루는 문제가 단순한 영역은 아니다. 그러나 아세안 모든 국가가 향후 경제발전의 주요목표로 4차 산업혁명과 디지털경제로의 전환을 도모하고 있기 때문에 이에 대한 정보보호와 관리를 둘러싼 기술적 차원 등 사이버안보를 위한 대응체계를 충분히 준비할 필요가 있다.

아세안은 세계에서 재난이 가장 많이 발생하는 지역이다. 이미 2011년 '아세안 재난관리지원센터(AHA: ASEAN Coordinating Centre on Humanitarian Assistance on Disaster Management)' 가 발족되었

고, 재난관리는 ARF 내에서도 중요하게 다루어지는 이슈이다. 한국도 2015년 ARF Disaster Relief Exercise(DIREX)에 참여했다.

AHA 센터의 역할은 재난 모니터링, 재난구제, 역량강화 등이다. 재난이 발생하기 이전과 재난이 발생한 이후 전 과정에서 재난관리의 역량강화는 매우 중요한 요소이다. AHA 센터는 재난을 대응하는 과정이 아세안 역내 협력을 도모하는 데 매우 중요한 역할을 한다는 것을 주지하고 있으며, 성공적인 재난대응 및 관리를 위해 정치적 의지, 작업능력 그리고 정서적 연대감 등이 중요하다고 보고 있다. 2004년 엄청난 규모의 인도양 쓰나미로 23만 명에서 28만 명의 사상자가 나고 해안가 마을이 초토화되는 재난을 경험하였다. 당시 아세안 회원국은 이러한 문제를 대응할 체계가 필요하다는 인식을 공유하게 되었고, 2005년 '아세안 재난관리와 긴급대응에 관한 협약(AADMER: ASEAN Agreement on Disaster Management and Emergency Response)'을 체결했다. 이러한 정치적 의지가 모여서 AHA 센터가 만들어진 것이다. 그 이후로 '아세안 긴급대응과 평가팀(ASEAN-ERAT: ASEAN Emergency Response and Assessment Team)', '아세안을 위한 재난긴급대응로지스틱(Delsa: Disaster Emergency Logistics System for ASEAN)' 등이 만들어져서 작업과정의 업무능력을 고취시키며 연대감을 높이고 있다. 그리고 2016년에 '하나의 아세안 하나의 대응을 위한 아세안 선언(ASEAN Declaration on One ASEAN One Response)'을 통하여 아세안 긴급대응의 고도화를 도모하고 있다.

그동안 한-아세안 재난관리 협력은 간헐적으로 이루어져왔다. 재난관리와 긴급대응을 원활하게 실행하기 위해서는 기술수준이 뒷받침되어야 한다. 정확한 재난 모니터링은 재난대응에 있어서 매우 중요한 요소이다. 그리고 재난구제 과정에서의 작업능력, 긴급출동, 긴급지원 등

시스템이 갖춰져야 한다. 이에 한·아세안 다자안보협력 아젠다로 재난 관리이슈를 적극 고려하여 심화된 안보협력을 증진시킬 필요가 있다.

APSC 2025 청사진에서 해양안보와 해양협력을 세 가지 측면에서 언급하고 있다. 첫째, 공동번영과 평화지대로서의 남중국해 유지이다. 이를 위해 남중국해를 둘러싼 조약 및 협약 이행 노력, 유엔해양법(UNCLOS) 포함 국제해양법 준수, 해양 분쟁해결과 해양협력을 위한 좋은 사례발굴과 공유이다. 둘째, 아세안해양포럼(AMF: ASEAN Maritime Forum)을 통한 해양협력이다. 해양협력 메카니즘 강화, 해양연계성 프로젝트 이행, 해양테러리즘·밀수·마약·인식매매 등 초국가적 범죄예방 및 협력해결, 해양협력의 국가적, 지역적, 국제적 차원의 연결 메카니즘 구축, 해양안보 및 안전이다. 셋째, 평화롭고 안전하고 자유로운 국제 항해의 유지이다. 아세안 해양안보 및 협력에 관한 거버넌스는 AMF와 확대해양포럼(EAMF: Expanded ASEAN Maritime Forum)이다. AMF는 2018년 제8차까지, EAMF는 제6차까지 진행되었다. AMF가 아세안 회원국 중심이라면, EAMF는 EAS 회원국 ─ 아세안 10개 회원국, 호주, 중국, 인도, 일본, 뉴질랜드, 한국, 러시아, 미국 ─ 이 모두 참석하고 있다.

아세안 해양안보협력 이슈는 첫째로 해양주권을 서로 존중하면서도 안전한 해양국경 관리를 하는 것이다. 해양테러리즘·밀수·마약·인식매매 등 초국가적 범죄예방 및 협력해결을 위한 사이버안보협력도 해양협력과 밀접히 연관되어 있다. 둘째는 해양경제를 발전시키는 협력의 문제이다. 해양자원에 대한 공동개발, 공동분배 원칙에 입각하여 어떻게 해양권을 발전시킬 것인가의 문제이다. 예를 들면, 아세안연계성 플랜에는 해양연계성을 높이는 계획이 있다. 셋째는 이러한 해양안보와 협력을 위한 레짐으로 AMF, EAMF를 실효화하는 문제이다.

한국과 아세안 해양안보협력은 AMF+1(한국)과 EAMF를 작동시키면서 가능할 수 있다. 해양국경관리, 해양경제협력, 해양안보협력 등 다차원에서 한국이 아세안과 할 수 있는 이슈를 중심으로 진행하면 된다. 무엇보다 한국과 아세안 해양안보협력을 가능하게 하는 지식공유플랫폼을 만드는 것이 중요하다. 해양자원의 지속가능한 개발을 위해 해양에 관한 연구를 공동으로 진행할 필요도 있다. 현실적으로 아세안 해양국가들의 해군력 현대화를 위한 한국의 지원 또는 해양안보에 필요한 인적자원육성을 위한 교육시스템 구축과 해양교육협력 등을 적극적으로 추진할 필요가 있다.

한국과 아세안 사이의 평화체제 구축을 위한 다양한 협력 아젠다 중에서 냉전의 유산을 극복하는 데 필요한 상호협력도 가능할 수 있다. 냉전의 유산인 전쟁의 흔적으로 지뢰 및 UXO(Unexploded Ordnance, 아직 폭파되지 않은 폭발성 무기)가 있다. 지뢰로 인한 피해규모만 해도 2017년 미얀마의 사상자 수가 4,193명, 태국의 사상자 수는 3,865명이고, 베트남은 2017년까지 알려진 사상자 수가 10만 5,000명이다. 그러나 현재까지도 지뢰 및 UXO의 문제는 끝나지 않은 상태이다. 지뢰와 UXO가 깔려있는 정확한 지대가 어디인지도 현재까지 과학적으로 조사되어 있지 않다. UN 차원에서도 2005년부터 그 심각성과 위험성을 인지하고 아젠다로 삼고 국제협력의 중요성을 강조하고 있다.

이러한 측면에서 한국은 한·아세안 안보협력 아젠다로 지뢰 및 UXO 제거 작업을 추진해야 한다고 본다. 2018년 제3차 평양남북정상회담에서 채택한 '판문점선언 이행을 위한 군사분야합의서'의 실질적 이행을 위해 2018년 10월에서 11월까지 두 달간 판문점 공동경비구역과 철원 비무장지대 일대에서 지뢰제거작업을 수행하였다. 아세안국방장관회의(ADMM)에서 다루어지는 12개 의제 중에 지뢰제거 이슈가 있다.

또한 2018년 11월에 '아세안지역 지뢰제거행동을 위한 센터(ARMC: ASEAN Regional Mine Action Centre)' 가 발족되었다. ARMC는 캄보디아 프놈펜에 소재하며 캄보디아가 주관국이다. 이 문제가 중요한 만큼 아세안 차원에서 센터를 발족하였는데 이에 대응한 한국의 노력이 필요하다고 본다.

2017년 창설 50주년이 된 아세안은 초기의 불안정과 부정적 평가에도 불구하고 동남아 특유의 끈기와 협력으로 동남아 10개국을 하나로 묶는 확고한 지역협력체로 위상이 발전되었다. 아세안의 꾸준한 협력관계 유지와 조직의 확대는 그 자체로 고무적이며 동아시아지역 발전에 중요한 의미를 갖고 있다. 한국외교는 아세안중심성을 강조해 주면서 대아세안, 대아세안+3, 대동아시아정상회의(EAS) 등 다양한 외교채널에 적극 참여하는 보다 활성화된 접근을 펼쳐 나가야 할 것이다. 이를 위해 아세안 담당 전문 외교관을 지속적으로 양성하는 외교부 차원의 노력이 요구된다. 아세안공동체 출범과 더불어 아세안의 성장과 한·아세안관계발전을 위한 한국의 노력과 아세안연계성 향상을 위한 한국의 관심을 구체적으로 표명할 필요가 있다. 이를 위해 자카르타 주아세안 대표부와 서울의 한·아세안센터 및 한·아세안특별협력기금을 적극 활용해야 할 것이다.

한국의 대동남아 경제협력의 기본방향은 '동반성장과 상생협력'이라는 키워드 아래 한국의 개발과 정책을 동남아 각국별로 맞춤식으로 발전시켜 적용해야 한다. 한국식 새마을운동과 개발경험을 동남아에 그대로 적용하려는 접근은 문제가 많다. 현지 문화와 역사를 무시한 일방적인 주입방식은 오히려 반작용이 나타나고 실행하기도 어려운 현실에 부딪치게 된다. 현지화를 위한 한국의 동남아 전문가와 유경험자들의 참여를 정책 수립과 수행과정에 필수화시켜야 한다. 한국정부는 기업과 민간의 동남아 진출의 지원자, 훈련자 및 정보제공자 역할에 충실해야 한다. 아세안 관련 회의에 지속적으로 참여하는 동남아 전문외교관을 양성하고 동남아 개도국 공무원과 기업인 초청 훈련프로그램을 실시하고, 다양한 전시회와 상담회 개최를 지원하고 실적을 관리하도록 해야 한다. 한·아세안FTA 추가협상과 포괄적경제동반자협정(RCEP) 협상 추진을 가속화해야 한다. TPP(환태평양경제동반자협정) 무산으로 인한 상품, 서비스, 투자 자유화 확대의 추동력이 상실되는 것을 보완하는 협상에 아세안 관련국들과 함께 적극적으로 참여해야 한다.

한국정부는 아세안연계성의 일환으로 발생하고 있는 아세안 인프라 건설시장의 확대에 주목해야 한다. 도로, 항만, 고속철도, 발전소, 재생에너지분야 등 아세안의 관심이 큰 인프라 관련 시설 투자에 기업과 함께 지원해야 한다. 특별히 메콩강유역에 대한 관심을 집중할 필요가 있다. 한·메콩외교장관회의의 역할을 확대시키고, 메콩 유역개발과 환경보존에 관해 한국의 다양한 채널을 확보해야 한다. 아세안연계성(인프라, 정보통신기술), 지속가능한 개발(녹색 성장, 수자원 개발), 인간중심개발(농업 및 농촌 개발, 인적 자원 개발)에서 협력을 강화해야 한다.

한국의 IT분야 우위를 이용해서 적극적으로 아세안 시장 진출을 모색해야 한다. 아세안의 IT기술 수요는 폭발적으로 성장 중인데 아세안의 인터넷 사용률은 현재 40%에서 2020년 60%로 성장할 전망이다. 아세안 스타트업에 대한 외부 투자를 확대하면서 한국의 스타트업과 연계시키는 방안을 마련해야 한다. 최근 US뉴스&월드리포트의 조사에서 아세안은 창업하기 가장 좋은 국가 상위 10위권을 차지했다 (1위 태국, 3위 말레이시아, 5위 인도네시아, 6위 싱가포르, 8위 필리핀, 9위 베트남, 미국 7위, 한국 11위). 아세안 시장의 역동성을 믿고 한국의 기업과 기술을 연계시키도록 관련 기관들이 적극 나서야 할 것이다. 한국기업의 장점인 IT 및 교육분야 지원을 결합하여 진출하는 것이 바람직하다. 동남아 각국에서 환경, 교육, 에너지의 중요성이 높아짐에 따라 단순한 성장지향 개발이 아닌 성장과 환경을 모두 고려한 지속가능한 투자개발이 요구되고 있다. 전자정부 구축사업, 웹기반 온라인 교육환경 조성, IT 인프라 구축 개발, 주요국과 국제기구가 지원하는 ODA 프로젝트를 중심으로 수주활동을 강화할 필요가 있다.

한국의 ODA는 매년 20억 달러 수준으로, 그 중 동남아는 20~25% 수준의 높은 비중을 차지하고 있다. 그런데 ODA의 양적 규모를 확대하는 것보다 ODA의 질적 내용을 관리하여 효율적이면서 지속가능성에 초점을 두는 세계 원조추세에 맞춰 사용되도록 하는 것이 더욱 중요하다. 한국 ODA의 국가별 누적액(1987~2013년)은 베트남이 10억 달러로 압도적인 1위를 차지하고 있으며, 인도네시아와 캄보디아가 4억 달러 수준으로 2위와 3위이며. 최근 미얀마가 크게 증가하고 있다. ODA와 EDCF를 국가별 관리 목표제를 수립해 실시하는 게 바람직하다. 그런데 아무리 좋은 지원과 원조를 하고 있더라도 한국정부가 동남아에 대해 '세일즈 외교'를 벌인다고 공개적으로 말하고 다니면 한국의 국가 이미지에는 결코 바람직하지 않다. 표현적으로 국가기관 관련자들은 한국과 아세안은 '동반 성장, 상생 발전'하는 관계이며 한국은 '진정한 아세안의 동반자'라는 점을 지속해서 강조하는 품격 있는 언급을 습관화해야 할 것이다.

동남아와 교역하거나 현지 진출하는 한국기업의 가장 큰 애로사항은 전문인력 부족과 현지정보 부족으로 나타나고 있다. 이를 위해 한국정부는 아세안 시장 접근 및 진출 지원과 법률 정보 같은 현지의 전문적 정보 지원을 강화해야 한다. 예를 들어, KOTRA의 해외진출정보시스템의 분야별 정보 제공 및 KIEP 해외동향시스템의 현지 동향 및 정책 분석 기능이 더욱 강화되어야 한다. 현지 동남아정부로부터 직접 정보를 얻고자 하는 기업의 수요도 매우 크다. 특히 현지 법률 및 정책정보에 대한 수요가 급증하고 있다. 정부는 동남아정부와 협조하여 관련 정보를 상황에 따라 정기적으로 배포하거나 설명회를 제공하는 체계를 갖출 필요가 있다.

한국정부차원의 동남아지역 전문가의 육성과 현지 전문인력 DB를 구축하고 연계망을 활성화하는 노력을 해야 한다. 동남아지역 전문가와 경제현장을 연결하는 네트워크를 구축하고, 특별히 동남아 현지 고위 공무원과 현지 세무, 노무 법률전문가, 노무관리 전문가 등 관련 분야 전문 인력 DB를 구축하여 활용할 수 있도록 해야 한다. 이와 관련해 동남아 현지 한국공관들은 동남아에 진출한 기업들과 한인네트워크의 연계망을 강화하여 실질적인 협조와 애로사항 해소 효과가 나타나도록 특별히 노력해야 한다.

사회문화 교류분야는 동남아 국가의 교육과 보건분야에 선택과 집중을 해야 한다. 미래를 위한 가장 정직한 투자는 사람에 대한 투자임을 재차 강조한다. 특별히 과학기술 교류, 직업훈련 및 교육지원, 모자 보건 및 의료 방역에 정책적 지원을 집중해야 한다. 한국의 풍부한 인적자원과 축적된 경험을 아세안의 필요에 맞춰 나누고 성과를 함께 한다는 목표를 설정하는 것이 중요하다. 인적 교류에서 가장 역점을 두어야 할 부문은 청소년 등 차세대 간 인적 교류이다. 한류의 인기로 인해 한국에 대한 관심이 한국에서 고등교육을 받고자 하는 동남아 학생들의 증가로 나타나고 있다. 한국 공공외교의 심화라는 목표를 고려할 때 동남아출신 유학생들은 중요한 대상이다. 보다 많은 동남아 학생들에게 장학금을 제공하는 등 한국에서 공부할 수 있는 여건을 만들어 주어야 할 것이다. 동남아 개도국에 교육 인프라를 공급하는 방안을 마련해야 한다. 학교, 교실, 교육기자재가 부족한 나라에 정부와 기업, 시민사회가 협조하여 교육 인프라를 제공하고 동시에 한국어와 한국학 교육수요를 맞추면 큰 효과를 보게 될 것이다.

교류협력 관련해서 정부가 나서서 해결해야 할 시급한 과제는 사회문화 교류를 위한 제도적 차원의 정비이다. 동남아지역에서의 사회문화교류는 급증하고 있지만 산발적, 무차별적으로 진행되어 국가적 차원에서 효율적이지 못한 측면이 너무 많다. 정부 부처별로 주도권 경쟁을 하고 기업과 시민사회의 이니셔티브가 얽혀서 많은 자원의 투입에도 불구하고 실효성 있는 성과가 낮은 것이 현실이다. 사회문화교류협력의 확대에 맞춰 사회문화 교류협력 관련 제도의 정비부터 정부차원에서 이루어져야 한다.

이런 개선의 바탕 위에 정부가 주도하되 기업과 시민사회의 협조를 이끌어 내며 수행할 수 있는 세부사업방안을 제시해 본다. 가칭 '한-아세안 직업훈련교육원'을 설립해 단계별, 산업분야별, 동남아 국가별 맞춤형 직업훈련과 교육을 실시하고, 동남아 전체를 유기적으로 연결하는 직업훈련체계를 구축하는 것이다. 직업훈련교육원은 동남아 국가별 주요 도시에 최소 한 개씩 개설하고, 한국산업인력관리공단 등 유관기관과 컨소시움을 형성하고 한국의 기능공 출신 및 은퇴 기술자를 활용하도록 한다. 동남아 국가별로 초급, 중급 기능, 고급 기술 단계를 선택적으로 적용하여 실시하도록 한다. 가칭 '한-아세안 의료방역지원단'을 설립하여 조류독감, 사스, 뎅기열, 코로나바이러스 등 전염병 예방과 치료 및 임산부, 영유아 등 모자관리 프로그램을 특화시키도록 한다. 지원단을 통해 동남아 국가별 실정에 맞는 의료방역체계를 수립하며 의사, 약사, 간호사 등을 파견하여 현지의료진과 협조하며 교육하도록 한다.

필리핀과 인도네시아 섬 및 미얀마, 라오스, 캄보디아 오지 마을에 가칭 '동네사랑방 만들기' 프로그램을 실시하여 공동 시청할 수 있는 TV 모니터와 컴퓨터를 설하고, 태양열 발전 및 위성 송수신 시설을 동시에 제공하여 지속가능하게 유지되도록 지원한다. 태국의 경우 증가하는 인적교류에 맞춰 이주노동과 국제결혼 그리고 관광 등 다양한 교류 문제에 대해 양국이 이해할 수 있는 적합한 제도적 장치를 마련하여 양국의 미래세대를 위한 투자와 교육한류를 더욱 알차게 만들어 가야 한다.

베트남의 경우 한국과의 관계는 지금까지와 같이 경제협력을 확대하면서 사회문화 교류를 심화시키는 것이 방향이 되어야 한다. 베트남은 한국의 과거 국가 주도형 경제발전 모델을 자국에 원용하고 있다. 베트남공산당이 제시한 조화사회 추구, 녹색성장, 신농촌 건설 등 균형발전 목표에 대해 한국의 경험을 적용할 수 있는 방안을 개발해야 한다. 한편 베트남전쟁에 관한 베트남 사람들의 한국에 대한 원망은 갈등요인으로 잠재하고 있다. 한국은 이에 대해 진지하게 고민하여 적절한 대응방안을 수립하고 실현해 나갈 필요가 있다. 미얀마와는 행정 관료와 민간 엘리트의 역량을 강화하기 위한 개도국 관료 연수교육과 훈련프로그램을 적극 활용하도록 해야 한다. 미얀마는 소수종족과 난민문제 등 인간안보문제가 악화되어 있는 상황이기 때문에 관련 분야의 전문가 파견과 시민단체를 통한 역량강화 지원방안이 한국의 유무상 원조와 연계하여 시행하면 좋겠다.

한국과 동남아 교류사 관련 연구 사업을 실시하여 한국과 동남아관계의 역사적 사실을 축적하도록 한다. 한국과 동남아 학자들로 공동연구진을 구성하고, 고대, 근대, 현대 교류사를 연구하는 학술대회 개최와 자료를 발간하도록 한다. 동시에 한-아세안 대학(원)생 역사연구단을 구성하여 학문후속세대 양성을 지원하도록 한다. 한국어 교육과 한국학 진흥을 위한 한국국제교류재단(KF)과 한국학중앙연구원(AKS)의 기능을 강화한다. 동남아에 대한 한국어 교육 강사 파견과 한국학 연구 지원은 한국의 이미지 개선과 관심 확산에 큰 도움이 되고 있다. 현재 두 기관이 인력 파견과 연구 지원을 분리하여 담당하는 것은 바람직하다고 보며, KOICA 현지 한국어 요원 파견 기간을 연장하는 것도 고려해 볼 필요가 있다. 10여 년 전 인도네시아 술라웨시 부톤섬의 찌아찌아족에 대한 한글 보급 사업의 실패는 현지문화를 감안하지 않은 일방적인 접근의 결과로써 이러한 방식은 지양해야 한다.

아세안 국가와 개발 경험을 공유하고 역내 개발격차를 고려한 맞춤형 지원을 제공해 나가기 위해 한·아세안특별협력기금을 아세안 연수생의 국내초청 프로그램과 IT분야를 중심으로 한 해외봉사단 파견 프로그램 등 인적교류분야에 집중 투입한다. 문화예술분야 관계자들의 교류와 방송프로그램 등 문화콘텐츠 교류사업도 관련하여 추진하도록 한다.

한국의 대동남아 교류협력분야 전략은 동남아 국가들에 대한 한국 사회의 이해를 높여 공감대를 형성하고 공동의 인식공동체를 구성하는 것을 목표로 해야 한다. 특별히 한국의 입장에서 교류협력분야는 한국이 추구하는 '신뢰하고 책임 있는 중견국'으로 부상하는 데 매우 중요한 위치를 차지한다. 현실적으로 동남아관계에서 한국은 중국이나 일본에 비해 취약한 경제 자원을 가지고 있기 때문에 사회문화 교류협력 증진은 한국의 입장에서 가장 잘 할 수 있는 전략적인 분야이다.

교류협력은 무엇보다도 인적 교류분야에 초점을 맞추는 것이 바람직하다. 인적 교류에서 가장 역점을 두어야 하는 부문은 차세대의 인적 교류이다. 지금 자라나고 있는 청소년들 간의 유대관계는 향후 한국과 동남아 국가들이 어떻게 교류하고 이 교류가 긍정적인 영향을 가져올지, 아니면 부정적인 영향을 가져올지에 중요한 변수가 된다. 청소년 교류를 통해서 선입견이 적은 시기에 다양한 국가들의 청소년들과 함께하고 그들의 문화를 배우고 이해하는 것, 그리고 다른 국가의 청소년들도 한국을 이해하는 것이 매우 중요하다. 향후 이들이 사회의 핵심 세력이 되었을 때 청소년기의 이러한 경험이 국가 간 관계에 미치는 영향은 매우 클 것이다. 더 나아가 청소년기의 서로의 문화에 대한 이해는 동아시아의 정체성을 형성하게 하는 기반이 되기 때문에 중요하다고 할 수 있다.

한류 등으로 인해 한국의 국제적 위상이 높아지면서 한국에서 고등교육을 받고자 하는 아시아 국가 학생들이 증가하는 추세에 있다. 한국에서 교육을 받고자 희망하는 동남아 학생들은 향후 이들이 본국에 돌아가서 엘리트층으로 자리 잡았을 때 한국에 우호적인 입장을 보여줄 수 있는 매우 소중한 자산이 된다. 한국의 소프트파워의 증진이라는 목적을 고려해 볼 때 동남아출신 유학생들은 매우 중요한 대상이다. 따라서 보다 많은 동남아 학생들에게 한국에서 공부할 수 있는 여건을 만들어 주어야 한다. 이를 위해 동남아 학생들에 대한 장학금을 크게 확대할 필요가 있다.

한편 동남아의 빈곤한 나라에게 교육 인프라를 제공해 주는 방안을 적극 마련해야 한다. 학교, 교실, 교육기자재가 부족한 나라에 정부와 기업, 시민사회가 협력하여 교육 인프라를 제공하게 되면 그렇게 만들어진 학교가 한국의 도움으로 만들어졌다는 사실이 공부한 학생들에게 깊게 남게 될 것이다. 한국의 국력이 신장되고 한류의 바람이 불면서 한국어 교육에 대한 수요도 동남아에서 급증하고 있다. 그러나 한국어를 가르칠 교원은 여전히 많이 부족한 상황으로 이에 대한 대책이 마련되어야 한다.

현재 동남아 국가들과 연계된 교육협력 상황을 보면, 인도네시아에서는 한국어의 정규 과정화 또는 공식 언어화 현상이 나타나고 있으며, 베트남은 한국어 학습을 통한 한국에서의 취업기회의 확보, 태국은 한국어와 한국식 고등교육을 통한 문화관광 인재육성, 캄보디아와 라오스에서는 한국어, 중등교육, 농업관련 기술교육 전수, 브루나이와 말레이시아에서는 첨단 IT분야 및 한국의 경영교육에 대한 교류가 증가하고 있다. 동남아 전 지역으로 사이버대학 교육 및 한국어 교육과 문화교류에 대한 대학 간 교류도 증가하고 있다. 동남아 각국의 교육한류 사례에서 공통적으로 나타나는 특징은 한국어와 한국관광 및 한국문화에 대한 관심이 높고, 한국의 경제발전 경험의 벤치마킹과 기술전수 및 취업기회 확대를 목표로 하고 있다는 것이다. 동남아 현지로의 교육한류 수출을 위해서는 이슈 중심으로 교육콘텐츠와 교육시스템을 현지 요구에 부응해 개발하는 작업이 필요하고, 한류열풍에 힘입어 확산되고 있는 한국어 교육, 초중고 교육 이상으로 국가품격과 직결되는 전문대 이상의 직업고등교육분야의 진출도 요구된다.

동남아 각국의 경제사회발전 수준의 차이가 심하기 때문에 정책 접근도 현실에 맞게 세워야 한다. 미래를 위한 가장 정직한 투자인 사람에 대한 투자, 특히 과학기술 교류 및 직업 훈련과 교육지원 확대에 집중하는 것이 바람직하다. 한국의 풍부한 인적자원과 축적된 경험을 아세안과 다양하게 나누고 수확을 함께 한다는 전략이 필요하다.

상생발전을 위한 한국과 동남아관계

한국과 동남아관계는 동반성장의 과정이었고 상생의 모델이었다. 약간의 갈등적 요인이 내재되어 있지만 양자의 노력으로 충분히 해소해 나갈 수 있다고 본다. 향후 전략적 동반자관계를 더욱 바람직한 단계로 도약시키는 것은 지금부터의 분명한 전략 설정과 체계적인 접근에 달려있다. 결론적으로 한국의 동남아에 대한 외교전략은 아래 도표와 같은 관계와 인식 아래 이루어 져야 한다고 생각한다.

한국이 취할 국가전략차원의 대동남아관계는 한국의 국제적 수준에 맞는 신뢰하고 책임 있는 중견국 위상의 달성을 전략적 목표로 설정하고 추진되어야 한다. 신뢰하고 책임 있는 중견국은 강대국의 일방적 행동을 제어할 수 있는 견제자, 충돌을 중재할 수 있는 조정자 및 지역협력을 주도하는 주도자로서의 역할을 담당해야 한다는 목표로 구체화되어야 한다. 한편 한국은 동남아를 상생과 동반성장의 대상으로 삼고, 한반도 평화와 통일의 조력자, 한국 경제발전의 동반자, 동아시아공동체 건설의 협력자로 명확하게 설정하고, 정치안보, 군사협력, 교류협력분야 등에서 실천성과 효과성을 기준으로 정책방안을 만들어야 한다. 이러한 목표 달성을 위해 한국은 동남아를 균형통합 외교전략을 통해 접근해 나가야 한다. 균형통합 외교전략은 수평적 균형과 수직적 통합을 동시에 추진해야 한다는 것이다. 수평적 균형은 위기관리외교와 신뢰구축외교의 균형 및 국익실현 외교와 다층적 거버넌스 외교의 균형을 말하며, 수직적 통합은 국가, 시장, 시민사회 외교의 통합과 상대국과의 동반협력의 통합을 의미한다. 이렇게 씨줄과 날줄이 엮이는 것과 같은 치밀하고 체계적인 전략을 통해서 한국의 대동남아관계는 더욱 발전하

도표 8.6 **바람직한 한국과 동남아(아세안) 관계**

한국	균형 통합의 외교전략	동남아
신뢰하고 책임 있는 중견국 • 강대국의 견제자 • 중재 조정자 • 지역협력 주도자	• 국가별 양자외교 • 아세안 다자외교	**상생과 동반성장의 대상** • 한국 경제발전의 동반자 • 한반도 평화의 조력자 • 동아시아공동체의 협력자

는 상승의 결과를 가져올 수 있다고 생각한다.

　세계화와 지역화의 동시 진행은 거스를 수 없는 시대의 흐름이고 상생과 동반성장 정신으로 함께 잘 사는 방법을 찾아 나가야 한다. 한국과 동남아의 관계는 이러한 추세에 이상적인 모델로 평가받고 있다. 한국은 동남아와 외교안보, 무역투자, 사회문화 교류 등 모든 면에서 자부심을 가져도 좋을 만큼 우호적인 관계를 발전시켜 왔다. 이러한 전략적 동반자관계를 앞으로 질적으로 크게 발전시켜야 할 필요가 있다. 한국은 동남아와의 관계에 집중하여 동아시아 평화와 번영을 위한 건설적인 역할을 수행해 나감과 동시에 우리의 국익을 극대화하기 위한 다양한 정책을 체계적으로 추진해 나가야 할 것이다.

참고문헌

권율 외. 『ASEAN 경제통합의 확대와 한국의 대응방향』. 서울: 대외경제정책연구원, 2003.

권혁태 외. 『아시아의 시민사회: 개념과 역사』. 서울: 아르케, 2003.

김영수 외. 『동남아의 종교와 사회』. 서울: 오름, 2001.

김영애. 『태국사』. 서울: 한국외국어대학교 출판부, 2001.

김형준, 홍석준 편. 『동남아의 이슬람: 1970년대 이후 종교와 경제의 변화』. 서울: 눌민, 2014.

김홍구. 『태국군과 정치』. 서울: 전예원, 1996.

______. 『태국학 입문』. 부산: 부산외국어대학교 출판부, 1999.

______. 『태국정치입문』. 부산: 부산외국어대학교 출판부, 2008.

김홍구 외. 『한국 속 동남아현상』. 서울: 명인문화사, 2012.

동남아지역연구회 역. 『동남아정치입문』. 서울: 박영사, 1991.

동남아지역연구회 편역. 『동남아 정치와 사회』. 서울: 한울, 1992.

매리 하이듀즈. 박장식, 김동엽 역. 『동남아의 역사와 문화』. 서울: 솔과학, 2012.

밀턴 오스본. 조흥국 외 역. 『한 권에 담은 동남아시아 역사』. 서울: 오름, 2000.

박번순. 『동남아 기업의 위기와 구조조정』. 서울: 삼성경제연구소, 2000.

박사명. 『동아시아의 새로운 모색: 전장에서 시장으로, 시장에서 광장으로』. 서울: 이매진, 2006.

박사명 편. 『동남아 정치변동의 동학』. 서울: 오름, 2004.

______. 『동남아의 경제위기와 정치적 대응』. 서울: 폴리테이아, 2005.

박사명 외. 『동남아의 화인사회: 형성과 변화』. 서울: 전통과 현대, 2000.

박은홍. 『동아시아의 전환: 발전국가를 넘어』. 서울: 아르케, 2008.

배긍찬. "ASEAN의 공동체 구상과 헌장 채택 전망." 『주요국제문제분석』. 서울: 외교안보연구원, 2007.

변창구. 『아세안과 동남아 국제정치』. 서울: 대왕사, 1999.

서경교 외. 『동아시아의 정치변동』. 서울: 인간사랑, 2001.

신윤환. 『인도네시아의 정치경제: 수하르또 시대의 국가, 자본, 노동』. 서울: 서울대학교 출판부, 2001.

______. 『동남아문화 산책』. 서울: 창비, 2008.

신윤환 외.『동남아의 정치경제』. 서울: 21세기한국연구재단, 1995.
신윤환 편.『동남아 선거와 정치과정』. 서울: 서강대학교출판부, 2008.
양길현.『버마 그리고 미얀마』. 서울: 오름, 2009.
양승윤.『인도네시아史』. 서울: 대한교과서주식회사, 1994.
______.『동남아와 아세안』. 서울: 한국외국어대학교 출판부, 1996.
오명석 편.『동남아의 지역주의와 종족갈등』. 서울: 오름, 2004.
외교부.『동남아 각국 개황』. 각년도.
______.『아세안 개황』. 2018.
윌리암 듀이커. 정영묵 역.『호치민 평전』. 서울: 푸른숲, 2003.
유인선.『새로 쓴 베트남의 역사』. 서울: 도서출판 이산, 2002.
윤진표. “합리성, 구조, 문화적 시각을 통한 태국의 정치변동 분석.”『한국태국학회
　　논총』24권 1호, 2017.
______. “동남아 2018: 변화의 땅, 혼돈의 바다.”『동남아시아연구』29권 1호, 2019.
윤진표 편.『동남아의 경제성장과 발전전략: 회고적 재평가』. 서울: 오름, 2004.
______.『동남아의 구조조정과 개혁의 정치경제』. 서울: 폴리테이아, 2005.
______.『한국의 신아시아 구상과 협력방안』. 서울: 커뮤니티, 2009.
윤진표 외.『동남아의 정치변동』. 서울: 21세기한국연구재단, 1994.
______.『동남아의 정치리더십』. 서울: 21세기한국연구재단, 1996.
______.『동남아의 정당정치』. 서울: 오름, 2001.
______.『위기극복의 정치리더십: 동남아정치지도자』. 서울: 이매진, 2007.
______.『동남아의 초국가적 이슈와 지역 거버넌스』. 서울: 명인문화사, 2010.
______.『동남아의 헌정체제와 민주주의』. 서울: 명인문화사, 2014.
______.『아시아의 꿈, 아세안 공동체를 말하다』. 서울: 한 · 아세안센터, 2016.
______.『한국과 아세안 청년의 상호 인식』. 서울: 한 · 아세안센터, 2017.
______.『2019 동아시아 전략 평가』. 서울: 동아시아안보전략연구회, 2019.
이요한.『메콩 강의 진주, 라오스』. 파주: 한울, 2013.
이재현.『한-아세안 관계연구』. 서울: 외교안보연구원, 2009.
이한우.『베트남 경제개혁의 정치경제』. 서울: 서강대학교출판부, 2011.
장준영.『미얀마의 정치경제와 개혁개방: 성과와 과제』. 서울: 지식과 교양, 2013.
전제국.『싱가포르』. 서울: 봉명, 2002.
정영국.『필리핀의 정치변동과 정치과정』. 서울: 백산서당, 2003.
정재완. “제12차 베트남 공산당 전당대회의 특징과 향후 정치 · 경제 전망.”『KIEP
　　지역연구』Vol. 16. No. 12, 2016.
조재현, 송정남.『베트남 들여다보기』. 서울: 한국외국어대학교출판부, 2004.
조흥국.『태국: 불교와 국왕의 나라』. 서울: 소나무, 2007.
조흥국 외.『동남아의 사회와 문화』. 서울: 오름, 1997.
______.『동남아시아의 최근 정치외교에 대한 전략적 평가: 태국, 인도네시아, 베트
　　남, 필리핀을 중심으로』. 서울: 대외경제정책연구원, 2011.
존 펀스톤. 정연식 외 역.『동남아의 정부와 정치』. 서울: 심산, 2005.
주달관. 최병욱 역.『진랍풍토기』. 경기도 광주: 산인, 2013.
최병욱.『동남아시아사-전통시대』. 서울: 대한교과서주식회사, 2006.

클라이브 크리스티. 노영순 역. 『20세기 동남아시아 역사』. 서울: 심산, 2004.
파숙 퐁파이칫, 크리스 베이커. 정호재 역. 『탁신: 아시아에서의 정치비즈니스』. 서울: 동아시아, 2010.
한국동남아연구소. 『동남아의 한국에 대한 인식』. 서울: 명인문화사, 2010.
______. 『변화하는 한-아세안 관계: 새로운 교류와 협력을 위한 파트너십』. 서울: 한국동남아연구소, 2015.
한 · 아세안센터. 『4C로 이해하는 아세안』. 서울: 한-아세안센터, 2014.
______. 『2018 한 · 아세안 통계집』. 서울: 한 · 아세안센터, 2019.
황인원. "말레이시아 선거권위주의체제 붕괴의 정치적 함의: 2018년 14대총선을 중심으로." 『동남아시아연구』 제28권 3호, 2018.

Acharya, Amitav. *Constructing a Security Community in Southeast Asia: ASEAN and the Problems of Regional Order*. London: Routledge, 2014.
Amsden, Alice. *Asia's Next Giant: South Korea and Late Industrialization*. New York: Oxford Universtity Press, 1989.
Anderson, Benedict. *Imagined Communities: Reflections of the Origin and Spread of Nationalism*. London: Verso, 1983.
Arndt, H. W., and Hall Hill, eds. *Southeast Asia's Economic Crisis: Origins, Lessons, and the Way Forward*. Singapore: ISEAS, 1999.
Askew, Marc. ed. *Legitimacy Crisis in Thailand*. Chiang Mai: Silkworm Books, 2010.
Bertrand, Jacques. *Political Change in Southeast Asia*. Cambridge: Cambridge University Press, 2013.
Cady, John. *The History of Postwar Southeast Asia*. Athens: Ohio University Press, 1974.
Case, William. ed. *Contemporary Authoritarianism in Southeast Asia: Structure, Institutions and Agency*. London: Routledge, 2010.
Chachavalpongpun, Pavin. ed. *'Good Coup' Gone Bad: Thailand's Political Developments Since Thaksin's Downfall*. Singapore: ISEAS, 2014.
Chandler, David et al. *In Search of Southeast Asia: A Modern History*. Honolulu: University of Hawaii Press, 1987.
Chandler, David et al. *The Emergence of Modern Southeast Asia: A New History*. Honolulu: University of Hawaii Press, 2005.
Duiker, William. *Vietnam: Nation in Revolution*. Boulder: Westview Press, 1983.
Emmerson, Donald. ed. *Hard Choices: Security, Democracy, and Regionalism in Southeast Asia*. Stanford, CA: The Walter H. Shorenstein Asia-Pacific Center, 2008.
Ferrara, Federico. *The Political Development of Modern Thailand*. Cambridge: Cambridge University Press, 2015.

Ford, Michele, Thomas Pepinsky. eds. *Beyond Oligarchy: Wealth, Power and Contemporary Indonesian Politics.* Ithaca, NY: Cornell Southeast Asia Program Publications, 2014.

Funston, John. ed. *Divided Over Thaksin: Thailand's Coup and Problematic Transition.* Singapore: ISEAS, 2009.

Geertz, Clifford. *The Religion of Java.* Chicago: The University of Chicago Press, 1960.

Haacke, Jurgen. *ASEAN's Diplomatic and Security Culture: Origins, Development and Prospects.* London: RoutledgeCurzon, 2003.

Hwang, In-Won. *Personalized Politics: The Malaysian State Under Mahathir.* Singapore: ISEAS, 2014.

Ho Khai Leong. ed. *ASEAN-Korea Relations: Security, Trade and Community Building.* Singapore: ISEAS, 2007.

Ivarsson, Soren. Lotte Isager. eds. *Saying the Unsayable: Monarchy and Democracy in Thailand.* Copenhagen: NIAS Press, 2010.

Jackson, Karl. *Traditional Authority, Islam and Rebellion: A Study of Indonesian Political Behavior.* Berkeley: The University of California Press, 1980.

Jomo, K.S. and E.T. Gomez. *Southeast Asia's Misunderstood Miracle: Industrial Policy and Economic Development in Thailand, Malaysia and Indonesia.* Boulder,CO: Westview Press, 1997.

Koentjaraningrat. *Javanese Culture.* Singapore: Oxford University Press, 1985.

Macintyre, Andrew ed. *Business and Government in Industrializing Asia.* Ithaca, NY: Cornell University Press, 1994.

Marshall, Andrew MacGregor. *A Kingdom In Crisis: Thailand's Struggle for Democracy in the Twenty-First Century.* London: Zed Books, 2014.

Montesano, Michael. Pavin Chachavalpongpun, Aekapol Chongvilaivan. eds. *Bangkok May 2010: Perspectives on a Divided Thailand.* Singapore: ISEAS, 2012.

Raquiza, Antoinette. *State Structure, Policy Formation and Economic Development in Southeast Asia: The Political Economy of Thailand and the Philippines.* London: Routledge, 2012.

Reid, Anthony. "The Structure of Cities in Southeast Asia: 15th to 17th Centuries" *Journal of Southeast Asian Studies* Vol.9, 1980.

Rich, Roland. *Parties and Parliaments in Southeast Asia: Non-partisan Chambers in Indonesia, the Philippines and Thailand.* London: Routledge, 2012.

Rigg, Jonathan. *Southeast Asia: the Human Landscape of Modernization and Development.* London: Routledge, 1997.

Robison, Richard ed. *Routledge Handbook of Southeast Asian Politics.* London: Routledge, 2014.

Scott, James. *The Moral Economy of the Peasant: Rebellion and Subsistence in Southeast Asia.* New Haven: Yale University Press, 1976.

Severino, Rodolfo. *Southeast Asia in Search of an ASEAN Community*. Singapore: ISEAS, 2006.

Siddique, Sharon. ed. *The Second ASEAN Reader*. Singapore: ISEAS, 2003.

Slater, Dan. *Ordering Power: Contentious Politics and Authoritarian Leviathans in Southeast Asia*. Cambridge: Cambridge University Press, 2010.

Storey, Ian. *Southeast Asia and the Rise of China: The Search for Security*. London: Routledge, 2011.

Suksamran, Somboon. *Political Buddhism in Southeast Asia: The Role of the Sangha in Modernization of Thailand*. Cambridge: Cambridge University Press, 1977.

Tambiah, S. J. *World Conqueror and World Renouncer: A Study of Buddhism and Polity in Thailand Against A Historical Background*. London: Cambridge University Press, 1976.

Tarling, Nicholas. *Regionalism in Southeast Asia: To Foster the Political Will*. New York: Routledge, 2006.

Tay, Simon, Jesus Estanislao, and Hadi Soesastro eds. *Reinventing ASEAN*. Singapore: ISEAS, 2001.

The Conference Board. *Total Economy Database*, 2018.

The International Institute for Strategic Studies. *The Military Balance*. London: Routledge, 2016.

The International Institute for Strategic Studies. *The Military Balance*. London: Routledge, 2019.

Tiwari, S. ed. *ASEAN: Life After the Charter*. Singapore: ISEAS, 2010.

Wade, Robert. *Governing the Market: Economic Theory and the Role of Government in East Asian Industrialization*. Princeton: Princeton University Press, 1990.

Weatherbee, Donald. *International Relations In Southeast Asia: The Struggle For Autonomy*. Plymouth UK:Rowman & Littlefield Publishers, 2009.

Williams, Lea. *Southeast Asia: A History*. New York: Oxford University Press, 1976.

Woodside, Alexander. *Vietnam and the Chinese Model*. Cambridge: Harvard University Press, 1971.

Yoon, Jinpyo. "Institutional Comparison of the State Structure in Indonesia, Thailand and Vietnam." *The Journal of Korean Association of Thai Studies* Vol.14, 2007.

______. "Political Economic Comparison to the Role of the State in Indonesia, Thailand and Vietnam." *The Korean Journal of Area Studies* Vol.25 No.2, 2007.

Yoshihara, Kunio. *The Rise of Ersatz Capitalism in Southeast Asia*. Singapore: Oxford University Press, 1988.

저자소개

윤진표 _ jpyoon@sungshin.ac.kr

연세대학교 정치외교학과 졸업
연세대학교 경제학 석사
미국 사우스 캐롤라이나대학교 정치학 박사

현 성신여자대학교 정치외교학과 교수, 사회과학대학 학장

신남방정책특별위원회 자문위원, 외교부 자문위원
미국 캘리포니아대학교 방문교수
국제경제연구원, 한국산업연구원, 한국국방연구원 근무
사단법인 한국동남아연구소 소장, 한국동남아학회 회장 역임

주요저서
『한국과 아세안 청년의 상호인식』(편저, 한아세안센터)
『아시아의 꿈, 아세안공동체를 말하다』(공저, 한아세안센터)
『현대외교정책론』(공저, 명인문화사)
『동남아의 헌정체제와 민주주의』(공저, 명인문화사)
『한국 속 동남아현상: 인간과 문화의 이동』(공저, 명인문화사)
『동남아시아의 최근 정치외교에 대한 전략적 평가: 태국, 베트남, 인도네시아, 필리핀을 중심으로』(공저, 대외경제정책연구원)
『동남아의 초국가적 이슈와 지역 거버넌스』(편저, 명인문화사)
『동남아의 한국에 대한 인식』(편저, 명인문화사)
『한국의 신아시아 구상과 협력방안』(편저, 커뮤니티)
『동남아의 구조조정과 개혁의 정치경제』(편저, 폴리테이아)
『동남아의 경제성장과 발전전략: 회고적 재평가』(편저, 오름)